2022

HABEAS CORPUS

PEDRO H. C. FONSECA

TEORIA E PRÁTICA

Dados Internacionais de Catalogação na Publicação (CIP) de acordo com ISBD

F676h   Fonseca, Pedro H. C.
Habeas Corpus: teoria e prática / Pedro H. C. Fonseca. - Indaiatuba, SP : Editora Foco, 2022.

280 p. ; 17cm x 24cm.

Inclui índice e bibliografia.

ISBN: 978-65-5515-460-3

1. Direito penal. 2. Habeas Corpus. I. Título.

2022-321   CDD 345   CDU 343

Elaborado por Odilio Hilario Moreira Junior - CRB-8/9949
Índices para Catálogo Sistemático:

1. Direito penal 345

2. Direito penal 343

HABEAS CORPUS

PEDRO H. C. FONSECA

TEORIA E PRÁTICA

2022 © Editora Foco
Autor: Pedro H. C. Fonseca
Diretor Acadêmico: Leonardo Pereira
Editor: Roberta Densa
Assistente Editorial: Paula Morishita
Revisora Sênior: Georgia Renata Dias
Revisora: Simone Dias
Capa Criação: Leonardo Hermano
Diagramação: Ladislau Lima e Aparecida Lima
Impressão miolo e capa: FORMA CERTA

DIREITOS AUTORAIS: É proibida a reprodução parcial ou total desta publicação, por qualquer forma ou meio, sem a prévia autorização da Editora FOCO, com exceção do teor das questões de concursos públicos que, por serem atos oficiais, não são protegidas como Direitos Autorais, na forma do Artigo 8º, IV, da Lei 9.610/1998. Referida vedação se estende às características gráficas da obra e sua editoração. A punição para a violação dos Direitos Autorais é crime previsto no Artigo 184 do Código Penal e as sanções civis às violações dos Direitos Autorais estão previstas nos Artigos 101 a 110 da Lei 9.610/1998. Os comentários das questões são de responsabilidade dos autores.

NOTAS DA EDITORA:

Atualizações e erratas: A presente obra é vendida como está, atualizada até a data do seu fechamento, informação que consta na página II do livro. Havendo a publicação de legislação de suma relevância, a editora, de forma discricionária, se empenhará em disponibilizar atualização futura.

Erratas: A Editora se compromete a disponibilizar no site www.editorafoco.com.br, na seção Atualizações, eventuais erratas por razões de erros técnicos ou de conteúdo. Solicitamos, outrossim, que o leitor faça a gentileza de colaborar com a perfeição da obra, comunicando eventual erro encontrado por meio de mensagem para contato@editorafoco.com.br. O acesso será disponibilizado durante a vigência da edição da obra.

Impresso no Brasil (02.2022) – Data de Fechamento (02.2022)

2022

Todos os direitos reservados à
Editora Foco Jurídico Ltda.
Avenida Itororó, 348 – Sala 05 – Cidade Nova
CEP 13334-050 – Indaiatuba – SP

E-mail: contato@editorafoco.com.br
www.editorafoco.com.br

*Dedico este livro à Mariana F. Fonseca,
Estêvão F. Fonseca e Isadora F. Fonseca,
luzes da minha vida.*

PREFÁCIO

No presente livro foi desenvolvido verdadeiro manual sobre *Habeas Corpus*. Intensas reflexões teóricas e práticas contribuem, em muito, para desenvolver conhecimento em Direito Penal e Direito Processual Penal.

O autor possui notável vivência, teórica e prática, que foi materializada em cerca de 300 (trezentas) páginas de conteúdo de extrema qualidade.

Foram contempladas discussões úteis na vida prática dos operadores da área criminal. Vários assuntos originaram de divergências jurisprudenciais, o que torna a obra imprescindível para análise jurídica e evolução do ordenamento. Trata de questionamentos que precisam, frequentemente, de reflexões críticas em prol de um efetivo garantismo penal.

Os tópicos desenvolvidos pelo autor Pedro H C Fonseca aproximam aspectos teóricos e práticos, de uma maneira que agrega muito valor aos estudos do Direito Penal e do Direito Processual Penal. Trata-se de autêntica reflexão do que acontece no mundo real dos fóruns e tribunais.

A obra é imprescindível para uma releitura do instituto do *Habeas Corpus*, em coerente utilidade a partir de um Estado Democrático de Direito, que deve adotar o movimento político-criminal garantista, como modelo mais eficaz.

Importante destacar a exposição de pensamentos e estratégias aplicáveis na vida forense, a partir da análise de diversos temas ligados ao remédio heroico do *Habeas Corpus*, de uma forma bem próxima da vivenciada no cotidiano da prática jurídica criminal.

Por fim, agradeço pela escolha do meu nome para prefaciar valiosa publicação. Encarei a escolha como verdadeira homenagem.

Henrique Viana Pereira
Doutor e mestre em Direito pela PUC Minas. Professor da PUC Minas e do Unihorizontes.
Advogado criminalista. Sócio do "Ariosvaldo Campos Pires Advogados".

SUMÁRIO

PREFÁCIO		VII
1. INTRODUÇÃO		1
1.1	Estado democrático de direito e o *habeas corpus*	2
1.2	Neoconstitucionalismo e o *habeas corpus*	6
1.3	Direito penal e processual penal constitucionalizado	8
1.4	Garantismo penal e o *habeas corpus*	11
1.5	Princípio da legalidade e o *habeas corpus*	24
	1.5.1 Vertente formal e material do princípio da legalidade e o bem jurídico	27
	1.5.2 Princípio da legalidade e tipicidade	29
2. O BEM JURÍDICO ENQUANTO OBJETO DOGMÁTICO NO *HABEAS CORPUS*		31
2.1	Tipicidade, antinormatividade e desvalor do bem jurídico	32
2.2	O bem jurídico na dogmática penal	34
3. A RELAÇÃO DO *HABEAS CORPUS* COM A CONSTITUIÇÃO DA REPÚBLICA E SUAS LINHAS HISTÓRICAS		41
4. O CONCEITO DO *WRIT* E A SUA NATUREZA JURÍDICA		45
4.1	Espécies de *habeas corpus*	49
5. INTERESSE DE AGIR NA AÇÃO CONSTITUCIONAL DE *HABEAS CORPUS*		53
5.1	Necessidade da tutela do *habeas corpus*	53
5.2	Adequação no *habeas corpus*	58
5.3	Diferenças entre necessidade da tutela e adequação	63
6. POSSIBILIDADE JURÍDICA DO PEDIDO NO *WRIT*		65
6.1	Vários *habeas corpus* em favor de pessoa famosa – Prejuízo – Impossibilidade Jurídica do Pedido no *writ*	67

7. LEGITIMAÇÃO ATIVA 69
   7.1   O Impetrante – Quem são os possíveis legitimados? 69
   7.2   Cabe intervenção de terceiros no *habeas corpus*? 71
          7.2.1   O *amicus curiae* no *habeas corpus* 73
   7.3   O *habeas corpus* coletivo 81

8. LEGITIMAÇÃO PASSIVA – OS COATORES, O JULGAMENTO MONOCRÁTICO, AS INFORMAÇÕES E OUTRAS QUESTÕES 85

9. INTRODUÇÃO E NATUREZA JURÍDICA – HIPÓTESES DE CABIMENTO DO *HABEAS CORPUS* – O ART. 648, DO CPP 91
   9.1   Ausência de justa causa – Art. 648, I – A justa causa constitucional 93
          9.1.1   Ausência de justa causa para a prisão 96
                 9.1.1.1   Prisão em segunda instância – Inadmissível 104
          9.1.2   Ausência de justa causa e a relação do *habeas corpus* com o trancamento de procedimentos investigatórios 106
                 9.1.2.1   Outros procedimentos investigatórios 113
          9.1.3   O trancamento de processo penal por ausência de justa causa 117
                 9.1.3.1   Questão de nulidade processual – A defesa fala por último – Interrogatório do réu 125
                 9.1.3.2   Questão de nulidade processual – O interrogatório como ato de defesa – O acusado responde ao seu Advogado – Recusa de resposta ao magistrado e ao MP 126
                 9.1.3.3   Questão de nulidade processual – Parcialidade do magistrado 127
                 9.1.3.4   Questão de nulidade processual – Competência 127
                 9.1.3.5   Questão de nulidade processual – Provas – Ilegalidades 128
                 9.1.3.6   Questão de nulidade processual – Violação de procedimento e do direito de defesa 133
          9.1.4   Decurso de tempo de prisão previsto em lei 137
   9.2   Cessação dos fundamentos da segregação – Art. 648, IV, do CPP 151
   9.3   Não admissão da fiança e o cabimento do *habeas corpus* – art. 648, inciso V, do CPP 154

10. COMPETÊNCIA PARA IMPETRAÇÃO DO *HABEAS CORPUS* 159
   10.1   Como fica a competência para processar e julgar o *habeas corpus* se a autoridade coatora for o representante do MP? 162

10.2	O *habeas corpus* na Justiça Militar..	165
10.3	Qual a competência para processar e julgar o *habeas corpus* se a autoridade coatora for juiz do trabalho, relacionado à matéria trabalhista?.....................	167
10.4	Quando a competência para impetrar *Habeas Corpus* é do juiz de 1ª instância?..	169
10.5	Qual a competência para processo e julgamento de *habeas corpus* impetrado contra o juiz de juizado especial?...	170
10.6	Qual a competência para processar e julgar *habeas corpus* quando a autoridade coatora for promotor de justiça que atua perante o Juizado Especial Criminal?..	171
10.7	Qual a competência dos tribunais estaduais e dos tribunais regionais federais para processar e julgar *habeas corpus*?..	172
10.8	Quando o Superior Tribunal de Justiça será competente para processar e julgar *habeas corpus*?...	172
10.9	Qual a competência do Supremo Tribunal Federal para processar e julgar *habeas corpus*?...	173
10.10	E se a decisão denegatória da ordem de *habeas corpus* decorrer de turma ou do plenário do STF? Caberá *habeas corpus* para o tribunal pleno?...............	175
10.11	Há possibilidade de interposição de embargos de divergência, em sede de julgamento de *habeas corpus*, a serem apreciados pelo Plenário do Supremo se houver divergência de entendimento entre as turmas do STF?.................	177
10.12	Reclamação 34796 – STF, a prevalência da competência da Justiça Eleitoral sobre a comum Federal...	181
11. PROCEDIMENTO DO *HABEAS CORPUS*		**185**
11.1	Capacidade postulatória – Quem pode impetrar o *habeas corpus*?...............	185
	11.1.1 A pessoa jurídica tem capacidade postulatória para impetrar *habeas corpus*?..	186
11.2	A exordial do *habeas corpus*	188
11.3	Vernáculo	190
11.4	Forma instrumental – Materialização	190
11.5	Qualificação – Paciente e autoridade coatora	191
11.6	Fatos e conteúdo probatório pré-constituído	191
11.7	Assinatura	194
11.8	A liminar no *habeas corpus*	195
11.9	Cabe outro *habeas corpus* do indeferimento de liminar em *habeas corpus*?....	199

11.9.1 O *habeas corpus* no Superior Tribunal de Justiça é prejudicado por liminar em *habeas corpus* no Supremo Tribunal Federal? 202

11.9.2 Cabe Agravo Regimental no Superior Tribunal de Justiça em face de decisão liminar em *habeas corpus*? 203

11.10 Informações requisitadas e formalidades legais no rito do *habeas corpus* 204

11.11 Há efeito extensivo da ordem de *habeas corpus*, em concurso de agentes, quando impetrado o *Writ* por um dos envolvidos? 206

11.12 Intervenção do querelante em *habeas corpus* impetrado pelo querelado – Ação penal privada 207

11.13 Intervenção do Ministério Público no *habeas corpus* 208

11.14 Intervenção do assistente de acusação no *habeas corpus* 210

12. O *HABEAS CORPUS* SUBSTITUTIVO DE RECURSO 211

13. OS RECURSOS NO INSTRUMENTO DO *HABEAS CORPUS* 219

13.1 Introdução 219

13.2 Embargos de Declaração 220

13.2.1 Cabe *habeas corpus* em face de decisão decorrente de embargos de declaração opostos pela acusação quando não houver intimação para a defesa apresentar contrarrazões aos embargos com efeitos infringentes? 221

13.3 Recurso em *habeas corpus* impetrado no juízo de primeiro grau 222

13.4 É possível impetrar outro *habeas corpus* contra decisão de primeira instância que denegar a ordem? 223

13.5 É possível impetrar *habeas corpus* contra decisões denegatórias de ordem de *habeas corpus* de tribunais – Tribunais de Justiça, Tribunais Regionais Federais ou Tribunais Superiores? 224

13.6 A concessão da ordem de *habeas corpus* está submetida ao reexame necessário? O que ocorre se não houver o reexame necessário? 224

13.7 Recurso ordinário para o Supremo Tribunal Federal 225

13.8 Recurso ordinário para o Superior Tribunal de Justiça 226

13.9 É possível o conhecimento de *habeas corpus* substitutivo se houver interposição de recurso ordinário intempestivamente? 227

13.10 Recurso especial para o Superior Tribunal de Justiça 228

13.11 Recurso extraordinário para o Supremo Tribunal Federal 229

14. QUESTÕES DE RELEVÂNCIA PRÁTICA E TEÓRICA NO *HABEAS CORPUS* 231

    14.1   A coisa julgada e o *habeas corpus* 231

    14.2   Pode a corte recursal condicionar a admissibilidade da ação constitucional do *habeas corp*us à prévia formulação de pedido de reconsideração à autoridade coatora? 232

    14.3   É cabível a impetração de *habeas corpus* simultaneamente à interposição de recurso em face da mesma decisão? 234

    14.4   É necessário juntada de procuração em RHC? 235

    14.5   Há necessidade de o Ministério Público apresentar contrarrazões no RHC? . 236

    14.6   É possível a *reformation in pejus* no *habeas corpus*? 237

    14.7   Teses de defesa na advocacia criminal – A necessária utilização da dogmática para o acerto da justiça 238

15. CONSIDERAÇÕES PRÁTICAS FINAIS 245

REFERÊNCIAS 249

1
INTRODUÇÃO

Deixando de lado o tecnicismo jurídico, não há dificuldade em admitir que o processo, sobretudo o criminal, se traduz em um pré-constituído jogo em que há de um lado a defesa e de outro a força decisória executiva do Estado. O MP enquanto fiscal da lei e acusação, misturadas tais funções, junto ao magistrado, na prática processual, representam uma força bruta contra o acusado/jurisdicionado/réu e a Advocacia.

O *Habeas Corpus* desponta como poderoso instrumento em favor da defesa relacionada à proteção de direitos fundamentais desde o procedimento investigativo visando caminho para além do trânsito em julgado da ação penal.

Contra abusos em face da liberdade, sejam eles advindos de força policial ou mesmo originados do próprio Judiciário com o aval do Ministério Público, a via instrumental do Habeas Corpus revela aplicação de direitos e garantias individuais gradualmente elevados à sua inerente natureza e condição de relevância no Estado Democrático de Direito.

Sem dúvidas, o *Writ* confere vistas de proteção efetiva do positivado direito fundamental da liberdade. É através do meio processual adequado que se viabiliza a observância das normas estruturais do Estado Democrático de Direito à disposição dos jurisdicionados pela carta constitucional. O *Habeas Corpus* é instrumento que torna viável a aplicação das garantias e direitos individuais atingidos por afronta de condutas de agentes do próprio Estado quando se trata de liberdade.

O Estado está submetido à ordem constitucional, prevalecendo a lei sobre as instituições, sobretudo nos feitos processuais em que há atuação de agentes públicos. A regra, a forma, o rito processual, são também garantias do jurisdicionado.

Nos termos do art. 1º, da Constituição da Federal, destaca-se que a República Federativa do Brasil é formada pela união indissolúvel dos Estados e Municípios e do Distrito Federal, constituindo-se em Estado Democrático de Direito.

O fundamento de centro do Estado Democrático de Direito é a dignidade da pessoa humana que não pode ser exercida na sua plenitude sem a garantia fundamental da liberdade, sob a proteção do Estado. Os agentes que representam o Estado e violam o direito fundamental da liberdade, afrontam não só norma constitucional, mas o próprio fundamento estrutural do Estado Democrático de Direito. É pela via do Habeas Corpus que se fará a correção constitucional de uma conduta lesiva ao direito de ir e vir, de forma que prevaleça o direito fundamental da liberdade em vigor.

O ser humano pode ter a sua liberdade restringida de forma ilegal e inconstitucional. Para haver a apreensão de alguém deverá o Estado se valer do filtro da teoria do delito, ou arranjar motivos absolutamente justificáveis com fundamentos estruturados com bastante profundidade, caso contrário, haverá afronta à ordem constitucional merecendo imediato reparo, que pode ser carreado por via do Habeas Corpus.

É importante registrar que o Advogado que manusear o remédio heroico deve ter em mente a dogmática penal, pois de fato é a barreira onde se encontra fundamentos técnicos para evitar a prisão ou a manutenção da prisão ilegal, salvo se o feito em específico tratar de questionamento exclusivamente fático. Lembro ainda que é necessário a visita ao Direito Constitucional, pois a liberdade protegida pela via do Habeas Corpus representa destacado direito fundamental.

Vamos à dogmática.

A dogmática penal, ou seja, os dogmas que constroem a consideração de um fato na condição de crime que justifica ao Estado a aplicação da sanção penal encarcerando o jurisdicionado, ou mesmo a matéria fática impositiva de pena antecipada, deve ter a luz constitucional do garantismo ofertado pelo Estado Democrático de Direito. Sem isso, haverá violação à legalidade enquanto princípio norteador para validar e dar legitimidade ao ato da prisão. O Habeas Corpus viabiliza a tese demonstrativa da necessária soltura para fins de análise judicial e cumprimento da ordem imposta pelo Estado Democrático de Direito.

Por isso, não há condições de manusear um Habeas Corpus sem que o construtor da tese aponte vias de estrutura dogmática plausíveis de admissão para destrancar alguém.

Para além do viés constitucional estar inserido nas normas infraconstitucionais, sobretudo o código de processo penal, há que considerar a política garantista também inserida nas estruturas normativas e dogmáticas, a partir do Estado Democrático de Direito; o neoconstitucionalismo; a legalidade enquanto princípio, com o objeto tecnicista do bem jurídico conforme a natureza do direito de liberdade constitucional. Não há como entender o poder do Habeas Corpus sem ver antes a ciência jurídica que o respalda. Esse é o propósito deste livro – dar técnica ao leitor para construir um Habeas Corpus estruturado pela adequada forma, técnica e dogmática assertiva a cada caso concreto em alinhamento ao Estado Democrático de Direito.

1.1 ESTADO DEMOCRÁTICO DE DIREITO E O *HABEAS CORPUS*

O Habeas Corpus representa instrumento constitucional para assegurar o bem jurídico liberdade, direito fundamental de consequente eficácia do exercício da dignidade da pessoa humana. A Constituição da República, no título I, "princípios fundamentais", art. 1º, prescreve que a República Federativa do Brasil é formada pela união indissolúvel dos Estados, Municípios e do Distrito Federal, constituindo-se em Estado Democrático de Direito, além de determinar que todo o poder emana do povo. O paradigma do Estado Constitucional ou Estado Democrático de Direito se faz presente diante da submissão do próprio Estado às regras constitucionais, devendo estas serem respeitadas pelo Estado e pelo povo. A Constituição da República encontra-se no centro do sistema legal, como norma determinante e que ilumina toda a organização estatal. Nesse ambiente, está o Habeas Corpus enquanto instrumento de defesa contra-ataques aos direitos fundamentais, conforme o art. 5º, inciso LXVIII, da CR.

> LXVIII – conceder-se-á *"habeas corpus"* sempre que alguém sofrer ou se achar ameaçado de sofrer violência ou coação em sua liberdade de locomoção, por ilegalidade ou abuso de poder.

O termo "paradigma" faz referência a um modelo estrutural de um tempo e lugar, em que há consenso quanto a teorias e modelos de compreensão de algo. O paradigma no Direito leva ao entendimento com o qual a comunidade jurídica se identifica e quais regras e princípios estruturais de uma ordem jurídica são entendidos como mais adequados a determinado caso concreto.

Importa apontar a observação do Estado[1] como estrutura de poder organizado, estabilizando uma identidade politicamente enquadrada de acordo com específica concepção social. A partir daí, é possível idealizar a necessidade do Estado na condição de poder de organização para a devida implementação dos direitos necessários e vitais de uma sociedade.

O Estado[2], templo de representação de afronta à liberdade e ao mesmo tempo solução por via do Judiciário, representa um molde histórico de estrutura jurídica de poder com qualidades específicas para atender aos integrantes de determinado território. Além de o Estado servir para a construção da organização social, é considerado estrutura de formação jurídica, em relação à qual, no Estado Democrático de Direito, vigora a submissão às regras legais e constitucionais.

Diante da análise do paradigma[3] pré-moderno, na Antiguidade e na Idade Média, o Direito era baseado em regras religiosas, com profunda atenção à moral e aos costumes, além de ser dirigido a um pequeno grupo ou mesmo a apenas um indivíduo, sem caráter de generalidade.

Diante do paradigma[4] do Estado Liberal, verifica-se, dentre outras características, uma intervenção mais distante e menor do Estado no âmbito das

---
1. HABERMAS, Jürgen. *Direito e democracia*: entre facticidade e validade. Trad. Flávio Beno Siebeneichler. Rio de Janeiro: Tempo Brasileiro, 1997. p. 169. v. 1-2.
2. CANOTILHO, José Joaquim Gomes. *Direito constitucional e teoria da Constituição*. 3. ed. Coimbra: Almedina, 1999. p. 168;170.
3. CARVALHO NETTO, Menelick de. Requisitos paradigmáticos da interpretação jurídica sob o paradigma do Estado Democrático de Direito. *Revista de Direito Comparado*, Belo Horizonte, v. 3, p. 473;486,1999.
4. BONAVIDES, Paulo. *Curso de direito constitucional*. São Paulo: Malheiros, 2001. p. 524-525.

relações privadas, significando que o indivíduo pertencente a um corpo social poderia agir livremente, desde que não violasse a legislação vigente. Além da atenção aos direitos fundamentais individuais limitadores da atuação do Estado, importa frisar a separação dos poderes, de modo que um poder passou a limitar o poder do outro.

Diante da menor intervenção possível do Estado Liberal, havendo, por consequência, acumulação de riqueza para poucos indivíduos, veio surgir o Estado Social, para atender às demandas sociais, como direito à saúde, educação, trabalho e outros que se identificam com a massa humana. Diante disso, o Estado deixou de ser neutro para se tornar interventivo, com o dever transformador social e promovente do bem-estar econômico, garantindo serviços públicos a todas as pessoas. Ocorre a busca da transformação da realidade social, reforçando e definindo os direitos individuais identificados no Estado Liberal e atendendo a uma nova linha de direitos, os sociais e coletivos de segunda geração. O Estado Social foi importante para servir de apoio para o Estado Democrático de Direito.

No Estado de Direito, ocorre a conformação do exercício do poder a uma ordem jurídica preestabelecida. Existe uma ordem jurídica relativamente centralizada que coloca a jurisdição e a administração vinculadas às normas estabelecidas por representantes do povo, após adoção da regra de que o Estado está vinculado ao ordenamento jurídico constitucional. Diante de uma estrutura constitucional, o Estado deve obedecer e atuar nos moldes das leis aprovadas pelos representantes do povo. Vigora, no Estado de Direito, o império da lei, por meio do qual, o povo e o próprio Estado ficam adstritos aos limites impostos pelas regras legais, criadas pelos agentes políticos constitucionalmente constituídos para tal fim.

A comunidade política do Estado é integrada por pessoas dotadas de direitos prescritos nas leis e na Constituição da República, sendo que esses direitos podem ser invocados em face de outras pessoas ou em face do próprio Estado, devendo prevalecer o que for determinado pela norma. Havendo violação do pacto normativo, poderão, os indivíduos que compõem a comunidade jurídica, recorrer ao poder julgador para fazer prevalecer o conteúdo da norma violada, em favor daquele que teve o seu direito violado.

É importante considerar que a democracia significa mais do que uma forma de Estado, representando um princípio constitucional que gera legitimação do exercício do poder com origem no povo. O Estado Democrático de Direito é configurado pelo resultado da conexão entre o princípio da democracia e o Estado de Direito, de modo que dá relevância à inserção da regra constitucional à comunidade jurídica e todos aqueles inseridos nela. Havendo a agregação do princípio democrático com o Estado de Direito, considerando que este determina submissão de todos à norma jurídica, diante da Constituição da República, há determinação para conformar as atividades do Estado à regra constitucional, e por consequência, ocorre limitação do seu poder.

A idealização do Estado Democrático de Direito é centralizada em dois pontos fundamentais, no sentido de que o Estado é limitado pelo Direito, e o poder político é legitimado pelo povo. A democracia tem relação com a fonte de legitimação do poder, originado constitucionalmente do povo, formando o lado democrático do Estado de Direito, que expressa vinculação do exercício do poder pelo Estado ao Direito, garantindo as liberdades individuais e garantindo os direitos fundamentais expressos na Constituição. Nesse sentido, Ronaldo Brêtas de Carvalho Dias[5] ensina que:

> Na ordem de ideias, no que tange, em particular, à Constituição brasileira, ao se visualizá-la concretamente, vê-se que seu texto aglutina os princípios do Estado Democrático e do Estado de Direito, sob normas jurídicas constitucionalmente positivadas, a fim de configurar o Estado Democrático de Direito, objetivo que lhe é explícito (artigo 1º). Observa-se, por importante, que o enunciado normativo do artigo 1º da Constituição, que se refere ao Estado Democrático de Direito, está contido no Título I, que trata, exatamente, dos seus princípios fundamentais, razão de nossa constante referência ao princípio do Estado Democrático de Direito.

O princípio da democracia, aliado ao Estado de Direito, permite verificar que as regras constitucionais e infraconstitucionais devem ser observadas e aplicadas indistintamente. A base jurídica e constitucional que atende ao Estado, fundamentada para observar os direitos e garantias fundamentais, o princípio da reserva legal, a garantia do devido processo legal, o princípio da legalidade, o princípio da necessidade de fundamentação das decisões judiciais, dentre outras regras constitucionais, estabelece a concretização da luz central do Estado de Direito, no sentido de dar garantia aos jurisdicionados da aplicação dos direitos fundamentais estabelecidos na Constituição da República, juntamente com a ideia de respeito do Estado aos princípios e regras jurídico-constitucionais.

Existe concretização na ideia de que o Estado Democrático tem estrutura constitucional com legitimação do poder, com base na vontade do povo, respeitando as regras e garantias fundamentais. Nesse sentido, referindo-se ao Direito Penal, é possível entender que o poder de punir é do povo, ao considerar que o Estado possui o dever de efetuar os interesses sociais.

Ao considerar que o poder emana do povo, sujeitando todos ao poder da lei decorrente da vontade geral, inclusive o próprio Estado; a atividade administrativa estatal submissa à legalidade, levando em conta o controle pelo Poder Judiciário, mas na medida da tripartição dos poderes; e a obrigatória atenção aos direitos fundamentais, caracteriza-se, de forma geral, o Estado Democrático de Direito. No Estado Democrático de Direito, preenche lugar, a presença de um Direito Penal constitucionalizado, com estrita observância do princípio da legalidade, o respeito às garantias fundamentais e uma ordem segura de aplicação da dogmática penal. Nesse sentido, tem-se o Neoconstitucionalismo, como instrumento de respeito aos

---

5. DIAS, Ronaldo Brêtas de Carvalho. *Processo constitucional e Estado Democrático de Direito*. 2. ed. Belo Horizonte: Del Rey, 2012. p. 61.

direitos fundamentais, por eficácia da letra constitucional, inclusive com inserção dos princípios decorrentes da Carta Magna na esfera penal.

1.2 NEOCONSTITUCIONALISMO E O *HABEAS CORPUS*

O Habeas Corpus é instrumento de viés técnico absolutamente relacionado ao Neoconstitucionalismo. Entende-se por Neoconstitucionalismo uma nova perspectiva a respeito do Constitucionalismo, que passa a entender que há forte posição de limitação do poder político, dando eficácia à letra da Constituição, para concretizar direitos fundamentais. Existe grande diferença entre as normas constitucionais e infraconstitucionais, que evolui para ser não mais apenas uma diferença de grau, mas também de valor, de modo que as normas constantes na carta constitucional sejam atendidas pelas demais.

Como já posto, inclusive por conta do plano garantista, os princípios e regras que integram a Constituição da República irradiam para as demais normas, iluminando-as com o teor constitucional, de forma que há clara busca da concretização dos direitos fundamentais, inclusive na dogmática penal. Sim, o Habeas Corpus serve para fazer valer o direito fundamental da liberdade enquanto bem jurídico tutelado pela carta magna, escolha diretiva de momento e estrutura sociocultural moldada pela Constituição da República de 1988.

A Constituição da República, guardiã da liberdade e do seu instrumento protetor, passa a ser o centro do sistema legal, registrada por intensa carga valorativa, de modo que a lei, em geral, os particulares e o Poder Público, como um todo, devem respeitar as normas constitucionais, notadamente os direitos fundamentais, dirigindo todas as condutas com o espírito axiológico constitucional. Todo movimento legal deverá ser interpretado do ponto de vista constitucional, para promover sempre a dignidade da pessoa humana.

Há atenção à centralidade dos direitos fundamentais, com uma forte tentativa de aproximação entre o Direito e a Ética, dando apoio à ideia do Estado Democrático de Direito. A supremacia da Constituição, como regra central, exige a submissão de todos à norma constitucional, inclusive pelo próprio Estado, para promover a dignidade da pessoa humana, atendendo à efetividade dos direitos fundamentais. Em suma, identifica-se, no contexto do Neoconstitucionalismo, a ideia de presunção da constitucionalidade das normas, dos atos do Poder Público e a interpretação conforme a constituição para dar efetividade ao texto normativo constitucional.

Nesse sentido, ensina José Adércio Leite Sampaio[6] o seguinte:

---

6. SAMPAIO, José Adércio Leite. *Teoria da Constituição e dos direitos fundamentais*. Belo Horizonte: Del Rey, 2013. p. 184-185.

> [...] A constituição do direito tornou-se discurso recorrente nos debates, tanto no sentido descrito, de retomada da Constituição como norma jurídica suprema e eficaz, quanto na perspectiva de um domínio crescente das normas constitucionais nos diversos ramos do direito, afetando-lhe a normatividade, o método e a interpretação, o que pode ser apontado como um segundo aspecto a atrair a atenção dos estudiosos. A vertente ideológica do Neoconstitucionalismo, para alguns, seria conjugada com a dimensão dirigente e a reserva de justiça presentes nos textos constitucionais, que apelariam para um compromisso ou patriotismo constitucional (substituto funcional da ideia de nação) capaz de estabelecer um padrão procedimental e material mínimo para convivência social e na pólis [...]. Os neoconstitucionalistas, ao enxergarem a Constituição como reserva de justiça, principalmente por assegurar os direitos fundamentais, exigiam do intérprete uma tarefa mais árdua, pois haveria de analisar se a solução estava de acordo com a justiça constitucional [...]

A Constituição da República ilumina o ordenamento jurídico, que passa a atender à carga axiológica do texto constitucional. A partir do entendimento neoconstitucionalista, os casos criminais, diante da análise do Código de Processo Penal e do Código Penal, teriam que ser avaliados do ponto de vista constitucional. Perceba como o instrumento do Habeas Corpus surge como munição de salvaguarda do direito fundamental da liberdade na presente representação organizacional.

O Estado Constitucional de Direito e a estrutura de conteúdo valorativo da Constituição representam pilares do Neoconstitucionalismo, além da busca pela concretização das garantias fundamentais para fortalecer a presença da dignidade da pessoa humana.

Ao apontar o Estado Constitucional de Direito como base do Neoconstitucionalismo, verifica-se que a norma constitucional deve ser colocada no centro do sistema, apontando tentáculos para as demais normas, obrigando-as a atender intensa carga valorativa constitucional, como se desse vida para normas antes meramente legalistas, e superando o Estado Legislativo de Direito.

Com a imposição do conteúdo axiológico constitucional às leis infraconstitucionais, há atenção dessa legislação à dignidade do ser humano e aos direitos fundamentais, que direcionam a criação e produção de novas normas, inclusive as penais.

Posto isso, em virtude da vertente neoconstitucionalista, diante do Estado Democrático de Direito, considerando o poder de inserção da luz constitucional nas demais normas que compõem o ordenamento, trata-se, agora, de um novo Direito Penal, o Direito Penal Constitucional, atendendo aos princípios e regras que conduzem eventos penais avaliados com base no princípio da dignidade da pessoa humana e nos direitos fundamentais.

É nessa nova diretiva que se vê o Habeas Corpus como instrumento de efetivação prática de direito fundamental. Nesse caso, a liberdade enquanto bem jurídico, e também enquanto elemento tecnicamente inserido na representação dogmática utilizada em procedimentos penais formalizados.

1.3 DIREITO PENAL E PROCESSUAL PENAL CONSTITUCIONALIZADO

Como dito, o centro do ordenamento jurídico como motivo, inclusive, de fundamento existencial, é a proteção da dignidade da pessoa humana. A República Federativa do Brasil é constituída por Estado Democrático de Direito tendo como fundamentos, dentre outros nortes, a dignidade do jurisdicionado. A liberdade enquanto direito fundamental é um dos braços da dignidade da pessoa humana, não havendo completude em sua existência se ausente a devida proteção do direito de ir e vir. Esse viés principiológico enquanto rumo de aplicação constitucional das normas protetivas às pessoas e suas necessidades são irradiados para as normas infraconstitucionais. As normas e os princípios da Constituição da República estão presentes na construção, na aplicação e na execução do Direito Penal e Processual Penal. Desde a criação das leis penais, até a execução da pena, é necessário que normas e princípios da Carta Magna sejam obrigatoriamente observados. Além das regras constitucionais delimitarem o âmbito de aplicação das normas penais, são também parâmetros de legitimidade técnica dogmática.

O sistema imposto para preenchimento de cargos de poder falha, permitindo o uso de absoluto poder nas mãos de agentes sem a devida revisão técnica constitucional, ocasionando violação de normas de segurança enquanto direitos inerentes às pessoas. Há ocupantes de cargos que afrontam as normas constitucionais, na maioria representantes do Ministério Público, delegados, juízes, restringindo o direito de liberdade do jurisdicionado por via de uma sugestiva equivocada aplicação de normas de processo levando alguém a sofrer restrição ao direito fundamental da liberdade. Será pela via do Habeas Corpus, manejado pelo Advogado, que se terá a devida revisão técnica constitucional da conduta do agente estatal afrontosa à norma material constitucional.

É necessário destacar que "a Constituição da República de 1988 marcou uma ruptura com as bases autoritárias dominantes. Todos os ramos do direito estão ligados à Constituição, especialmente o Direito Penal e Processual Penal, que lidam com a liberdade".[7] Um enquanto matéria e o outro por via de instrumento.

Do ponto de vista garantista, constitucional, legal, por ser medida de justiça, artigos de lei penal que violar regras da Carta Magna, deverão ser considerados inconstitucionais. Assim, caso venha uma legislação nova modificando as penas do crime de homicídio, para admitir como possível a pena de morte, tal regra não terá aplicação no ordenamento jurídico. Apesar de a ideia ser evidente, a justificativa decorre da análise técnica-jurídica obrigatória que se deve fazer entre uma lei penal e a Carta Magna.

---

7. PEREIRA, Henrique Viana; SALLES, Leonardo Guimarães. *Direito penal e processual penal*: tópicos especiais. Belo Horizonte: Arraes Editores, 2014. p. 1.

É fácil perceber que o *ius puniendi* emana da própria Constituição da República e se realiza por meio das normas e das decisões judiciais. Infere-se, portanto, que o legislador, o juiz e o intérprete se encontram vinculados aos valores liberdade, igualdade, justiça, dignidade, pluralismo, proporcionalidade e outros considerados princípios constitucionais. A própria evolução do Constitucionalismo moderno criou um elo entre valores constitucionais e o núcleo da Política Criminal, que dá origem ao Direito Penal e ao Processo Penal. Dessa forma, o Direito Penal e Processual Penal se constitucionalizou, exigindo aplicação de um sistema criminal baseado na mínima intervenção, na busca de soluções justas, com respeito ao princípio da dignidade da pessoa humana. As autoridades devem, repito, devem utilizar a máquina normativa material e processual penal com a mão na constituição, muito embora isso não ocorra na maioria esmagadora dos casos criminais. Veja a famosa operação "Lava Jato". Foi noticiado que o juiz da causa arquitetava com a acusação os passos do feito objetivando apreensões, operações de polícia, acesso a informações, numa patente violação e absoluta afronta às normas constitucionais. Nitidamente, o agente foi inserido nos quadros do Estado sem a devida preparação técnica para ocupar o cargo de poder. Contra isso, dentre outros caminhos, a via mais nítida é o instrumento do Habeas Corpus.

A Constituição contém inúmeros preceitos que, mesmo indiretamente, modulam o sistema punitivo, deduzindo um conjunto de postulados que demarcam o âmbito de aplicação do Direito Penal e Processual Penal como um todo. Além de as normas constitucionais irradiarem, iluminando o ordenamento penal, é importante considerar que a própria Constituição possui cláusulas penais constitucionais, de modo que se pode reconhecer a constitucionalização do Direito Penal e Processual Penal como uma realidade.

A ordem constitucional, além de moldar o Direito Penal e Processual Penal na criação de suas normas, exerce também um elevado controle de constitucionalidade das leis penais, após entrarem em vigor.

No modelo de estrutura do Estado Constitucional, o Direito Penal e Processual Penal deve se alinhar aos princípios constitucionais e garantias fundamentais, respeitando os direitos básicos daqueles que tiverem o nome inserido no sistema penal e obrigando o poder repressivo estatal a atuar dentro dos limites legitimamente regrados pelos representantes do povo.

Há evidência de que existe uma tentativa política de constitucionalizar o Direito Penal e Processual Penal, levando em consideração princípios e regras de um modelo de direito baseado na Carta Magna, exigindo a presença de regras e princípios, tais como:

a) a intervenção fragmentária e subsidiária do Direito Penal;

b) a materialização do fato, proibindo, dessa forma, a aplicação do Direito Penal do autor e valorizando o Direito Penal do fato;

c) a legalidade do fato, não admitindo crime nem pena sem lei anterior que os defina;

d) a ofensividade do fato, proibindo a configuração do crime sem existência de lesão;

e) responsabilidade subjetiva do agente;

f) tratamento igualitário a todos os indivíduos;

g) proibição da pena indigna;

h) humanidade na cominação, aplicação e execução das penas. Importa entender o papel do Direito Penal diante da Lei Maior na República.;

i) maior participação e poder da defesa;

j) investigação defensiva com o mesmo paralelo de aceitação da parte acusatória.

Admite-se, portanto, no Brasil, a presença de um regime de supremacia constitucional, em que a Constituição da República passa a ser fonte para as demais normas do ordenamento jurídico, identificando clara mudança de um Estado Legalista de Direito para um Estado Constitucional, principalmente no âmbito do Direito Criminal, no qual se tem em "jogo" a liberdade.

Luigi Ferrajoli [8] encampou tais ideias nas seguintes linhas:

> A dimensão substancial introduzida nas condições de validade das leis pelo paradigma constitucional modificou profundamente, como se viu, a estrutura do Estado de Direito. Não se tratou apenas da subordinação ao direito do próprio poder legislativo, mas também da subordinação da política a princípios e direitos estipulados nas Constituições como razão de ser de todo o artifício jurídico. Tratou-se, portanto, de uma transformação e de uma integração, além das condições de validade do direito, também das fontes de legitimidade democrática dos sistemas políticos, vinculados e funcionalizados à garantia de tais princípios e direitos.

Há identificação da harmonização da matéria penal e processual penal com a Constituição da República, não somente pela conexão dos valores constitucionais inseridos nas leis infraconstitucionais penais, mas principalmente na presença do Direito Penal e Processual Penal no texto constitucional. Há princípios penal/processual-constitucionais que formam a base principiológica do Direito Criminal, quais sejam, o princípio da legalidade[9], o princípio da dignidade da pessoa humana[10] e o princípio da culpabilidade[11]. Além disso, existem os derivados, tais como o princípio da lesividade, o princípio da intervenção mínima, o princípio da humanidade, o princípio da individualização da pena, o princípio da retroatividade benéfica, dentre outros.

---

8. FERRAJOLI, Luigi. *A democracia através dos direitos*: o constitucionalismo garantista como modelo teórico e como projeto político. Trad. Alexander Araujo de Souza et al. São Paulo: Ed. RT, 2015. p. 61.
9. Princípio da legalidade: art. 5°, inciso XXXIX da Constituição da República Federativa do Brasil de 1988.
10. Princípio da dignidade da pessoa humana: art. 1°, inciso III da Constituição da República Federativa do Brasil de 1988.
11. Princípio da culpabilidade: art. 5°, inciso LVII da Constituição da República Federativa do Brasil de 1988.

1.4 GARANTISMO PENAL E O *HABEAS CORPUS*

Cabe ao Advogado, no manejo do Habeas Corpus, estruturar a visão da defesa nas linhas do garantismo, pois é a base para formatar um *mindset* de aplicação de normas fundamentais aos casos relativos à afronta do direito fundamental da liberdade.

Vamos ao Garantismo!

O termo "garantismo" foi introduzido na década de 1960. Com maior precisão, o garantismo penal tem origem na cultura jurídica esquerdista da Itália, em confronto com o Direito Penal punitivista, que havia reduzido garantias penais e processuais penais. Há vinculação quanto ao conjunto de limites determinados aos poderes públicos para garantir direitos fundamentais, de forma que se conecta com o pensamento penal liberal em face do poder punitivo. A linha de pensamento garantista se identifica com o Direito Penal mínimo.

Diferenciando-se do abolicionismo apontado por Louk Hulsman e Jaqueline Bernat de Celis[12], em que se verificam ideais de afastamento do Estado na solução dos conflitos penais, identifica-se o garantismo penal, nos moldes do Direito Penal mínimo, levantando a posição de mínima intervenção do Estado, com a presença do máximo de garantias penais e processuais penais para o indivíduo, permitindo tratar as questões criminais com a devida tutela da liberdade do cidadão, em face do arbítrio punitivo do Estado. Nesse sentido, Túlio Vianna e Felipe Machado[13] afirmam:

> Como "garantismo" se entende então, nesta concepção mais alargada, um modelo de direito fundado sobre a rígida subordinação à lei de todos os poderes e sobre seus vínculos impostos para a garantia dos direitos fundamentais estabelecidos pela constituição. Nesse sentido, o garantismo é sinônimo de "estado constitucional de direito", quer dizer, de um sistema que segue o paradigma clássico do estado liberal, alargando-o em duas direções: de um lado, todos os poderes, não somente aquele judiciário, mas também aqueles legislativo e de governo, e não somente os poderes públicos, mas também os poderes privados; de outro lado, todos os direitos, não somente aqueles de liberdade, mas também aqueles sociais, com consequentes obrigações, além de proibições, a cargo da esfera pública. De resto, também historicamente o direito penal foi o terreno sobre o qual foram elaborados os primeiros lineamentos do estado de direito como sistema de limites ao poder punitivo, posteriormente alargados, no estado constitucional de direito, a todos os poderes e à garantia de todos.

Certamente, o Habeas Corpus serve de instrumento de aplicação do garantismo, enquanto estado constitucional de direito, aos casos criminais concretos. É o que se confirma a seguir.

---

12. HULSMAN, Louk; CELIS, Jaqueline Bernat de. *Penas perdidas*: o sistema penal em questão. Trad. Maria Lúcia Karam. 2. ed. Rio de Janeiro: LUAM Ed., 1997. p. 55;91.
13. VIANNA, Túlio; MACHADO, Felipe. (Coord.). *Garantismo penal no Brasil*: estudos em homenagem a Luigi Ferrajoli. Belo Horizonte: Fórum, 2013. p. 16-17.

Expondo o sistema garantista, no final dos anos 1980, Luigi Ferrajoli[14] publicou a primeira edição da obra *Diritto e ragione: teoria del garantismo penale*, que foi traduzida para a Língua Portuguesa como *Direito e razão: teoria do garantismo penal*. O autor, vivenciando batalhas decorrentes de crises políticas quase diárias, lutou, por meio de debates públicos e publicação de artigos em jornais, em defesa do respeito à legalidade, nos anos em que houve explosão de violência na Itália, que acabaram por provocar a criação da legislação de emergência. Sob tais circunstâncias, buscou fundamentos teórico-axiológicos de um sistema garantista.

Luigi Ferrajoli foi além, criou a convicção de que é possível ao jurista agir com o dever de não ser frio e simples comentador das leis vigentes, devendo denunciar as deformações do sistema jurídico positivo, como, por exemplo, a hipertrofia do Direito Penal, e desnudar as situações em que permanecem poderes extrajurídicos, sobre os quais o Estado ainda não alcançou regramentos, nas quais prevalecem sinais de desigualdade. Esse local inóspito, em que havia o prevalecimento do poder da desigualdade, recebeu o nome de "poderes selvagens"[15].

Em Turim, junho do ano de 1989, Norberto Bobbio[16] registrou o prefácio à primeira edição da obra, em italiano. Na oportunidade, afirmou:

> *Direito e Razão* é a conclusão de uma vastíssima e devotada exploração continuada por anos nas mais diversas disciplinas jurídicas, de modo especial no direito penal, e de uma longa e apaixonada reflexão nutrida de estudos filosóficos e históricos, sobre os ideais morais que inspiram ou deveriam inspirar o direito das nações civis. Para esta obra, Luigi Ferrajoli estava preparado há tempos com estudos de filosofia, de epistemologia, de ética e de lógica, de teoria e ciência do direito, de história das doutrinas e das instituições jurídicas, enriquecidos pela experiência intensa e seriamente vivida, trazidas pelo exercício da sua prévia atividade de magistrado.
>
> Todo o amplo discurso desenvolve-se de um modo fechado entre a crítica dos fundamentos gnosiológicos e éticos do direito penal, em um extremo, e a crítica da prática judiciaria em nosso país, em outro extremo, refugindo dos dois vícios opostos da teoria sem controles empíricos e da prática sem princípios, e não perdendo nunca de vista, não obstante a multiplicidade dos problemas enfrentados e a riqueza da informação, a coerência das partes com o todo, a unidade do sistema, a síntese final. Cada parte desenvolve-se segundo uma ordem preestabelecida e passo a passo rigorosamente respeitada. O princípio antecipa a conclusão, o fim se reconecta, depois de longo e linear percurso, ao princípio.
>
> A aposta é alta: a elaboração de um sistema geral de garantismo ou, se preferir, a construção das vigas-mestras do Estado de direito que tem por fundamento e por escopo a tutela da liberdade do indivíduo contra as várias formas de exercício arbitrário do poder, particularmente odioso no direito penal. Mas é um jogo que tem regras: o autor, depois de tê-las estabelecido, observa-as com escrúpulo e assim permite ao leitor encontrar, sem muito esforço, a estrada. A coerência do conjunto torna-se possível pela declaração preventiva dos pressupostos metodológicos e teóricos,

---

14. FERRAJOLI, Luigi. Direito e razão: teoria do garantismo penal. 4. ed. São Paulo: Ed. RT, 2014. p. 37.
15. BOBBIO, Norberto. Prefácio. In: FERRAJOLI, Luigi. Direito e razão: teoria do garantismo penal. 4. ed. São Paulo: Ed. RT, 2014. p. 12.
16. BOBBIO, Norberto. Prefácio. In: FERRAJOLI, Luigi. *Direito e razão*: teoria do garantismo penal. 4. ed. São Paulo: Ed. RT, 2014. p. 9.

pelo proceder por conceitos bem definidos e das suas antíteses, pela concatenação das diversas partes e da progressão lógica de uma a outra.

A obra, não obstante a complexidade do empreendimento e a grande quantidade dos problemas enfrentados, é de admirável clareza.

O garantismo penal significa muito mais do que uma teoria jusfilosófica. Trata-se de um modelo ideal do qual a realidade pode tentar proximidade, de modo que, se visto como uma meta, dificilmente será alcançada. Luigi Ferrajoli, como teórico geral do Direito, pertencente ao grupo familiar dos juspositivistas da tradição de Hans Kelsen, Hart e dos juspositivistas italianos do último quarto do século passado, explorou o tema. Como positivista e filósofo analista, diante de um olhar atento, distinguiu a validade formal das normas da sua validade substancial. Percebe-se que um ordenamento que tenha admitido os direitos fundamentais de liberdade não pode admitir que a validade seja somente formal, existindo em si um problema de justiça interna das leis e não somente externa.

Direito e razão é a conclusão de uma vasta exploração, por anos, nas mais diversas disciplinas, especialmente no Direito Penal. Trata-se de reflexão nutrida em estudos filosóficos e históricos sobre os ideais morais que inspiram ou deveriam inspirar o Direito das nações civis. Para desenhar *Direito e razão*, Luigi Ferrajoli[17] estava preparado, há tempos, com estudos de Filosofia, Epistemologia, Ética, Lógica, teoria e ciência do Direito e história das doutrinas e das instituições jurídicas, tendo como visão de fundo o olhar de um magistrado.

O discurso de Luigi Ferrajoli se desenvolve de modo fechado entre a crítica dos fundamentos gnosiológicos (parte da filosofia que trata dos fundamentos do conhecimento) e éticos do Direito Penal. A aposta diz respeito à elaboração de um sistema geral de garantismo, podendo ser entendido como a construção de vigas mestras do Estado de Direito, que tem por fundamento e por escopo a tutela da liberdade do indivíduo contra as várias formas de exercício arbitrário do poder particularmente odioso no Direito Penal.[18]

A ideia inspiradora da obra, iluminista e liberal, sendo iluminista em filosofia e liberal em política, trabalha a antítese entre liberdade e poder. Apresenta soluções que alargam a esfera da liberdade e restringem o poder, ou seja, há a ampliação da esfera da liberdade, reduzindo o poder, de modo que o poder deve ser limitado para que permita a cada um gozar da máxima liberdade compatível com a igual liberdade de todos os outros.

A obra *Direito e razão* se desenvolve apoiada em antíteses. Observa-se que, da antítese liberdade-poder, nascem todas as demais. Assim, especificamente no Direito Penal, há antítese entre modelo garantista e modelo autoritário, entre garantismo e decisionismo, Estado de Direito contra Estado absoluto ou despótico, formalismo

---
17. FERRAJOLI, Luigi. *Direito e razão*: teoria do garantismo penal. 4. ed. São Paulo: Ed. RT, 2014. p. 89.
18. FERRAJOLI, Luigi. *Direito e razão*: teoria do garantismo penal. 4. ed. São Paulo: Ed. RT, 2014. p. 37-38.

contra substancialismo, Direito Penal mínimo contra Direito Penal máximo, o direito do mais fraco contra o direito do mais forte e a certeza contra o arbítrio.

A batalha em defesa do garantismo é sempre uma batalha de minorias, reconhecendo a necessidade de ser combatida com armas fortes e afiadas, o Habeas Corpus. Reconhece que o adversário apresenta duas faces, sendo a tese proposta, isto é, o garantismo, uma *tertium quid* entre dois extremos. Assim, a tese do Direito Penal mínimo municia sua arma contra as teorias do Direito Penal máximo, mas sem descuidar das doutrinas abolicionistas ou substantivistas, segundo as quais a pena, ao contrário, estaria destinada a desaparecer. *Luigi Ferrajoli[19] não deseja a abolição do Direito Penal. Na verdade, procura respeitar a lei e a pena, desde que haja alinhamento com a Constituição e os direitos e garantias fundamentais do ser humano.* É a nossa posição.

A liberdade regulada deve contrastar, tanto com a opressão da liberdade (toda forma de abuso do direito de punir), quanto com a falta de regulamentação, ou seja, a liberdade selvagem. O princípio da legalidade é contrário ao arbítrio, mas também ao legalismo obtuso, mecânico, que não reconhece a equidade, denominada por Luigi Ferrajoli, de poder de conotação.

O garantismo é um modelo ideal, representando uma meta que permanece existente mesmo quando não é alcançada. Nesse caso, não pode ser esquecido que o garantismo, como meta, não pode ser de todo atingido. Como meta a ser encontrada, o modelo garantista deve ser definido em todos os aspectos. Nesse sentido, somente se for bem definido, poderá servir também de critério de valoração e de correção do direito existente.

Pode-se dizer que, na obra de Luigi Ferrajoli,[20] há o entrelaçamento entre problemas de teoria do direito e problemas de política, sendo compreendida, julgada e analisada por ambos os pontos de vistas. O autor é ligado aos juspositivistas da linha de Hans Kelsen e Hart.

Em *Direito e razão*, percebe-se a distinção entre a validade formal das normas (o vigor) e a validade substancial. É preciso observar que, em um ordenamento jurídico que tenha recepcionado os direitos fundamentais de liberdade, a validade não pode ser somente formal. Deve ser analisado, o problema de justiça interna das leis, e não somente externa.[21]

Luigi Ferrajoli tem a consciência de que grande parte das modernas constituições admitiram direitos naturais em seus textos, constitucionalizando tais direitos. Por causa disso, o conflito entre direito positivo e direito natural e juspositivismo e jusnaturalismo perdeu grande parte do seu significado.[22]

---

19. FERRAJOLI, Luigi. *Direito e razão*: teoria do garantismo penal. 4. ed. São Paulo: Ed. RT, 2014. p. 38.
20. FERRAJOLI, Luigi. *Direito e razão*: teoria do garantismo penal. 4. ed. São Paulo: Ed. RT, 2014. p. 204; 216.
21. FERRAJOLI, Luigi. *Direito e razão*: teoria do garantismo penal. 4. ed. São Paulo: Ed. RT, 2014. p. 210; 220.
22. FERRAJOLI, Luigi. *Direito e razão*: teoria do garantismo penal. 4. ed. São Paulo: Ed. RT, 2014. p. 204.

A consequência foi que a diferença entre o que o Direito "é" e o que o Direito "deve ser" foi transformada na diferença entre o que o Direito "é" e o que o Direito "deve ser no interior de um ordenamento jurídico". Para tanto, Luigi Ferrajoli usa os termos efetividade e normatividade.

Além disso, Luigi Ferrajoli pertence ao Positivismo Jurídico e à Filosofia Analítica. Em seu texto, por diversas vezes, revela sua adesão à Filosofia Analítica, principalmente na atenção que dá às "questões de palavras". No rigor de seu raciocínio, em hipótese alguma, é desconexo da prova dos fatos, apontando forte tendência ao *distingue frequenter*, ou seja, à aversão contra toda forma de essencialismo.

Com relação à política do Direito, o modelo garantista tem conexão com a tradição do pensamento iluminista e liberal. No campo do Direito Penal, vai de Cesare Beccaria a Francesco Carrara. Luigi Ferrajoli propõe uma revisão dos fundamentos epistemológicos, formalistas e realistas, por meio da distinção entre "significado" e "critérios" de verdade no processo.[23]

A questão do grau de aplicação do garantismo, não só na área penal, é analisada em toda a obra. Extrai-se a ideia de que um ordenamento, mesmo que aperfeiçoado, nunca poderá desejar a plena realização dos valores que efetivamente formam suas fontes positivas de legitimação. Há formação de um conjunto coerente de regras, ao mesmo tempo em que aponta contribuição para a formação do sistema garantista, levando em conta o Positivismo Jurídico.

Existem avançadas e inovadoras propostas de reforma, como as referentes à pena, sendo uma consequência direta da teoria liberal do relacionamento entre indivíduo e Estado. A regra é que, primeiramente, vem o indivíduo e, somente depois, o Estado. O Estado não é jamais um fim em si mesmo. É ou deve ser somente um meio que tem por fim a tutela da pessoa humana, dos seus direitos fundamentais de liberdade e de segurança social.

A questão da contraposição entre a concessão ética e técnica do Estado e das demais instituições políticas percorre toda a obra de Luigi Ferrajoli. Nesse sentido, um dos inimigos mortais do garantista é o Estado ético de Georg Wilhelm Friedrich Hegel e toda concessão organicista da sociedade. A crítica do Estado ético é ponto central da confusão entre moral e direito. Nesse ponto, salvaguarda o princípio da estrita legalidade, o valor da certeza, o valor fundamental da defesa do cidadão contra os poderes arbitrários que encontram seu espaço natural na definição não taxativa dos crimes, na flexibilidade das penas, no poder dispositivo e não cognitivo do juiz.

Vale lembrar que as antíteses obscurantistas representam as ideias dedicadas por Luigi Ferrajoli a desconstruir as doutrinas e instituições que se contrapõem aos

---

23. FERRAJOLI, Luigi. *Direito e razão*: teoria do garantismo penal. 4. ed. São Paulo: Ed. RT, 2014. p. 65.

princípios de um Direito Penal garantista, vindo a repelir as medidas de segurança, o encarceramento preventivo, a transação entre juiz e imputado, entre outros.[24]

Não há dificuldade em concluir que mesmo o mais perfeito sistema garantista não pode encontrar em si mesmo a própria garantia e exige a intervenção ativa por parte dos indivíduos e dos grupos na defesa dos direitos que, mesmo normativamente declarados, não são sempre efetivamente protegidos.

A expressão "garantismo penal" representa um neologismo introduzido na cultura jurídica italiana, na segunda metade dos anos setenta, que surge pela crença na existência da distância entre a normatização estatal e o mundo empírico.

De forma geral, além de toda complexidade, a ideia de garantismo traduz a procura de uma melhor adequação entre a realidade e o aspecto normativo. A ideia é a tradução de um novo sistema baseado em parâmetros de racionalidade e justiça, sendo, ao mesmo tempo, uma concepção de limitação e minimização da intervenção do poder punitivo no aspecto da liberdade individual do cidadão. O Garantismo nasceu como um meio de procura pela defesa do Estado de Direito e de um ordenamento jurídico democrático.

O Garantismo Penal toma o Estado de Direito como instrumento formal de proteção do indivíduo, tendo o dever de protegê-lo, inclusive do próprio Estado, e garantir que não haja violação dos seus direitos e princípios fundamentais consagrados pela Constituição. Daí a estrita relação com o Habeas Corpus. Além do mais, os valores de proteção dos indivíduos prescritos pela Constituição devem servir como limites para o próprio Poder Legislativo, não podendo este violar os direitos constitucionais das pessoas.

Nesse sentido, "o *jus puniendi* estatal só pode ser exercido em uma lógica de mínima intervenção possível do sistema penal sobre as liberdades dos cidadãos, com uma máxima proteção às garantias individuais"[25].

O modelo de Luigi Ferrajoli pode ser visto por três significados[26]. Antes de apontá-los, é preciso reconhecer que a orientação garantista regula um parâmetro de racionalidade, justiça e legitimidade da intervenção punitiva, considerando os direitos fundamentais do ser humano delineados pela Constituição.

Pelo primeiro significado, Garantismo representa um modelo normativo de direito que, sob o plano epistemológico, designa um sistema cognitivo ou de poder mínimo. De acordo com o plano político, delimita um meio de proteção com capacidade para diminuir a violência e ampliar a liberdade.

---

24. FERRAJOLI, Luigi. *Direito e razão*: teoria do garantismo penal. 4. ed. São Paulo: Ed. RT, 2014. p. 711; 727.
25. PEREIRA, Henrique Viana. *A função social da empresa e as repercussões sobre a responsabilidade civil e penal dos empresários*. 2014. Tese (Doutorado) – Programa de Pós-Graduação em Direito, Pontifícia Universidade Católica de Minas Gerais, Belo Horizonte, 2014. p. 104.
26. VIANNA, Túlio; MACHADO, Felipe. (Coord.). *Garantismo penal no Brasil*: estudos em homenagem a Luigi Ferrajoli. Belo Horizonte: Fórum, 2013. p. 205; FERRAJOLI, Luigi. *Direito e razão*: teoria do garantismo penal. 4. ed. São Paulo: Ed. RT, 2014. p. 785;788.

No plano jurídico, atua como técnica que busca vincular o poder punitivo estatal às garantias dos indivíduos. Qualquer modelo penal que tenha conformidade com o aspecto epistemológico (sistema de poder mínimo), político (forma de tutela que visa minimizar a violência e maximizar a liberdade) e jurídico (garantir direitos dos indivíduos) pode ser denominado garantista.

Diante do segundo significado, o Garantismo Penal, levando em consideração a relação com a ideia de vigência e existência das normas, pode ser visto como uma teoria de validade e efetividade. Observando um sentido para essa segunda acepção, é clara a procura de uma diferenciação entre a validade e a vigência da norma, diante da existência de normas vigentes que não podem ser consideradas válidas, por não haver conformidade com princípios e valores constitucionais.

Nesse sentido, garantismo expressa uma aproximação teórica que mantém distante o "ser" e o "dever ser" no Direito. Há uma crítica central que aponta divergência entre modelos teóricos com tendências garantistas e as práticas operacionais com tendências antigarantistas. Os primeiros têm validade e não efetividade. Os segundos não têm validade, mas são efetivos na prática, o que traz contrariedade às garantias dos indivíduos, que deveriam ser efetivadas conforme o sistema garantista. Veja que há uma teoria baseada na divergência entre normatividade e realidade, entre direito válido e direito efetivo.

Pelo terceiro significado, o Garantismo Penal é apresentado como uma filosofia política que exige, tanto do Direito, quanto do Estado o ônus da justificação externa com base no fundamento de que a tutela ou garantia constituem a finalidade do sistema. Pressupõe-se que há a separação entre direito e moral, entre validade e justiça, entre o ponto de vista interno e externo, quanto à valoração do sistema jurídico, entre o "ser" e o "dever ser".

A obra de Luigi Ferrajoli, *Direito e razão*,[27] "deseja contribuir com a reflexão sobre a crise de legitimidade que assola os hodiernos sistemas penais", com respeito aos seus fundamentos filosóficos, políticos e jurídicos. Os fundamentos da obra, em grande parte, foram construídos, levando em consideração o Estado moderno como um Estado de Direito, pelo pensamento iluminista identificado como uma estrutura de vínculos e garantias estabelecidas para a tutela do cidadão contra o arbítrio punitivo.

Mesmo que esses vínculos de garantia estejam incorporados em todas as constituições evoluídas, são violados pelas leis ordinárias e, mais ainda, pelas práticas nada liberais por elas alimentadas. Mesmo que o Direito Penal seja circundado por limites e garantias, conserva-se sempre uma intrínseca brutalidade, que torna problemática e incerta sua legitimidade moral e política.

---

27. FERRAJOLI, Luigi. *Direito e razão*: teoria do garantismo penal. 4. ed. São Paulo: Ed. RT, 2014. p. 785; 788.

A pena, sem importar o modo como é justificada, representa de fato uma segunda violência, executada por uma coletividade organizada contra um simples e solitário indivíduo, após levar em conta determinado desvio praticado por ele. Além do mais, é preciso lembrar que a propriedade privada foi vista por Cesare Beccaria[28] como um terrível e talvez desnecessário direito, e o poder de punir e de julgar, na visão de Montesquieu e Condorcet, significa o mais terrível e odioso dos poderes.

Nesse sentido, o poder de punir e julgar é aquele que se revela de maneira mais violenta e direta sobre as pessoas, no qual se manifesta, de forma mais conflitante, o relacionamento entre o Estado e o cidadão; autoridade e liberdade; segurança social e direitos individuais. É por causa dessa antítese, que o Direito Penal representa o centro de reflexão jurídico-filosófico.

A fundamentação racional foi advertida como equivalente à sua justificação ético-política. Sua irracionalidade, no Direito Penal, foi equiparada ao despotismo e à opressão. *Direito e razão* deve ser destrinchado e traduzido da melhor forma, ou seja, com visão constitucional, dada a importância que representa para o Direito Penal. Nesse sentido, é mais do que justo averiguar, no conteúdo da obra de Luigi Ferrajoli[29], qual o significado da palavra "razão".

O termo "razão" é entendido em três sentidos diversos, que correspondem às três ordens de fundamentos do Direito Penal. É tratada nas três primeiras partes da obra como *Razão no Direito*, *Razão do Direito* e *Razão de Direito*.

Razão no Direito designa o tema pertencente à epistemologia do Direito, ramo da Filosofia que se relaciona com o conhecimento humano. Filosofia do conhecimento, que descreve os processos pelos quais se produz o conhecimento, e da racionalidade das decisões penais. Trata-se de um sistema de regras trabalhadas sobre a tradição liberal, dirigido ao conhecimento também, e não somente sobre autoridade, quanto aos processos de imputações e sanções penais. Significa que, para imputar condutas desviantes e sancioná-las, é preciso passar por um sistema prévio de conhecimento, e não somente autoridade.

Esse fundamento cognoscitivo representa uma das marcas do sistema garantista que exige uma específica tecnologia legal e judiciária. É preciso que, antes que o Poder Legislativo tipifique um desvio punível, faça-o com base em fatos empíricos indicados, e não unicamente em valores.

A apuração jurisdicional, julgar e executar, ocorre através de verificações da acusação expostas à contradição da defesa. Sobre tais aspectos, o modelo garantista equivale a um sistema de minimização do poder e de maximização do saber judiciá-

---

28. BECCARIA, Cesare. *Dos delitos e das penas*. 7. ed. Trad. Torrieri Guimarães. São Paulo: HEMUS – Livraria Editora LTDA, 2012. p. 11;15.
29. FERRAJOLI, Luigi. *Direito e razão*: teoria do garantismo penal. 4. ed. São Paulo: Ed. RT, 2014. p. 785; 788.

rio, enquanto condiciona a validade das decisões à verdade, empírica e logicamente controlável, das motivações.

Razão do Direito trata do sentido axiológico e político quanto à justiça penal, ou seja, das justificações ético-políticas da qualidade, da quantidade, da necessidade das penas e das proibições, além das formas e critérios das decisões judiciais. Axiologia é filosofia dos valores.

Representa a preocupação quanto à fundamentação externa ou política do Direito Penal acerca dos valores, interesses e finalidades extra ou metajurídicas.

O modelo penal garantista, com sua estrutura empírica e cognitiva assegurada pelos princípios da estrita legalidade e de estrita jurisdicionalidade, foi concebido e justificado pela filosofia jurídica iluminista como a técnica punitiva racionalmente mais idônea. Como alternativa a modelos penais decisionistas e substancialistas, orientados pela cultura política autoritária, busca maximizar a liberdade e minimizar o arbítrio de acordo com três opções políticas de fundo, respeitando o valor primário associado à pessoa e aos seus direitos naturais, o utilitarismo jurídico e a separação laica entre direito e moral.

A *Razão de Direito* trata do sentido normativo e jurídico quanto à ciência penal, em vista da teoria geral do direito e da dogmática penal de cada ordenamento. Diz respeito à validade ou coerência lógica interna de cada sistema penal positivo, entre os seus princípios normativos, normas e práticas.

O modelo garantista foi, de fato, recebido, mesmo que de maneira sumária e lacunosa, pelo nosso ordenamento constitucional, como por outros sistemas jurídicos evoluídos. É um modelo que representa, ainda que em determinada medida, o fundamento interno ou jurídico da legitimidade da legislação e da jurisdição penal. Vincula normativamente a coerência com os seus princípios.

Conforme ensina Luigi Ferrajoli[30], o Garantismo é:

> além de um modelo racional de justificação, também um modelo constitucional de legalidade idôneo a limitar e ao mesmo tempo convalidar ou invalidar a potestade punitiva com razões de direito, ou seja, de legitimação interna, tanto quanto condiciona juridicamente seu válido exercício somente à prova dos comportamentos validamente proibidos pela lei sobre a base dos critérios ético-políticos de legitimação externa produzidos pelas próprias normas constitucionais.

Veja que Luigi Ferrajoli vincula um modelo de justificação de normas penais a critérios ético-políticos de legitimação externa, buscados nas normas constitucionais. Afirma que o escopo principal que se faz com a reflexão sobre os três sentidos da palavra razão foi a revisão teórica do modelo garantista de legalidade penal e processual, o qual fora traçado pelo pensamento iluminista, das bases epistemológicas, dos critérios de justificação ético-política e das técnicas normativas, a assegurar-lhe

---

30. FERRAJOLI, Luigi. *Direito e razão*: teoria do garantismo penal. 4. ed. São Paulo: Ed. RT, 2014. p. 785; 788.

um satisfatório grau de efetividade. Lembra que o pensamento iluminista representa o momento mais alto da história, mesmo não sendo o mais honorável, da história do Direito Penal. Isso porque conseguiu a maior contribuição relativa a garantias penais e processuais das formas do Estado Constitucional de Direito.

No entanto, o esquema garantista transmitido pelo Iluminismo foi baseado na ideia de julgamento como um silogismo perfeito e na ideia do juiz como a voz da lei, o que possui uma fraqueza política por não atender a epistemologia e a impraticabilidade jurídica. Por isso que, após a segunda metade do século XIX, é desqualificado quanto ao plano teórico e oprimido quanto ao plano institucional por estruturas de Direito Penal autoritárias e decisionistas.

O fato do modelo penal iluminista se fazer distante de questões práticas transformou-o em um modelo puramente ideológico. A tarefa de uma nova teoria do Garantismo Penal tem o dever de não encontrar um racionalismo utópico.

A crise do Garantismo Penal de base iluminista é produto da sua fragilidade epistemológica e de fundamentos axiológicos ofuscados. O modelo do Estado de Direito foi delineado, nos séculos XVII e XVIII, sobre o Direito Penal. Foi com base no despotismo punitivo, que o jusnaturalismo desenhou as bases contra a intolerância política e religiosa em face do arbítrio repressivo.

Por meio das críticas dos sistemas penais e processuais, apareceram valores da civilização jurídica moderna, considerando o respeito da pessoa humana, os valores fundamentais da vida e da liberdade pessoal, o nexo entre legalidade e liberdade, a separação entre direito e moral, a tolerância, a liberdade de consciência e de expressão, os limites da atividade do Estado, além da função de tutela dos direitos dos cidadãos como sua fonte primária de legitimação.

A ligação entre o Direito Penal e a filosofia política reformadora se rompeu com a consolidação do Estado Liberal, prevalecendo uma linha penal mais conservadora como técnica de controle social, por meio de várias orientações autoritárias, idealistas, ético-estatais, positivistas, irracionais, espirituais, correcionais, tecnicistas e pragmáticas que, frequentemente, formam o tácito fundo filosófico da cultura penal dominante.

O sistema de Luigi Ferrajoli é conclusivo, no sentido de que um esquema garantista plausível exige uma reflexão dos fundamentos axiológicos externos do Direito Penal e do Direito Penal Constitucional.

Desse modo, a obra *Direito e razão*, expressão viva do garantismo, é mapeada da forma a seguir:

1ª parte: condições epistemológicas;

a) 2ª e 3ª parte: tratam da pena, do crime e do processo sobre a base de três interrogações:

b) se, por que, quando e como punir;

c) se, por que, quando e como proibir;

d) se, por que, quando e como julgar.[31]

Os problemas do "se" e do "por que" são discutidos na segunda parte, por meio de crítica das doutrinas abolicionistas e justificacionistas do Direito Penal. Ao mesmo tempo, há proposta de um utilitarismo penal reformado. Os problemas do "quando" e do "como" são discutidos na terceira parte, na qual as respostas a esses dois tipos de questão são identificados com as garantias penais e processuais no sistema de dez axiomas conexos, mais logicamente do que axiologicamente.

Na quarta parte, Luigi Ferrajoli[32] trata da análise dos perfis de irracionalidade, injustiça e invalidez que marcam o ordenamento penal e processual italiano. A quinta parte de *Direito e Razão*[33] faz reflexões teóricas e filosóficas desenvolvidas na obra, que são solicitadas por uma desordem do Direito Penal e que podem ser estendidas a outros setores do Direito Público, investidas de uma crise estrutural de garantias do Estado de Direito.

Afirma, o autor, que outros ramos do Direito podem requisitar sistemas mais garantistas a partir da racionalidade e da justiça, assumidos como fundamento dos esquemas de legalidade positivamente elaborados e constitucionalizados. Assim, verifica-se que o trabalho de Luigi Ferrajoli[34], de resto, teve origem como parte de um originário e não dissociado programa de uma teoria do direito. Acabou por incluir muitos temas e problemas de caráter geral.

Quanto às garantias, não só penais, representam vínculos normativos idôneos a assegurar efetividade aos direitos subjetivos e, em geral, aos princípios axiológicos sancionados pelas leis. Os direitos de liberdade correspondem às garantias negativas, que consistem em limites ou impedimentos de fazer. Os direitos sociais correspondem às garantias positivas, consistentes em obrigações de prestações individuais ou sociais.

As garantias consistem em mecanismos direcionados a assegurar a máxima correspondência entre normatividade e efetividade da tutela dos direitos.

Em oposição ao mero legalismo, formalismo ou processualismo, o Garantismo versa na satisfação dos direitos fundamentais, vida, liberdade pessoal, liberdade civil e política e nas expectativas sociais de subsistência, direitos individuais e coletivos.

Para formular os princípios ou axiomas, Luigi Ferrajoli[35] usou dos seguintes termos: pena, delito, lei, necessidade, ofensa, ação, culpabilidade, juízo, acusação,

---
31. FERRAJOLI, Luigi. *Direito e razão*: teoria do garantismo penal. 4. ed. São Paulo: Ed. RT, 2014. p. 216.
32. FERRAJOLI, Luigi. *Direito e razão*: teoria do garantismo penal. 4. ed. São Paulo: Ed. RT, 2014. p. 649.
33. FERRAJOLI, Luigi. *Direito e razão*: teoria do garantismo penal. 4. ed. São Paulo: Ed. RT, 2014. p. 785.
34. FERRAJOLI, Luigi. *Direito e razão*: teoria do garantismo penal. 4. ed. São Paulo: Ed. RT, 2014. p. 833.
35. FERRAJOLI, Luigi. *Direito e razão*: teoria do garantismo penal. 4. ed. São Paulo: Ed. RT, 2014. p. 91.

prova e defesa. Cada um desses termos representa passos e condições para atribuição da responsabilidade penal e, consequentemente, da pena.

Caso defina a responsabilidade penal como o conjunto das condições normativamente exigidas para que uma pessoa seja submetida à pena, cada um dos termos designa uma condição da responsabilidade penal.

Os axiomas garantistas não expressam proposições assertivas, mas proposições prescritivas, ou seja, não descrevem o que ocorre, mas prescrevem o que deve ocorrer. Os axiomas não enunciam condições que um sistema penal efetivamente satisfaz, mas as condições que devem satisfazer, em adesão aos seus princípios normativos internos ou a parâmetros de justificação externa. Trata-se de implicações deônticas, normativas ou de dever ser que, após se tornarem axiomatizados, dará vida a modelos deônticos, normativos ou axiológicos.

Luigi Ferrajoli[36] diz que adotar tais modelos é uma opção ético-política a favor dos valores normativamente por eles tutelados. Cada uma das implicações deônticas, axiomas ou princípios, de que se compõe todo modelo de Direito Penal, representa uma condição *sine qua non* e, melhor dizendo, uma garantia jurídica para a afirmação da responsabilidade penal e para a aplicação da pena. Significa que os axiomas não podem ser condições suficientes, em que basta sua presença para que seja permitido ou obrigatório punir. Trata-se de uma condição necessária, de modo que, havendo ausência de alguma, não será permitido ou estará proibido punir.

Na terceira parte da obra de Luigi Ferrajoli[37], há demonstração de que a função específica das garantias, no Direito Penal, não é tanto permitir ou legitimar, senão condicionar ou vincular e, por consequência, deslegitimar o exercício absoluto da potestade punitiva. As garantias penais consubstanciadas no delito, na lei, na necessidade, na ofensa, na ação e na culpabilidade são requisitos ou condições penais. As garantias processuais delimitadas pelo juízo, acusação, prova e defesa designam requisitos ou condições processuais.

O sistema penal garantista, cognitivo ou de legalidade estrita, denominado sistema penal "SG", inclui axiomas penais e processuais. Trata-se de um modelo-limite, tendencialmente e jamais perfeitamente satisfatível, conforme prescreve[38].

Os axiomas garantistas são os seguintes:

a) A1 *Nulla poena sine crimine*

b) A2 *Nullum crimen sine lege*

c) A3 *Nulla lex (poenalis) sine necessitate*

d) A4 *Nulla necessitas sine injuria*

---

36. FERRAJOLI, Luigi. *Direito e razão*: teoria do garantismo penal. 4. ed. São Paulo: Ed. RT, 2014. p. 92.
37. FERRAJOLI, Luigi. *Direito e razão*: teoria do garantismo penal. 4. ed. São Paulo: Ed. RT, 2014. p. 325.
38. FERRAJOLI, Luigi. *Direito e razão*: teoria do garantismo penal. 4. ed. São Paulo: Ed. RT, 2014. p. 91.

e) A5 Nulla injuria sine actione

f) A6 Nulla actio sine culpa

g) A7 Nulla culpa sine judicio

h) A8 Nullum judicium sine accusatione

i) A9 Nulla accusatione sine probatione

j) A10 Nulla probatio sine defensione

O axioma A1 representa o princípio da retributividade ou da consequencialidade da pena em relação ao delito; o A2 traduz o princípio da legalidade, no sentido lato ou no sentido estrito; o A3 designa o princípio da necessidade ou da economia do direito penal. O A4, o princípio da lesividade ou da ofensividade do evento; o A5, o princípio da materialidade ou da exterioridade da ação; o A6, o princípio da culpabilidade ou da responsabilidade pessoal; o A7, o princípio da jurisdicionariedade, também no sentido lato ou no sentido estrito. O A8, o princípio acusatório ou da separação entre juiz e acusação; o A9, o princípio do ônus da prova ou da verificação; o A10, por último, designa o princípio do contraditório ou da defesa ou da falseabilidade.

Esses dez axiomas, ordenados e conectados sistematicamente, definem o modelo garantista de direito ou de responsabilidade penal, isto é, as regras do jogo fundamental do Direito Penal. Foram elaborados, sobretudo, pelo pensamento jusnaturalista dos séculos XVII e XVIII, que os concebera como princípios políticos, morais ou naturais de limitação do poder penal "absoluto".

Luigi Ferrajoli[39] afirma que alguns princípios já foram incorporados, mais ou menos na íntegra e rigorosamente, às constituições e codificações dos ordenamentos desenvolvidos, convertendo-se, assim, em princípios jurídicos do moderno Estado de Direito.

Considerando o Estado Democrático de Direito e diante da expansão do Direito Penal para a formação de um sistema de emergência criminal, o Garantismo aponta forte armamento para assegurar os direitos penais e processuais penais dos indivíduos inseridos no sistema processual penal brasileiro, após verificação de desvio de conduta.

Para além disso, o Garantismo necessita ser visto como parâmetro de análise diante da consideração do sistema significativo de Tomás Salvador Vives Antón[40], que cria e estabelece novas regras, inicialmente vinculadas a um novo sistema penal, considerado por ele mais humanizado, contudo, baseado na filosofia da linguagem, sem atentar para a centralização devidamente segura, imposta pelo princípio da legalidade e a dogmática finalista.

---

39. FERRAJOLI, Luigi. *Direito e razão*: teoria do garantismo penal. 4. ed. São Paulo: Ed. RT, 2014. p. 91-92.
40. VIVES ANTÓN, Tomás Salvador. *Fundamentos del sistema penal*. Valencia: Tirant lo Blanch, 1996. p. 495.

Não há como tecer um Habeas Corpus sem ter o conhecimento sobre o significado, o conceito, os princípios que abrangem o Garantismo, sobretudo por ser o *Writ* instrumento de combate ao uso de vias de antigarantismo por autoridades em face dos direitos de liberdade dos jurisdicionados.

1.5 PRINCÍPIO DA LEGALIDADE E O *HABEAS CORPUS*

Em enorme quantia de casos criminais, há absolutas falhas dos agentes do Estado perceptíveis por representarem ausência de atenção às normas, ocasionando em decisões abusivas que proporcionam direto ataque ao direito fundamental de liberdade. O princípio da legalidade é uma das vias de constante utilização do Advogado ao manusear o instrumento do Habeas Corpus. Nesse sentido, há que fazer o registro de que, conforme prescreve o art. 5°, XXXIX, da Constituição da República, "não há pena sem lei anterior que o defina, nem pena sem prévia cominação legal". O princípio da legalidade foi consagrado pela Constituição da República como cláusula pétrea, representando uma das vigas do Estado Democrático de Direito, sobretudo em matéria penal. O sistema garantista expõe o princípio da legalidade em um dos seus axiomas, sendo princípio base da teoria de Luigi Ferrajoli.[41] O Advogado atua com uma mão na Constituição e outra na Lei, ou seja, o respeito ao Princípio da Legalidade é fundamental na atividade advocatícia. O Advogado, ao sustentar, ao intervir em audiência, ao manifestar, ao peticionar, luta pela aplicação do Princípio da Legalidade.

O princípio da legalidade garante segurança jurídica aos jurisdicionados, de forma que não poderão ser submetidos a punições criminais, sem apoio em legislação determinada, construída pelo devido processo legislativo.

Brandão[42] ensina que "Onde termina a Legalidade começa a força despótica e um Direito Penal separado do Princípio da Legalidade é simplesmente um instrumento de terror estatal. Isto posto, é na Legalidade que o Direito penal moderno encontra sua legitimidade".

Na ocorrência de conduta humana, somente poderá haver subsunção do fato ao tipo, com a devida consequência jurídica, se antes existir legislação válida para permitir a responsabilização penal com a aplicação da sanção penal. De outra forma, caso alguém seja responsabilizado criminalmente e penalizado por isso, sem existência de lei penal válida e anterior ao fato, haveria violação ao princípio da legalidade. Brandão[43] aponta que "pela lei não somente se protege o homem das ações lesivas aos bens jurídicos, pela lei se protege o homem do próprio Direito Penal".

---
41. FERRAJOLI, Luigi. *Direito e razão*: teoria do garantismo penal. 4. ed. São Paulo: Ed. RT, 2014. p. 344.
42. BRANDÃO, Cláudio. *Introdução ao direito penal*: análise do sistema penal à luz do princípio da legalidade. Rio de Janeiro: Forense, 2005. p. 2.
43. BRANDÃO, Cláudio. *Introdução ao direito penal*: análise do sistema penal à luz do princípio da legalidade. Rio de Janeiro: Forense, 2005. p. 41.

Há exigência de que ocorra perfeita subsunção entre a conduta humana e a norma penal, de modo que, por mais grave que seja, se não adequar a ação ou omissão a um tipo penal anteriormente previsto, não poderá existir pena.

O princípio da legalidade exige que exista uma lei definindo determinada conduta humana como criminosa; que essa norma tenha conteúdo determinado; que seja anterior ao fato; que seja lei em sentido formal, que somente seja permitido analogia *in bonan partem*; sendo a lei garantida de forma isonômica para todos.

As leis penais incriminadoras não podem ser aplicadas a fatos passados, consagrando a expressão *nullum crimen nulla poena sine lege praevia*, como garantia fundamental. Não se admite que haja uma lei penal incriminadora criada após determinada ação ou omissão, vindo a norma a ser aplicada retroativamente para penalizar algum indivíduo, o que causaria enorme insegurança jurídica. Conforme Galvão[44],

> Se não havia a proibição, o indivíduo não pode ser responsabilizado por uma conduta que, no momento de sua realização, era lícita. No que diz respeito ao agravamento da pena, o mesmo raciocínio aplica-se. Se no momento da realização da conduta a consequência jurídica da prática da conduta era uma, não poderá o indivíduo, posteriormente, responder de maneira mais gravosa. A proibição da retroatividade assegura a preservação das regras do jogo instituídas pelo Estado de Direito.

Não existe princípio da legalidade sem a anterioridade, de forma que as leis penais somente retroagem para beneficiar o réu. Por isso, o crime somente pode ser definido em lei anterior ao fato. Quanto à pena, deve esta ser baseada em prévia cominação legal, aos moldes do art. 5°, incisos XXXIX e XL, da Constituição da República.

Para além disso, o princípio da legalidade não permite criação de infrações penais e penas por meio de costumes, sendo necessária a existência de lei no sentido formal, exceto como fonte mediata para atendimento às normas permissivas. O costume permite a tolerância da sociedade diante de determinada conduta, que pode ser utilizada como medida de exclusão de culpabilidade. O limite imposto aos costumes é quanto à criação de norma incriminadora e imposição de sanção penal. Consagra-se aqui a expressão *nullum crimen nulla poena sine lege*.

Também não é admitido que se crie normas penais incriminadoras e penas por meio de medidas provisórias, leis delegadas, resoluções. Por outro lado, admitem-se medidas provisórias *in bonam partem*, como instrumento de criação do Direito Penal.

O princípio da legalidade proíbe o emprego da analogia *in malam partem*. Contudo, considerando que a analogia *in bonam partem* amplia a liberdade individual, não há obstáculo para sua permissão. Desse modo, somente a analogia in *malam partem*, por ser prejudicial ao indivíduo e por dar origem a crimes e penas, não pode ser permitida, uma vez que gera violação direta ao princípio da legalidade. A analogia

---

44. GALVÃO, Fernando. *Direito penal*: parte geral. 7. ed. Belo Horizonte: D'Plácido Ed., 2016. p. 141.

representa um instrumento de integração, aplicando-se uma lei penal para fora do seu âmbito de incidência, com o objetivo de corrigir omissão. Por isso, não pode ser aplicada para prejudicar o jurisdicionado, somente para beneficiá-lo. Nesse sentido, não é possível criação de novas hipóteses de causas interruptivas e suspensivas de prescrição, uma vez que a prescrição é garantia do jurisdicionado.

Diferente é o método de interpretação extensiva, que permite apenas a expansão do alcance do significado da norma. Assim, é possível interpretar a norma extensivamente, de modo que seja prejudicial ao indivíduo. Por exemplo, é possível entender como possível o cárcere privado para obter vantagem, concluindo pela existência da figura da extorsão mediante o cárcere privado, como interpretação extensiva do sequestro como gênero. Considerando que a figura da extorsão mediante sequestro, do art. 159 do Código Penal, incrimina a conduta do indivíduo que sequestrar alguém para obter vantagem, como condição para resgate, da mesma forma, pela interpretação extensiva, é possível admitir a extorsão mediante cárcere privado.

O princípio da legalidade exige que a norma penal incriminadora seja certa e precisa, não admitindo termos vagos, duvidosos e que deixam margens de dúvidas para o intérprete admitir variadas condutas como crime ou contravenção penal. *Nullum crimen nulla poena sine lege certa* é a expressão garantista que consagra a necessidade de precisão das normas penais incriminadoras. Não pode haver tipos penais que sejam genéricos e vagos, que permitem embarcar vários atos como ilícitos penais. Por exemplo, o tipo que determina que praticará crime quem "violentar sentimento do povo", "agredir a ideia central da lei penal", entre outros, será de tal forma genérico, que violará o princípio da legalidade. Contudo, é possível identificar exceções a essa regra. Nos crimes culposos, por exemplo, cabe ao juiz identificar a conduta que viola o cuidado objetivo exigido pela sociedade, pois a norma penal determina apenas o resultado naturalístico não desejado. Com relação à sanção penal, existe exceção no ordenamento penal. O art. 46, § 3º do Código Penal admite que o juiz possa limitar tarefas, de acordo com as aptidões do condenado, fugindo, assim, da regra imposta pelo princípio da legalidade.

Luigi Ferrajoli[45] acredita que, de todos os princípios garantistas, o princípio da legalidade é caracterizado por ocupar lugar no centro do sistema garantista. Assim, afirma:

> Basta aqui dizer, enquanto o princípio convencionalista de mera legalidade é uma norma dirigida aos juízes, aos quais prescreve que considera como delito qualquer fenômeno livremente qualificado como tal na lei, o princípio congnitivo de legalidade estrita é uma norma metalegal dirigida ao legislador, a quem prescreve uma técnica específica de qualificação penal, idônea a garantir, com a taxatividade dos pressupostos da pena, a decidibilidade da verdade de seus enunciados.

---

45. FERRAJOLI, Luigi. Direito e razão: teoria do garantismo penal. 4. ed. São Paulo: Ed. RT, 2014. p. 93.

Expõe, Luigi Ferrajoli[46], que o princípio da mera legalidade e o princípio da estrita legalidade operam nos moldes da formula *nulla lex poenalis sine necessitate*. O princípio da estrita legalidade detém lugar no sistema garantista, uma vez que exige todas as demais garantias como condição da legalidade penal. Representa metanorma que condiciona a validade das leis vigentes à taxatividade de seus conteúdos. É dirigida ao legislador e trata-se de uma condição de validade das leis vigentes. O princípio da mera legalidade exige a lei como condição necessária da pena e do crime. Exige que os pressupostos das penas estejam estabelecidos de antemão por um ato legislativo. Representa condição de existência das normas penais incriminadoras, sendo dirigida aos juízes. Nesse sentido:

> [...] o princípio de mera legalidade como uma regra de distribuição do poder penal que preceitua ao juiz estabelecer como sendo delito o que está reservado ao legislador predeterminar como tal; e o princípio de estrita legalidade como uma regra metajurídica de formação da linguagem penal que para tal fim prescreve ao legislador o uso de termos de extensão determinada na definição das figuras delituosas, para que seja possível a sua aplicação na linguagem judicial como predicados "verdadeiros" dos fatos processualmente comprovados.[47]

O princípio da legalidade é tido como um princípio norteador do Direito Criminal, digo, Direito Penal e Processual Penal, representando uma forma de condição para o desenvolvimento da dogmática penal. Brandão[48] avalia o princípio da reserva legal da seguinte forma:

> Com efeito, o princípio da legalidade possui um significado formal fundamental para a dogmática penal, porém igualmente importante é o seu sentido material. Pois bem, é desta dicotomia que brotam todos os demais princípios e instituições do direito penal, o que faz com que ele seja apontado como o "princípio de princípios" com justa correção, já que sem ele a dogmática penal não poderia ter os contornos que possui na atualidade.

1.5.1 Vertente formal e material do princípio da legalidade e o bem jurídico

É importante apontar que o princípio da legalidade possui, quanto ao seu significado, uma vertente formal e outra material. Ambos podem ser questionados por via do Habeas Corpus.

O princípio da *legalidade formal* expressa as características já mencionadas acima, tais como a exigência da certeza e clareza da lei penal incriminadora, bem como das sanções penais; a proibição da norma penal maléfica retroagir; a proibição de aplicar costumes para criar penas e delitos e a proibição da analogia *in malam partem*. Além disso, o princípio da legalidade formal pode ser visto como norma principiológica que exige a obediência aos ritos de criação das leis pela Carta Magna, para que uma lei penal

---

46. FERRAJOLI, Luigi. *Direito e razão*: teoria do garantismo penal. 4. ed. São Paulo: Ed. RT, 2014. p. 91; 94.
47. FERRAJOLI, Luigi. *Direito e razão*: teoria do garantismo penal. 4. ed. São Paulo: Ed. RT, 2014. p. 348.
48. BRANDÃO, Cláudio. *Tipicidade penal*: dos elementos da dogmática ao giro conceitual do método entimemático. 2. ed. Coimbra: Almedina, 2014. p. 148

possa fazer parte do ordenamento jurídico. Do ponto de vista de Luigi Ferrajoli[49], essa vinculação da origem da lei penal às regras e ritos, quanto ao procedimento de criação, representa a adoção do princípio da mera legalidade.

A *vertente material*, constituída pelo princípio da legalidade material, reflete a face política do Estado, pois se identifica qual a sua feição, se totalitário, se liberal etc. É por meio do princípio da legalidade que o Direito conduz o uso da violência legitimada e formalizada pelo âmbito jurídico. Considerando a inserção do Direito Penal no Direito Constitucional, em que normas e regras do Direito Penal passam a ter conteúdo constitucional e garantista, para além da mera legalidade, é absolutamente relevante levar em conta o conteúdo material do princípio da legalidade, que exige encontro do Direito Penal com normas substanciais, como o princípio da igualdade, com os direitos fundamentais, com a necessidade de criação de tipos em que a violação do bem jurídico seja necessária para aplicação de sanção penal. Nesse sentido se destaca a relevância do princípio da estrita legalidade.

Com isso, uma lei que tenha seguido seu rito de criação perfeitamente, mas viola um princípio penal da Constituição, de forma que não atenda ao princípio da legalidade material, será certamente lei penal inconstitucional. Um tipo penal que exista simplesmente por existir, talvez para atender à vontade política de políticos, ou que tenha qualquer outro motivo que não seja proteger bens jurídicos, estaria violando o princípio da legalidade material.

Ora, o Direito Penal tem como um dos objetivos a proteção de bens jurídicos, se levarmos em conta o Direito Penal Constitucional. Para tanto, o indivíduo que viola bem jurídico responde com sanção penal. Se o Poder Legislativo cria tipo penal sem a preocupação de proteger bens jurídicos, haverá um vazio na moldura, no *Leitbild*, e, mesmo que haja exato atendimento aos ritos procedimentais para criação da lei penal que cria o tipo, haverá ausência da estrita legalidade.

Não existe necessidade da criação de uma moldura penal, se não existe substrato material, ou seja, se não existe bem jurídico a ser protegido.

Miguel Polaino Navarrete[50] deixa claro que o reconhecimento do conceito do bem jurídico representa um pressuposto básico que não se pode prescindir para a justificativa normativa do sistema penal. O bem jurídico é a chave do conteúdo material do injusto típico. Não é por acaso que Franz von Liszt viu no bem jurídico o conceito central da estrutura do delito. Com isso, não fica difícil concluir que a moldura penal tem como uma de suas finalidades, a identificação do bem jurídico protegido pelo legislador.

---

49. FERRAJOLI, Luigi. Direito e razão: teoria do garantismo penal. 4. ed. São Paulo: Ed. RT, 2014. p. 93.
50. NAVARRETE, Miguel Polaino. *El injusto típico en la teoría del delito*. Buenos Aires: Mario A. Viera Editor, 2000. p. 319.

Assim, "a função do Direito penal é tutelar valores, que são os bens jurídicos. Se o Direito Penal se afasta da tutela de valores ele se torna um instrumento de arbítrio para servir a outros interesses".[51]

É importante que haja limite ao arbítrio do legislador quanto ao conteúdo das normas penais incriminadoras. A exigência do bem jurídico violado na condição motivadora de aplicação da sanção penal é limite constitucional à criação de normas penais incriminadoras. Atenderia, nesse sentido, à vertente material do princípio da legalidade.

Tomás Salvador Vives Antón não idealiza o bem jurídico dessa forma. Distancia o bem jurídico de algo estático, como figura de objeto de proteção jurídica, da forma admitida por Miguel Polaino Navarrete. Idealiza o bem jurídico como referência argumentativa para justificar a intervenção punitiva pelo Direito Penal. A seu ver, para encontrar o objeto de proteção da norma penal, é necessário investigar o consenso social e signos sobre o que é valioso. Portanto, aqui reside uma das críticas quanto à teoria estrutural significativa. Pois, na medida em que o bem jurídico deixa de ser o centro de proteção do Direito penal, passando a ser causa de justificação da pena e do delito, verifica-se distanciamento da ideia original da constitucionalidade do tipo penal, tendo o bem jurídico como objeto chave do injusto.

É nessa linha que se deve fundamentar o Habeas Corpus, até mesmo porque o que está em jogo é uma das vertentes da imposição da intocabilidade da dignidade da pessoa humana, nesse caso, a liberdade enquanto bem jurídico objeto de proteção constitucional.

1.5.2 Princípio da legalidade e tipicidade

O agente estatal, mesmo diante de afronta ao direito fundamental da liberdade, mesmo de forma equivocada, utiliza de juízo de tipicidade[52] vinculando o jurisdicionado a um fato como fundamento da prisão. Daí a necessária importância da construção da relação conceitual entre o Princípio da Legalidade e a tipicidade para a prática da elaboração de um Habeas Corpus. O ponto de encontro do princípio da legalidade com a tipicidade vislumbra-se na expressão *nullum crimen nulla poena sine lege certa,* que consagra a taxatividade penal. É o princípio da legalidade, por meio da exigência da taxatividade, que proíbe o esvaziamento do tipo penal. Significa dizer que a conduta humana proibida deve ser delimitada e individualizada, não permitindo com que haja condutas penais abstratamente proibidas com abertura para várias interpretações, muito embora estejam formalmente previstas em lei.

---

51. BRANDÃO, Cláudio. *Introdução ao direito penal:* análise do sistema penal à luz do princípio da legalidade. Rio de Janeiro: Forense, 2005. p. 56.
52. O juízo de tipicidade é a adequação que se faz entre o fato/conduta praticada pelo jurisdicionado e o tipo penal que está na lei na condição de delito.

Os tipos penais devem ser caracterizados com a maior exatidão possível. Por isso, é possível afirmar que a tipicidade penal seja verificada com o cumprimento do princípio da legalidade pela característica da taxatividade penal.

Ao considerar que a tipicidade representa um juízo de subsunção entre uma conduta e a estrutura legal, se não existir o molde legal, não existirá a matéria proibida, não havendo, por consequência, o delito.

Nesse sentido, Brandão[53] conclui que o fundamento da tipicidade reside no princípio da legalidade, exemplificando da seguinte forma:

> Veja-se o exemplo do art. 69 da Lei 8078/90: "Deixar de organizar dados fáticos, técnicos e científicos que dão base à publicidade" É impossível haver a tipicidade, pois não pode haver o enquadramento de nenhuma conduta nesta descrição. Com efeito, o legislador não estabeleceu conceitualmente como os dados "que dão base à publicidade" devem ser organizados. De que tipo de "organização" se fala no tipo? A descrição não permite individualizar e conhecer a matéria da proibição, pois não há, minimamente, a taxatividade exigida como condição de coerência entre a lei penal e as exigências do princípio da legalidade.

Assim, considerando que a tipicidade realiza o enquadramento de uma conduta humana a um modelo legal, que expressa proibição, haja vista a relevância do comportamento negativo no âmbito penal, tem-se que o princípio da legalidade, por meio da característica da taxatividade, é fundamental para a construção da dogmática penal. É importante frisar que não é somente a tipicidade que está ligada ao princípio da legalidade, mas toda a dogmática do delito e da pena. Tais diretivas não podem ser desconectadas da construção de fundamentos em Habeas Corpus.

---

53. BRANDÃO, Cláudio. Tipicidade penal: dos elementos da dogmática ao giro conceitual do método entimemático. 2. ed. Coimbra: Almedina, 2014. p. 148.

2
O BEM JURÍDICO ENQUANTO OBJETO DOGMÁTICO NO *HABEAS CORPUS*

A liberdade é o bem jurídico que se protege no manuseio do Habeas Corpus. O presente capítulo buscará abordar o bem jurídico no Direito Penal como ponto de centro de atenção do processo penal prático, sua natureza jurídica, origem e atuais considerações, delineando o conteúdo da questão sem aprofundamento histórico, mas direcionado ao atendimento da importância do bem jurídico na dogmática penal, sobretudo, em consideração à análise comparativa para discussão quanto à estrutura sistemática de Tomás Salvador Vives Anton,[1] o que revela importância prática para a base de conceito de justiça.

Nesse sentido, é necessário contextualizar que a estrutura da organização estatal deve atender às necessidades dos indivíduos, colocando a pessoa e os direitos que lhe asseguram dignidade no alvo de atenções do Estado. Não é sem motivos, que a Constituição da República prescreve no título I, art. 1º, que a República Federativa do Brasil se constitui em Estado Democrático de Direito e tem como fundamento a dignidade da pessoa humana. Nesse sentido, o bem jurídico analisado, no âmbito do Direito Penal, tem ligação com a finalidade de preservar as condições necessárias para viabilizar a coexistência livre e pacífica em sociedade, de forma que haja o respeito aos direitos fundamentais dos indivíduos integrantes do corpo social.

A proteção do bem jurídico consiste em um critério material de construção dos tipos penais, constituindo sua base de estrutura e interpretação. O bem jurídico deve ser utilizado como princípio de interpretação do Direito Penal no Estado Democrático de Direito, sendo ponto de origem da estrutura do delito. Por via do Habeas Corpus, o Advogado guerreia pela proteção do bem jurídico liberdade, na maioria das vezes, violado por agentes do Estado que afrontam a Lei e a Constituição de forma infundada.

Ressalta-se que o bem jurídico tem um sentido material próprio, anterior à lei. Significa dizer que ele não deve ser criação abstrata da lei, mas que representa algo significativo em uma sociedade organizada muito antes da construção da norma penal, que vem ao mundo como instrumento de proteção daquele bem jurídico. Portanto, o bem jurídico deve ser anterior à lei e atender a princípios caros e raros à sociedade como um todo ou aos indivíduos que a compõem.

---

1. VIVES ANTÓN, Tomás Salvador. *Fundamentos del sistema penal*. Valencia: Tirant lo Blanch, 2011. p. 812.

Há que se verificar o sentido e origem do bem jurídico na matéria penal, pois será de grande importância para a visão construtiva da proteção da liberdade por meio do Writ. É o que permite a legítima argumentação pelo Advogado no uso do instrumento constitucional de proteção da liberdade.

Dito isso, o conceito de um bem jurídico somente surge na dogmática penal no início do século XIX. Seguindo a linha histórica, do ponto de vista da análise penal, é necessário que seja lembrado que os iluministas definiam o fato punível a partir da lesão de direitos subjetivos. Anselm von Feuerbach[2] percebeu como objeto de proteção das normas penais tipificadas, os bens particulares ou estatais. Franz von Liszt[3], após dar seguimento ao pensamento de Karl Binding, viu no bem jurídico um conceito central da estrutura do delito. Para tanto, deslocou o centro de gravidade do conceito do bem jurídico do direito subjetivo para colocá-lo à posição de objeto de necessário interesse juridicamente protegido.

É de extrema relevância que se perceba que o bem jurídico, objeto de proteção pelo Direito Penal por via do instrumento processual, faz parte de uma construção prévia e natural à norma penal, que traz tipos penais com finalidade de identificar tais bens com o fim de assegurar-lhes proteção. Assim, o bem jurídico pode representar bens ou direitos considerados caros a um corpo coletivo, ao ponto de serem elementos centrais dos tipos penais estruturados.

A título exemplificativo, é possível verificar, com segurança, que a Lei 8.137/90 definiu crimes que, expressamente, visam proteger determinado bem jurídico, qual seja, a ordem tributária. Nesse caso, o tipo penal evidencia o bem jurídico, de modo que o intérprete da lei fica vinculado à escolha do Poder Legislativo quanto ao bem jurídico sob proteção. A tipicidade material terá destaque no momento em que a conduta sob exame violar o bem jurídico identificado.

Muitos operadores do Direito, sejam juízes, promotores ou Advogados, esquecem o uso da dogmática penal para aplicar o Direito Criminal na prática. Esse viés de atuação torna o processo penal atécnico, deficiente, despido de regras. É impossível desconectar a dogmática penal da prática do processo penal, pois é o que garante a aplicabilidade legítima do direito material penal em casos reais.

2.1 TIPICIDADE, ANTINORMATIVIDADE E DESVALOR DO BEM JURÍDICO

É fundamental trabalhar a análise da antinormatividade, da tipicidade e o desvalor do bem jurídico em Habeas Corpus. É necessário perceber que, apesar da matéria de proibição estar presente no tipo, não se confunde com ele. A indagação

---

2. FEUERBACH apud BRANDÃO, Cláudio. *Tipicidade penal*: dos elementos da dogmática ao giro conceitual do método entimemático. 2. ed. Coimbra: Almedina, 2014. p. 116.
3. LISZT apud BRANDÃO, Cláudio. *Tipicidade penal*: dos elementos da dogmática ao giro conceitual do método entimemático. 2. ed. Coimbra: Almedina, 2014. p. 135.

é comum, pois a matéria considerada objeto de proibição engloba o resultado do injusto, ou seja, a soma do desvalor da ação adicionada ao desvalor do resultado para constituir o injusto penal. Ressalta-se que a violação do bem jurídico está embutida na conduta que representa o desvalor do resultado. Admite-se que o tipo penal tem maior abrangência do que a matéria de proibição, uma vez que o tipo de injusto é proprietário de todos os elementos que rodeiam a imagem do delito. O bem jurídico está alocado no tipo de injusto, sendo iluminado no instante em que ocorre, por uma conduta, a identificação do desvalor do resultado. Assim que o Poder Legislativo aponta, por meio da lei, uma conduta tipificada, necessariamente, ocorre uma análise fria de um juízo de desvalor, mesmo que inicial. O fato de a lei conferir uma pena para o indivíduo que realiza uma conduta que viola o bem jurídico representa um juízo de valor inicial. Sendo assim, fica mais seguro afirmar que a criação do tipo penal representa uma decisão política de um determinado momento histórico.

Nesse sentido, Reinhart Maurach[4] afirma que:

> O bem jurídico constitui o núcleo da norma e do tipo. Todo delito ameaça um bem jurídico; o critério, em situações apontadas por Frank, considerando haver delitos sem ofensa a um bem jurídico, se encontra hoje superado. Não é possível interpretar, nem conhecer a lei penal, sem manter a ideia de bem jurídico. (Tradução nossa)[5]

O simples fato de identificar a realização de uma conduta típica, indica, necessariamente, uma conduta baseada no desvalor da ação e do resultado. Isso ocorre porque o bem jurídico, objeto de proteção da norma penal, é violado pela prática da conduta desviante. Veja que não há aqui, do ponto de vista da dogmática tradicional, análise de conduta significativa para o corpo social, com relevância para considerá-la crime, como pretende Tomás Salvador Vives Antón[6], mas a exigência da presença de um bem jurídico com perigo de violação ou mesmo violado.

Hans Welzel[7] acredita que o tipo tem um conteúdo amplificado em relação à matéria de proibição, de modo que o tipo (*Tatbestand*) significa um tipo de injusto (*Unrechtstypus*). Considerando o posicionamento de Hans Welzel[8], José Cerezo Mir[9] se coloca no sentido de que, realmente, o tipo de injusto é mais abrangente do que a matéria de proibição.

Diante disso, não há outra conclusão, senão a de que o resultado possui relevância penal do ponto de vista da ofensa de um bem jurídico, pelo seu desvalor.

---

4. MAURACH, Reinhart. *Tratado de derecho penal*. Barcelona: Ariel, 1962. p. 253-254.
5. "El bien jurídico constituye el núcleo de la norma y del tipo. Todo delito amenaza un bien jurídico; el critério, en ocasiones defendido por Frank, de cabe pensar también en delitos no referidos a um bien jurídico, se encontra hoy superado. No es posible interpretar, ni por tanto conocer, la ley penal, sin acudir a la ideia de bien jurídico".
6. VIVES ANTÓN, Tomás Salvador. *Fundamentos del sistema penal*. Valencia: Tirant lo Blanch, 2011. p. 807;812.
7. WELZEL, Hans. *El nuevo sistema del derecho penal*. Montevideo: BdF, 2002. p. 72.
8. WELZEL, Hans. *El nuevo sistema del derecho penal*. Montevideo: BdF, 2002. p. 72.
9. CEREZO MIR, José. *Curso de direito penal*. Madrid: Tecnos, 1993. p. 319-320.

Considera-se ainda, a importância do desvalor da ação e a valoração inicial na criação do tipo penal. Assim, o bem jurídico é substrato material da tipicidade, sendo sua substância valorativa. O conteúdo material do tipo de injusto é o bem jurídico. Dessa forma, importa afirmar que a norma penal tem a função de proteção do objeto de valoração, que é o bem jurídico caro ao corpo social e que foi valorado previamente à elaboração do tipo de injusto. A colocação do bem jurídico em perigo ou sua violação direta acarreta o desvalor do resultado, o que gera conexão do bem jurídico com a antinormatividade.

Além da relação intrínseca existente entre o bem jurídico e a tipicidade, é possível verificar sua ligação com a antinormatividade penal. Considerando que a norma penal seja criada por meio de um juízo de valor prévio ou inicial, e que a intenção seja de que específico bem jurídico venha a ser protegido pela lei, a conduta que violar a norma criada para proteção do bem jurídico elencado, consequentemente, viola esse bem jurídico, sendo essa conduta, naturalmente, denominada antinormativa. Daí a relação entre o bem jurídico e a antinormatividade penal. Sendo assim, violar a norma penal é violar o bem jurídico.

Luis Gracia Martin[10] já se colocou no sentido de que há divisão da norma penal em norma de determinação e norma de valoração. A norma penal de valoração se refere ao desvalor do resultado, sendo este atingido com a violação ou exposição ao perigo dos bens jurídicos. A norma penal de determinação, na visão do autor, tem função de proteção das normas de valoração. A lesão ou perigo de violação das normas de valoração, ou seja, dos bens jurídicos, se posicionam no mesmo endereço do desvalor do resultado.

O manuseio do Habeas Corpus sem os fundamentos dogmáticos jurídicos torna a peça instrumental vazia de conteúdos técnicos, portanto, tenha em mente a importância da dogmática penal na defesa do Direito Constitucional – liberdade.

2.2 O BEM JURÍDICO NA DOGMÁTICA PENAL

É certo que o bem jurídico está inserido no tipo, na condição de objeto de proteção. Considerando o Direito Penal na condição de instrumento necessário para efetivar a proteção dos bens jurídicos, não se pode esquecer que há conexão direta entre o Direito Penal e a Política. Esse ramo do Direito dá permissão à consequência da violência praticada pelo Estado, que é a aplicação da pena para o indivíduo que viola a norma penal, ao agredir o bem jurídico sob tutela criminal. Claro que, diante do Direito Penal constitucionalizado, a inserção dos princípios constitucionais que impõem limites ao Direito Penal está localizada no princípio

---

10. GRACIA MARTIN, Luis. *Fundamentos de dogmática penal*: una introducción a la concepción finalist de la responsabilidad penal. Barcelona: Atelier, 2006. p. 297-298.

da legalidade ou na antinormatividade, conforme já expôs Hans Welzel[11], quanto a esse último conceito.

Nesse sentido, não há possibilidade de realizar uma interpretação do tipo penal, no âmbito da dogmática penal do Estado Democrático de Direito, sem dar relevância à figura do bem jurídico. Cabe concluir que o bem jurídico representa termômetro para verificação da dogmática penal no âmbito do Estado Democrático de Direito, sendo expressão política do Estado.

Sabendo que o bem jurídico é identificado diante de bens e direitos de ordem valorativa construída pela sociedade, resta saber a origem dogmática penal do conceito de bem jurídico. Nesse caso, verifica-se, conforme Brandão[12], que, por mais de dois séculos, as construções dogmáticas giram em torno do conceito de bem jurídico.

Em 1801, Anselm von Feuerbach[13] possibilitou a estruturação do conceito de bem jurídico, ao buscar o objeto de proteção do Direito Penal. Entendeu que uma das funções do Direito Penal era a tutela de direitos externos, especificamente, os direitos subjetivos, que representavam os direitos individuais dos indivíduos.

Pelo fato de o Direito Penal aplicar uma pena como consequência jurídica pela ofensa de um indivíduo a um objeto de proteção, deveria haver uma lei que apoiasse tal conduta estatal. Desse modo, a proteção a direitos externos (privados ou individuais) pelo Direito Penal teria que ter conexão com o princípio da legalidade. O mal da pena necessitaria da existência de uma norma penal (*nulla poena sine lege*)[14]. Destarte, o princípio da legalidade deve estar presente para que seja permitida a aplicação de pena e seus efeitos, sobretudo um efeito psicológico de intimidação notório, representado pela prevenção geral negativa. Por isso, há legitimidade em dizer que, tanto a legalidade, quanto o objeto protegido pelo Direito Penal surgiram na versão dogmática, em decorrência da teoria da coação psicológica de Anselm von Feuerbach[15]. Assim, a pena prevista pela norma penal serviria, também, para que fossem evitadas ofensas aos direitos subjetivos elencados pela lei como objetos de proteção.

Apesar de Anselm von Feuerbach ter dado início a uma discussão técnica, quanto ao significado do bem jurídico sob o aspecto dogmático, houve um giro conceitual com a introdução formal da discussão trazida por Johann Michael Franz Birnbaum, na primeira metade do Século XIX, que acabou por deixá-lo com o título

---

11. WELZEL, Hans. *Derecho penal*: parte geral. Traducción de Carlos Fontán Balestra. Buenos Aires: Roque Depalma Editor. 1956. p. 25.
12. BRANDÃO, Cláudio. *Tipicidade penal*: dos elementos da dogmática ao giro conceitual do método entimemático. 2. ed. Coimbra: Almedina, 2014. p. 115.
13. FEUERBACH apud BRANDÃO, Cláudio. *Tipicidade penal*: dos elementos da dogmática ao giro conceitual do método entimemático. 2. ed. Coimbra: Almedina, 2014. p. 115.
14. FEUERBACH, *apud* BRANDÃO, Cláudio. *Tipicidade penal*: dos elementos da dogmática ao giro conceitual do método entimemático. 2. ed. Coimbra: Almedina, 2014. p. 116.
15. FEUERBACH *apud* BRANDÃO, Cláudio. *Tipicidade penal*: dos elementos da dogmática ao giro conceitual do método entimemático. 2. ed. Coimbra: Almedina, 2014. p. 116.

de pai do conceito de bem jurídico[16]. Estrutura sua teoria, partindo de Anselm von Feuerbach, que afirmava que o objetivo do Direito Penal seria proteger os interesses e direitos subjetivos. Ocorre que Johann Michael Franz Birnbaum não concordou com a ideia de que, o direito em si mesmo, teria caráter de bem jurídico, uma vez que o direito não poderia ser lesionado, mas somente o bem jurídico considerado como tal. O direito deve ser materializado em bens, que são considerados objeto do direito por serem suscetíveis de lesão. O direito não pode ser subtraído ou diminuído, somente o bem. Portanto, para o autor, somente os bens em si próprios ou os bens decorrentes do direito podem ser violados. Não se pune pela violação do direito à incolumidade física, mas pela lesão à integridade física. Não se pune pela violação do direito à vida, mas pela tentativa ou agressão à vida considerada no seu singular. O que o crime lesiona é o bem, não o direito.

Com Michael Franz Birnbaum[17], os direitos subjetivos saem do centro da discussão do crime, passando a ser foco da discussão, o bem pertencente ao aspecto concreto e objetivo, sem análise de direitos subjetivos. Embora sua contribuição em seu texto intitulado *Ueber das Erfordenißeiner Rechtsverlezung zum Begriffe der Verbrechens*, bem lembrado por Cláudio Brandão[18], não tenha trazido perfeição do conceito de bem jurídico, foi uma definição que possibilitou modificação do centro de gravidade da tutela penal. O pensamento de Birnbaum permitiu que a investigação fosse direcionada para um plano objetivo quanto à lesão concreta de um objeto jurídico palpável. Além disso, gerou a possibilidade da discussão sobre o conceito de bem jurídico percorrer um caminho de desenvolvimento histórico dogmático penal.

Karl Binding[19], representando o positivismo normativo, já na segunda metade do século XIX, apresentou pensamento contrário ao modelo atual sobre o conceito de bem jurídico. Binding, em *Die Normen und ihre übertretung*, na primeira edição, mesma data da entrada em vigor do Código Penal do Império Alemão de 1872, expressou pensamento no sentido de que existe um vínculo entre o bem jurídico e a escolha do Estado sobre o que seja e o que não seja bem jurídico. Cabia ao Estado a atribuição de escolher quais os bens deveriam ser objetos de tutela penal, uma vez que o Poder Legislativo construía a criação do Direito Penal. O Poder Legislativo dava o conceito do crime, criava elementos do tipo penal e conceituava a lesão sob o aspecto penal. O entendimento atual de que o bem jurídico deve ser anterior à lei não era admitido por Binding. Para ele, a criação do conceito do bem jurídico (*Rechtsgut*) deveria ser avaliada, sendo uma criação puramente legislativa. Admitia

---

16. BIRNBAUM *apud* BRANDÃO, Cláudio. *Tipicidade penal*: dos elementos da dogmática ao giro conceitual do método entimemático. 2. ed. Coimbra: Almedina, 2014. p. 120.
17. BIRNBAUM *apud* BRANDÃO, Cláudio. *Tipicidade penal*: dos elementos da dogmática ao giro conceitual do método entimemático. 2. ed. Coimbra: Almedina, 2014. p. 122.
18. BRANDÃO, Cláudio. *Tipicidade penal*: dos elementos da dogmática ao giro conceitual do método entimemático. 2. ed. Coimbra: Almedina, 2014. p. 124;128.
19. JESCHECK, Hans-Heinrich. *Tratado de derecho penal*. Trad. Mir Puig e Muñoz Conde. Barcelona: Bosch, 1981. p. 350. v. 1.

que a norma era originada do tipo penal criado pelo legislador, e desse modo, o bem jurídico, atingido com a prática do crime também era criação dele. Conclui-se que a norma é a única fonte do bem jurídico. É a norma que identifica o bem jurídico, apontando qual é o objeto de proteção.[20]

A norma delimita o tipo de lesão que atinge o bem jurídico. Nesse caso, a lesão estaria situada, também, no plano da norma, e não no plano do *Tatbestand*. Até porque o conceito sobre *Tatbestand* somente veio surgir, tempos depois, com a teoria da tipicidade de Ernst von Beling.[21]

Caminhando por um lado oposto ao de Karl Binding, Franz von Liszt, no positivismo sociológico, não concordou em afirmar que o bem jurídico seria criado pelo legislador. Trouxe pensamento inovador, para a época, ainda no final do Século XIX, em seu tratado, conforme exposto por Cláudio Brandão.[22] É necessário lembrar que o conceito de tipicidade ainda não existia. Franz von Liszt, portanto, trabalhando apenas com os elementos da antijuridicidade e da culpabilidade, realizou a separação de ambos os conceitos, alocando o bem jurídico na antijuridicidade. Por acreditar que o bem jurídico não era criação do legislador, mas um bem da vida, externo ao direito, ele apresentou o entendimento de que o ilícito penal tinha um conteúdo material, e que o legislador teria a incumbência de identificar esse conteúdo material e valorá-lo, para que fosse realizada sua tutela. Nesse sentido, característica material do ilícito não seria criação do legislador, mas acontecimento da vida. O legislador deveria apenas pincelar esse conteúdo e dar a ele valor, para que assim, houvesse a tutela pela via penal.

Afirma também a existência da antijuridicidade sob dois vieses, sendo a antijuridicidade formal e a antijuridicidade material. A antijuridicidade formal faz sentido com a ocorrência de uma ação que viola uma norma jurídica, o direito. Por outro lado, a antijuridicidade material acontece com uma ação proveniente de um comportamento socialmente nocivo a um bem jurídico pré-existente. A antijuridicidade material ocorre com a violação de um bem jurídico.

Na estrutura significativa de Tomás Salvador Vives Antón[23], a antijuridicidade material (ofensividade ao bem jurídico) existe na residência do tipo de ação, representando uma das pretensões de validade da norma, que é a pretensão de relevância (tipo de ação).

Os bens jurídicos podem ser visualizados como aqueles interesses da vida de um indivíduo ou de interesse de um corpo coletivo, de forma que quem o cria não

---

20. JESCHECK, Hans-Heinrich. *Tratado de derecho penal*. Trad. Mir Puig e Muñoz Conde. Barcelona: Bosch, 1981. p. 350. v. 1.
21. BELING, Ernst von. *Esquema de derecho penal: la doctrina del delito tipo*. Trad. Carlos M. De Eliá. Buenos Aires: Libreria "El Foro", 2002. p. 76;89.
22. LISZT apud BRANDÃO, Cláudio. *Tipicidade penal: dos elementos da dogmática ao giro conceitual do método entimemático*. 2. ed. Coimbra: Almedina, 2014. p. 124;133.
23. VIVES ANTÓN, Tomás Salvador. *Fundamentos del sistema penal*. Valencia: Tirant lo Blanch, 2011. p. 274.

é a lei. O legislador não cria o bem jurídico, apenas o identifica. Por outro lado, a antijuridicidade formal ocorre com a violação de uma norma. A antijuridicidade formal, na estrutura significativa de Tomás Salvador Vives Antón[24], é traduzida pela pretensão de ilicitude, em que há verificação do ajuste da ação ao ordenamento.

O ilícito material existe previamente à criação da lei. É um acontecimento da vida. O que o legislador faz é a identificação e a formalização da sua existência, por meio da norma, dando a ele a condição de bem com caráter de interesse juridicamente protegido. Assim, fica evidente a percepção de que a antijuridicidade material é conceituada sob o aspecto do bem jurídico, não encontrando este, origem de sua existência na norma, como apoiava as crenças de Binding. O bem jurídico está alojado numa realidade exterior ao direito, tendo o reconhecimento do Estado para a formalização da antijuridicidade material.

A importância da contribuição de Franz von Liszt é tão grande para os dias de hoje, que, considerando, em causa prática penal atual, a inexistência de bem jurídico a ser protegido, concluir-se-á pela exclusão da tipicidade. Claro que o autor deu início ao aspecto material do bem jurídico na tipicidade, pois, no seu momento histórico, ainda não havia a tripartição dos elementos. Ao separar a culpabilidade da antijuridicidade, havia alojado a questão do bem jurídico no âmbito da antijuridicidade. Com isso, o afastamento da antijuridicidade material em razão da inexistência de lesão ou perigo de lesão ao bem jurídico é de extrema relevância para a dogmática penal atual.[25] Nesse sentido, Brandão[26] aponta o teor da antissocialidade da conduta antijurídica, ao considerar que o conteúdo material do ilícito é criado pela vida e pincelado pelo legislador, e não pela norma. Com isso, a antissocialidade passa a representar o conteúdo material do ilícito, permitindo esclarecer que a antijuridicidade material é traduzida pela ação de comportamento nocivo socialmente.

> Nesta toada, é a antissocialidade o próprio conteúdo material do ilícito, já que a ação antijurídica atingirá um interesse da vida (Lebensinteressen), violando ou expondo a perigo o bem jurídico. Assim, 'a ação antijurídica é um ataque, através do que é protegido pela norma jurídica, ao interesse da vida, individual ou da coletividade, com ela há a violação ou o perigo a um bem jurídico.[27]

Como já visto, tanto Karl Binding, quanto Franz von Liszt foram destaque da face positivista do Direito Penal[28]. Em ambos, o bem jurídico tinha atributos valorativos. Liszt estruturou o conceito de bem jurídico a partir de interesses juridicamente protegidos, de maneira que o bem jurídico seria violado, se houvesse

---

24. VIVES ANTÓN, Tomás Salvador. *Fundamentos del sistema penal*. Valencia: Tirant lo Blanch, 2011. p. 492.
25. JESCHECK, Hans-Heinrich. *Tratado de derecho penal*. Trad. Mir Puig e Muñoz Conde. Barcelona: Bosch, 1981. v. 1. p. 350.
26. BRANDÃO, Cláudio. *Tipicidade penal*: dos elementos da dogmática ao giro conceitual do método entimemático. 2. ed. Coimbra: Almedina, 2014. p. 133.
27. BRANDÃO, Cláudio. *Tipicidade penal*: dos elementos da dogmática ao giro conceitual do método entimemático. 2. ed. Coimbra: Almedina, 2014. p. 133.
28. BITENCOURT, Cezar Roberto. *Tratado de direito penal*: parte geral 1. 20. ed. São Paulo: Saraiva, 2014. p. 348.

uma ação socialmente danosa, ou seja, baseada no desvalor da ação. Karl Binding também apontou que o bem jurídico tinha relação com o conteúdo de valor, na medida em que se verificou que o bem jurídico seria resultado da construção do legislador, após este determinar a ele um valor social. Veja que tanto Liszt quanto Binding trabalharam com a relação entre bem jurídico e valor. Diante disso, é possível concluir que não foi contribuição única do Neokantismo, a conexão do conceito de bem jurídico ao conceito de valor, o que seria um equívoco conclusivo da história evolutiva da dogmática penal.

O valor destacado no positivismo de Franz von Liszt e Ernst von Beling tem origem diferente do valor no Neokantismo. O valor no Positivismo está conectado à atividade do legislador. Quanto ao Neokantismo, revela surgimento em face de uma reação ao Positivismo, baseando, no ponto de estudo, em uma separação metodológica estabelecida no sentido de que a investigação dos objetos ligados às ciências da natureza tem tratamento diferente da investigação dos objetos ligados às ciências culturais. O objeto, para as ciências da natureza, é diferente do objeto para as ciências da cultura. Para as ciências da natureza, o objeto é explicado sem pressupor a relação dele com o *sujeito cognoscendi*. Para as ciências da cultura, não há explicação do objeto, mas compreensão deste, além de haver a conexão entre o objeto de conhecimento e o *sujeito cognoscendi*. Nesse sentido, o Neokantismo analisa o Direito Penal sob o aspecto de uma ciência cultural. Por isso, há a vinculação, no Neokantismo, do bem jurídico à esfera cultural, sem conectar seu surgimento à mera atividade do legislador, como é feito no Positivismo. No Neokantismo, o valor do bem jurídico é cultural, e não atribuição exclusiva do legislador. Nesse sentido, Edmundo Mezger[29], em *Strafrecht*, como expressão do Neokantismo, chegou a definir o bem jurídico "como o valor objetivo protegido pela lei penal". Nesse caso, o conteúdo material do injusto seria a lesão ou colocação em perigo de um bem jurídico. Além disso, reporta Cláudio Brandão[30], que na visão de Mezger, toda interpretação supralegal do Direito Penal depende do bem jurídico. Não há lei que consiga esgotar a totalidade do direito.

Ainda com Edmundo Mezger[31], há diferença entre bem jurídico e objeto da ação, pois, conforme suas definições neokantianas, é possível que ambos os conceitos sejam tratados a partir de diferentes caminhos. O objeto da ação é representado pelo objeto corpóreo em que uma conduta típica se realiza. O bem jurídico é uma valoração em face do objeto da ação. Desse modo, imagine um crime de furto. O objeto da ação é a coisa furtada, e o bem jurídico, o patrimônio. Por outro lado, no

---

29. MEZGER *apud* BRANDÃO, Cláudio. *Tipicidade penal*: dos elementos da dogmática ao giro conceitual do método entimemático. 2. ed. Coimbra: Almedina, 2014. p. 139.
30. MEZGER *apud* BRANDÃO, Cláudio. *Tipicidade penal*: dos elementos da dogmática ao giro conceitual do método entimemático. 2. ed. Coimbra: Almedina, 2014. p. 141.
31. MEZGER apud BRANDÃO, Cláudio. *Tipicidade penal*: dos elementos da dogmática ao giro conceitual do método entimemático. 2. ed. Coimbra: Almedina, 2014. p. 140.

crime de homicídio, tanto o bem jurídico, quanto o objeto da ação são vinculados à mesma coisa, ou seja, a vida.

O Neokantismo foi de grande importância para a dogmática penal, principalmente ao desvincular a ideia da origem legislativa dos valores, como foi enquadrado pelo Positivismo, cujas raízes ainda estão inseridas, tanto no finalismo, quanto no funcionalismo. Mas, antes de adentrar nesse ponto, é importante que fique registrado que o bem jurídico tem a função teleológica no Neokantismo, de permitir abertura de interpretações, refletindo na dogmática penal, como por exemplo, a possibilidade da aplicação interpretativa supralegal no Direito Penal, pois nenhuma lei esgota o Direito. Fora das normas, no mundo real, encontram-se valores que devem ser levados em consideração. A postura do Neokantista é no sentido de atribuir valores. Bem jurídico, nesta linha, é valor objetivo para Mezger, que quis apresentar algo que fosse produto de consenso entre as pessoas. Infelizmente, buscou utilizar o conceito do bem jurídico como valor objetivo, para afirmar a supremacia ariana, tratando-se, na verdade, de conceito antidemocrático.

O pensamento neokantiano também deixou marcas no Finalismo. Tanto é que a função do Direito Penal no Finalismo é a proteção dos valores mais importantes e relevantes da vida. Mais especificamente, o Finalismo percebe que a função do Direito Penal é afirmar as condutas que conferem proteção ao bem jurídico. Não foi diferente com o Funcionalismo, uma vez que essa linha de condução do Direito Penal exige que a imputação objetiva seja feita com fundamento em um juízo de valor. O bem jurídico é de importância relevante para um indivíduo ou corpo social e, por ter um significado social, deve ser protegido juridicamente.

Bem jurídico é conceito cultural, que se constrói em face da cultura[32]. *O bem jurídico é valor e os valores valem. Os valores não se definem, os valores valem, atribuindo-se ao signo, o que o argumento desejar.*

Os presentes conceitos de dogmática dão ao Advogado, enquanto defensor da liberdade dos jurisdicionados, absoluta riqueza na construção de teses de defesa, dando calibre na argumentação sólida para invalidar uma prisão imposta por conduta afrontosa do agente estatal.

---

32. NAVARRETE, Miguel Polaino. *El injusto típico en la teoría del delito*. Buenos Aires: Mario A. Viera Editor, 2000. p. 348.

3
A RELAÇÃO DO *HABEAS CORPUS* COM A CONSTITUIÇÃO DA REPÚBLICA E SUAS LINHAS HISTÓRICAS

Foi possível perceber a nítida relação entre o instrumento do Habeas Corpus e a dogmática penal construída sob as bases do garantismo. Há, além disso, vínculo profundo entre o *Writ* e o Estado Democrático de Direito do ponto de vista da ingerência da matéria constitucional viabilizada pela inserção normativa em todo o ordenamento jurídico e, sobretudo nos casos criminais. As próprias linhas históricas do Habeas Corpus deixam marcas do vínculo do remédio heroico nos rastros das Constituições como cartas diretivas normativas do âmbito social.

O Habeas Corpus tem conexão com o *due process of law*, decorrente da expressão *by the law of the land* quando se tem que ninguém deve ser processado ou preso senão por legítimo julgamento imparcial baseado na estrita aplicação da lei. O poder de prender alguém de forma desprovida do devido processo legal é evidência da vigência do totalitarismo. Com raízes no Direito Romano, pela via do *interdito de homene libero* que buscava garantir a liberdade da pessoa livre que tivesse, por qualquer circunstância, restrição em sua liberdade, o Habeas Corpus tem origem histórica na Inglaterra pelo *Habeas Corpus ACT*.

Pela Magna Charta libertatum[1], redigida em latim bárbaro, via o povo inglês possibilidade de garantia da liberdade. Nos termos documentais da "British Library", em 15 de junho de 1215, o Rei João Sem Terra (JOHN, by the grace of God King of England, Lord of Ireland, Duke of Normandy and Aquitaine, and Count of Anjou, to his archbishops, bishops, abbots, earls, barons, justices, foresters, sheriffs, stewards, servants, and to all his officials and loyal subjects, Greeting...) assinou o texto visando viabilizar instrumentos institucionais que acabou por limitar o Poder estatal e reconheceu direitos humanos fundamentais que reverberou até os dias atuais. Consta do texto original – "(39) No free man shall be seized or imprisoned, or stripped of his rights or possessions, or outlawed or exiled, or deprived of his standing in any other way, nor will we proceed with force against him, or send others to do so, except by the lawful judgement of his equals or by the law of the land".[2]

---

1. COLLECTION ITEMS. *Magna Carta 1215*. [S. l.]: BLUK, 2021.
2. COLLECTION ITEMS. *Magna Carta 1215*. [S. l.]: BLUK, 2021.

O Habeas Corpus foi garantido, mas não criado, pela Magna Carta de 1215 acima mencionado no artigo 39, em tradução livre, "Nenhum homem livre será levado, preso, exilado, exilado ou de qualquer forma destruído, nem iremos sobre ele nem enviaremos sobre ele, exceto mediante o julgamento legítimo de seus pares ou da lei do país". Foi com necessária regulamentação para afirmar a força da eficácia do *Writ* que veio à tona o instrumento do Habeas Corpus Act em 1679, na Inglaterra por força da Aristocracia inglesa. O Habeas Corpus Act de 1679 é fruto de política do Parlamento inglês durante a ordem de mando do Rei Carlos II que teve por objetivo impor eficácia à prerrogativa do Habeas Corpus, quando foi determinado que um tribunal examinasse a legalidade da prisão de uma pessoa, evitando prisão ilegal ou arbitrária.

É necessário registrar que a histórica do Habeas Corpus originada na Inglaterra teve marcos históricos no decorrer do desenvolvimento legislativo parlamentar inglês após a Lei de Habeas Corpus de 1940, de forma que houve reforço pelo Ato do Habeas Corpus em 1679, com novos registros nos anos seguintes[3],[4].

No Brasil, o Habeas Corpus veio à tona por via da Constituição Política do Império do Brazil de 25 de março de 1824, carta elaborada por um Conselho de Estado e outorgada pelo Imperador D. Pedro I, em 25 de março de 1824. Neste instrumento constitucional, nos termos do art. 179, inciso VIII, depreende-se "Das Disposições Geraes, e Garantias dos Direitos Civis, e Politicos dos Cidadãos Brazileiros" a prescrição normativa "Art. 179. A inviolabilidade dos Direitos Civis, e Politicos dos Cidadãos Brazileiros, que tem por base a liberdade, a segurança individual, e a propriedade; e garantida pela Constituição do Imperio, pela maneira seguinte", inciso VIII. "Ninguem poderá ser preso sem culpa formada, excepto nos casos declarados na Lei; e nestes dentro de vinte e quatro horas contadas da entrada na prisão, sendo em Cidades, Villas, ou outras Povoações próximas aos logares da residência do Juiz; e nos logares remotos dentro de um prazo razoável, que a Lei marcará, atenta a extensão do território, o Juiz por uma Nota, por ele assignada, fará constar ao Réo o motivo da prisão, os nomes do seu acusador, e os das testemunhas, havendo-as". Muito embora não tenha descrito na carta constitucional de 1824, no Brasil, se tem as linhas do Habeas Corpus a partir deste exato instrumento normativo.

Em 29 de novembro de 1932, foi promulgado o "Codigo de Processo Criminal de Primeira Instancia" com disposição provisória acerca da administração da Justiça Civil. In casu, "A Regencia, em Nome do Imperador o Senhor Dom Pedro II, Faz saber a todos os Subditos do Imperio, que a Assembléa Geral Decretou, e Ella Sanccionou a Lei seguinte: Codigo do Processo Criminal de Primeira Instancia". Em capítulo próprio, no Título VI, "Da ordem de Habeas-Corpus", do art. 340 ao 355, foi normatizado o Habeas Corpus de modo que "Ar. 340. Todo o cidadão que

---

3. THE NATIONAL ARCHIVES. *British Empire, 1914*. [S. l.]: National, 2021.
4. THE NATIONAL ARCHIVES. *British Empire, 1914*. [S. l.]: National, 2021.

entender, que ele ou outrem sofre uma prisão ou constrangimento ilegal, em sua liberdade, tem direito de pedir uma ordem de – Habeas-Corpus, em seu favor".

O instrumento do Habeas Corpus somente veio a se constitucionalizar formalmente pela carta da Constituição da República dos Estados Unidos do Brasil de 24 de fevereiro de 1891, quando se repetiu nas demais constituições seguintes. Constou formalmente no art. 72, § 22, da Constituição de 1891 – "Art. 72 – A Constituição assegura a brasileiros e a estrangeiros residentes no paiz a inviolabilidade dos direitos concernentes á liberdade, á segurança individual e á propriedade, nos termos seguintes": § 22. Dar-se-há o Habeas Corpus sempre que alguém sofrer ou se achar em iminente perigo de sofrer violência por meio de prisão ou constrangimento ilegal em sua liberdade de locomoção".

É importante registrar que o Habeas Corpus foi restringido pelo ato institucional 5, de 13 de dezembro de 1968, quando no art. 10 da carta legislativo previa "Art. 10 – Fica suspensa a garantia de Habeas Corpus, nos casos de crimes políticos, contra a segurança nacional, a ordem econômica e social e a economia popular". Veja que se trata de cláusulas abertas e variadas formas de condutas podem ser inseridas nos termos por via de um juízo de tipicidade abusivo, de forma que o instrumento de Habeas Corpus se tornou inválido neste período histórico.

Na Constituição Federal de 1988, está o Habeas Corpus no art. 5º, inciso LXVIII, com natureza jurídica de direito fundamental, no Título II – *Dos Direitos e Garantias Fundamentais, nos seguintes dizeres normativos* "conceder-se-á Habeas Corpus sempre que alguém sofrer ou se achar ameaçado de sofrer violência ou coação em sua liberdade de locomoção, por ilegalidade ou abuso de poder".

Consta ainda, na Declaração Universal dos Direitos Humanos, no art. 8º que "Toda a pessoa tem direito a recurso efetivo para as jurisdições nacionais competentes contra os atos que violem os direitos fundamentais reconhecidos pela Constituição ou pela lei". Há representatividade formal do instrumento do Habeas Corpus nesta carta internacional. A carta da Convenção Americana sobre Direitos Humanos revela, também, o *Writ* no art. 7º (Direito à liberdade pessoal), item 6, prescrevendo que "Toda pessoa privada da liberdade tem direito a recorrer a um juiz ou tribunal competente, a fim de que este decida, sem demora, sobre a legalidade de sua prisão ou detenção e ordene sua soltura se a prisão ou a detenção forem ilegais. Nos Estados Partes cujas leis preveem que toda pessoa que se vir ameaçada de ser privada de sua liberdade tem direito a recorrer a um juiz ou tribunal competente a fim de que este decida sobre a legalidade de tal ameaça, tal recurso não pode ser restringido nem abolido. O recurso pode ser interposto pela própria pessoa ou por outra pessoa". A bem da verdade, o texto traduz a prática do exercício de um Habeas Corpus, inclusive no manuseio do próprio jurisdicionado quando se encontrar em posição de violação do direito de liberdade.

No texto de direitos decorrente da Convenção Europeia dos Direitos do Homem, de 1950, no art. 5º (Direito à liberdade e à segurança), inciso 4º, consta que "Qualquer pessoa privada da sua liberdade por prisão ou detenção tem direito a recorrer a um tribunal, a fim de que este se pronuncie, em curto prazo de tempo, sobre a legalidade da sua detenção e ordene a sua libertação, se a detenção for ilegal".

O Habeas Corpus é instrumento de proteção da liberdade, sentido de necessidade inerente ao ser humano, razão pela qual, historicamente se tem o *Writ* como via de proteção da própria pessoa contra as condutas totalitaristas decorrentes da força do Estado pelos seus agentes e, por isso, vem recorrentemente se entranhando nas redes textuais das cartas magnas mundo afora, assim como em instrumentos normativos de vigência internacional.

4
O CONCEITO DO *WRIT* E A SUA NATUREZA JURÍDICA

A liberdade é um direito sagrado. É bem jurídico protegido constitucionalmente de natureza fundamental. A Constituição Federal garante este direito ao jurisdicionado, de forma que, se atacado, violado, afrontado, de maneira célere e eficaz terá a devida proteção do Estado. O Habeas Corpus é a via garantidora da liberdade de locomoção.

Mas o que significa Habeas Corpus? Habeas Corpus, etimologicamente, enquanto significado de origem, representa a expressão "toma o corpo".

O termo vem do latim, de forma que a origem do termo *Habeas* advém de *habeo, habere* que revela trazer, exibir, ter, tomar. *Corpus* origina em *corporis, corpus*, significando o corpo. Assim, *Habere Corporis* revela traga o corpo. *Mutatis mutandis*, traga o corpo daquele que esteja preso a este juízo de modo que a sua constrição à liberdade seja vista pelo juiz, que irá mantê-la ou revogá-la por decisão legitimada sob o viés estatal.

Enquanto instrumento, o Habeas Corpus determina que se apresente o corpo que está sofrendo ilegalidade na sua liberdade de locomoção para viabilizar análise legítima da prisão e soltura. Por isso a expressão *"Writ of Habeas Corpus"* significa ordem para apresentar o jurisdicionado que tem a sua liberdade violada. Veja o seguinte: A Constituição da República colocou no centro do ordenamento jurídico, como objeto de proteção, não somente o ser humano, mas o ser humano com dignidade. Advém da dignidade a liberdade como um dos direitos essenciais que devem ser protegidos. Estamos num Estado Democrático de Direito que é um Estado de Direito com o povo no comando direcionado pela democracia. O Estado deve respeitar a Constituição e as Leis. A segurança jurídica está baseada no poder da lei sobre todos. Considera-se que a estrutura normativa foi construída para proteger o ser humano com dignidade. As normas constitucionais, principalmente aquelas que são materialmente direcionadas para proteger a dignidade do ser humano, são inseridas como luz em todas as demais normas do ordenamento jurídico. Lembre-se, o objetivo da nossa construção como sociedade organizada é proteger o indivíduo para que se tenha dignidade. Esse é o ponto.

A partir daí, vê-se que qualquer argumento, ilegítimo, sem dogmática, desconstrutivo da liberdade como parte da dignidade do ser humano é razão para impetrar Habeas Corpus.

Os delegados que violam a essência constitucional da liberdade do ser humano, assim como magistrados, serão admitidos como coatores de conduta a ser corrigida por via do Habeas Corpus. Bem assim outros coatores.

Com efeito, com base no art. 5°, inciso LXVIII, da Constituição da República, c/c art. 1°, inciso III, da carta magna, será concedido ordem de Habeas Corpus sempre que alguém sofrer liberdade de locomoção por ilegalidade ou abuso de poder. Ao admitir o poder de inserção das normas constitucionais nas demais normas, consta do art. 647, do Código de Processo Penal, que dar-se-á Habeas Corpus sempre que alguém sofrer ou se achar na iminência de sofrer violência ou coação ilegal na sua liberdade de ir e vir.

O Habeas Corpus é instrumento para impugnar quaisquer atos judiciais, administrativos ou particulares, seja no âmbito penal ou não penal, em que há restrição ilegal ou abusiva à liberdade do jurisdicionado, assim considerando o direito de ir, ficar, vir, permanecer.

Quando se diz que o Habeas Corpus é instrumento, na verdade, tem a natureza de *ação autônoma de viés constitucional* para tutelar dignidade da pessoa humana no âmbito liberdade.

No CPP, o Legislador errou e alocou o instrumento de Habeas Corpus no título e livro de recursos em geral, quanto à codificação processual penal. Claramente um erro do Legislador.

Vamos para a prática. Se há uma decisão que possa levar o cliente à prisão, mesmo que seja suposição, ainda que caiba recurso contra aquela decisão, poderá o Advogado manejar o Habeas Corpus em face de uma decisão. É o caso do recebimento da denúncia pelo magistrado em situações com ausência de lastro probatório suficiente para dar seguimento a um processo penal. Havendo ausência de justa causa nesse momento processual, poderá o Advogado impetrar Habeas Corpus contra a decisão que recebe a denúncia visando a deflagração da persecução penal, nos termos do art. 648, inciso I, do CPP. Nesse caso, o escopo do Habeas Corpus é o trancamento do feito processual. Veja que houve uma substituição de instrumento, quando o Habeas Corpus fez papel de recurso, mesmo sendo uma ação constitucional.

Há importantes peculiaridades do Habeas Corpus na prática, cabendo ao Advogado ter ciência disso no dia a dia do exercício da advocacia. É o seguinte:

  a) o Habeas Corpus pode ser impetrado por qualquer pessoa. Isso é uma ilusão, uma fantasia, um símbolo constitucional da ignorância daquele que criou a lei, pois nem todos conhecem os procedimentos e normas que giram em torno das matérias penais e processuais penais, cabendo esse papel de suma e absoluta importância constitucional, no Estado de Direito, ao Advogado;

  b) poderá impetrar Habeas Corpus após o trânsito em julgado de sentença condenatória ou absolutória imprópria. Observe que não há prazo nem qualquer questionamento quanto a preclusão;

c) o Advogado poderá impetrar Habeas Corpus a qualquer momento, havendo constrangimento ilegal ao direito constitucional de liberdade, após o trânsito em julgado objetivando a rescisão da coisa julgada;

d) caberá Habeas Corpus independentemente da existência de processo penal em andamento. É o caso de Habeas Corpus para trancar inquérito policial;

e) caberá Habeas Corpus contra:

– decisões judiciais;

– atos administrativos;

– atos de particulares

Interessante o caso em que um diretor de escola proíbe o aluno de sair do recinto escolar, cabendo o instrumento do Habeas Corpus. Do mesmo modo, haveria o cabimento do Habeas Corpus se o diretor de um hospital proibir a saída do internado, assim como se um proprietário de uma fazenda proibir a saída de um empregado.

Nesse sentido, havendo sombra de ataque e violência ao direito constitucional e sagrado de liberdade, resta ao Advogado trabalhar o remédio constitucional contra condutas de coatores que agem em face da dignidade da pessoa humana.

É o Advogado que representa a esperança daqueles que obtiveram o direito constitucional de liberdade violado. O Advogado é o coração da justiça.

O Habeas Corpus é autêntica ação, muito embora pareça em alguns casos medida recursal, sobretudo quando é impetrado contra decisão guerreada em instância superior.

Para além disso, há que registrar interessantes posições práticas a respeito do *Writ*. *Não há prazo para impetração*, podendo ser manejado contra decisão já transitada em julgado. *Pode ser remédio contra decisão de autoridade não judicial*, como delegado de polícia ou federal ou mesmo contra ato abusivo de particular. É ademais, instrumento de combate em face de decisões sem recurso previsto em lei, eventualmente uma ordem de coerção coercitiva ou mesmo viabilizar uma análise de suspeição de magistrado. É uma ação, enquanto natureza jurídica, e tem peculiaridades próprias como a *ausência de citação de réu*.

Por outro lado, há determinação para prestação de informações do coator ou mesmo uma imposição para depoimento pessoal deste coator, o que raras vezes ocorre. No polo ativo, pode ocorrer do impetrante ser o próprio paciente ou pessoas diversas, mas também, por outro lado, no polo ativo não se tem a obrigação de contestar, mas prestar informações.

O Habeas Corpus é instrumento célere, de pronto atendimento e resposta quanto se tem lesão ou potencial lesão a direito fundamental de liberdade. O objetivo primordial do Habeas Corpus é a concessão da liberdade ao jurisdicionado que foi privado desse direito fundamental de forma infundada. Aliás, com todo respeito, os magistrados e representantes do MP, *data maxima venia*, deveriam conhecer o dia a dia do cárcere brasileiro, como parte da formação do juiz e *Parquet*, pois certamente seria uma forma didática para tais servidores públicos perceberem quão importante é o instrumento do Habeas Corpus, muitas vezes negligenciado em sua urgência e objeto.[1]

Ex positis, por ser o Habeas Corpus uma ação constitucional, e assim me posiciono dogmaticamente, é necessário destrinchar detidamente as condições e requisitos legais para cabimento. Repito e reitero, o Habeas Corpus não pode ser trabalhado sem viés dogmático-penal e muito menos processual penal, pois representa instrumento de viabilização de direito fundamental liberdade enquanto bem jurídico no Estado Democrático de Direito representativo do *garantismo* em respeito à legalidade. Há garantia recíproca de efetividade da liberdade, sendo certa a posição de Ferrajoli[2] em tal sentido, ao trabalhar o garantismo processual e os valores da jurisdição.

> As garantias penais, ao subordinar a pena aos pressupostos substanciais dos crimes – a lesão, a conduta e a culpabilidade –, são tanto efetivas quanto mais estes forem objetivo de um juízo, em que sejam assegurados ao máximo a imparcialidade, a verdade e o controle. É por isso que as garantias processuais, e em geral as normas que disciplinam a jurisdição, são ditas também 'instrumentais' no que tange às garantias e às normas penais, estas chamadas, por sua vez, "substanciais". A correlação funcional é além disso biunívoca, uma vez que as garantais penais podem, por seu turno, ser consideradas necessárias para garantir juízos não arbitrários: na sua ausência, de fato, juízos e penas seriam desvinculados de limites legalmente preestabelecidos e resultariam não menos potestativos do que se estivessem em ausência das garantias processuais. Em síntese, tanto as garantias penais como as processuais valem não apenas por si mesmas, mas, também, como garantia recíproca de efetividade.

É certo que a correlação biunívoca entre garantias penais e processuais destaca o reflexo do nexo específico entre lei e juízo em matéria penal, de modo que há estrita submissão à jurisdição e legalidade verificada em conjunto para garantir o caráter cognitivo e legítimo de um sistema penal constitucionalmente válido.

Por outro lado, há um problema prático a ser enfrentado pelo impetrante, qual seja, a desconsideração técnica de alguns magistrados na análise do feito. Muito embora isso ocorra, é inadmissível que o impetrante desconsidere a técnica enquanto dogmática penal e processual penal relevante para viabilizar a verificação de liberdade por meio do Habeas Corpus, até porque inúmeros magistrados altamente técnicos e conhecedores da matéria terão a oportunidade de identificar os elementos que revelarão o direito à liberdade.

---

1. I. O Habeas Corpus é uma ação constitucional que tem por finalidade, diante de comprovada ilegalidade ou abuso de poder, evitar ou fazer cessar a violência ou coação à liberdade de locomoção. II. Com a possibilidade de a decisão que rejeitou os embargos de declaração trazer prejuízo palpável ao direito de locomoção do réu, ela é amparável pela via do Habeas Corpus. III. Ordem concedida (HC 0048856-34.2017.4.01.0000/MG, 4ª T, Cândido Ribeiro, 21.11.2017, v.u.).
2. FERRAJOLI, Luigi. *Direito e razão*: teoria do garantismo penal. 4. ed. rev. São Paulo: São Paulo: Ed. RT, 2014. p. 494-495.

O Advogado, por via das teorias relacionadas aos fatos, abre portas para que um juiz atento ao Estado Democrático de Direito lhe entregue a acertada prestação jurisdicional. Assim ocorreu com a teoria da bagatela, advinda do sopro do funcionalismo penal teleológico de Claus Roxin, ao retirar a tipicidade material do fato delituoso, bem como no caso Mensalão, onde se discutiu na mais alta corte a teoria do domínio do fato. A dogmática está necessariamente presente no Habeas Corpus.

4.1 ESPÉCIES DE *HABEAS CORPUS*

Do ponto de vista teórico, há cinco espécies de Habeas Corpus, sendo eles, o Habeas Corpus *liberatório, preventivo, trancativo* e *profilático*. É necessário registrar que a legislação não criou essas espécies de Habeas Corpus, de forma que são nada mais do que criação doutrinária para esclarecer diferentes tipos de manejos de Writ a depender do caso em concreto. É certo que não existe necessidade alguma de identificar tais Habeas Corpus na peça processual.

O *Habeas Corpus "liberatório"* é aquele instrumento que combate ordem ilegal ou abusiva de poder em que a violação à liberdade já foi concretizada ou está prestes a ser concretizada, lesando o direito constitucional de locomoção livre do paciente. Com a ordem concedida, deverá o juiz ou tribunal determinar o fim da coação ao cliente paciente, devendo então expedir mandado de soltura ou mandado contra a prisão se houver ordem de prisão em vigor, denominado *contramandado de prisão*. É o instrumento mais comum e visa a cessação do constrangimento ilegal consumado ou praticamente consumado em face da liberdade, objetivando a entrega do estado de liberdade ao paciente.

Decorre do Habeas Corpus liberatório a expedição de alvará de soltura ou mesmo um ofício com ordem para que a autoridade coatora dê fim ao constrangimento ilegal imposto contra o jurisdicionado.

Ocorreu em São Paulo, no primeiro semestre de 2021, de um Advogado ser preso em meio a um depoimento do seu cliente, quando o orientou sobre os seus direitos constitucionais, sobretudo o direito de permanecer em silêncio para evitar produção de prova auto incriminatória. Claramente, o Advogado sofreu constrangimento ilegal decorrente de abuso de autoridade do delegado. Foi o caso de impetração de Habeas Corpus liberatório. O crime praticado pelo delegado, servidor público, não somente é abuso de autoridade contra o Advogado vítima da truculência, como é um ataque à advocacia como um todo, bem como ao Estado Democrático de Direito imposto pela Constituição da República.

O *Habeas Corpus "preventivo"* visa impedir a ocorrência ou materialização de prisão frente a evidente ameaça de abuso e constrangimento ilegal ao direito de liberdade de locomoção. O Writ preventivo impede a efetivação da ilegalidade, de forma que o magistrado ou mesmo o tribunal determina ordem impedindo a coação. É o salvo-conduto, nos termos do art. 660, § 4º, do CPP. "Se a ordem de Habeas Corpus for concedida para evitar ameaça de violência ou coação ilegal, dar-se-á ao paciente salvo-conduto assinado pelo juiz". A ameaça de constrangimento ilegal à liberdade do cliente tem que ser patentemente concreta, sem qualquer índice de evento hipotético, caso contrário, não será conhecido o Habeas Corpus.

Por meio do Habeas Corpus preventivo, objetiva-se obter um mandado de salvo-conduto, em que o jurisdicionado tem em seu favor ordem judicial para que não venha a sofrer qualquer constrangimento ilegal em sua liberdade de locomoção. Para isso, é necessário que o impetrante destaque a prova de ameaça ao direito líquido e certo de liberdade. Exemplo disso ocorreu na CPI da Covid, quando os Senadores, conforme noticiado amplamente pela mídia, passaram a prender testemunhas e depoentes de toda sorte. Visando evitar prisão e garantir o direito de permanecer em silêncio, o ex-ministro da saúde impetrou Habeas Corpus preventivo no STF para obter o salvo conduto, podendo permanecer em silencio sem ser preso, nos termos da medida cautelar no Habeas Corpus 201.912, no STF. O relator do mencionado Habeas Corpus, o Min. Ricardo Lewandowski destacou que "Como se vê, a circunstância de o paciente responder a um inquérito criminal sobre os mesmos fatos investigados pela CPI emprestam credibilidade ao receio, exposto na inicial deste Writ, de que ele possa, ao responder determinadas perguntas dos parlamentares, incorrer em autoincriminação, razão pela qual se mostra de rigor o reconhecimento de seu direito ao silêncio".

Veja um exemplo prático de cabimento de Habeas Corpus Preventivo: imagine que o seu cliente receba uma intimação para reproduzir a dinâmica do delito sob pena de prisão preventiva. Há violação de princípio constitucional, sobretudo do *nemo tenetur se detegere*. Contudo, ninguém é obrigado a produzir provas contra si, ainda mais sob pena de prisão. Não estamos numa ditadura, mas no Estado Democrático de Direito, Estado de respeito à carta magna e às leis. Portanto, se houver perigo real, concreto, meios de comprovação de ilegalidade com ameaça de prisão, certamente é cabível o Habeas Corpus na modalidade "preventivo".

É necessário destacar, diante da prática, do dia a dia, diante da infeliz realidade que se tem em alguns poucos tribunais de base, que há conclusão de enorme dificuldade de verificação e aceitação dos requisitos de cabimento e entrega da prestação jurisdicional por pensadores contrários à aplicação da matéria constitucional aos casos práticos. Buscam todos os motivos para que a peça instrumental do impetrante não seja conhecida, nem deferida, nem provida, mesmo diante de direito absolutamente claro. Tem prevalecido a indiferença diante de um equivocado senso de "justiça" quando se vê "decisores" lutando contra o crime. O Advogado deve ficar atento à técnica, demostrando com clareza a ameaça à liberdade, o direito de liberdade passível de lesão, o *modus operandi* da ameaça à liberdade. É necessário despachar, apontar afronta à lei, sustentar oralmente, destacar uma atuação combativa e técnica da advocacia, demonstrando os requisitos de cabimento do *Writ* preventivo. A lei, a técnica, a constituição enquanto matéria normativa deve prevalecer, mesmo que aos gritos da advocacia.

O *Habeas Corpus "profilático"* tem por objetivo a suspensão de atos processuais que tem o condão de gerar uma posterior prisão, considerando ainda que existem nestes atos uma *aparência de legalidade*. Contudo, ao analisar os autos, há ilegalidade intrínseca no ato por contaminação anterior. A medida ou ato instrumental processual pode gerar uma futura prisão. O Advogado precisa identificar o perigo de prisão na análise do feito, sendo nestas circunstâncias, a razão que dá margem para impetrar o Habeas Corpus profilático. *Este ato ou medida tem apenas uma aparência de legalidade, mas tem uma certa contaminação por ilegalidade anterior não aparente.* Há, por conta disso, uma potencialidade na ocorrência do constrangimento ilegal ou violação à liberdade. O Habeas Corpus "profilático" trata de contribuição doutrinária do Professor Norberto Avena[3], ao explicar que é o Habeas Corpus na modalidade "Profilático" "destinado a suspender atos processuais ou impugnar medidas que possam importar em prisão futura com aparência de legalidade, porém intrinsecamente contaminada por ilegalidade anterior". O mencionado professor admite como exemplo o caso em que tenha sido recebida denúncia proposta em relação a fato já prescrito ou atípico, podendo resultar numa futura condenação à pena de prisão. O Habeas Corpus denominado "profilático" seria o caminho para interpelar o recebimento da denúncia por fato atípico denunciado. Veja que, anterior ao recebimento inicial acusatório, há um ato anterior ilegal (o indiciamento ou a denúncia, ambos baseados em fatos atípicos tratados e admitidos como crimes), que poderá desencadear prisão. Perceba que, ao ler um relatório de indiciamento e posteriormente uma denúncia, há uma falsa capa de legalidade, em que pese a ilegalidade ali se encontrar. A bem da verdade, este nome conferido é meramente um elasticimento dogmático da doutrina ao Habeas Corpus preventivo.

Nesse aspecto, há que levar em conta fato recorrente em delegacias e fóruns, quando se tem uma "testemunha" intimada a depor, havendo a possibilidade de, na prática, se autoincriminar com as suas declarações. É o *acusado vestido de testemunha*. Há com tranquilidade a viabilidade de impetrar Habeas Corpus para invocar o direito ao silêncio e evitar a prisão em flagrante por falso testemunho. Existem acusadores que utilizam desta artimanha e má-fé processual, qual seja, a indicação de uma testemunha ciente de que, na verdade, se trata de envolvido no fato, para que a obrigue a falar sob pena de prisão. Nesse caso, o Advogado terá que ter a sabedoria de identificar o perigo da testemunha se envolver, com suas declarações, no fato, e, por consequência, responder pela sanção penal aplicada, quando se terá uma testemunha em condições de ser acusada pela prática de envolvimento no ato delituoso apurado no feito processual. O Habeas Corpus é essencial diante de tais

---

3. AVENA, Norberto Cláudio Pâncaro. Processo penal esquematizado. 4. ed. Rio de Janeiro: Forense; São Paulo: Método, 2012, p. 1.251.

circunstâncias, sobretudo porque a intimação e alocação da testemunha revela ato anterior legal, mas na prática uma violação do direito constitucional ao silêncio. Para além do Habeas Corpus, o Advogado terá que ter firmeza para orientar o cliente para evitar a produção de provas que implique em sua condenação, sobretudo durante a audiência. Daí se vê a importância de o causídico conhecer a fundo o caso, principalmente a teoria do delito que envolve o feito em suas particularidades.

Outra modalidade de Habeas Corpus elencado pela doutrina é o *Habeas Corpus* "trancativo" cujo escopo é claramente o trancamento de um procedimento investigatório ou do próprio processo penal. Não raras vezes pode ocorrer de se ver um inquérito policial, uma CPI, um procedimento investigatório criminal conduzido pelo Ministério Público, ou por qualquer órgão constitucional, mesmo que militar, em que se investiga delito já prescrito, fato atípico, ou quando se tem um prazo alongado da investigação sem qualquer prova de autoria e materialidade. Há então viabilidade de impetração do Habeas Corpus "trancativo".

É o caso *do indiciamento arbitrário. O Habeas Corpus controla a legalidade quando se tem um indiciamento feito de forma arbitrária, sem provas de autoria e materialidade.* O termo indiciamento causa enormes danos ao jurisdicionado, sobretudo àqueles que precisam da reputação para angariar meios de vida como os empresários, políticos, profissionais liberais. O indiciamento, quando abusivo, revela lesão ao *status dignitatis* do jurisdicionado e, também, violação ao princípio da presunção de inocência. Veja que, se houver clamor público na "causa", a notícia que apontar que alguém foi indiciado pelos crimes disso e daquilo, identifica-se uma conclusão imediata, principalmente o leigo povo, de que há evidente encontro do indiciado com o crime.

O Habeas Corpus "profilático" e "trancativo" estão nitidamente inseridos nos Habeas Corpus "liberatório" e "preventivo", a depender da imensidão de casos práticos, bastando que haja o preenchimento dos requisitos técnicos necessários para a concessão da ordem. O Habeas Corpus preventivo, por exemplo, tem cabimento quando houver prova de ameaça iminente e real à liberdade de locomoção, não sendo cabível diante de mera suposição de que poderá haver a prisão. Se o impetrante não demonstrar os requisitos de cabimento do *Writ, in casu*, a prova da ameaça iminente, a ordem será cabalmente denegada. Assim também serão as demais espécies de *Writ*, havendo que destacar os fundamentos reais do cabimento do instrumento constitucional do Habeas Corpus.

Ademais, como já apontado inicialmente, do ponto de vista prático, não é necessário denominar o instrumento de Habeas Corpus conforme a sua peculiaridade diante dos casos práticos. As espécies de Habeas Corpus não passam de identificação doutrinária para melhor visualizar o instrumento do *Writ* frente ao caso em concreto.

5
INTERESSE DE AGIR NA AÇÃO CONSTITUCIONAL DE *HABEAS CORPUS*

5.1 NECESSIDADE DA TUTELA DO *HABEAS CORPUS*

A necessidade da tutela do Habeas Corpus decorre da *vis corporalis* e *vis compulsiva*, estruturas de fundamento prático em que se identifica ilegalidade e afronta à garantia de liberdade.

O jurisdicionado que for preso em flagrante sem que esteja em situação de flagrância no momento da prisão terá necessidade de tutela por via do instrumento de Habeas Corpus em razão de constrangimento físico à liberdade de locomoção enquanto bem jurídico. Nesse caso, há violência física ou material contra o direito constitucional de liberdade, sendo expressão de *vis corporalis*. Há matéria *in casu*, há realidade de prisão ilegal no viés relativo à violação da liberdade por patente prisão ilícita por constrangimento contra a regra legal/normativa. Há, além de tudo, a ilegalidade praticada pelo agente estatal. É bom lembrar que no Estado Democrático de Direito, o Estado deve respeito à lei, à Constituição, e necessariamente o funcionário público deverá observar os mandamentos legais.

Caso o indivíduo seja acusado pelo Ministério Público de ter falsificado testamento público e o juiz de base determinar que produza prova escrita em exame grafotécnico sob pena de prisão preventiva, haverá nesse caso patente constrangimento ilegal à sua liberdade constitucionalmente garantida e ao seu direito de não produzir prova contra si – princípio do *nemo tenetur se detegere*. Veja que neste exemplo, há que haver uma ameaça clara e indiscutível de constrangimento à liberdade, por exemplo, materializada em uma decisão judicial. É o ato concreto da decisão judicial. Contra essa decisão, o Advogado impetra o Habeas Corpus.

Veja que neste segundo caso não há uma violência material/física à liberdade – *vis corporalis*. Mas há uma ameaça objetiva, uma coação, uma violência moral, uma intimidação do Estado/Juiz contra a liberdade do jurisdicionado, sendo, então, denominado *vis compulsiva*. Contra essa ameaça à liberdade, por ser um constrangimento ilegal à liberdade do cidadão, o instrumento do Habeas Corpus é o caminho para garantir a liberdade do cliente. Aqui também se vê a presença da ilegalidade, dando viés ao cabimento do Habeas Corpus.

No primeiro caso apontado houve uma violência material, no segundo, uma violência moral. Em ambos, há a necessidade de tutela por via do Habeas Corpus diante da violência ou coação decorrente da ilegalidade ou abuso de poder. Vamos destrinchar esses conceitos.

O Advogado nunca poderá olhar para tais conceitos de maneira vazia, como meras palavras em suas peças de entrada de Habeas Corpus. Está aqui um dos segredos. Use as expressões em formato de silogismo e, em seguida, adeque ao caso. Por exemplo. Elza foi acusada de praticar o crime de falsificação de documento público. Há ordem judicial para que Elza se faça presente ao Instituto de Criminalística e se submeta ao exame grafotécnico. Se não produzir a prova, consta da decisão que será decretada a sua prisão preventiva por violação da ordem legal. Veja que há uma violência ao princípio do *nemo tenetur se detegere*, pois ninguém pode ser obrigado a produzir prova contra si mesmo. É o caso de vis compulsiva. Houve ameaça e objetiva intimidação, cabendo Habeas Corpus por necessidade de tutela diante de coação por conduta estruturada em constrangimento ilegal do magistrado contra direito constitucional da paciente. A ameaça de constrangimento ao *ius libertatis* é objetiva, iminente e absolutamente plausível. Há, portanto, necessidade do salvo conduto para que Elza deixe de ser presa se não produzir prova contra si.

Para identificar a necessidade da tutela pela *vis compulsiva*, tem que haver prova de ato concreto. Tem que ter a decisão ilegal. Ou mesmo uma gravação do juiz dizendo que irá prender o cliente caso ele não produza a prova contra os seus interesses. Não haverá o requisito da necessidade da tutela se não houver ato concreto e prova desse ato concreto.

Diante disso, não cabe Habeas Corpus contra ato normativo em tese, conforme as linhas da ementa abaixo destacada. Veja a ementa: "Habeas corpus – Decisão que lhe nega trânsito – [...] – Inexistência de qualquer situação de dano efetivo ou de risco potencial à liberdade de locomoção física do paciente – Consequente inadmissibilidade do "writ" constitucional – considerações em torno da doutrina brasileira do 'habeas corpus' – Cessação (reforma constitucional de 1926) – Recurso improvido. A função clássica do 'habeas corpus' restringe-se à estreita tutela da imediata liberdade de locomoção física das pessoas. *A ação de "Habeas Corpus" não se revela cabível, quando inexistente situação de dano efetivo ou de risco potencial ao "jus manendi, ambulandi, eundi ultro citroque" do paciente*. Esse entendimento decorre da circunstância histórica de a Reforma Constitucional de 1926 – que importou na cessação da doutrina brasileira do "Habeas Corpus" – haver restaurado a função clássica desse extraordinário remédio processual, destinando-o, quanto à sua finalidade, à específica tutela jurisdicional da imediata liberdade de locomoção física das pessoas. Precedentes. Considerações em torno da formulação, pelo Supremo Tribunal Federal, sob a égide da Constituição de 1891, da doutrina brasileira do "Habeas Corpus": a participação decisiva, nesse processo de construção jurisprudencial, dos Ministros Pedro Lessa e Enéas Galvão e, também, do Advogado RUI

Barbosa. – A jurisprudência do Supremo Tribunal Federal tem salientado que, não havendo risco efetivo de constrição à liberdade de locomoção física, não se revela pertinente o remédio do "Habeas Corpus", cuja utilização supõe, necessariamente, a concreta configuração de ofensa – atual ou iminente – ao direito de ir, vir e permanecer das pessoas. Doutrina. Precedentes" (STF – HC 97.119-AgR/DF, 2ª Turma, Rel Min. Celso de Mello, DJe de 08.05).[1]

No mesmo sentido, a ementa da r. *decisium* (STF, HC 81.489/SP, 2ª Turma, Rel. Min. Cezar Peluso, DJe de 23.11.2007) destaca "Declaração de inconstitucionalidade de normas estaduais. Caráter principal da pretensão. Inadmissibilidade. Remédio que não se presta a controle abstrato de constitucionalidade. Pedido não conhecido. Ação de Habeas Corpus não se presta a controle abstrato de constitucionalidade de lei".[2]

É incabível a impetração de Habeas Corpus quando o apontado risco de violação à constitucional liberdade de locomoção for hipotético, ou seja, quando não houver *concretude na ameaça*.

Para que o Advogado tenha sucesso na peça de investida contra lesão à liberdade, sendo o Habeas Corpus obrigatoriamente conhecido, há exigência de que tenha indicação específica e individualizada de atos ou fatos concretos que têm o poder de lesar a liberdade do cliente. Destaque isso.

Há, nesse sentido, jurisprudência que gira em torno da ausência de necessidade de tutela em razão de aplicação prática do art. 277, do Código de Trânsito Brasileiro, que diz: "O condutor de veículo automotor envolvido em acidente de trânsito ou que for alvo de fiscalização de trânsito poderá ser submetido a teste, exame clínico, perícia ou outro procedimento que, por meios técnicos ou científicos, na forma disciplinada pelo Contran, permita certificar influência de álcool ou outra substância psicoativa que determine dependência".

Não há necessidade de tutela, não cabendo impetração do Habeas Corpus, pelo fato de não haver violação ou ameaça ao direito à liberdade de locomoção, em tese. A recusa do cliente em se submeter ao teste de bafômetro ou qualquer outro exame de teste alcoólico não ultrapassam a multa, a suspensão do direito de dirigir ou medida administrativa, não cabendo prisão. Salvo se no caso prático existir coação de constrangimento ilegal ou abuso de poder violando regra constitucional. Veja ementa: "Recurso ordinário em habeas corpus. Processual penal. Pedido de expedição de salvo-conduto para que os recorrentes não sejam obrigados a realizar teste que revele o grau de alcoolemia ao dirigirem veículos automotores. Inexistência de cerceamento ao direito de locomoção. Impropriedade absoluta da via eleita. 1. *Segundo precedentes*

---
1. BRASIL. Supremo Tribunal Federal. HC 97119/DF. "Habeas Corpus" – Decisão que lhe Nega Trânsito – Impugnação a Procedimento Administrativo [...]. Rel.: Min. Celso de Mello. 14 abr. 2009. *Diário de Justiça Eletrônico*, Brasília, DF, 8 maio 2009.
2. BRASIL. Supremo Tribunal Federal. HC 81.489/SP. Habeas Corpus. Declaração de inconstitucionalidade de normas estaduais [...]. Rel.: Min. Cezar Peluso, 25 set. 2007. *Diário de Justiça Eletrônico*, Brasília, DF, 23 nov. 2007.

desta Corte e do Supremo Tribunal Federal, não deve ser conhecida a impetração em que não se demonstra constrangimento ao direito de locomoção do Paciente, como é o caso dos autos, em que os recorrentes requerem a expedição de salvo-conduto para que não sejam obrigados a realizar o chamado "teste do bafômetro". 3. Recurso ordinário em Habeas Corpus ao qual se nega provimento (RHC 26.273-SP (2009/0118354-1) Rel. Min. Laurita Vaz, j. 17.09.2009, DJe 13.10.2009)".[3]

A decisão acima é bastante categórica quanto a identificação da ausência da necessidade do instrumento do Habeas Corpus, pois não há liberdade para ser tutelada.

Além da violência material à liberdade e a vis compulsiva, a ameaça de violação ao direito constitucional de liberdade, também é requisito que expõe a necessidade de tutela:

a) a ilegalidade;

b) o abuso de poder.

A prisão de uma pessoa é absurdamente a revelação de uma violência praticada pelo Estado. Ainda mais diante das masmorras que temos neste país, fortemente presentes. São miseráveis aqueles que lá caem. Uma prisão é uma desgraça na vida de uma pessoa. É a violência destacada como legítima. Mas é onde a pessoa é quebrada e desconstruída enquanto ser humano, diferentemente do que se espera conforme os delineamentos da LEP – Lei de Execução Penal.

A prisão, se processada nos termos da lei, será uma prisão legal, admitida pelo ordenamento. Não caberá então, obviamente, a impetração de Habeas Corpus. Se, por exemplo, alguém tem processado o caso, com a identificação comprovada de ter praticado conduta por fato típico, antijurídico e culpável, transitado em julgado, a prisão será a realização de uma violência catalogada como legalmente admitida no ordenamento. É a prisão legal, não havendo o interesse de agir na condição de requisito do instrumento do Habeas Corpus.

Por outro lado, a prisão poderá ser realizada sem observar as normas legais necessárias e exigidas para a validade do ato processual prisão. É a mencionada ilegalidade como requisito de cabimento do Habeas Corpus, quando ocorrer de a violência ou coação à liberdade não ter amparo no ordenamento jurídico.

O *abuso de poder* aplicado em face da liberdade do cliente, desde que comprovado, é também requisito de cabimento do Habeas Corpus. O abuso de poder é a figura clássica do exercício ilegal ou irregular do poder, admitindo a incompetência para a realização do ato prisão e o excesso de limites legais para a realização da prisão. Um jurisdicionado preso além daquilo que foi detidamente determinado se encontra numa situação de abuso de poder, cabendo a impetração do Habeas Corpus, por exemplo.

---

3. BRASIL. Superior Tribunal de Justiça. RHC 26273/SP. Recurso Ordinário em Habeas Corpus. Processual Penal. [...]. Rel.: Min. Laurita Vaz, 17 set. 2009. *Diário de Justiça Eletrônico*, Brasília, DF, 13 out. 2009.

Assim, tem-se como ponto de destaque da necessidade da tutela para que seja impetrado Habeas Corpus, os requisitos da violência ou coação à liberdade decorrente da ilegalidade ou abuso de poder. Ou mesmo a própria ilegalidade embutida em ato processual específico, como se vê nos relatórios finais de investigações policiais com indiciamento arbitrário. Quando o indiciamento não tem incluso em seus pilares as provas de materialidade e indícios de autoria, ainda que não haja a denúncia, caberá o *Writ* para *controlar a legalidade* daquele ato advindo do agente estatal.

Isso porque é baseado na ilegalidade e fundado na violação ao *status dignitatis* do paciente. Nesse ponto, esclareço que há fundamento para o cabimento do Habeas Corpus quando houver patente ilegalidade no ato do indiciamento, pois é revelação da ilegalidade quando feito sem identificação de materialidade ou autoria. Da mesma forma, a ilegalidade perpetrada por magistrado, bem assim definido por Tomás S. Vives Antón[4], ao destacar alinhamento da legalidade à constituição. "Pues bien, cuando de la Constitución dimana una exigencia de previsión legal, la jurisdicción constitucional ha de declarar inconstitucional y nula la aplicación de la legalidad llevada a cabo por los jueces y tribunales ordinarios, no sólo en los casos de irrazonabilidad o arbitrariedad; sino también en aquellos otros en que el apartamiento del tenor literal de la ley comporte una aplicación extensiva o analógica de la misma o una integración que represente creación judicial del derecho en perjuicio del demandante de amparo".

Há, na ilegalidade, a presença do interesse de agir para impetrar Habeas Corpus sob o viés instrumental do controle de legalidade ao caso concreto.

Digo mais, não somente o controle da legalidade é cabível via *Writ*, mas princípios estruturais do Estado Democrático de Direito, como por exemplo a dignidade da pessoa humana, a proporcionalidade e razoabilidade aplicados em casos concretos. Os maus antecedentes, ao permear pelas linhas tortas do art. 64, inciso I, do Código Penal, não podem ser tidos por eternos, havendo que utilizar do Habeas Corpus para estancar o efeito perpétuo de qualquer condenação criminal.

Nesse sentido, o Julgado quanto ao *direito do jurisdicionado ser esquecido* "the right to be let alone" traduzido no Habeas Corpus 126.315, de relatoria do Min. Gilmar Mendes, quando foi determinado que o processado não poderá ser penalizado eternamente por delitos praticados quando já foi cumprida a sanção penal na sua integralidade.

Destacou o distinto magistrado, no inteiro teor do mencionado HC 126.315 que: "Advirto, outrossim, que o agravamento da pena-base com fundamento em condenações transitadas em julgado há mais de cinco anos não encontra previsão na legislação, tampouco em nossa Carta Maior, tratando-se de analogia *in malan parte*m, método de integração vedado no ordenamento jurídico. É que, em verdade,

---

4. VIVES ANTÓN, Tomás S. *Fundamentos del sistema penal*: acción significativa y derechos constitucionales. 2. ed. Valencia: Tirant lo blanch, 2011, p. 715-716.

assiste ao indivíduo o "direito ao esquecimento", ou "direito de ser deixado em paz", alcunhado, no direito norte-americano de "the right to be let alone".

O direito ao esquecimento, a despeito de inúmeras vozes contrárias, também encontra respaldo na seara penal, enquadrando-se como direito fundamental implícito, corolário da vedação à adoção de pena de caráter perpétuo e dos princípios da dignidade da pessoa humana, da igualdade, da proporcionalidade e da razoabilidade.

No caso prático citado, decorridos mais de 5 anos desde a extinção da pena da condenação anterior, não há possibilidade legal de alargar a interpretação de forma a permitir o reconhecimento dos maus antecedentes. É certo que o condenado passa a ser estigmatizado e o direito de ter a etiqueta criminosa afastada deve ser levado em conta pelo Poder Judiciário. Se não for, o Habeas Corpus representa via adequada para obter o afastamento dos maus antecedentes levando em conta a dignidade da pessoa humana, por ser princípio central no ordenamento jurídico em vigor, no Estado Democrático de Direito.

Dito isso, há que concluir que haverá interesse de agir no Habeas Corpus ao configurar a indispensabilidade do *Writ* para atingir a liberdade almejada, a cessação da ilegalidade, do abuso de poder, o fim do constrangimento, da ameaça à liberdade quando existir ausência de legalidade, violação de princípios e regras vinculados à liberdade conectada à dignidade da pessoa humana, de forma que sem a impetração da medida constitucional não poderá ser alcançada a integral satisfação da liberdade legal, irrestrita, intocada.

Para além disso, importa o registro pelo impetrante da demonstração do direito líquido e certo (liberdade) enquanto bem jurídico protegido por via de provas pré--constituídas para que a liberdade, direta ou indiretamente, seja objeto de plenitude de direito em vigor enquanto direito fundamental do jurisdicionado.

5.2 ADEQUAÇÃO NO *HABEAS CORPUS*

Se não existir risco efetivo de constrição à liberdade, não há pertinência no uso do *Writ*, pois a sua utilização pressupõe a concreta configuração de lesão, seja atual ou iminente, ao direito constitucional de ir, vir e permanecer. Em tese, esta é a regra. Mas sob o fundamento da violação ao bem jurídico do direito fundamental de liberdade, há fatos outros que admitem o uso do Habeas Corpus como instrumento de salvaguarda da legalidade.

No Habeas Corpus 112.658, de relatoria da Min. Rosa Weber, julgado pela Primeira Turma do STF, ficou evidenciada a ampla abertura de cabimento do *Writ* sempre que houver possível lesão à liberdade, de modo que "O Habeas Corpus é medida cabível quando em jogo, direta ou indiretamente, o direito de locomoção". "O Habeas Corpus, pouco importando haver ou não o envolvimento direto da liberdade de ir e vir do paciente, deve merecer tramitação preferencial".

As condutas ou atos ilegais de agentes públicos ou particulares que atingirem o direito de ir e vir, seja diretamente ou indiretamente, tornam vias de argumentação do Writ. À exemplo disso, se houver aplicação prática do processo penal encapado de ilegalidade, violando a regra/forma/rito enquanto garantia, caberá o Habeas Corpus. Ocorreu caso em que policiais, de posse de mandado de busca e apreensão com endereço predefinido, resolveram dar continuidade no ato processual probatório em endereço diverso. Certamente, a conduta revelou lesão ao processo enquanto forma de garantia. Houve destaque de cabimento de Habeas Corpus para invalidar a prova produzida diante de ilegalidade formal da regra processual penal. Ter um mandado com um endereço e cumprir a ordem em outro endereço, viola a forma/garantia do processo. Foi o julgado contido no Habeas Corpus 106.566, julgado pela Segunda Turma do STF, com a seguinte ementa: "Habeas Corpus. 2. Inviolabilidade de domicílio (art. 5º, IX, CF). Busca e apreensão em estabelecimento empresarial. Estabelecimentos empresariais estão sujeitos à proteção contra o ingresso não consentido. 3. Não verificação das hipóteses que dispensam o consentimento. 4. Mandado de busca e apreensão perfeitamente delimitado. *Diligência estendida para endereço ulterior sem nova autorização judicial. Ilicitude do resultado da diligência. 5. Ordem concedida, para determinar a inutilização das provas*".

Na ocasião do julgado, o Min, Gilmar Mendes destacou que "No HC 121.419, julgado pela 2ª Turma em 2.9.2014, voltei a manifestar minha contrariedade e preocupação com as teses pela limitação do Habeas Corpus". A Advocacia tem um papel fundamental na constante construção da proteção em torno da manutenção alargada do cabimento do Habeas Corpus como medida de proteção da liberdade, seja direta ou indiretamente. A liberdade é um direito líquido e certo. Muito mais do que isso, é o direito fundamental declarado como uma das vias de viabilização da dignidade da pessoa humana. Em variadas situações práticas, de fato, cabem dúvidas quanto à adequada impetração, se pela via do Habeas Corpus ou Mandado de Segurança. Melhor terá segurança o Advogado, ao impetrar o Habeas Corpus, para evitar que seja denegado por ausência de adequação, que destaque a violação prática da liberdade.

Por outro lado, apenas para registrar história, aponto que o *Habeas Corpus* já foi instrumento de salvaguarda de outros direitos que não a liberdade de locomoção do indivíduo. Para o leitor ter uma ideia a respeito disso, basta avaliar o §22, do art. 72, da Constituição da República dos Estados Unidos do Brasil, de 24 de fevereiro de 1891, com o seguinte texto "Dar-se-há o *habeas corpus* sempre que alguém sofrer ou se achar em iminente perigo de sofrer violência por meio de prisão ou constrangimento ilegal em sua liberdade de locomoção".

Adveio o mandado de segurança e outros instrumentos de intervenção contra atos de autoridade lesivos a direitos alheios à liberdade de locomoção. O Legislador evolui pensamento para delimitar o Writ como munição de proteção da liberdade quando constrangida ilegalmente, na ocasião da reforma constitucional de 1926.

Acertadamente, o Habeas Corpus passou a ficar restrito à defesa da liberdade, nos moldes do que consta o art. 5º, LXVIII, da atual, constantemente ofendida, Carta Constitucional.

> conceder-se-á mandado de segurança para proteger direito líquido e certo, não amparado por Habeas Corpus ou habeas data, quando o responsável pela ilegalidade ou abuso de poder for autoridade pública ou agente de pessoa jurídica no exercício de atribuições do Poder Público.

Aí está a adequação do *Writ*. A necessidade de tutela de liberdade de locomoção, considerando o direito constitucional de ir, vir, ficar. Lembre-se, caberá o *Writ* quando a violação à liberdade for direta ou indiretamente. Se, na prática, houver dúvidas quanto à impetração do Mandado de Segurança ou Habeas Corpus, focalize a liberdade como bem jurídico violado no caso, até porque cabe o Habeas Corpus de forma excepcional, mas a liberdade precisa ser, de alguma forma, fundamento enquanto bem jurídico violado. É o caso do julgado do Habeas Corpus 120.017, julgado pela Primeira Turma do STF, de relatoria do Min. Dias Toffoli, com a seguinte ementa: "Embora a pretensão formulada no Writ não guarde relação direta com a liberdade de locomoção da paciente, circunstância que demonstraria a inadequação a via eleita, no caso vertente, diante de aventada ocorrência de nulidade absoluta, há indiretamente um cerceamento à liberdade de ir e vir da paciente, de modo a, excepcionalmente, entender-se cabível a impetração".[5]

Muito embora no mencionado Habeas Corpus tenha tido a ordem denegada no mérito, foi possível verificar que o cerceamento indireto da liberdade permite a adequação do *Writ* enquanto via eleita para buscar proteção de direito constitucional.

O Poder Judiciário brasileiro tem sido bastante criativo na aplicação da diretiva Constitucional a respeito do Habeas Corpus. Elastece normas e as restringe sob os mais variados fundamentos. No caso do Habeas Corpus, a adequação foi alargada, em variados julgados, para o cabimento do *Writ* em delimitados casos que, mesmo que em tese, possam acarretar o constrangimento ilegal à liberdade constitucional de ir e vir. Em alguns casos, situações de *agravamento de restrições do direito de locomoção* perante decisões duras à liberdade. Isso, graças à boa advocacia realizada nos Tribunais.

Tem sido admitido, nos Tribunais, a impetração de Habeas Corpus quando o impetrante comprova risco ao direito de liberdade diante de movimento contra o constitucional direito fundamental de locomoção em procedimentos criminais diversos, à saber:

---

5. BRASIL. Supremo Tribunal Federal. HC 120.017. Habeas Corpus. Processual Penal. Impedimento de desembargadores integrantes de órgão especial que tenham julgado procedimento administrativo disciplinar contra juíza federal e emitido pronunciamento pela imposição de disponibilidade à magistrada. [...]. Rel.: Min. Dias Toffoli, 27 maio 2014. *Diário de Justiça Eletrônico*, Brasília, DF, 8 ago. 2014.

a) o indiciamento abusivo;

b) a instauração de procedimento investigatório sem fundamento;

c) o recebimento de denúncia quando em face da lei;

d) em casos de autorização judicial de quebra de sigilo bancário ou fiscal quando houver destino da prova em processo ou procedimento penal;

e) em casos de denegação de pedido do investigado para produzir prova do seu interesse;

f) em situações fáticas e processuais em que se aprecia por via do Habeas Corpus todas e quaisquer medidas que possam gerar violação, lesão, constrangimento à liberdade de locomoção ou mesmo atos ou condutas que possam agravar as restrições ao direito de liberdade.

Obviamente, considerando a desenvoltura da aplicação do Direito Penal nos Tribunais, entre turmas e câmaras, há, em certos precedentes, uma ampliação da adequação do *Writ*, mesmo que em outras sentadas de decisões haja caminho oposto.

Tal ampliação de cabimento do *Writ* é mais do que necessário, pois, no Brasil, há uma onda de prisões sem respeito à lei e constituição, viabilizadas por magistrados que utilizam de medidas de prisão de forma desnecessária, desencadeando casos bizarros como a manutenção de uma prisão preventiva por maior tempo do que a própria pena cominada pelo eventual delito praticado pelo preso. Outros casos, notórios inclusive, levou à prisão pessoas que utilizaram das redes sociais para agredir verbalmente o STF. Obviamente estão agindo contra a lei, mas não há fundamento de prisão em casos tais, pelo menos na atual ordem constitucional de direito.

Na prática, a dificuldade cai na mão do Advogado que é o porta voz do direito e precisa guerrear juridicamente para defender a liberdade do cliente. Diante do requisito da adequação, na labuta da advocacia criminal, a sugestão é que se alegue a adequação em capítulo da peça inaugural e destaque para iluminá-la que está inserido o requisito na fatal medida autoritária e ilegal que acarreta constrangimento à liberdade ou que agrave restrição à liberdade, mesmo que de forma indireta.

Veja o caso com aplicação argumentativa da adequação: O cliente aceita proposta de SUSPRO e se sujeita ao período de prova. É o fato. Depois questiona a ausência de justa causa por via do *Writ* of Habeas Corpus, alegando possibilidade de revogação da SUSPRO e risco à liberdade de locomoção por ter o delito uma pena privativa de liberdade cominada. Está aí um exemplo de lógica argumentativa do requisito da adequação.

No Habeas Corpus, a adequação enquanto requisito deve ser justificada pelo método do silogismo. Se houver ausência de justa causa nos autos, mesmo que haja suspensão do processo em período de prova, comprove a adequação do *Writ* levando em conta que a liberdade está em perigo, até mesmo pelo motivo da possível revogação do benefício, conforme o exemplo acima.

É importante registrar que o Advogado cria a jurisprudência estabelecida nos Tribunais. Obviamente, tem que fazer uma peça completa, direta, instigante, clara, objetiva, provando adequação, enquanto requisito, por constrangimento ou agravação de restrição ao direito à liberdade.

Veja que essa elasticidade criada advém de casos práticos, assim como ocorreu com a admissão de Habeas Corpus para garantir ao apenado o direito de receber visitas de parentes próximos (STF, 2ª Turma, HC 107.701/RS, Rel. Min. Gilmar Mendes, de 13.09.2011), impetrado pela Defensoria Pública da União.

Cabe ao impetrante apresentar a defesa de maneira técnica e lógica, sugerindo o risco concreto de violação ao direito constitucional de liberdade de locomoção diante do caso concreto sob a sua análise. A adequação é o alarido da afronta à liberdade na peça vestibular.

Ainda, em atenção ao requisito da adequação, registro que o Habeas Corpus não é instrumento utilizado como sucedâneo de outras ações judiciais que se distanciam do questionamento da liberdade constitucional do cliente. Muito embora seja possível verificar julgados revelando cabimento do Habeas Corpus quando há ataques à liberdade de forma indireta, conforme relatado acima, quando apontamos casos de nulidades absolutas provocados por produção de provas *contra legem*, há que considerar a liberdade enquanto lesado bem jurídico central ao cabimento do *Writ*.

Se não houver relação da pretensão no instrumento do Habeas Corpus relacionada com a proteção da liberdade constitucional, não haverá conhecimento do *Writ por ausência do interesse de agir por inadequação do pedido*. Fique atento à adequação na condição de requisito ao tecer a peça processual. Assim, não cabe Habeas Corpus por inexistência de interesse de agir em razão da ausência de adequação, para questionar, pela via do *Writ*, a perda de direitos políticos; o impeachment; o pedido do MP para aditar denúncia e tantos outros casos.

A jurisprudência tem formulado regras assentadas em súmulas em torno da ausência de interesse de agir por inadequação do pedido. São elas:

a) Súmula 395, do STF: "Não se conhece do recurso de Habeas Corpus cujo objeto seja resolver sobre o ônus das custas por não estar mais em causa a liberdade de locomoção".

b) Súmula 693, do STF: "Não cabe Habeas Corpus contra decisão condenatória a pena de multa, ou relativo a processo em curso por infração penal a que a pena pecuniária seja a única cominada".

O não pagamento de multa não admite a conversão em PPL, faltando adequação no interesse de agir. Assim também não cabe Habeas Corpus para atacar procedimento de apuração de porte de drogas para uso pessoal. Se não há perigo de lesão à liberdade, não cabe HC.

   c) Súmula 694, do STF: "Não cabe Habeas Corpus contra a imposição da pena de exclusão de militar ou de perda de patente ou de função pública".

   d) Súmula 695, do STF: "Não cabe Habeas Corpus quando já extinta a pena privativa de liberdade".

Convém registrar que o interesse de agir na ação constitucional do Habeas Corpus se traduz em dois vieses que, se verificados, certamente será o *Writ* formalmente viável para análise do mérito destacado no caso concreto. Trata-se da necessidade da tutela e da adequação. O requisito da necessidade da tutela exige que o impetrante indique de forma individualizada aqueles fatos concretos praticados por autoridade coatora que tenham violado o bem jurídico liberdade de locomoção, direta ou indiretamente, e que foram gatilhos para que fosse necessária a utilização do instrumento constitucional do Habeas Corpus.

De outro lado, a adequação enquanto viés do interesse de agir da ação constitucional, é caracterizada pelo direito que se busca tutelar com o instrumento do Habeas Corpus, qual seja, a liberdade.

Assim, se o impetrante utilizar do Habeas Corpus para tentar tutelar direito líquido e certo diverso da liberdade, haverá por inadequada a via eleita, não sendo conhecido o instrumento constitucional impetrado.

A adequação revela aquilo que o Habeas Corpus tutela – a liberdade de ir, vir e ficar. O interesse de agir revela o dano concreto detidamente ocorrido em face do direito de liberdade. Ambos são sustentações e pilares do interesse de agir na ação de Habeas Corpus, sendo, necessariamente, obrigatório que se destaque tais requisitos na peça processual.

5.3 DIFERENÇAS ENTRE NECESSIDADE DA TUTELA E ADEQUAÇÃO

O interesse de agir enquanto requisito de cabimento da ação constitucional de Habeas Corpus, visando proteção ao direito fundamental da liberdade, em todos os seus níveis, tem duas bases que o sustenta. A primeira base é a necessidade de tutela e a segunda, a adequação. Ambos devem ter claro destaque na peça processual. A diferença entre os dois requisitos é fundamental para construir uma peça processual que seja admitida em termos formais, com base e estrutura técnica adequada para obtenção da proteção do direito ou bem jurídico que se busca proteger por meio do Habeas Corpus.

INTERESSE DE AGIR

1. Necessidade da tutela	– É caracterizado pela violência ou coação decorrente de ilegalidade ou abuso de poder. Há necessidade de demonstrar fato concreto que tenha repercussão negativa em torno da liberdade.	– O dano concreto à liberdade, seja direta ou indiretamente por via de violência ou coação ou revelação de conduta ilegal. – Para que o Habeas Corpus possa ser utilizado, para que seja conhecido, o jurisdicionado (ou impetrante) precisa provar ocorrência do dano à liberdade, de forma que tenha específico apontamento de fatos concretos que tenham repercussão negativa na liberdade.
2. Adequação	– É caracterizado pelo direito protegido no caso concreto, qual seja, a liberdade.	– A proteção, a tutela que a medida do Habeas Corpus visa tutelar, qual seja, a liberdade. Se a proteção for direito líquido e certo diverso, a via do Habeas Corpus será inadequada. Assim, a tutela pretendida como objeto de proteção, seja direta ou indiretamente, deve ser a liberdade. Um ato concreto de autoridade coatora que gere risco à liberdade, mesmo que indiretamente, como um indiciamento abusivo, tem destacado a adequação. Por outro lado, se o ato concreto gerar uma lesão a um direito líquido e certo sem que a liberdade seja atingida, a medida certa será outra diversa do Habeas Corpus.

Muito claramente, Brasileiro[6] destaca o mesmo posicionamento quanto à necessidade de tutela ao ensinar que "Para que seja conhecida, a ação de Habeas Corpus exige a indicação – específica e individualizada – de fatos concretos cuja ocorrência possa repercutir na esfera da imediata liberdade de locomoção física dos indivíduos". Em sentido similar ao nosso, quanto à adequação, destaque que "Destarte, caso a pretensão do impetrante não esteja relacionada à tutela da liberdade de locomoção, faltará interesse de agir por inadequação do pedido, acarretando o não conhecimento do Habeas Corpus".

Não é possível discordar das reflexões de Navarrete[7] quanto ao bem jurídico em "El Injusto Típico en la Teoría Del Delito". Título fundamental para visar a liberdade como bem jurídico de caracterização "supramaterial" de valor a ser tutelado, sobretudo pela via do Habeas Corpus. A adequação, nesse sentido, é vinculada a bem jurídico de valor constitucional, assim considerado, um supradireito fundamental necessário à viabilização da dignidade da pessoa jurídica.

---

6. LIMA, Renato Brasileiro de. Manual de Processo Penal, 2. ed. Salvador: JusPodivm, 2013, p. 1671;1675
7. NAVARRETE, Miguel Polaino. *El injusto típico em la teoría del delito*. Buenos Aires: Mario A. Vieira Editor, 2000. p. 500.

6
POSSIBILIDADE JURÍDICA DO PEDIDO NO *WRIT*

A possibilidade jurídica do pedido no Habeas Corpus tem explicação na exigência legal de que o pedido no *Writ* tem que ter respaldo legal. É a regra. Na peça de entrada, a exordial, deve haver um pedido que tenha providência aceita e admitida pelo ordenamento jurídico, se alinhando ao objeto do instrumento.

Se a norma jurídica não permitir o uso do Habeas Corpus, o pedido no bojo da peça inicial não terá a possibilidade jurídica exigida.

O art. 142, § 2º c/c art. 42, §1º, ambos da Constituição da República[1]. "Não caberá Habeas Corpus em relação a punições disciplinares militares".

A carta magna proíbe o uso do *Writ* para salvaguardar liberdade de locomoção em casos de prisões de natureza disciplinar no âmbito das Forças Armadas, Polícias Militares e Corpos de Bombeiros. Se algum Advogado utilizar do Habeas Corpus nestes casos, haverá ausência de possibilidade jurídica do pedido, sendo cabível, portanto, instrumento diverso para proteção da liberdade.

Esta é a regra. Há exceção.

A limitação constitucional ao uso do Habeas Corpus em casos de punições disciplinares militares impede o Poder Judiciário de avaliar o mérito do ato administrativo que é a aplicação de punição a militares. Melhor dizendo, não cabe ao Judiciário adentrar ao mérito da oportunidade e conveniência do ato administrativo militar. Contudo, se a prisão do militar por punição disciplinar violar o preceito da legalidade (Pressupostos da Legalidade do ato punitivo: hierarquia, poder disciplinar, ato administrativo vinculado à função, pena possível de ser aplicada por via disciplinar), caberá o manuseio do Habeas Corpus. Nesse sentido, a ementa de decisão sobre o ponto em discussão. "Recurso extraordinário. Matéria criminal.

---

1. Art. 42 Os membros das Polícias Militares e Corpos de Bombeiros Militares, instituições organizadas com base na hierarquia e disciplina, são militares dos Estados, do Distrito Federal e dos Territórios. § 2º Aos pensionistas dos militares dos Estados, do Distrito Federal e dos Territórios aplica-se o que for fixado em lei específica do respectivo ente estatal.
Art. 142. As Forças Armadas, constituídas pela Marinha, pelo Exército e pela Aeronáutica, são instituições nacionais permanentes e regulares, organizadas com base na hierarquia e na disciplina, sob a autoridade suprema do Presidente da República, e destinam-se à defesa da Pátria, à garantia dos poderes constitucionais e, por iniciativa de qualquer destes, da lei e da ordem.
§ 2º Não caberá *Habeas Corpus* em relação a punições disciplinares militares.

Punição disciplinar militar. Não há que se falar em violação ao art. 142, § 2°, da CF, se a concessão de Habeas Corpus, impetrado contra punição disciplinar militar, volta-se tão somente para os pressupostos de sua legalidade, excluindo a apreciação de questões referentes ao mérito. Concessão de ordem que se pautou pela apreciação dos aspectos fáticos da medida punitiva militar, invadindo seu mérito. A punição disciplinar militar atendeu aos pressupostos de legalidade, quais sejam, a hierarquia, o poder disciplinar, o ato ligado à função e a pena susceptível de ser aplicada disciplinarmente, tornando, portanto, incabível a apreciação do Habeas Corpus. Recurso conhecido e provido (RE 338840, Órgão Julgador: Segunda Turma, Relatora Min. Ellen Gracie, julgamento 19.08.2003, publicação 12.09.2003)".

Assim, em caso de prisão por ato de natureza disciplinar – militar, a regra constitucional é a proibição do uso do Habeas Corpus (impossibilidade jurídica do pedido). A jurisprudência criou a exceção ao admitir o *Writ* quando houver violação da legalidade do ato, imprimindo a consequente lesão à liberdade (possibilidade jurídica do pedido).

Na minha visão, a liberdade é extensão do superprincípio da dignidade da pessoa humana, ponto central do Estado Democrático de Direito. As normas materiais constitucionais devem iluminar toda a aplicação jurídica brasileira. Se a liberdade é pilar constitucional, devendo as normas constitucionais serem iluminadas para dentro dos demais atos normativos, sobretudo decisões judiciais, o impedimento ao manuseio do Habeas Corpus por fundamento de aplicação de regra infraconstitucional em consideração à ausência de possibilidade jurídica é, com veemência lógica, declarado ato inconstitucional, ilegal e imoral. Assim, cabe o Habeas Corpus diante de prisão por fundamento em natureza disciplinar. O Poder Judiciário não pode fechar os olhos diante de uma ilegalidade fundada sob o manto da legalidade.

Quanto a prisão administrativa, criada para compelir o jurisdicionado a praticar um dever, não mais existe. Assim, por mais óbvio que seja, se houver prisão administrativa, com gritante ilegalidade, caberá o *Writ*, com base no art. 648, inciso I, do Código de Processo Penal – "A coação considerar – se – á ilegal quando não houver justa causa". Nesse sentido, há possibilidade jurídica no *Writ* se alguém for preso sob o sustento da prisão administrativa, o que não é difícil duvidar nos dias de hoje.

Hipótese outra, o estado de sítio, caso em que o Presidente da República poderá, ouvidos o Conselho da República e o Conselho de Defesa Nacional, solicitar ao Congresso Nacional autorização para o decretar. Poderá haver em caso de comoção grave de repercussão nacional ou ocorrência de fatos que comprovem a ineficácia de medida tomada durante o estado de defesa e quando houver declaração de estado de guerra ou resposta a agressão armada estrangeira, nos termos do art. 137, da Constituição da República.

Conforme o art. 139, da Constituição da República, no estado de sítio, haverá restrição à liberdade de locomoção e ao direito de ir e vir, não cabendo Habeas Corpus.

Art. 139. Na vigência do estado de sítio decretado com fundamento no art. 137, I, só poderão ser tomadas contra as pessoas as seguintes medidas:

I – obrigação de permanência em localidade determinada;

II – detenção em edifício não destinado a acusados ou condenados por crimes comuns;

III – restrições relativas à inviolabilidade da correspondência, ao sigilo das comunicações, à prestação de informações e à liberdade de imprensa, radiodifusão e televisão, na forma da lei;

IV – suspensão da liberdade de reunião;

V – busca e apreensão em domicílio;

VI – intervenção nas empresas de serviços públicos;

VII – requisição de bens.

Pois bem, em estado de sítio, não haverá possibilidade jurídica do pedido no Habeas Corpus, exceto se houver ilegalidade no ato, se houver comprovação de flagrante afronta legal quanto à restrição à liberdade de locomoção. Exemplo, se houver incompetência na decretação da medida, a tornando flagrantemente ilegal. Se houver vício formal quanto ao estado de sítio, levando o indivíduo a sofrer violação ao seu direito de liberdade, caberá o *Writ*. A proibição de impetração do *Writ* está restrita à impugnação do mérito da medida excepcional imposta nos termos do art. 137, da Constituição da República.

Da mesma forma, trata-se de uma exceção da exceção, não podendo haver restrição à liberdade enquanto direito fundamental. Considerando que o instrumento de Habeas Corpus é medida que viabiliza a liberdade, restringir o *Writ* representa afronta ao Estado Democrático de Direito. Alguns operadores do direito, sejam vocacionados ou não para cargos públicos, passam a ditar regras as justificando em bases legais inaplicáveis. Outros replicam tais absurdos jurídicos e, de repente, forma-se um entendimento ilegal acerca de um caso. Assim ocorre também com o Habeas Corpus. No entanto, aquele que luta por justiça, seja representante do Parquet, magistrados, Advogados, devem e certamente devem olhar para a Constituição Federal como carta que precisa ser protegida diariamente, pois é o texto constitucional que garante os pilares de uma sociedade detidamente organizada e segura juridicamente.

6.1 VÁRIOS *HABEAS CORPUS* EM FAVOR DE PESSOA FAMOSA – PREJUÍZO – IMPOSSIBILIDADE JURÍDICA DO PEDIDO NO *WRIT*

Presidentes da República já foram presos, assim como cantores famosos, jogadores de futebol reconhecidos nacionalmente e outros personagens de alta relevância no mundo da fama. Nesse tipo de situações, em torno do clamor público que gera uma prisão de pessoas famosas, existem os aventureiros jurídicos que se propõem a impetrar Habeas Corpus em favor dos seus ídolos, outros por mera experiência. Pois bem, o Habeas Corpus é uma ação democrática, não existindo exigência de relação contratual entre o impetrante e o impetrado. Qualquer um poderá impetrar Habeas Corpus em favor de qualquer um. Contudo, em casos tais, pode ser que o instrumento utilizado seja manuseado com o objetivo de prejudicar, diante da falta de devidas e adequadas fundamentações jurídicas ou, como disse, uma mera brincadeira jurídica.

Um leigo na matéria jurídica que impetra Habeas Corpus em favor de um Ex Presidente da República terá, certamente, um prejuízo estratégico do ponto de vista da defesa. A pessoa famosa poderá ser prejudicada pelo "trabalho" advocatício realizado, não obtendo os efeitos esperados que um profissional altamente qualificado obteria com a sua entrega profissional a tal mister. Às vezes, um terceiro qualquer impetra Habeas Corpus em favor da pessoa famosa mesmo quando o impetrado já tem Advogado constituído.

A impetração do instrumento constitucional por alguém, sem autorização da defesa do impetrado, com poderes outorgados específicos para tanto, ou sem a autorização do próprio impetrado, poderá gerar prejuízo ao jurisdicionado beneficiado.

Se não houver a devida e formal autorização tanto da defesa quanto do beneficiário, não poderá ser admitido o *Writ* sob o fundamento da impossibilidade jurídica do pedido, pois ninguém poderá ser prejudicado por ausência de permissivo legal. Não há norma que permita a impetração prejudicial de Habeas Corpus por terceiro, o que traduz a impossibilidade jurídica do pedido no *Writ* aventureiro.

Há uma exceção. Para que o Habeas Corpus impetrado por terceiro desconhecido seja válido e admitido, é necessário que a ordem tenha sido concedida, pois, o que se protege é a liberdade, sobretudo quando posta na mesma balança que os requisitos formais processuais de cabimento de uma ação.

A liberdade é a regra e não a formalidade processual. Mesmo assim, nesse caso, terá que o beneficiário ser intimado para dar continuidade ao andamento do feito pela sua defesa constituída. O magistrado que conceder a ordem deverá determinar a intimação do jurisdicionado beneficiado para dar continuidade no andamento do feito.

Na eventualidade de ocorrer uma chuva de impetrações com idênticos fundamentos, as "novas" iniciais serão indeferidas por ausência de possibilidade jurídica do pedido, pois não há como conceder liberdade duas vezes pelo mesmo fato e fundamento jurídico e pedido contidos na ação de Habeas Corpus.

7
LEGITIMAÇÃO ATIVA

7.1 O IMPETRANTE – QUEM SÃO OS POSSÍVEIS LEGITIMADOS?

O Habeas Corpus poderá ser impetrado por qualquer pessoa, em seu favor ou em benefício de terceiro, assim como pelo Ministério Público. Esta abertura legal para impetração da medida visa proteção ao bem jurídico em jogo – a liberdade. Direito Fundamental estrutural do Estado Democrático de Direito.

Por isso, o elasticimento legal democrático que permite a qualquer pessoa o manuseio do Habeas Corpus, ou seja, pessoa física, jurídica, estrangeira, nacional, sem capacidade postulatória ou sem plena capacidade civil, menor de idade, pessoas com deficiência, mesmo sem assistência. O remédio constitucional não exige qualquer qualidade, também, no seu desdobramento processual. Os recursos decorrentes do *Writ* poderão ser manejados por qualquer impetrante. Uma fantasia legal, pois será raro um magistrado, sobretudo de tribunais, receberem para um despacho um comum cidadão.

O impetrante é, de fato, qualquer um. Qualquer pessoa está legitimada a impetrar uma ordem de Habeas Corpus, sem qualquer qualidade jurídica especial.

O impetrante é a figura jurídica que impetra o *Writ* requerendo a concessão da ordem. O impetrante é o legitimado ativo. E o paciente? Quem é esta figura? Nada mais do que aquele que sofre a restrição da sua liberdade ou está prestes a receber a coação em sua liberdade de locomoção por conduta ilegal ou abusiva de autoridade ou suposta autoridade. Obviamente, as figuras do impetrante e paciente podem se confundir numa só, bastando, por exemplo, que aquele que sofre a violência constitucional ao direito de liberdade impetre o Habeas Corpus, quando será impetrante e paciente ao mesmo tempo.

Juiz e Delegado de Polícia não podem impetrar Habeas Corpus, salvo na condição de pessoas físicas, sem a capa do cargo público.

O Juiz tem, por outro lado, dever de conceder a ordem de Habeas Corpus de ofício, nos termos do art. 654, §2º, do Código de Processo Penal. "Os juízes e os tribunais têm competência para expedir de ofício ordem de Habeas Corpus, quando no curso de processo verificarem que alguém sofre ou está na iminência de sofrer coação ilegal".

Na exordial do *Writ*, o Advogado constituído impetra a ordem em favor do cliente. O Advogado será o impetrante, sendo paciente o seu cliente.

Sobre a pessoa jurídica, poderá ser impetrante, mas nunca paciente. Mesmo que a Constituição Federal e a Legislação Federal admitam que a Pessoa Jurídica seja responsabilizada por prática de crimes, o que é um absurdo e falta de noção e conhecimento técnico jurídico-dogmático penal por parte do Legislador, nunca poderá ser paciente, pois não se aplica restrição de liberdade à Pessoa Jurídica.

Existem aqueles que aplicam o erro e o equívoco de uma sanção penal à uma pessoa jurídica por prática de crime, levando em conta a ilógica e desconexa posição quanto a dogmática-penal Lei 9.605/98 e art. 225, § 2º, da CR. Nesse caso, para trancar um processo criminal em hipótese de atipicidade, caberá o mandado de segurança e não o Habeas Corpus.

Quanto ao Ministério Público, tem a legitimidade para impetrar o Habeas Corpus desde que seja em favor do jurisdicionado cujo direito de liberdade foi violado, não havendo interesse de agir se houver manuseio do *Writ* em qualquer pretensão que favoreça a acusação. Exemplo disso é o julgado do Habeas Corpus 91.510/RN, cujo feito não foi conhecido, haja vista favorecer a acusação que tentava reconhecimento de incompetência absoluta ao tentar encurtar os lapsos temporais dos marcos interruptivos no andamento do feito criminal para evitar prescrição. Veja a ementa: "Penal. Processual penal. Habeas corpus. Alegada incompetência absoluta do juízo. Inocorrência. Competência conferida por resolução do tribunal de justiça local. Lei de organização e divisões judiciária. Ilegitimidade do ministério público para a impetração. Ofensa ao devido processo legal e ao direito à ampla defesa. Habeas corpus não conhecido. I – O Ministério Público possui legitimidade processual para defender em juízo violação à liberdade de ir e vir por meio de Habeas Corpus. II – *É, no entanto, vedado ao Parquet utilizar-se do remédio constitucional para veicular pretensão que favoreça a acusação*. III – O reconhecimento da incompetência do juízo ou a declaração de inconstitucionalidade de resolução há de ser provocada na via processual apropriada. IV – Atuação ministerial que fere o devido processo legal e o direito à ampla defesa. V – Habeas Corpus não conhecido. (HC 91510, órgão julgador: 1ª Turma, Relator Min. Ricardo Lewandowski, julgamento 11.11.2008, publicação 19.12.2008)".[1]

Diante de um Habeas Corpus impetrado pelo MP, camuflado por interesses voltados para o prejuízo da defesa, basta que o Advogado intervenha no *Writ* e despache com o magistrado demonstrando a ausência de interesse de agir. É o caso de nem ser conhecido o *Writ* proposto pelo MP por falta de requisito básico de condição de ação.

---

1. BRASIL. Supremo Tribunal Federal. HC 91.510. Processual Penal. Habeas Corpus. Alegada Incompetência Absoluta do Juízo. Inocorrência. [...]. Rel.: Min. Ricardo Lewandowski, 11 nov. 2011. *Diário de Justiça Eletrônico*, Brasília, DF, 19 dez. 2011.

A vítima poderá impetrar Habeas Corpus em favor do paciente? Sim. Claro que sim. Não raras vezes, a vítima possui relação familiar com o paciente. Casos outros, o universo se encarrega de alinhar pessoas como o Advogado e seu cliente, quando um é vítima do outro, abrindo hipótese de impetração de Habeas Corpus em favor do paciente pela própria vítima, até porque esta representa qualquer do povo, não havendo impedimento para que seja alocada na posição de legitimado ativo do Writ.

7.2 CABE INTERVENÇÃO DE TERCEIROS NO *HABEAS CORPUS*?

O Habeas Corpus é ação peculiar, que não tem partes nem direito disputado como pretensão dos envolvidos, mas um procedimento assaz especial de rito célere que visa seja sanado constrangimento ilegal em face do direito constitucional da liberdade, pilar estrutural do Estado Democrático de Direito.

Muito embora haja julgados impedindo intervenção de terceiros no andamento do procedimento de Habeas Corpus, como por exemplo o Habeas Corpus 411.123/RJ, de relatoria do Min. Sebastião Reis Júnior, que tramitou pela Sexta Turma do STJ, revelando que "Este Superior Tribunal e a Suprema Corte possuem jurisprudência pacífica quanto à *impossibilidade de intervenção de terceiros no Habeas Corpus*, seja na condição de Amicus Curiae ou como assistente de acusação, por se tratar de ação constitucional que objetiva garantir a liberdade de locomoção dos pacientes", data maxima venia, *penso de forma contrária*.[2]

O que não se permite no célere rito do instrumento de Habeas Corpus, com a intervenção de terceiros, é a viabilização de abertura para discussões que envolvem objetos externos à liberdade, ou que torne a discussão morosa prejudicando o paciente, empregando lentidão à entrega da prestação jurisdicional da liberdade, ou mesmo que permita discussão/produção de provas que gere complexidade em um procedimento que é caracterizado pela fulminante eficácia sistêmica. Por outro lado, pode ser que, na prática, a intervenção de terceiros, seja pelo *amicus curiae*, querelante ou pelo assistente da acusação, revele precisão no julgamento em favor do paciente. No ARE 859.251, julgado pelo STF, cujo relator foi o Min. Gilmar Mendes, revelou conclusão para que "Os querelantes têm legitimidade e interesse para intervir em ação de Habeas Corpus buscando o trancamento da ação penal privada e recorrer da decisão que concede a ordem".[3]

Como dito em capítulo anterior, nessa grande novela, que é a vida, pode ser que o assistente de acusação passe a atuar em favor do paciente, por razões íntimas entre

---
2. BRASIL. Supremo Tribunal Federal. HC 411.123/RJ. Processo Penal. Habeas Corpus. Homicídio Qualificado. Prisão Preventiva. [...]. Rel.: Min. Sebastião Reis Júnior, 6 mar. 2018. *Diário de Justiça Eletrônico*, Brasília, DF, 22 jun. 2018.
3. BRASIL. Supremo Tribunal Federal. ARE 859.251. Recurso extraordinário com agravo. Repercussão geral. Constitucional. Penal e processual penal. 2. Habeas Corpus. Intervenção de terceiros. [...]. Rel.: Min. Gilmar Mendes, 16 abr. 2015. *Diário de Justiça Eletrônico*, Brasília, DF, 9 nov. 2015.

a vítima e agressor, como ocorrem em casos de família que envolve a Lei Maria da Penha, onde se vê em audiências de justificação o arrependimento da mulher levar a cabo o pedido de medidas protetivas contra o marido, que uma vez quebradas, tenham tornado razão para prisão preventiva a ser colocada em vigor. O pedido de liberdade com juntada de provas pelo assistente de acusação precisa ser admitido. Não há razão para os tribunais negarem a intervenção de terceiros em favor da liberdade do particular, com atuação razoável e prudente para invocar a liberdade como fundamento da intervenção ao feito especial.

Não podem os tribunais fechar as portas para a intervenção de terceiros no Habeas Corpus sem avaliar o benefício que se pode trazer para a liberdade do paciente.

Assim, é cabível a intervenção de terceiros no Habeas Corpus, desde que não crie complexidade ao feito nem que seja contra o posicionamento para viabilização da liberdade.

O posicionamento jurisprudencial tem sido alterado ultimamente perante questões de alto relevo para a sociedade, mesmo que o julgamento do Habeas Corpus tenha sido admitido em prol de paciente individualizado. São os casos de grande repercussão nacional, como por exemplo, a descriminalização do aborto, conforme o Habeas Corpus 124.306, que tramitou na Primeira Turma do STF, sob a relatoria do Min. Marco Aurélio, quando na ementa foi apontado que "(...) é preciso conferir interpretação conforme a Constituição aos próprios arts. 124 a 126 do Código Penal – que tipificam o crime de aborto – para excluir do seu âmbito de incidência a interrupção voluntária da gestação efetivada no primeiro trimestre. A criminalização, nessa hipótese, viola diversos direitos fundamentais da mulher, bem como o princípio da proporcionalidade".[4] No caso em tela, foi necessário, para esclarecer aos magistrados supremos, a devida intervenção de terceiros, até porque a relevância e delicadeza da matéria justificaram incursão na teoria geral dos direitos fundamentais com viés técnico quanto ao posicionamento da medicina a respeito do tema sob julgamento.

A história da humanidade é a história da afirmação do indivíduo em face do poder político, econômico e do poder religioso, de modo que este último é conformado à moral social dominante. O produto deste embate são os direitos fundamentais, direitos humanos incorporados ao ordenamento constitucional. Os direitos fundamentais vinculam todos os Poderes estatais, representando uma abertura do sistema jurídico perante o sistema moral e funcionam como uma reserva mínima de justiça assegurada aos componentes da sociedade.

No caso acima citado, discutiu-se pontos de vistas baseados em estudos científicos diversos, como a sustentação da vida desde a concepção, desde que o esperma-

---

4. BRASIL. Supremo Tribunal Federal. HC 120.017. Habeas Corpus. Processual Penal. Impedimento de desembargadores integrantes de órgão especial que tenham julgado procedimento administrativo disciplinar contra juíza federal e emitido pronunciamento pela imposição de disponibilidade à magistrada. [...]. Rel.: Min. Marco Aurélio, 09 ago 2016. *Diário de Justiça Eletrônico*, Brasília, DF, 17 mar. 2017.

tozoide fecundou o óvulo, dando origem à multiplicação das células e do outro lado, as sustentações daqueles que defendem que antes da formação do sistema nervoso central e da presença de rudimentos de consciência – o que geralmente se dá após o terceiro mês da gestação – não é possível ainda falar em vida no sentido pleno.

O terceiro que intervém em Habeas Corpus que discute matéria interdisciplinar ao direito de tal profundidade é absolutamente necessário para que haja um julgamento justo, nos termos daquilo que se propõe o Estado Democrático de Direito, *in casu,* o *amicus curiae.*

Cabe ainda, registrar que consta do julgado do Habeas Corpus 124.306 acima destacado que o Min. Edson Fachin menciona em nota *a latere,* que "(...) há uma notícia da Carta Apostólica *"Misericordia et Misera"* do Papa Francisco, onde se acentuou a possibilidade de absolvição sinalizada pelo Pontífice jesuíta, que alcança mulheres e profissionais da saúde que porventura tenham alguma participação na interrupção de uma gravidez após a confissão".[5]

Veja que a matéria metajurídica, mesmo que *a latere,* compõe julgado de tal importância para a sociedade brasileira, em sede de Habeas Corpus, sendo fundamental para a evolução do próprio direito, a participação de terceiros no Writ e, sobretudo, para a evolução da sociedade enquanto sistema organizacional estruturado em prol da proteção da dignidade da pessoa humana, centro de proteção do Estado Democrático de Direito. Não é possível construir o direito sem a interdisciplinaridade e o Habeas Corpus não pode ser instrumento que inviabilize a construção do direito, sobretudo quando se trata de matéria destacada pela amplitude de seu alcance.

Portanto, sim, cabe a intervenção de terceiros no procedimento do Habeas Corpus, principalmente quando viabilizar a liberdade e quando houver matéria dispensada à sociedade como um todo ou atingir demais jurisdicionados, que estejam em situação similar, de forma extensivamente igualitária e relevante.

7.2.1 O *amicus curiae* no *habeas corpus*

Certamente, há cabimento da figura do *Amicus Curiae* no Habeas Corpus. O *Amicus Curiae* é o amigo da corte, sendo caracterizado por ser forma de intervenção de terceiro em que o interessado na participação no feito processual, se tiver representatividade adequada, poderá participar do debate com o escopo de apresentar uma via de solução ao conflito, ou mesmo, formar um precedente com o julgado.

O art. 138, do CPC/2015 prescreve aspectos técnicos imprescindíveis de consideração em torno da figura do Amicus Curiae:

---

5. BRASIL. Supremo Tribunal Federal. HC 120.017. Habeas Corpus. Processual Penal. Impedimento de desembargadores integrantes de órgão especial que tenham julgado procedimento administrativo disciplinar contra juíza federal e emitido pronunciamento pela imposição de disponibilidade à magistrada. [...]. Rel.: Min. Marco Aurélio, 9 ago 2016. *Diário de Justiça Eletrônico,* Brasília, DF, 17 mar. 2017.

Art. 138. O juiz ou o relator, considerando a relevância da matéria, a especificidade do tema objeto da demanda ou a repercussão social da controvérsia, poderá, por decisão irrecorrível, de ofício ou a requerimento das partes ou de quem pretenda manifestar-se, solicitar ou admitir a participação de pessoa natural ou jurídica, órgão ou entidade especializada, com representatividade adequada, no prazo de 15 (quinze) dias de sua intimação.

§ 1º A intervenção de que trata o *caput* não implica alteração de competência nem autoriza a interposição de recursos, ressalvadas a oposição de embargos de declaração e a hipótese do § 3º.

§ 2º Caberá ao juiz ou ao relator, na decisão que solicitar ou admitir a intervenção, definir os poderes do amicus curiae.

§ 3º O *Amicus Curiae* pode recorrer da decisão que julgar o incidente de resolução de demandas repetitivas.

Veja que o Legislador revelou na prescrição legal como requisito da caracterização do *Amicus Curiae* a "relevância da matéria", a "especificidade do tema objeto da demanda" ou a "repercussão social da controvérsia". Certamente, há casos, mesmo que individuais, que demandam conhecimentos metajurídicos, extrajurídicos, técnicos, pois envolvem a sociedade como um todo, ou grupo de minorias. São casos esses que a participação do *Amicus Curiae* confere ao processo uma luz necessária para achar a adequada medida de justiça. Muito mais do que isso, é a participação democrática no processo, instituída pelo Estado Democrático de Direito como via pluralista em decisões de alcance alargado.

O *Amicus Curiae* não precisa ser apenas e exclusivamente entidade institucional, de forma que caberá a participação de terceiros, de ofício ou a requerimento das partes ou de quem pretenda manifestar nos autos, por solicitação, de pessoa natural ou jurídica, órgão ou entidade especializada, desde que tenham representatividade adequada em alinhamento à matéria de relevo objeto da lide. Para além disso, cabe ao magistrado, na decisão que solicitar ou admitir a intervenção, definir os poderes do Amicus Curiae.

À despeito da matéria, no Acórdão 1133803, nos autos 07166745020178070000, cujo relator foi o eminente desembargador Getúlio de Moraes Oliveira, da 1ª Câmara Cível do TJDFT, destacou que: "A participação do Amicus Curiae tem por escopo a prestação de elementos informativos à lide a fim de melhor respaldar a decisão judicial que irá dirimir a controvérsia posta nos autos, e não para representação ou defesa de interesses (...)". A ponderação do magistrado é relevante para identificar a enorme importância do terceiro interveniente no feito, quando terá o condão de enriquecer os autos com a devida inserção de elementos informativos que levarão os julgadores a acertar a justiça que se busca no caso.

Em razão de se aplicar o Código de Processo Civil de forma subsidiária ao processo penal, há que se admitir a mencionada intervenção, nos termos do art. 138, do CPC c/c o art. 3º do CPP. Além disso, nenhum ramo do direito pode ser aplicado em absoluto isolacionismo, cabendo o entranhamento da matéria processual jurídica em torno da busca e efetividade dos direitos materiais, sobretudo os direitos fundamentais. Não pode ser esquecido, que além disso, a Constituição no Estado Democrático de Direito deve iluminar todo o ordenamento jurídico, entranhando nas questões processuais e materiais sob o viés da busca constante pela justiça.

Assim, não há como negar que o *Amicus Curiae* está presente no processo penal e, principalmente, no Habeas Corpus enquanto ação constitucional, pois a função desempenhada pelo amigo da corte revela destaque em torno da construção da justiça sob o olhar da democracia, atribuindo aos casos o necessário corpo argumentativo em torno da matéria relevante sob discussão.

Pois bem, sob tais fundamentos, a Associação Nacional da Advocacia Criminal e o Ministério Público do Estado de São Paulo requereram o ingresso em feito criminal no STF, qual seja, o Habeas Corpus 185.913, em que ficou revelado no corpo da ementa da decisão o seguinte: "Por meio das Petições 80.052/2020 e 80.084/2020, a Associação Nacional da Advocacia Criminal e o Ministério Público do Estado de São Paulo requerem o ingresso no feito na qualidade de amicus curiae. Conforme assentado pelo eminente Min. Roberto Barroso ao admitir Amicus Curiae nos autos do RHC 163.334, *"Tendo em vista os critérios previstos no art. 138 do Código de Processo Civil, aplicáveis por analogia ao processo penal (CPP, art. 3º), reconheço excepcionalmente possível a admissão de amici curiae no âmbito criminal, quando a questão discutida possua grande repercussão social* (cf., v. g., HC 143988 AgR, Rel. Min. Edson Fachin). Tendo em vista a relevância da questão discutida e a representatividade do ente postulante, defiro os pedidos da Associação Nacional da Advocacia Criminal e o Ministério Público do Estado de São Paulo, para que possam intervir no feito na condição de amicus curiae, podendo apresentar memorial e proferir sustentação oral, a que ficam desde já intimados nos termos regimentais. (...)".[6]

No Habeas Corpus 185.913[7], que tramitou no STF, sob a relatoria do Min. Gilmar Mendes, foi decidida questão de repercussão nacional de absoluta relevância jurídica aplicada em milhares de casos em todo o país, qual seja, as medidas e limites de aplicação do *acordo de não persecução penal* inserida no ordenamento jurídico processual penal por meio da Lei 13.964/19. A Min, Cármen Lúcia deu o devido tempero constitucional ao tema quanto a importância da matéria discutida em sede de Habeas Corpus, nos seguintes moldes: "Por óbvio, não se está a reduzir a importância constitucional e sistêmica das ações de controle concentrado e da sistemática de repercussão geral em RE, mas inúmeros e marcantes julgados em matéria penal deste Tribunal se deram em Habeas Corpus".

---

6. BRASIL. Supremo Tribunal Federal. HC 143.988. Habeas Corpus Coletivo. Cumprimento de Medidas Socioeducativas de Internação. [...]. Rel.: Min. Edson Fachin, 24 ago. 2020. *Diário de Justiça Eletrônico*, Brasília, DF, 4 set. 2020.
7. BRASIL. Supremo Tribunal Federal. HC 185.913. Habeas Corpus Coletivo. Cumprimento de Medidas Socioeducativas de Internação. [...]. Rel.: Min. Gilmar Mendes. *Diário de Justiça Eletrônico*, Brasília, DF, 2021.

É um *case* em que que vincula matéria penal, processual penal e constitucional, em que se vê entrega de efeitos *erga omnes* por controle de constitucionalidade por via instrumental do Habeas Corpus. Assim sendo, consta do mencionado Writ "Trata-se de ação que veicula caso concreto à cognição do Tribunal Superior, ou seja, processo subjetivo em que esta Corte pode realizar eventual controle de constitucionalidade incidental e difuso. Tradicionalmente, afirma-se que a decisão em Habeas Corpus não possui eficácia geral (erga omnes) tampouco vinculante para outros processos e juízos. Contudo, tal construção teórica não é apta a enquadrar a vida real e as consequências jurídicas e sociais de uma decisão tomada pelo Supremo Tribunal Federal, por seu órgão colegiado essencial, o Plenário. *Ainda que formalmente não haja força vinculante, um julgado do Plenário em Habeas Corpus possui um impacto evidente no sistema jurídico e nos juízos inferiores,* visto que qualquer caso pode aportar ao STF em Habeas Corpus, respeitadas as competências constitucionais, *e então ser reformado em conformidade com a interpretação anteriormente assegurada pelo Plenário. Sem dúvidas, ao analisar a postura desta Corte nos últimos anos, percebe-se uma valorização das decisões tomadas pelo Plenário em sede de Habeas Corpus, a partir de dois fenômenos marcantes: a fixação de teses e a modulação de efeitos. Ao fixar-se uma tese no julgamento de Habeas Corpus, reconhece-se a sua potencial aplicação a outros processos, por outros juízos*". No corpo do julgado, ainda se destaca: "Além da fixação de tese, este Plenário também já realizou modulação de efeitos de declaração de inconstitucionalidade em Habeas Corpus". Sem dúvidas, o reconhecimento do STF a respeito da via instrumental do Writ realizar controle de legalidade e constitucionalidade de matéria é relevante à sociedade brasileira.

Perceba que os julgados, em sede de Habeas Corpus, pelo Plenário do STF, refletem uma espécie prática de controle de constitucionalidade e legalidade, fazendo-se necessária a figura do *amicus curiae*, nos termos do art. 138, do CPC. Para além disso, o instrumento do controle prático de constitucionalidade viabilizado pelo Habeas Corpus diante de casos relevantes, permite por interpretação da Lei 9.868/99, art. 7°, § 2°, que o magistrado "relator, considerando a relevância da matéria e a representatividade dos postulantes, poderá, por despacho irrecorrível, admitir, observado o prazo fixado no parágrafo anterior, a manifestação de outros órgãos ou entidades". Aqui está a figura do *Amicus Curiae* cuja presença é imprescindível aos casos de alto relevo jurídico à sociedade brasileira.

No Estado Democrático de Direito, conforme exposto em capítulos anteriores, há que considerar o poder de inserção das normas constitucionais, assim como seus efeitos, nas normas infraconstitucionais para validar e legitimar a aplicação do direito aos casos concretos.

Considerando que tais casos de grande importância ao povo, como um todo ou grupo de minorias destacáveis, por estarmos em um Estado submetido à participação do povo nas questões estatais, qual seja, o Estado Democrático de Direito, *tem-se que o Amicus Curiae deve se fazer presente em decisões de Habeas Corpus que revelam a cons-*

trução do direito, sobretudo ao controlar a constitucionalidade e legalidade das normas aplicáveis aos casos concretos. É o caso do Habeas Corpus 185.913. O que reforça, ainda, a necessária importância do *Amicus Curiae* no Habeas Corpus, é que mesmo em âmbito processual penal, verifica-se a consolidação da teoria dos precedentes judiciais, pois a dogmática-penal e processual penal revela busca constante pela previsibilidade e estabilidade da jurisprudência, em respeito à matéria constitucional e a legalidade para efetivar os direitos fundamentais. A regulamentação dos precedentes torna o sistema processual penal mais coerente e densifica a segurança jurídica em torno da Constituição, o que, muitas das vezes tem sido feito via Habeas Corpus.

O art. 22, do Regimento Interno do STF, por via transversa, prescreve que o relator submeterá o feito (Habeas Corpus) ao julgamento do Plenário quando houver relevante arguição de inconstitucionalidade ainda não decidida, de forma que poderá o relator proceder de tal forma quando houver matérias em que divirjam as Turmas entre si ou alguma delas em relação ao Plenário e quando, em razão da relevância da questão jurídica ou da necessidade de prevenir divergência entre as Turmas, convier pronunciamento do Plenário.

Assim, é possível afirmar que, diante da indiscutível importância para a proteção efetiva dos direitos fundamentais e pela estruturação da teoria dos precedentes de ordem material penal e processual penal, na prática, *considero que o Habeas Corpus está consolidado como mecanismo apto a assentar precedentes pelo Plenário do STF, por meio de fixação de teses*, o que demanda a participação ilustrada da figura do Amicus Curiae.

No caso em tela, durante o andamento do feito processual, adveio a Lei 13.964/19, em momento em que os autos tramitavam no STF, pendente agravo regimental no AResp. Sobreveio, então, a possibilidade de o impetrante requerer a oportunidade de viabilizar a ele o acordo de não persecução penal, diante da aplicação do princípio da retroatividade, conforme o art. 5°, inciso XL, da CR c/c o art. 2°, parágrafo único, do CP. A possibilidade de aplicação do art. 28-A do CPP, inserido pela Lei 13.964/19, que previu o acordo de não persecução penal a processos em curso tem sido objeto de intenso debate doutrinário e jurisprudencial no que diz respeito à sua natureza e consequente retroatividade mais benéfica. Bom, a lei penal não retroagirá, exceto para beneficiar o réu. A relevância da questão figurou-se na potencial aplicação do mencionado dispositivo legal também em relação às normas de natureza mista ou processual com conteúdo material. Daí surgiu a viabilidade do Habeas Corpus em discussão, com os seguintes problemas:

a) O acordo de não persecução penal pode ser oferecido em processos já em curso quando do surgimento da LEI 13.964/19?

b) Qual é a natureza da norma inserida no art. 28-A do CPP?

c) É possível a sua aplicação retroativa em benefício do imputado?

d) É potencialmente cabível o oferecimento do acordo de não persecução penal mesmo em casos nos quais o imputado não tenha confessado anteriormente, durante a investigação ou processo?

Em 10 de novembro de 2020, o Min, Rel., tendo em vista a relevância da questão discutida e a representatividade dos entes postulantes, deferiu os pedidos do MP do Rio Grande do Sul, do GAETS – Grupo de Atuação Estratégica das Defensorias Públicas Estaduais e Distrital nos Tribunais Superiores e da Defensoria Pública da União, para que possam intervir no feito na condição de *amicus curiae*, podendo apresentar memorial e proferir sustentação oral. Em 17 de março de 2021, o Min. Gilmar Mendes indeferiu pedido de ingresso do jurisdicionado Carlos Ernesto Bettiolo para ingresso no feito na qualidade de amicus curiae, pedido pelo réu em razão de ocupar posição semelhante à do paciente em outra ação penal, sob o fundamento de que já conta o feito com *amici curiae* e que o ingresso sob tal natureza é excepcional e não se traduz em direito subjetivo[8]. Na r. *decisium*, o Ministro relator admitiu a aplicação da Lei 9.868/99, aplicada por analogia, ao Habeas Corpus, nos termos de nosso entendimento.

Uma questão de tal ordem e magnitude jurídica, envolvendo a vida das milhares de pessoas em situação similar, necessita da participação, por via democrática, da figura dos amigos da corte, pois irão dar posicionamentos diversos para o enriquecimento do debate visando uma decisão justa, alinhada aos direitos fundamentais aplicados aos casos concretos.

Em relação ao mérito do julgado, veja que a Lei 12.015/09 alterou o procedimento nos crimes contra a dignidade sexual, empregando a ação penal pública condicionada à representação como regra em alguns crimes. Feito isso, os casos que tramitaram sob o crivo da ação penal pública incondicionada, obtiveram a necessária retroatividade da aplicação da lei para aplicar o procedimento da ação condicionada, pois processual penal material mais benéfica, de forma que se ocorrido, no caso prático, a retratação, haveria que ser levado em conta para beneficiar o réu. No mesmo sentido exemplificativo, a prescrição, por extinguir a punibilidade, e representar matéria penal com cacife para retroagir em benefício do réu. Sob o mesmo pano de fundo argumentativo, nos termos do art. 28-A, § 13, do CPP, uma vez cumprido integralmente o acordo de não persecução penal, o juízo competente deve decretar a extinção de punibilidade.

Assim, quanto à matéria discutida no mérito do Habeas Corpus 185.913, muito embora certamente haja pensamentos diversos e o STF não tenha julgado o caso ainda[9], entendo que é matéria penal mista, cabendo a retroatividade quando houver o devido preenchimento dos requisitos legais como um todo, devendo ser aplicado pelo juízo de base, ainda que o processo esteja sob julgamento no tribunal, devendo

---

8. COVEY JUNIOR, Frank M. Amicus Curiae: friend of the court. *DePaul Law Review*, v. 9, 1959-1960, p. 30.
9. Capítulo escrito pelo autor em 21.08.2021.

os autos serem remetidos ao juízo *a quo* para aplicar a lei, no estado em que se encontrar. Foi criada causa extintiva de punibilidade no acordo de não persecução penal, tendo natureza mista de norma penal e processual penal, devendo retroagir para beneficiar o réu, pois certamente é mais benéfico do que uma condenação criminal e por ser direito do jurisdicionado.

O Ag. REG. no Habeas Corpus 186.185, que tramitou na Primeira Turma do STF, de relatoria do Min. Luiz Fux, teve como pano de fundo a análise de pedido de mulheres lactantes, com filhos de até dois anos de idade e gestantes, privadas de liberdade, para que pudessem responder em liberdade, em prisão domiciliar ou em regime aberto o cumprimento de pena em meio à pandemia de Covid-19 que se alastrou pelas prisões brasileiras. O objeto de discussão é mais do que jurídico, é humanitário. Primeiro porque há a separação de mãe e filhos em etapas da vida que levam ao cumprimento de uma sanção ao menor, absolutamente inocente. Segundo, porque as consequências da doença respiratória causada pelo vírus são devastadoras. Centenas e centenas de pessoas, inclusive, não conseguem respirar em determinados dias após os primeiros sintomas. A criança é vítima duas vezes com a manutenção da prisão das mães em meio a pandemia, uma por se distanciar da mãe em momento alimentar e outra por perder a mãe para as consequências do vírus tardiamente tratado. Volto a dizer, os agentes do Estado, *in casu*, os magistrados precisam ter sensibilidade diante de casos assim, pois o que está em jogo é aquilo que se protege em todos os graus no Estado Democrático de Direito, o ser humano e a dignidade.

No caso em espécie, o Habeas Corpus envolveu de um lado todas as mulheres presas gestantes e lactantes e de outro todos os juízos criminais e de execução penal do país, em torno de um pleito genérico de concessão de prisão com cumprimento diversos, mais brando, em situação fática caótica e emergencial de exceção. Se a causa é estruturada em viés de exceção, com aspecto humano em jogo, assim deveria ser o feito processual e o julgado.

Perante o cenário de pandemia, as Defensorias Públicas de vários Estados impetraram o Habeas Corpus pleiteando pela concessão de liberdade provisória ou de prisão domiciliar para todas as mulheres presas gestantes, puérperas ou lactantes. O Habeas Corpus teve negado seguimento pelo relator Min. Luiz Fux e, por conseguinte, foi interposto o devido agravo regimental, o qual foi improvido. Muito embora o resultado do julgado tenha sido a negativa da entrega do direito às impetrantes, por se tratar de matéria alargada ao aspecto individual, o Instituto Brasileiro de Ciências Criminais – IBCCRIM; o Instituto Terra, Trabalho e Cidadania – ITTC e o Gabinete de Assessoria Jurídica às Organizações Populares – GAJOP formularam pedido de ingresso no feito como *amici curiae*.

No caso, o MPF apresentou parecer pela denegação da ordem, sob o fundamento de que "1. *A adversidade de uma pandemia exige muitos sacrifícios de todas as pessoas, assim como o temor ínsito aos riscos que porta renúncias até mesmo desproporcionais.* (...). Lamentável, pois se espera do MP um trabalho em torno da proteção e luta pela aplicação dos direitos fundamentais, mesmo que houvesse, na prática, colisão às formalidades legais.

No feito em destaque, os pedidos de intervenção na qualidade de *Amicus Curiae* foram indeferidos. A meu ver, o indeferimento foi destacado por grave erro por desconsideração à importância do pleito contido no caso concreto e, sobretudo, pela enorme contribuição técnica que seria empregada pelos terceiros intervenientes ao feito em razão de serem "entidades" de alto relevo jurídico-acadêmico e de conhecimento específico, podendo contribuir para a formação da justiça com maior grau de qualidade. Poderiam contribuir para um deslinde de causa mais acertado ao tempero da justiça, que é o que se espera do Poder Judiciário.

Concluir que os personagens da ação de Habeas Corpus são apenas o impetrante, o paciente, a autoridade coatora, o julgador e o MP é um erro. Como visto, o instrumento do Habeas Corpus pode transportar matérias de repercussão ultra relevantes a elevado número de pessoas, com o condão de alterar a vida particular de milhares de integrantes da sociedade brasileira. O que faz do *Amicus Curiae* uma figura essencial para enriquecer o debate e, assim, haver um maior acerto com a justiça.

O Habeas Corpus 126.292[10], julgado pelo Plenário do STF, de relatoria do então Min. Teori Zavascki, tratou da execução provisória de acórdão penal condenatório proferido em grau de apelação, ainda que sujeito a recurso especial ou extraordinário. Na ocasião do julgamento, a ementa da r. *decisium* é destacada pelo entendimento quanto ao não comprometimento do princípio constitucional da presunção de inocência prescrito pelo art. 5º, inciso LVII, da CR. Perceba quantas milhares de pessoas foram diretamente impactadas por esta decisão em sede de Habeas Corpus. Como não permitir a participação de Amicus Curiae? Como não ouvir a Defensoria Pública, as associações de Advogados, Magistratura? No Estado Democrático de Direito, ao menos as causas que tem a natureza de projetar sobre a coletividade devem ser construídas com a multidisciplinar edificação de ideias. Bem assim, vários outros *cases* envolvendo a evolução da medicina e o instrumento de Habeas Corpus enquanto transporte da discussão que envolve casos com o condão de alterar julgados coletivos.

Portanto, diante da importância da matéria discutida e do viés democrático dado pelo Estado Democrático de Direito aos casos concretos, diante de questões fundamentais quanto a aplicação da Constituição, quanto ao controle de legalidade e constitucionalidade via Habeas Corpus, a figura do *Amicus Curiae* é imprescindível à formação concreta da justiça.

---

10. BRASIL. Supremo Tribunal Federal. HC 126.292. Processual Penal. Embargos de Declaração. Vícios do Art. 619 Do Código de Processo Penal. Inexistência. [...]. Rel.: Min. Teori Zavascki, 2 set. 2016. *Diário de Justiça Eletrônico*, Brasília, DF, 7 fev. 2017.

7.3 O *HABEAS CORPUS* COLETIVO

Consta do art. 5º, inciso LXVIII, da CR, que todos são iguais perante a lei, sem distinção de qualquer natureza, garantindo-se aos brasileiros e aos estrangeiros residentes no País a inviolabilidade do direito à vida, à liberdade, à igualdade, à segurança e à propriedade e que conceder-se-á *"Habeas Corpus"* sempre que *alguém* sofrer ou se achar ameaçado de sofrer violência ou coação em sua liberdade de locomoção, por ilegalidade ou abuso de poder.

O §1º, do art. 654, do CPP, prescreve que o Habeas Corpus poderá *ser impetrado por qualquer pessoa, em seu favor ou de outrem*, bem como pelo Ministério Público e a petição de Habeas Corpus conterá o nome da pessoa que sofre ou está ameaçada de sofrer violência ou coação e o de quem exercer a violência, coação ou ameaça.

O art. 25, da Convenção Americana de Direitos Humanos, prescreve que *toda pessoa tem direito a um recurso simples e rápido ou a qualquer recurso efetivo*, perante os juízes ou tribunais competentes, que a proteja contra atos que violem seus direitos fundamentais reconhecidos pela constituição, pela lei ou pela presente Convenção, mesmo quando tal violação seja cometida por pessoas que estejam atuando no exercício de suas funções oficiais.

O art. 580, do CPP, muito embora esteja alocado em capítulo de recursos em geral, prescreve que no caso de concurso de agentes, a decisão do recurso interposto por um dos réus, *se fundado em motivos que não sejam de caráter exclusivamente pessoal, aproveitará aos outros*.

O art. 3º, do CPP, destaca que a lei processual penal admitirá interpretação extensiva e aplicação analógica, bem como o suplemento dos *princípios gerais de direito*. Tanto a Constituição da República, no art. 5º, inciso LXX, quanto a Lei 12.016/09, art. 21, permitem o cabimento do Mandado de Segurança Coletivo. O direito líquido e certo também compõe a liberdade, até porque também é direito fundamental.

O CPP é do ano de 1941. Isolar entendimento de que o Habeas Corpus somente pode ser individual porque o CPP determina que deverá indicar o nome do impetrado na exordial revela pensamento conclusivo ultrapassado. A Constituição da República, pelas suas normas, deve iluminar as leis e normas infraconstitucionais para aplicar de forma efetiva dos direitos fundamentais. No caso, a liberdade. O fato de constar o termo "alguém" no art. 5º, inciso LXVIII, da CR não pode ser traduzido para "única pessoa". Interpretar assim, seria fazer um juízo negativo da aplicação dos direitos fundamentais, o que não pode ser feito. Até porque o Mandado de Segurança, instrumento advindo do Habeas Corpus, protetivo de direitos líquidos e certos, admite o cabimento do *Writ* defensivo de direitos garantidos para uma coletividade. Há que aplicar a regra de forma analógica para o Habeas Corpus, pois este representa transporte do direito líquido e certo de maior destaque, ou seja, a liberdade.

Os princípios gerais do direito, bem assim destacados no art. 3º, do CPP, clamando por inserção de normas constitucionais e aquelas abrangentes de direito, representa cláusula aberta no direito criminal que viabiliza a evolução do direito nos casos concretos. É a porta de entrada da constituição e das normas processuais que efetivam direitos no mundo do processo penal. É a porta de entrada da constituição no processo penal. Assim, considerando, os direitos fundamentais de cartas internacionais são também normas materiais constitucionais que são inseridos no ordenamento jurídico brasileiro como um todo, sendo o caso do art. 25, da Convenção Americana de Direitos Humanos.

A liberdade é braço da dignidade da pessoa humana, centro do organismo constitucional de direitos, devendo ser protegido pelo arcabouço jurídico disponível, deixando de lado qualquer formalidade que seja barreira para efetivar o direito fundamental de locomoção.

Por tais motivos, entendo que o Habeas Corpus Coletivo é plenamente cabível. Negar o uso do Habeas Corpus Coletivo é o mesmo que homenagear a formalidade em detrimento da aplicação dos direitos fundamentais; é também negar a evolução do direito; é negar o Estado Democrático de Direito.

Em 2019, o Habeas Corpus 148.459, que tramitou pela Primeira Turma do STF, sob a relatoria do Min. Alexandre de Moraes, foi negado seguimento ao remédio constitucional por entender que teria que haver demonstração de constrangimento ilegal, em ação que visava soltura de todos os pacientes reclusos em penitenciária federal há mais de 2 anos. Na ementa do julgado, foi utilizado fundamento de que o art. 654, do CPP, de 1941, exige a indicação na inicial do nome da pessoa que sofre a lesão ao direito de liberdade, em patente contrassenso à evolução do direito. O que se viu neste julgado foi a valoração a maior das formalidades em detrimento do direito fundamental da liberdade. *In casu,* se concedido, evitaria centenas e centenas de julgados semelhantes, salvaguardando direitos daqueles que, inclusive, não possuem meios para patrocinar um Habeas Corpus.

No mencionado Habeas Corpus, a Defensoria Pública da União sustentou que a estada do preso em penitenciárias federais representa uma exceção dentro do sistema devido às características próprias dos presídios de segurança máxima, porquanto esses são regidos pela lógica do isolamento e que a permanência do preso não poderá ser superior a 360 dias, contudo, é possível que haja renovação do prazo, desde que sejam observados os requisitos de transferência.

A lei não autoriza a possibilidade de renovações sucessivas e infindáveis, restando claro que qualquer interpretação extensiva ou analógica que resulte na conservação do preso por mais de dois anos em cadeia federal, além de ser ilegal representa uma compreensão ardilosa para uma finalidade *contra legem*.

A DPU requereu a concessão da ordem, com pedido liminar, determinando o retorno dos pacientes que estiverem em estabelecimentos penais federais há mais de

720 dias aos seus Estados de origem, com vistas à excepcionalidade da permanência dos presos no Sistema Penitenciário Federal, em respeito às normas constitucionais que asseguram a dignidade da pessoa humana, a integridade física e moral dos presos, a finalidade ressocializadora da pena, a progressão de regime prisional e o direito à assistência familiar.

O relator, no corpo do julgado, entendeu ainda que não houve demonstração individualizada de constrangimento ilegal.

A meu ver, o julgado foi inconsistente quanto à efetividade dos direitos fundamentais, dando maio valor ao formalismo criado em 1941 do que a ordem do Estado Democrático de Direito mais atual, valorado pela Constituição de 1988.

O Habeas Corpus Coletivo 143.641[11], que tramitou pelo STF, de relatoria do Min. Ricardo Lewandowski, foi impetrado por várias defensorias em favor de todas as mulheres submetidas à prisão cautelar no sistema penitenciário nacional, que ostentem a condição de gestantes, de puérperas ou de mães com crianças com até 12 anos de idade sob sua responsabilidade, e das próprias crianças.

No caso, de forma acertada, constou da r. decisão pelo conhecimento do *Writ* coletivo pois homenageia a tradição jurídica de conferir a maior amplitude possível ao remédio heroico. Destacou-se: há "Tramitação de mais de 100 milhões de processos no Poder Judiciário, a cargo de pouco mais de 16 mil juízes, a qual exige que o STF prestigie remédios processuais de natureza coletiva para emprestar a máxima eficácia ao mandamento constitucional da razoável duração do processo e ao princípio universal da efetividade da prestação jurisdicional".

O Habeas Corpus Coletivo foi manejado pela Defensoria Pública da União, no STJ, cujo relator foi o Min. Paulo de Tarso Sanseverino, objetivando estender efeitos coletivos para promover, em escala federal, a tutela de todas as pessoas reclusas em razão de dívida de alimentos, em razão de privação de liberdade em meio à pandemia do Covid-19. O pedido foi admitido da seguinte forma: "Diante da excepcionalidade do caso concreto, acolho o pedido da DPU, determinando o seu ingresso nos autos na qualidade de impetrante e determino a extensão dos efeitos da decisão que deferiu parcialmente a medida liminar para determinar o cumprimento das prisões civis por devedores de alimentos em todo o território nacional, excepcionalmente, em regime domiciliar".

Nesse sentido, o Habeas Corpus Coletivo é instrumento de salvaguarda do direito fundamental de liberdade, não podendo ser negado quando viabilizar a proteção da liberdade em razão de constrangimento ilegal em face do direito de ir e vir de grupo de pessoas em situação similar.

---

11. BRASIL. Supremo Tribunal Federal. HC 143.641. Habeas Corpus Coletivo. Admissibilidade. Doutrina Brasileira do Habeas Corpus. Máxima Efetividade do Writ. [...]. Rel.: Min. Ricardo Lewandowski, 20 fev. 2018. *Diário de Justiça Eletrônico*, Brasília, DF, 9 out. 2018.

8
LEGITIMAÇÃO PASSIVA – OS COATORES, O JULGAMENTO MONOCRÁTICO, AS INFORMAÇÕES E OUTRAS QUESTÕES

O legitimado passivo na ação de Habeas Corpus é aquele órgão, autoridade ou particular que pratica a ilegalidade baseada na violência ou coação ilegal à liberdade de locomoção. No polo passivo do instrumento do Habeas Corpus enquanto ação revelada por sua natureza processual, está o órgão, autoridade coatora ou particular coator que deverá defender a legalidade da sua conduta ao prestar as devidas informações requisitadas pelo julgador do Habeas Corpus. Contudo, há que registrar que não há no Habeas Corpus uma estrutura clara da posição processual do polo passivo, pois o magistrado ou tribunal julgador do remédio constitucional poderá decidir com base nas documentações que constam juntadas a exordial do *Writ*, desconsiderando as informações prestadas por quem praticou ilegalidade.

Convém ainda apontar que o coator é diferente de detentor. O coator faz parte do polo passivo. O detentor não faz parte do polo passivo no processo de Habeas Corpus. Quem é o *detentor*? Nada mais do que aquele que executa a privação da liberdade de locomoção. Pode sim o detentor representar a figura da autoridade coatora, como por exemplo, o delegado que exerce as duas funções. Nesse caso, o delegado fará parte do polo passivo na figura de autoridade coatora e não como detentor – executor da restrição ilegal de liberdade constitucionalmente protegida. Se o delegado determina a prisão em flagrante sem flagrância nos termos legais, conforme o art. 302, do CPP, será ele o servidor público autoridade coatora ocupante do polo passivo no processo de Habeas Corpus.

Na eventualidade do *magistrado* decretar a prisão de alguém sem observar as regras legais, nos moldes do art. 312 e 313, do CPP, irá o magistrado figurar no polo passivo da ação de Habeas Corpus. Assim será o relator ou ministro que decidir com base em constrangimento ilegal. *Os julgamentos monocráticos em Habeas Corpus decepam a realização de sustentação oral, representando patente violação ao direito de defesa e ao princípio do colegiado.* O Habeas Corpus deveria ser julgado pelo colegiado e não monocraticamente, quando impetrado em sede de tribunais, salvo para conceder a ordem.

Nos termos do Habeas Corpus 114.176[1], que tramitou pela Segunda Turma do STF, sob a relatoria do então Min. Teori Zavascki, foi destacado na ementa da r. *decisium* que "Segundo a jurisprudência do Supremo Tribunal Federal, ofende o princípio da colegialidade a decisão monocrática do relator que enfrenta diretamente o mérito do Habeas Corpus, sem submetê-lo à apreciação do órgão competente. Ordem concedida". No feito, a Turma, por unanimidade, concedeu a ordem para que o Habeas Corpus seja julgado pelo STJ pelo órgão colegiado competente, nos termos do voto do Relator. Lado outro, no Habeas Corpus 164.535, de relatoria da Min. Cármen Lúcia, entendeu-se de forma diversa contra o cabimento de impetração de Habeas Corpus em face de decisão monocrática do Ministro Felix Fischer, do STJ, sem interposição de agravo regimental no STJ, havendo ausência no caso de análise da decisão monocrática pelo colegiado, o que foi impedimento para o conhecimento do *Writ* no STF.

A meu ver, as decisões de Habeas Corpus em tribunais devem ser julgadas pelo colegiado, não fazendo sentido algum o julgamento de ordem monocrática, salvo para conceder a ordem, pois viola o direito de defesa realizar a sustentação oral, além de lesar o princípio da colegialidade. Muito mais do que isso, há que atender o desespero daquele que se vê encarcerado, algumas vezes de forma injusta, de modo que uma decisão monocrática contrária a concessão da ordem deveria dar cabo a novo Habeas Corpus a ser impetrado em instância superior. No Estado Democrático de Direito, a regra é a liberdade e não a formalidade, pois prevalecem os direitos fundamentais.

O *tribunal* torna-se órgão coator quando julgar recurso ou Habeas Corpus do réu e negar provimento, em hipótese que deveria ter acolhido a pretensão ou quando houvesse que conceder a ordem de ofício. É o caso de uma das Câmaras Criminais do Tribunal, por exemplo, reformar sentença absolutória prolatada por juiz de primeira instância e condenar o paciente a x anos de prisão, quando se terão como autoridades coatoras os membros da determinada Câmara Criminal. O paciente impetra o Habeas Corpus por ato ilegal praticado pela x Câmara Criminal do Tribunal de Justiça competente[2].

---

1. BRASIL. Supremo Tribunal Federal. HC 114.176. Processual Penal. Habeas Corpus. Julgamento Monocrático. Ofensa ao Princípio da Colegialidade. [...]. Rel.: Min. Teori Zavascki, 19 mar. 2013. *Diário de Justiça Eletrônico*, Brasília, DF, 15 abr. 2013.
2. Habeas corpus – Autoridade coatora – 5ª Câmara Criminal do Tribunal de Justiça de Minas Gerais – recurso julgado. Incompetência do TJMG – Art. 105, I, c da CF/88 – Competência do STJ. O Tribunal de Justiça não detém competência recursal, cabendo ao STJ a análise do Habeas Corpus. 1. "...*É ao Colendo Superior Tribunal de Justiça que compete julgar "Habeas Corpus" impetrado contra ato do Tribunal de Justiça,* conforme o preceito do art. 105, n. I, alíneas a e c, da Constituição Federal, explicitado pela Emenda Constitucional 22, de 18 de março de 1999 (cf. HC 78.069-9/MG; 2ª Turma; rei. Min. Março Aurélio; DJU 14.5.99). 2. Guardadas as devidas proporções, no Habeas Corpus de número 115.523, de Minas Gerais, onde, apontado como coator o Tribunal de Justiça do Estado de Minas Gerais, para conhecimento e julgamento do citado HC, pelo Supremo Tribunal Federal, declinado a competência para o Egrégio Superior Tribunal De Justiça, sendo que, do despacho monocrático do Ministro, vê-se"... Há óbice jurídico-processual para o conhecimento da impetração. Ocorre que o Supremo Tribunal Federal não é competente para processar

O *representante do MP* pode ser legitimado passivo no processo de Habeas Corpus? Sim, apesar de não ter poder de decisão e não poder praticar atos de natureza jurisdicional. Situação prática que pode impulsionar a imposição do Parquet no polo passivo do Habeas Corpus fica bem clara quando o promotor de justiça ou procurador da república requisita a instauração do Inquérito Policial para apurar fato cuja extinção da punibilidade está patentemente óbvia perante o feito. O próprio processo penal na vida daquele jurisdicionado representa constrangimento ilegal, o que torna viável o manuseio do Habeas Corpus.

Para além das autoridades policiais e aquelas do Poder Judiciário, outras autoridades também podem contemplar posição no polo passivo no Habeas Corpus, assim considerando o exemplo quanto ao ato de ilegalidade baseado em prisão em flagrante pelo parlamentar presidente de uma Comissão Parlamentar de Inquérito, quando atua ao arrepio da Lei. Se um deputado federal/senador, integrante de CPI, decreta prisão preventiva de alguém, há ilegalidade, pois somente é possível a prisão em flagrante, nos termos do art. 5º, inciso LXI, da Constituição da República. Será o deputado federal/senador a autoridade coatora a compor o polo passivo da ação de Habeas Corpus.

O *particular* pode ser coator e ocupar a legitimidade passiva no Habeas Corpus. Certamente, cabe Habeas Corpus contra ato de particulares, bastando que haja abuso do poder alinhado à ilegalidade de conduta contra particular, violando o direito de liberdade de ir e vir. Na exordial do Habeas Corpus, o particular é denominado "Coator" e não "Autoridade Coatora", pois o particular não é autoridade com poder outorgado pela ordem jurídica. A autoridade, por um lado, detém poder por outorga legal ou por delegação, mas permitida esta por lei, mesmo que utilizada por vias tortas. O particular que atua com abuso age contra a lei, contra a constituição, violando o sagrado direito de liberdade de outro particular, cabendo, nesse caso, o *Writ*. É o caso do diretor do hospital ou escola não permitir o jurisdicionado de deixar o recinto hospitalar/escolar por alegar falta de pagamento, infringindo diretamente o direito fundamental de liberdade, em conduta de patente ilegalidade e constrangimento ilegal. Ao invés do coator tentar viabilizar a justiça em torno da matéria cível, resolve fazer justiça com as próprias mãos e acaba por praticar conduta ilegal contra o paciente.

---

e julgar Habeas Corpus impetrado contra ato de Tribunal de Justiça estadual, não tendo o paciente, no caso presente, foro por prerrogativa de função nesta Suprema Corte para efeito de ações penais por crimes comuns ou de responsabilidade (art. 102, inciso i, alíneas d e i, da Constituição Federal). Ante o exposto, nos termos do art. 21, § 1º, do Regimento Interno desta Suprema Corte, não conheço do presente Habeas Corpus e determino a remessa dos autos ao Superior Tribunal de Justiça...". (STF. HC 115.523/MG. Relator Ministro Dias Toffoli. Autoridade coatora: Tribunal de Justiça do Estado de Minas Gerais. Julgado em 16.10.2012). (Minas Gerais, Tribunal de Justiça (Órgão Especial). HC: 10000140441809000/MG. Habeas Corpus – Autoridade Coatora – 5ª. Câmara Criminal do Tribunal de Justiça De Minas Gerais –Recurso Julgado. Relator: Walter Luiz, 24 jul. 2014. Tribunal de Justiça, 14 ago. 2014).

Aquele que age em estado de constrangimento ilegal em face de alguém, atua com base em ilegalidade. Ao impetrar o Habeas Corpus, terá a autoridade coatora que apresentar as *informações* quanto a conduta tida por ilegal. Não se trata de impugnação às alegações na exordial do *Writ*, mas meras informações a respeito da alegada imputação quanto a violação da liberdade para compor os autos e permitir ao julgador a vista do posicionamento da autoridade coatora. Certamente, as informações devem ter acompanhamento do máximo de documentos que envolve o caso, até porque se configurar patente ilegalidade, estaria a autoridade coatora, em alguns casos, cometendo crime de abuso de autoridade, nos termos do art. 9º e seguintes da Lei 13.869/2019. Em que pese serem meras informações dadas a respeito de uma conduta cerceadora de liberdade, há também o viés defensivo da autoridade coatora, pois acusada, por entrelinhas, de prática de delito de abuso de autoridade. Contra as condutas tipificadas na Lei 13.869/2019, pode ser impetrado o Habeas Corpus, não podendo as informações serem desconsideradas ou banalizadas pela autoridade coatora.

Para além disso, se a autoridade coatora deixar de prestar as devidas informações, sobretudo se esquivar de forma reiterada, há que admitir a omissão como verdadeira confirmação das alegações do impetrante em sede de Habeas Corpus. A bem da verdade, os julgadores de Habeas Corpus, por tratar de liberdade enquanto direito fundamental, devem levar em conta os documentos apresentados junto a exordial para conferir o direito base do Estado Democrático de Direito àquele que os teve violado por conduta ilustrada pelo constrangimento ilegal. As informações não são essencialmente relevantes para análise e julgamento do Habeas Corpus, muito embora tenham presunção de veracidade e representam linhas de defesa da autoridade coatora. O art. 653, do CPP, prescreve que "Ordenada a soltura do paciente em virtude de Habeas Corpus, será condenada nas custas a autoridade que, por má-fé ou evidente abuso de poder, tiver determinado a coação". Ora, se um assessor de magistrado enviar como informações meia dúzia de linhas, consideram-se "prestadas as informações", retirando o efeito da norma processual penal, razão pela qual, não passa de letra morta. Além disso, teria que provar que a autoridade teria agido de forma dolosa, com má-fé ou abuso de poder, o que distancia anos-luz dos casos concretos diariamente ocorridos. O art. 653, do CPP, está longe da realidade prática, até porque também não há custas no Habeas Corpus.

No Habeas Corpus Coletivo, há *pluralidade de autoridades coatoras* que devem ser mencionadas na peça vestibular. No Habeas Corpus 143.641, impetrado pela Defensoria Pública da União e inúmeros outros impetrantes, foram considerados autoridades coatoras, todos os juízes e juízas das varas criminais estaduais, os tribunais dos Estados e do DFT, os juízes federais com competência criminal, os Tribunais Regionais Federais, o STJ. Havendo *dúvidas quanto a autoridade coatora,* cabe ao impetrante mencionar na peça inicial as duas, três ou quantas forem as autoridades possivelmente envolvidas no caso prático da ilegalidade que originou o Habeas

Corpus. Se, porventura, não se sabe qual o delegado que agiu contra a ordem legal, se o Bel. João ou o Bel. Tião, impetra-se contra os dois, pois ambos irão apresentar as devidas informações. Se for impossível identificar, cabe destacar a instituição representativa daquele que agiu ilegalmente e a origem da conduta coatora, não podendo deixar de indicar a autoridade coatora na exordial, pois define a competência para julgamento do Habeas Corpus.

9
INTRODUÇÃO E NATUREZA JURÍDICA – HIPÓTESES DE CABIMENTO DO *HABEAS CORPUS* – O ART. 648, DO CPP

Art. 5º, LXVIII – Conceder-se-á Habeas Corpus *sempre* que alguém sofrer ou se achar ameaçado de sofrer violência ou coação em sua liberdade de locomoção, por ilegalidade ou abuso de poder.

O Habeas Corpus é instrumento da luta do bem contra o mal. As masmorras brasileiras não são prisões de cunho recuperativo, em sua esmagadora maioria. São masmorras e decepam a alma humana. É trágico, desumano, sujo, perigoso, triste. Toda ilegalidade, abuso de decisão que leva alguém a sofrer ameaça ou efetiva coação na liberdade oportuniza o manuseio do Habeas Corpus. Como dito, teriam que as autoridades passar uma tarde em delegacias, cadeias, prisões, locais de encarceramento, como fase de formação para entender o que é uma prisão, pois certamente haveria o uso da sensibilidade de forma mais apurada ao tecer uma determinação formal para aprisionar alguém. Os requisitos seriam mais profundamente analisados, mais tecnicamente revistos, tendo decisões mais humanizadas. O sistema e arcabouço de economia para fazer cumprir uma prisão ou sanção penal é absolutamente desequilibrado e pode ser dividido em dois lados. O primeiro, do eventual Boletim de Ocorrência até o trânsito em julgado de decisão condenatória ou qualquer prisão cautelar no decorrer de procedimento de viés criminal, tem uma estrutura rica financeiramente. Tribunais palácios, servidores bem pagos, e recintos com cafés e água mineral. Do outro lado, a prisão cautelar, o cumprimento da sanção penal por decisão transitada em julgado, vê-se poucos recursos financeiros, menor estrutura, servidores estressados, mal pagos, onde se joga um detido/condenado para viver mal, enclausurado, se deteriorando enquanto ser humano. As masmorras brasileiras. Há enorme descompasso na recomposição humana por via do segundo lado, o lado negro e triste do encarceramento. Talvez, talvez, diferente seria se houvesse mais investimento público neste segundo lado do sistema de encarceramento, com melhores recintos para cumprimento de pena, servidores mais treinados, mais incentivados economicamente, para o melhor emprego do lado humano da triste realidade de um processo criminal.

Se houver constrangimento ilegal ao direito de liberdade de ir e vir o Advogado pode manusear o poderoso instrumento do Habeas Corpus e, com altivez, clamar pelo uso da legalidade. A ilegalidade praticada contra a liberdade, para se dizer em poucas palavras, revela fundamento jurídico para o manuseio do *Writ*. Assim como o abuso do poder, que tem em sua essência a ilegalidade. Em 2021, um Advogado que estava numa oitiva em delegacia com o seu cliente, em São Paulo capital, foi preso porque orientou o cliente a não abrir o telefone celular *Smartfone* ao delegado para que este acessasse a provas contra o investigado. Foi preso pelo policial por usar da lei e da constituição. Claro abuso de autoridade montado numa estúpida conduta ilegal, que culminou com a soltura do causídico por via do Habeas Corpus. Contudo, naquela lamentável ocasião, a Advocacia já havia sido atacada de forma ilegal por um agente do Estado. Pior do que isso, a lei e a Constituição da República foram agredidas e violentadas por conduta abusiva do delegado. Naquela tarde, o mal foi o vencedor e o perdedor foi o Estado Democrático de Direito.

O princípio da legalidade é estrutura do Estado Democrático de Direito. É pilar de segurança jurídica, sobretudo no processo penal. É o que sustenta o próprio Estado enquanto ente submisso à lei, para existência de uma sociedade dinamizada em parâmetros de crenças de segurança jurídica. O Estado que não respeita a lei, retira a segurança da sociedade, da economia, criando uma cultura de tudo pode, abrindo portas para a corrupção da lei sem gerar efeitos contra a violência legal. É a legalidade o princípio dos princípios jurídicos, pois é o que assegura as certezas advindas das regras legais e da constituição. Se quem deveria aplicar a lei a viola, ofendendo o princípio da legalidade, há que haver correção imediata. A lei violada precisa ter a lesão corrigida, imediatamente, pois é o que garante a estrutura do Estado, o exercício da advocacia, a aplicação dos direitos fundamentais e a manutenção da liberdade. O art. 5º, inciso LIV, da CR, assegura que ninguém será privado da liberdade ou de seus bens sem o devido processo legal, havendo que levar em conta que o devido processo legal é nada mais nada menos do que o respeito à legalidade.

O manancial de hipóteses permissivos de cabimento de impetração do remédio constitucional é infinito, cabendo, inclusive, a reiteração do Habeas Corpus mirando a cessação do mesmo constrangimento ilegal à liberdade constitucionalmente garantida e que motivou o Habeas Corpus anterior. Contudo, é importante o registro de que o Advogado deverá destacar novos fundamentos. É muito comum na lida diária ver denegação de Habeas Corpus por novos fundamentos, proporcionando nova medida do Advogado.

Saiba que a decisão que denega o Habeas Corpus não faz coisa julgada. Conclui--se, a partir daí, que não há impedimento para a renovação do pedido contido no instrumento do *Writ*, exceto se houver reiteração de impetração do mesmo Habeas Corpus anteriormente denegado.

Consta do art. 648, do Código de Processo Penal, hipóteses *não taxativas* de constrangimento e coação ilegais como motivadoras do *Writ of Habeas Corpus*. Lembro que as hipóteses de cabimento do Habeas Corpus são infinitas, bastando que haja os requisitos legais.

Art. 648. A coação considerar-se-á ilegal:
I – quando não houver justa causa;
II – quando alguém estiver preso por mais tempo do que determina a lei;
III – quando quem ordenar a coação não tiver competência para fazê-lo;
IV – quando houver cessado o motivo que autorizou a coação;
V – quando não for alguém admitido a prestar fiança, nos casos em que a lei a autoriza;
VI – quando o processo for manifestamente nulo;
VII – quando extinta a punibilidade.

O Habeas Corpus é instrumento processual de absoluto alcance e extensão diante de situações diversas que podem infringir ou infringem a liberdade, de que forma for, perante qualquer ilegalidade ou ameaça de eventual conduta em face da liberdade. No dia a dia, as coisas não andam bem para a legalidade, quando se trata de justa causa enquanto argumento para cabimento de Habeas Corpus. É geral a ofensa a lei pelo Brasil a fora. Do absurdo ao absurdo, a prática revela situações degradantes ao princípio da legalidade e o constante e reiterado desrespeito às normas constitucionais. Existe caso de Habeas Corpus no STJ em que o paciente foi afastado de casa por ter xingado a mulher após descobrir que ela o traiu, havendo decisão de primeira instancia confirmada pelo Tribunal de Minas dando aval a medida protetiva, com duração de dois anos, com alerta de prisão preventiva. Com a impetração do Habeas Corpus no STJ, para a não surpresa, veio o MPF, *in casu*, opinar pela não concessão da ordem com base em fundamento de ausência de justa causa por inexistência de constrangimento ilegal. Veja bem, o Habeas Corpus é instrumento de correção de condutas ilegais contra a liberdade. Cabe em qualquer situação desse porte e seria muito bem-vinda a tentativa de acertamento da legalidade pelo Ministério Público, fiscal da lei. Dito isso, a natureza jurídica do art. 648, do CPP, é essencialmente exemplificativa. Lembro: o Habeas Corpus é instrumento da luta do bem contra o mal e as hipóteses de cabimento são infinitas, bastando que haja ameaça de lesão ou a própria violação da liberdade por conduta ilegal em todos os seus formatos de ilegalidade. As hipóteses de cabimento adiante comentadas são exemplificativas.

9.1 AUSÊNCIA DE JUSTA CAUSA – ART. 648, I – A JUSTA CAUSA CONSTITUCIONAL

Nos termos da lei, ausência de justa causa é hipótese de cabimento do Habeas Corpus. O que é ausência de justa causa? Qual a relação com a ausência de justa causa do art. 395, inciso III, do CPP? Eis o primeiro desafio para o destaque técnico para a impetração do Habeas Corpus. O termo justa causa prescrito no art. 648, I, do CPP é diferente do termo utilizado pelo Legislador no art. 395, inciso III, do CPP. Vejamos:

Art. 648. A coação considerar-se-á ilegal:
I – quando não houver justa causa;

Art. 395. A denúncia ou queixa será rejeitada quando:
III – faltar justa causa para o exercício da ação penal.

O Legislador utilizou da mesma expressão – "justa causa", no entanto, o sentido não pode ser o mesmo. O art. 395, I, do CPP, imprime uma condição da ação penal que exige, para não ser a peça inicial de acusação rejeitada, lastro probatório mínimo, que é a justa causa formal. Se não houver uma base mínima de provas, não haverá a justa causa como condição da ação, retirando o sentido de existência de procedimento criminal. A interpretação do conceito de *justa causa como condição da ação penal* é restritiva, de forma que o operador do direito, direciona observação apenas na existência de mínimo conjunto probatório para não rejeitar a exordial acusatória. A justa causa formal envolve a plausividade quanto a existência de um fato delituoso, considerando um conjunto de informações e elementos comprobatórios de materialidade e autoria ou participação mínima quanto a conduta ou condutas estruturadas pela teoria finalista do delito (fato tipifico, antijurídico e culpável).

A justa causa que compõe o motivo para impetrar o Habeas Corpus deve ser lida de forma ampliada e abrangente, aglutinando a justa causa formal e material, consubstanciada na existência de estrutura fática e jurídica que tenha o condão de gerar lesão ao direito de liberdade do jurisdicionado paciente.

A leitura que se faz quanto ao conceito de ausência de justa causa que compõe o art. 648, inciso I, do CPP é definida pela ausência de base probatória mínima somada a *qualquer ilegalidade* na persecução penal (constrangimento ilegal, coação, abuso de direito e de peticionamento), resultando, com a impetração do *Writ,* em eventual relaxamento de prisão, trancamento de processo ou trancamento de investigação criminal, lembrando sempre da lesão ou potencial lesão à liberdade.

Veja como o conceito da ausência de justa causa quando se pensa num Habeas Corpus ultrapassa e muito a exclusiva análise de mínimo conjunto probatório contido no art. 395, III, do CPP.

A doutrina corrobora esta posição nos moldes do que expõe Lima[1] "(...) para fins de cabimento do Habeas Corpus, a expressão justa causa constante do art. 648, inciso I, do CPP, deve ser interpretada de maneira bastante abrangente, compreendendo a necessária presença de substrato fático e de direito para a deflagração da persecução penal contra alguém, englobando tanto aspectos materiais quanto processuais".

O termo justa causa que autoriza a impetração de Habeas Corpus representa a exata figura de cláusula aberta para fundamentar todo tipo de ilegalidade contra a liberdade, ou seja, é um conceito absolutamente amplo, que basta o senso de justiça mínimo sob uma análise da ilegalidade praticada pelo agente em face do direito fundamental da liberdade. A mínima presença fática ou jurídica de ilegalidade ou

---

1. LIMA, Renato Brasileiro de. *Manual de processo penal:* volume único. 4. ed. rev., ampl. e atual. Salvador: JusPodivm, 2016. p. 1744.

sombra de ilegalidade toca o conceito de justa causa enquanto cláusula de fundamento do manejo do Habeas Corpus.

Trata-se da justa causa constitucional. É o coração do Habeas Corpus, até porque o instrumento do Writ reestabelece o Estado Democrático de Direito, a legalidade, a constitucionalidade do caso concreto.

Pois bem, a justa causa constitucional está inserida em todos os fundamentos que permitem a concessão da ordem de Habeas Corpus, como por exemplo, questões de nulidade processual, provas ilegalmente coletadas, prisão ilegal, tempo excessivo de prisão, extinção de punibilidade, ausência de provas, denúncia por fato atípico e todos os demais fundamentos de cabimento do Writ, sejam os tipificados ou aqueles desconsiderados pelo legislador. A justa causa constitucional é caracterizada por ser o fundamento dos fundamentos do remédio constitucional, justificando as demais.

Dito isso, na peça do Habeas Corpus há imensa necessidade de o impetrante destacar o fato incontroverso e a prova que fundamenta a ilegalidade apontada na condição de fundamento da justa causa constitucional.

No Habeas Corpus 268.459, de relatoria da Min. Maria Thereza de Assis Moura, que tramitou no STJ, cujo impetrado foi o Tribunal de Justiça de São Paulo, discutiu-se matéria de ilegalidade referente a justa causa constitucional quanto a ponderação de bem jurídico vida x liberdade religiosa.

In casu, o Writ foi impetrado no STJ em favor dos pais de uma criança de 13 anos que foram denunciados e pronunciados como incursos no art. 121, *caput*, c/c 61, II, "e", do Código Penal. Consta da exordial acusatória que os impetrantes decidiram "ver a filha morta a deixar ela receber a transfusão, pois se isso ocorresse ela não iria para o Paraíso".

A defesa interpôs recurso em sentido estrito, tendo o Tribunal Estadual negado provimento por maioria. Foram opostos embargos de declaração, sendo rejeitados. Na sequência, interpostos foram os embargos infringentes, não acolhidos por maioria, quando a defesa interpôs recurso especial, negado na origem, razão pela qual manejou o agravo em recurso especial, o AREsp 182.561/SP, ao qual foi negado provimento, mantido no julgamento de agravo regimental e embargos declaratórios pela Sexta Turma do STJ. O Habeas Corpus 268.459 foi então distribuído por prevenção ao AREsp retro mencionado, como sucedâneo recursal questionando aspectos distintos ainda não questionados ao caso em espécie.

O Habeas Corpus em questão trouxe discussão em torno dos valores religiosos, a bioética, o biodireito, o princípio da autonomia, a relevância do consentimento, em ponderação de valores de bens jurídicos constitucionais "No juízo de ponderação, o peso dos bens jurídicos, de um lado, a vida e o superior interesse do adolescente, que ainda não teria discernimento suficiente (ao menos em termos legais) para deliberar sobre os rumos de seu tratamento médico, sobrepairam sobre, de outro lado, a convicção religiosa dos pais, que teriam se manifestado contrariamente à transfusão de sangue".

Nos termos do julgado, não há que se falar em tipicidade da conduta dos pais, pois, por convicção religiosa não ofereceram consentimento para transfusão de sangue. A justa causa constitucional elencada no feito instrumental revela a ilegalidade que girou nas decisões do Tribunal Estadual de São Paulo em razão do viés constitucional da ponderação de bens jurídicos e o respeito a tal ponderação viabilizando a justificada liberdade. O presente caso trata de matéria que suscita discussão que ultrapassa os lindes estritamente jurídicos, direcionando a debate de variedade filosófica, religiosa, moral e humana. É importante frisar que o Habeas Corpus, do caso em espécie, foi transporte para julgamento de ofício de *Hard Case* que registrou a justa causa constitucional sob uma análise de multifacetadas estruturas de disciplinas humanas para conceder a garantia de liberdade aos pacientes.

Portanto, a justa causa constitucional para fundamentar o *Writ of Habeas Corpus* revela qualquer risco, lesão, violência ou qualquer sombra de conduta lesiva baseada em ilegalidade material ou formal em face da liberdade enquanto bem jurídico constitucional, tendo natureza jurídica de cláusula aberta de reestabelecimento da constitucionalidade e legalidade de caso concreto visando a concretização do Estado Democrático de Direito.

9.1.1 Ausência de justa causa para a prisão

Não é possível discordar da solidez da constitucional regra de que *ninguém poderá ser preso, a não ser em flagrante delito ou por ordem escrita e fundamentada do magistrado competente, exceto nos casos de transgressão militar ou crime propriamente militar*. É regra constitucionalmente sagrada, nos termos do art. 5º, inciso LXI, da Constituição da República. Ora, se o cliente foi preso fora da regra, há ilegalidade, cabendo a impetração do Habeas Corpus como remédio constitucional. Se alguém for preso sob o título da prisão em flagrante, mas não há flagrância na captura do paciente, a prisão não tem justa causa pois viola direito material e norma processual penal constitucional. Há patente violação de bem jurídico protegido pela carta magna. Há que impetrar o *Writ of Habeas Corpus* para regular a inconstitucionalidade do evento prisão sem justa causa.

O art. 5º, inciso LXVI, da Constituição da República, elenca o direito de o cliente não ser preso nos casos em que se permite liberdade provisória com ou sem fiança.

> LXVI – ninguém será levado à prisão ou nela mantido, quando a lei admitir a liberdade provisória, com ou sem fiança;

A *regra não é a prisão*, mas temos visto o contrário disso na prática, mesmo em vigor as medidas cautelares diversas da prisão inseridas pela Lei 12.403/11, nos termos dos artigos 319 e 320, do CPP. A prisão não sendo a regra, em muitos casos, há que observar excesso por constrangimento ilegal ao direito de liberdade, sendo o caso de impetração de Habeas Corpus por ausência de justa causa.

A ausência de justa causa é bastante evidente na prisão civil de depositário infiel, pois viola direito decorrente de jurisprudência solidificada pela Súmula 25, do STF "É ilícita a prisão civil de depositário infiel, qualquer que seja a modalidade de depósito". O pacto de São José da Costa Rica, para além da referida súmula, determina que ninguém será detido por dívida, com exceção da alimentar.

O pacto tem relevância normativa com regras de *status* determinantemente válidas no ordenamento jurídico brasileiro, de forma que qualquer prisão de depositário infiel representa ilegalidade. Perceba que o conceito de justa causa não está atrelado apenas e exclusivamente em torno de mínimo probatório para sustentar uma exordial acusatória. Muito mais profundo do que isso, há ofensa direta a um direito fundamental que precisa ser corrigido o mais rápido possível. A prisão é um terrível castigo a qualquer pessoa, tendo que ser absolutamente legitimada por fundamentos fáticos atrelados aos legais para que se permita, em pleno Estado Democrático de Direito, aplicar doses de absoluta destruição humana enquanto sanção.

A justa causa como base argumentativa de uma prisão, seja flagrante, preventiva, temporária, decorrente de ausência de pagamentos de alimentos ou mesmo a prisão para fins de extradição[2] decorrente de "*red notices*", enfim, qualquer prisão, precisa ser absolutamente necessária. Caso contrário, será ilegal e inconstitucional, sendo o caso de impetrar o Habeas Corpus. E mais do que isso, diante de cláusulas abertas legais processuais penais, como por exemplo, "ordem pública" – "justa causa" e etc., cabe ao magistrado dosar a sensibilidade humana e técnica no momento de decidir e fundamentar, com a devida adequação, uma prisão seja ela qual for, pois um pequeno equívoco pode levar ao desastre da injustiça na vida de alguém.

A prisão em flagrante está autorizada pela Constituição da República no art. 5º, inciso LXI, nos seguintes termos "ninguém será preso senão em flagrante delito ou

---

2. A Lei 12.878/2013 alterou a Lei 6.815/1980, no seu art. 82, de forma que assim ficou prescrito. Art. 82. O Estado interessado na extradição poderá, em caso de urgência e antes da formalização do pedido de extradição, ou conjuntamente com este, requerer a prisão cautelar do extraditando por via diplomática ou, quando previsto em tratado, ao Ministério da Justiça, que, após exame da presença dos pressupostos formais de admissibilidade exigidos nesta Lei ou em tratado, representará ao Supremo Tribunal Federal.
§ 1º O pedido de prisão cautelar noticiará o crime cometido e deverá ser fundamentado, podendo ser apresentado por correio, fax, mensagem eletrônica ou qualquer outro meio que assegure a comunicação por escrito.
§ 2º O pedido de prisão cautelar poderá ser apresentado ao Ministério da Justiça por meio da Organização Internacional de Polícia Criminal (Interpol), devidamente instruído com a documentação comprobatória da existência de ordem de prisão proferida por Estado estrangeiro.
§ 3º O Estado estrangeiro deverá, no prazo de 90 (noventa) dias contado da data em que tiver sido cientificado da prisão do extraditando, formalizar o pedido de extradição.
§ 4º Caso o pedido não seja formalizado no prazo previsto no § 3º, o extraditando deverá ser posto em liberdade, não se admitindo novo pedido de prisão cautelar pelo mesmo fato sem que a extradição haja sido devidamente requerida".

por ordem escrita e fundamentada de autoridade judiciária competente, salvo nos casos de transgressão militar ou crime propriamente militar, definidos em lei". O Código de Processo Penal, do art. 301 ao 310, prescreve as nuances da legalidade em torno da prisão cautelar, em capítulo próprio. Qualquer caso prático que escape das regras em torno da prisão em flagrante retira a justa causa e viabiliza a impetração do Habeas Corpus. Aquele que se entrega, por exemplo, retira a necessidade de ser preso sob o título da mencionada cautelar. A carta processual penal, ademais, não confere a possibilidade da manutenção da prisão em flagrante se não houver o preenchimento dos requisitos para converter a segregação em prisão preventiva. A justa causa deixará de existir se não houver o flagrante em si, nos termos do art. 302, e se as formalidades da prisão não forem configuradas.

As ilegalidades decorrentes do flagrante permitem a impetração do Habeas Corpus. O STJ, no Agravo Regimental no Habeas Corpus 668.957/SP, de relatoria do Min. Rogério Schietti Cruz, Sexta Turma, julgado em 24.08.2021, destacou no julgado algo óbvio, a ilicitude das provas obtidas em flagrante quando houver ingresso não autorizado em residência. O art. 5º, inciso XI, da CR, estabelece que a residência é asilo inviolável, de modo a atribuir-lhe contorno de direito fundamental vinculado à proteção da vida privada e ao direito à intimidade. Certamente, no Estado Democrático de Direito, a ilegalidade praticada, mesmo que pelo Estado, deve ser condenada. Deve ser feito, no caso concreto, o controle de legalidade por via do Habeas Corpus. A presente questão, a meu ver, com todo respeito aqueles que pensam de forma contrária, deveria ter sido resolvida de forma rápida, em sede de primeira instancia, haja vista se tratar de pronta ilegalidade.

Pois bem, após receber o auto de prisão em flagrante, no prazo máximo de até 24 horas após a realização da prisão, o magistrado deverá promover a *audiência de custódia* com a presença do acusado, o seu Advogado constituído ou membro da Defensoria Pública e o representante do Parquet, e, nessa audiência de custódia, será obrigatório que o juiz, fundamentadamente relaxe a prisão ilegal; converta a prisão em flagrante em preventiva, quando presentes os requisitos do art. 312, do CPP, e se revelarem inadequadas ou insuficientes as medidas cautelares diversas da prisão; ou conceda a liberdade provisória, com ou sem fiança.

Se o magistrado, pelo auto de prisão em flagrante, verificar que o agente praticou o fato em qualquer das condições do art. 23, do CP, ou seja, as excludentes de antijuridicidade, poderá, desde que fundamentado, conceder liberdade provisória, mediante termo de comparecimento obrigatório a todos os atos processuais, sob pena de revogação, nos termos do art. 310, §1º, do CPP.

Se o juiz verificar que o agente é reincidente ou que integra organização criminosa armada ou milícia, ou que porta arma de fogo de uso restrito, deverá denegar a liberdade provisória, com ou sem medidas cautelares. A autoridade que deu causa, sem motivação idônea, à não realização da audiência de custódia no prazo de 24 horas, responderá administrativa, civil e penalmente pela omissão. Para além disso, se transcorridas 24 horas após o decurso do prazo de 24 horas (art. 310), a não realização de audiência de custódia sem motivação idônea ensejará também a ilegalidade da prisão, a ser relaxada pela autoridade competente, sem prejuízo da possibilidade de imediata decretação de prisão preventiva. Nesse sentido, o Habeas Corpus 187.225, de relatoria do então Min. Celso de Melo, delimitou que "Toda pessoa que sofra prisão em flagrante – qualquer que tenha sido a motivação ou a natureza do ato criminoso, mesmo que se trate de delito hediondo – deve ser obrigatoriamente conduzida, "sem demora", à presença da autoridade judiciária competente" para que esta, ouvindo o custodiado sobre as circunstâncias em que se realizou sua prisão e examinando, ainda, os aspectos de legalidade formal e material do auto de prisão em flagrante, possa:

(a) relaxar a prisão, se constatar a ilegalidade do flagrante (CPP, art. 310, I);

(b) conceder liberdade provisória, se estiverem ausentes as situações referidas no art. 312 do Código de Processo Penal ou se incidirem, na espécie, quaisquer das excludentes de ilicitude previstas no art. 23 do Código Penal (CPP, art. 310, III), ou, ainda;

(c) converter o flagrante em prisão preventiva, se presentes os requisitos dos arts. 312 e 313 do Código de Processo Penal (CPP, art. 310, II).

Na r. *decisium* consta que a audiência de custódia (ou de apresentação) – que deve ser obrigatoriamente realizada com a presença do custodiado, de seu Advogado constituído (ou membro da Defensoria Pública, se for o caso) e do representante do Ministério Público – constitui direito público subjetivo, de caráter fundamental, assegurado por convenções internacionais de direitos humanos a que o Estado brasileiro aderiu (Convenção Americana de Direitos Humanos, Artigo 7, n. 5, e Pacto Internacional sobre Direitos Civis e Políticos, Artigo 9, n. 3) e que já se acham incorporadas ao plano do direito positivo interno de nosso País (Decreto 678/92 e Decreto 592/92, respectivamente), não se revelando lícito ao Poder Público transgredir essa essencial prerrogativa instituída em favor daqueles que venham a sofrer privação cautelar de sua liberdade individual.

E mais, aponta a r. decisão que a imprescindibilidade da audiência de custódia (ou de apresentação) tem o beneplácito do magistério jurisprudencial do Supremo Tribunal Federal (ADPF 347-MC/DF) e, também, do ordenamento positivo doméstico (Lei 13.964/2019 e Resolução CNJ 213/2015), não podendo deixar de realizar-se, ressalvada motivação idônea, sob pena de tríplice responsabilidade do magistrado que deixar de promovê-la (CPP, art. 310, § 3º, na redação dada pela Lei 13.964/2019).

A decisão do Habeas Corpus acima mencionado declara a ilegalidade da prisão em flagrante sem viabilidade da audiência de custódia, nos termos seguintes "A ausência da realização da audiência de custódia (ou de apresentação), tendo em vista a sua essencialidade e considerando os fins a que se destina, qualifica-se como causa geradora de ilegalidade da própria prisão em flagrante, com o consequente relaxamento da privação cautelar da liberdade individual da pessoa sob o poder do Estado".

A prisão temporária enquanto medida cautelar está representada na Lei 7.960/89, de forma que caberá a prisão temporária, atendendo a justa causa, se for imprescindível para as investigações do inquérito policial; quando o indicado não tiver residência fixa ou não fornecer elementos necessários aos esclarecimentos de sua identidade; quando houver fundadas razões, de acordo com qualquer prova admitida na legislação penal, de autoria ou participação do indiciado nos crimes de homicídio doloso, sequestro ou cárcere privado, roubo, extorsão, extorsão mediante sequestro, estupro, atentado violento ao puder, rapto violento, epidemia com resultado morte, envenenamento de água potável ou substância alimentícia ou medicinal qualificado pela morte, quadrilha ou bando, genocídio, tráfico de drogas, crimes contra o sistema financeiro, crimes hediondos. A prisão temporária será decretada pelo magistrado, diante representação da autoridade policial ou de requerimento do MP, e terá o prazo de 5 dias prorrogável por igual período em caso de necessidade. Se crime hediondo ou equiparado, caberá a decretação por 30 dias, prorrogáveis por mais 30 dias. Na hipótese de representação de autoridade policial, o magistrado deverá ouvir o MP antes de tomar a decisão.

Consta do art. 2°, da Lei 7.960, que se decorrido o prazo contido no mandado de prisão, a autoridade responsável pela custódia deverá, independentemente de nova ordem da autoridade judicial, por imediatamente o preso em liberdade, exceto se já tiver sido comunicada da prorrogação da prisão temporária ou da decretação da prisão preventiva.

Os presos temporários deverão permanecer obrigatoriamente apartados dos demais presos. Se não estiverem, caberá o *Writ* como medida de ajuste da prisão, pois ilegal será se estiver fora da regra processual imposta.

A justa causa será válida para a decretação ou prorrogação da prisão temporária se atender, detidamente, todos os requisitos legais, caso contrário, caberá a impetração do Habeas Corpus imediatamente, demonstrando a ilegalidade do caso concreto.

Há o problema do curto prazo da prisão. Obviamente, caberá ao impetrante viabilizar o despacho com o magistrado que irá analisar o *Writ* o mais rapidamente possível, evitando, assim, que a burocracia e a demora do judiciário sejam empecilhos para o adequado andamento do Habeas Corpus.

A *prisão preventiva* tem regramento estabelecido do art. 312 ao 316, do Código de Processo Penal, de forma que em qualquer fase da investigação policial ou do processo penal, caberá a segregação preventiva decretada pelo magistrado, a requerimento do MP, do querelante ou do assistente, ou por representação da autoridade policial. Acabou a prisão preventiva de ofício. Se existir, em qualquer processo, será contra ordem legal, sendo crime de abuso de autoridade praticado pela autoridade, nos termos do preceito primário do art. 9°, da Lei 13.869/2019.

Será crime, também, se a autoridade judiciária, dentro de prazo razoável, deixar de relaxar a prisão manifestamente ilegal; deixar de substituir a prisão preventiva por medida cautelar diversa; deixar de conceder liberdade provisória, quando manifestamente cabível; deixar de deferir liminar ou ordem de Habeas Corpus quando manifestamente cabível.

A Lei 13.964/2019 suprimiu a expressão "de ofício" que constava do art. 282, §§2º e 4º, e do art. 311, todos do Código de Processo Penal. Vedou, portanto, de forma absoluta a decretação da prisão preventiva sem o prévio requerimento das partes ou, quando no curso da investigação criminal, por representação da autoridade policial ou mediante requerimento do MP, não sendo legalmente admitida, assim, com base no ordenamento jurídico brasileiro em vigor, a atuação *ex officio* do Juízo processante em tema de privação cautelar da liberdade.

Tenha registrado que se houver a prisão cautelar preventiva de ofício será ilegal, cabível a impetração do Habeas Corpus. O Habeas Corpus 187.225/GO assim delimitou, de forma que "A interpretação do art. 310, II, do CPP deve ser realizada à luz dos arts. 282, §§ 2º e 4º, e 311, do mesmo estatuto processual penal, a significar que se tornou inviável, mesmo no contexto da audiência de custódia, a conversão, de ofício, da prisão em flagrante de qualquer pessoa em prisão preventiva, sendo necessária, por isso mesmo, para tal efeito, anterior e formal provocação do Ministério Público, da autoridade policial ou, quando for o caso, do querelante ou do assistente do MP". Acertadamente, o STF definiu, nesse julgado, que há ilegalidade na conversão de ofício da prisão em flagrante em prisão preventiva, seguindo a lógica da alteração legal ocorrida na carta processual penal.

A prisão preventiva poderá ser decretada como garantia da ordem pública, da ordem econômica, por conveniência da instrução criminal ou para assegurar a aplicação da lei penal, quando houver prova da existência do crime e indício suficiente de autoria e de perigo gerado pelo estado de liberdade do imputado.

Veja bem, o art. 312, do CPP, prescreve *cláusulas abertas* argumentativas para justificar uma prisão, o que representa uma baita de uma inconstitucionalidade, ilegalidade e mais do que isso, uma ofensa ao princípio da legalidade, pois qualquer um interpreta e explica do jeito que bem entender tais conceitos. Pior do que isso, é absolutamente fácil adequar um caso concreto ao conceito de uma cláusula aberta. Por mais que a doutrina tente explicar o que significam termos abertos "garantia de ordem pública", "garantia de ordem econômica", "por conveniência de instrução" ou "para assegurar aplicação de lei penal", há uma tremenda de uma impossibilidade de explicação prática, restritiva, funcional, delimitativa de tais conceitos.

Infelizmente, não se restringe, nas decisões, o que foi criado, em afronta à lei, para ser amplificado e aberto enquanto motivação para se aprisionar alguém. Por mais que não haja, na prática, um motivo para impor prisão preventiva, justifica-se no "papel" ao utilizar as cláusulas abertas ilegais.

O artigo 312, do CPP, se extinto do Código de Processo Penal, faria um favor à legalidade. É violador da legalidade, é violador da constitucionalidade. Por meio deste artigo de lei, qualquer magistrado justifica a prisão de qualquer pessoa, pelo tempo que bem entender, o que é um absurdo.

O artigo 312, do CPP, é a porta da prisão sem segurança jurídica. Por mais que se argumente que existe ou não existe garantia de ordem pública violada, ou garantia de ordem econômica lesada, ou ausência de prisão por conveniência de instrução criminal, ou para assegurar aplicação da lei penal, o intérprete ou julgador da peça processual vai decidir antes e julgar depois, do jeito que bem entender. Decide e depois julga fundamentando em cláusula aberta. Não existe critério argumentativo em face de uma cláusula aberta. Se, por exemplo, a prisão viola o art. 313, da carta processual penal, pois nesse caso existem critérios lógicos, como a prisão por crime doloso punido com pena privativa de liberdade máxima superior a 3 anos, fica para o jurisdicionado impetrante mais justa a argumentação. Até porque aqui há uma restrição legal para a decretação da prisão preventiva.

Com o uso da cláusula aberta, existe ao bem da verdade um portal de infinitas possibilidades argumentativas para se prender alguém e o manter preso. É a porta do palácio da injustiça. Diferente seria se tais conceitos fossem estritamente identificáveis, viabilizando requisitos práticos, concretos, alinhados ao princípio da legalidade enquanto norte de segurança jurídica. Com todas as vênias por entendimentos diversos, há ilegalidade em tais cláusulas abertas em vista de clara ofensa ao direito de manutenção da liberdade.

Para além disso, há que interpretar uma norma processual penal com viés restritivo de liberdade de forma sistemática, com a luz normativa constitucional presente, pois a Constituição da República não conferiu abertura para que fossem viabilizadas prisões sem identificação clara de fundamentos concretos quanto a necessidade do encarceramento. É necessário levar em conta o princípio da presunção de inocência, ou seja, o estado de inocência da pessoa até o trânsito em julgado, de forma que uma prisão preventiva, como é feita na prática em inúmeros e inúmeros casos, revela verdadeira banalização do cumprimento de pena.

Cabe ao magistrado representar a bandeira da constituição quando se deparar com um pedido de prisão preventiva afrontoso à lei e a constituição, pois se concordar com a segregação, fundamentando sem verificar detidamente, profundamente, a necessidade do encarceramento, certamente haverá uma injustiça muito grande, passível de correção pelo Habeas Corpus.

Em referência à presunção de não culpabilidade, as medidas cautelares durante a persecução exigem redobrado cuidado do magistrado, sobretudo diante das cláusulas abertas. As cláusulas abertas têm assumido contornos de fundamentos para aplicação de verdadeiras penas antecipadas, o que é inconstitucional.

Há que atender a taxatividade das vias interpretativas para justificar uma prisão antes do cumprimento de pena, enquanto medida de cautela, caso contrário haverá violação ao sistema normativo processual penal iluminado pela Constituição da República, em vista do Estado Democrático de Direito. Aury Lopes Jr.[3] acertadamente aponta importante crítica ao clamor público, muitas vezes estruturado em seus aspectos nas clausulas abertas dos fundamentos de prisão:

> O "clamor público", tão usado para fundamentar a prisão preventiva, acaba se confundindo com a opinião pública, ou melhor, com a opinião "publicada". Há que se atentar para uma interessante manobra feita rotineiramente: explora-se, midiaticamente, um determinado fato (uma das muitas "operações" com nomes sedutores, o que não deixa de ser uma interessante manobra de marketing policial), muitas vezes com proposital vazamento de informações, gravações telefônicas e outras provas colhidas, para colocar o fato na pauta publica de discussão (a conhecida teoria do agendamento).
>
> Explorado midiaticamente, o pedido de prisão vem na continuação, sob o argumento da necessidade de tutela a ordem pública, pois existe um "clamor social" diante dos fatos...
>
> Ou seja, constrói-se midiaticamente o pressuposto da posterior prisão cautelar. Na verdade, a situação fática apontada nunca existiu; trata-se de argumento forjado.

A prisão fundamentada em argumentos baseados em clausulas abertas desvirtualiza a segurança jurídica garantida pela atual ordem constitucional. Um único magistrado, sem critérios estruturais para que a legalidade seja legitimada na decisão determinando a prisão de alguém, poderá justificar qualquer medida violentando a liberdade, pois as cláusulas abertas tudo permitem enquanto fundamento. Quando o artigo 312, do CPP, deveria impor necessária matemática jurídica para legalmente legitimar a prisão, de sorte que houvesse a demonstração detida do *periculum libertatis*, o que se tem é uma abertura jurídica para a violação de um dos bens jurídicos que mantem o coração do Estado Democrático de Direito pulsando – a liberdade enquanto direito fundamental. As cláusulas abertas contidas no art. 312, do CPP, não são caracterizadas por serem a representação segura do *periculum libertatis*, mas sim a instrumentalização dos inimigos do Direito Processual Penal Constitucional.

Para que a prisão preventiva seja acertadamente válida perante a Constituição da República, sob o manto da legalidade, diante do argumento do *periculum libertatis*, há que ser patente o perigo do estado de liberdade do jurisdicionado, visto com clareza por meio de provas, diante de análise perfunctória do magistrado. Há imprescindibilidade quanto a existência de prova a respeito do *periculum libertatis*, caso contrário, a prisão será a propositura de ilegal aventura jurídica viabilizada pelo magistrado contra direito fundamental do jurisdicionado. A prisão nunca poderá ser ilustrada por ilações, suposições, visões, criações hollywoodianas, pois além de ilegal, há crime de abuso de autoridade, nos termos da Lei 13.869/2019. A decisão determinando a prisão preventiva, em todas as suas versões, deve ser fundamentada

---

3. LOPES JÚNIOR, Aury. *Direito processual penal*. 16. ed. São Paulo: Saraiva Educação, 2019, p. 649.

por fato claro, detido, alinhado à prova de perigo de liberdade do agente – *fumus commissi delicti e periculum libertatis*, não bastando que o magistrado somente delineie sobre fundamentos genéricos dos requisitos do art. 312, do CPP.

Quanto às demais prisões, seja em decisão de pronúncia, em decisão condenatória antes de transitado em julgado, durante investigação e toda sorte de irregularidade processual, estando presente a justa causa de forma vaga, ou qualquer ilegalidade, caberá o Habeas Corpus como via de solução.

Registro que, na prática, acontece todo tipo de aberração jurídica e, tratando-se de *Writ*, diante de fatos violadores de regras constitucionais, cabe ao impetrante avaliar tecnicamente as vias formais, materiais e probatórias quanto a imposição de cerceamento de liberdade pela autoridade sem estrutura de requisitos para admitir legitimamente a violência ao direito de ir e vir, constitucionalmente sagrado.

9.1.1.1 Prisão em segunda instância – Inadmissível

A formação da responsabilidade penal exige comprovação indubitável do juízo de tipicidade feito em relação ao fato, às provas nos autos e a verificação de toda a cadeia da teoria do delito do ponto de vista mais simples, qual seja, a estrutura de Hans Welzel enquanto fato crime.

O fato deve ser típico, antijurídico e culpável sem qualquer presença comprovada de excludentes de tipicidade, excludentes de antijuridicidade e dirimentes, para haver a responsabilidade penal motivadora legítima do cumprimento da sanção penal imposta por via do preceito secundário do tipo após verificação indubitável pelo Poder Judiciário em todas as suas possíveis instâncias. Caso contrário, se houver o emprego da prisão enquanto sanção penal antes do trânsito em julgado, a decisão impondo a prisão nestas circunstâncias será, além de inconstitucional, ilegal, revelando gritante abuso de autoridade.

O emprego da matéria penal a um fato é a *ultima ratio*, diferentemente do que tem sido imposto em muitos casos concretos. Até porque, no Brasil, as masmorras ainda prevalecem como local de cumprimento de pena, agravando a ilegitimidade de uma prisão.

O artigo 5°, inciso LVII, da Constituição da República, prescreve que "ninguém será considerado culpado até o trânsito em julgado de sentença penal condenatória".

O art. 283, do Código de Processo Penal, prescreve que *"Ninguém poderá ser preso senão em flagrante delito ou por ordem escrita e fundamentada da autoridade judiciária competente, em decorrência de prisão cautelar ou em virtude de condenação criminal transitada em julgado"*.

A prisão enquanto sanção penal exige a formação completa da responsabilidade criminal. A prisão cautelar, por outro lado, exige a justa causa comprovada – *fumus commissi delicti e periculum libertatis*.

A prisão enquanto sanção penal é a aplicação do preceito secundário do tipo, somente podendo ser aplicada após verificados todos os elementos da teoria do delito. E mais, com a verificação profunda de excludentes de fato típico, antijuridicidade e culpabilidade. Fora isso, há ilegalidade/inconstitucionalidade por afronta ao ordenamento e ao sistema processual penal constitucionalizado.

O magistrado tem como instrumento de argumentação obrigatória a matéria normativa imposta. Não se admite qualquer releitura de norma para retirar direitos do jurisdicionado. Há clareza na lei. Não se prende alguém sob o viés do cumprimento de pena antes do trânsito em julgado, exceto se houver comprovada justa causa para a prisão cautelar. Até porque *é impossível devolver a liberdade perdida do jurisdicionado*. Aplicar a sanção penal antes do trânsito em julgado da sentença condenatória é o mesmo que antecipar a tutela estatal, mesmo que penal.

Nesse sentido, há que levantar o art. 300, do CPC, enquanto reforço argumentativo, proibindo a aplicação da pena antecipada, pois se trata de uma situação de irreversibilidade. Não se devolve os anos perdidos. A tutela antecipada no Código de Processo Civil permite aplicação de decisão antes de profundo juízo de cognoscibilidade se houver aspectos de probabilidade de direito e reversibilidade, o que não se tem no processo penal. A irreversibilidade dos danos causados por aplicação de pena antes do trânsito em julgado é um grande perigo à segurança jurídica, pois podendo a prisão ser revertida em sede de REsp e RE, ou via Habeas Corpus, há claro impedimento de prender alguém fora da ordem imposta pelo art. 5°, inciso LVII, da Constituição da República, e o art. 283, do Código de Processo Penal.

Nesse sentido, a prisão após condenação ou confirmação de condenação em segunda instância sob a luz da aplicação da sanção penal representa uma gravíssima violação ao sistema processual penal constitucionalizado.

Ninguém pode ser preso senão em flagrante delito ou por ordem escrita e fundamentada da autoridade judiciaria competente, em decorrência de sentença condenatória transitada em julgado ou, no curso da investigação ou do processo, em virtude de prisão temporária ou prisão preventiva. Toda prisão antes do trânsito em julgado terá sempre caráter cautelar.

Antes do julgamento definitivo o acusado é inocente. Em 2019, foi julgada a Ação Declaratória de Constitucionalidade 43, pelo Plenário do STF, sob a relatoria do então Min. Marco Aurélio. Consta da ementa que "Surge constitucional o artigo 283 do Código de Processo Penal, a condicionar o início do cumprimento da pena ao trânsito em julgado da sentença penal condenatória, considerando o alcance da garantia versada no art. 5°, inciso LVII, da Constituição Federal, no que direciona a apurar para, selada a culpa em virtude de título precluso na via da recorribilidade, prender, em execução da sanção, a qual não admite forma provisória". O STF, por maioria, julgou procedente a ADC para assentar a constitucionalidade do art. 283, do CPP, na redação dada pela Lei 12.403/2011. Certamente, há obviedade na inconstitucionalidade de uma prisão enquanto sanção penal em cumprimento antes do trânsito em julgado.

9.1.2 Ausência de justa causa e a relação do *habeas corpus* com o trancamento de procedimentos investigatórios

A engrenagem da estrutura estatal a respeito da aplicação do direito criminal – o Judiciário, o Ministério Público, a Advocacia privada e pública, a Polícia e demais órgãos de investigação, bem como a Polícia ostensiva em todas as suas vertentes, precisa ser utilizada de forma otimizada e jamais perdulária. As investigações exigem um propósito prático e isso requer uma avaliação mais técnica dos agentes representantes dos órgãos de investigação.

Há, na prática, variados casos de banalização do instrumento investigatório. Abertura de investigação pela Polícia Federal de suposto fato delituoso já prescrito, indicado como infração penal por uma entrevista em revista regional, por exemplo. Daí o questionamento: investigações desnecessárias ocorrem? Claro que sim, mais do que se imagina. Se o sistema processual brasileiro fosse perfeito não precisava de Advogados. São situações práticas que acabam por acionar toda a engrenagem da estrutura estatal criminal diante de fatos objetos de investigação de forma contrária ao ordenamento jurídico, causando perda de dinheiro público e absolutas nulidades.

Quanto a defesa em procedimento de investigação tido erroneamente como via instrumental ausente de contraditório, há que haver uma mudança de pensamento. É certo que há defesa em sede de investigação, seja ela de que tipo for. Não adianta dizer o contrário, pois os fatos e a realidade possuem esta natureza, qual seja, *existe necessária defesa em procedimentos investigatórios.* É uma realidade mundana que não se altera. Extirpar a defesa dos procedimentos investigatórios é o mesmo que deixar de considerar a natureza das coisas. É autoritarismo violador de princípios básicos do Estado Democrático de Direito. Uma patente e absurda nulidade, ilegalidade, inconstitucionalidade cometem aqueles que retiram da defesa a intervenção em investigações, sobretudo quando se há possibilidade de prejuízos em torno de direitos do jurisdicionado. A defesa é fundamental para a validade dos procedimentos investigatórios. Essa história de procedimento investigatório ser inquisitivo, sem contraditório, em que o investigado representa um mero joguete na mão da autoridade investigadora representa resquícios deixados por um pensamento autoritário que não condiz com a estrutura constitucional vigente.

O próprio STF já sumulou a matéria, nos moldes da Súmula 14, que prescreve "É direito do defensor, no interesse do representado, ter acesso amplo aos elementos de prova que, já documentados em procedimento investigatório realizado por órgão com competência de polícia judiciária, digam respeito ao exercício do direito de defesa". Um procedimento investigatório não é mero caderno exclusivo da autoridade investigativa que tudo faz e tudo pode, de modo que o investigado represente um fantoche sem poderes, sem chances de apresentar qualquer tipo de intervenção contributiva ao feito. O direito de intervenção da defesa em procedimentos investigatórios é inerente à concessão constitucional da legitimidade da investigação. Tanto é que o interrogatório tem natureza de via defensiva. Muitas vezes a prova só pode ser produzida na fase investigativa e na produção dela, há necessária presença do contraditório. O investigado pode requerer perícia particular e juntar aos autos, devendo ser levado em conta pela autoridade no momento do relatório, não podendo ser desconsiderado enquanto via instrumental informativa.

E mais, qualquer ato normativo contra a investigação, seja de que órgão for, denegrindo, diminuindo, extirpando os direitos de intervenção da defesa em procedimentos investigatórios, se contra a lei e constituição, haverá nulidade, pois não se altera o valor das normas conforme a pirâmide normativa imposta no Estado Democrático de Direito.

O art. 14, do CPP, permite que tanto o ofendido quanto o investigado requeiram qualquer diligência para melhor apuração dos fatos. Certamente, há intervenção da defesa em procedimentos investigatórios. Como já apontei, a própria investigação defensiva pode ser concluída por via particular e inserido no instrumento investigatório estatal e deve ser levada em consideração, não podendo ser ignorada pela autoridade investigatória. A defesa pode sim pedir complemento de perícia, requerer perícia, requerer oitiva de testemunhas e tudo aquilo que for necessário para formar a opinião relativa à sua participação num fato supostamente delituoso sob investigação. Se houver impedimento de qualquer acesso da defesa ao caderno democrático investigatório, haverá nulidade. Do mesmo modo, se houver impedimento de intervenção da defesa, em todos os casos, caberá o Habeas Corpus como medida de instrumento de viabilização de justiça.

No mesmo sentido, quanto a nulidades em procedimentos investigatórios, a *Polícia Militar* não tem poder para investigar. Não há permissão constitucional para realização de atos de investigação pela Polícia Militar em relação a fatos comuns, o que gera nulidade por violação do art. 144, da CR, se a Polícia Militar realizar o relatório final da investigação bem assim o termo circunstanciado. Haverá provas obtidas por meios ilícitos se eventualmente uma investigação de presidência da Polícia Militar levar um representante do MP a denunciar alguém considerando eventual justa causa dali originada, por direta violação dos §§ 4º e 5º, do art. 144, da CR. No mínimo, a exordial acusatória será inviabilizada por estar eivada de nulidade. Às polícias civis, dirigidas por delegados de polícia de carreira, incumbem, ressalvada a competência da União, as funções de polícia judiciária e a apuração de infrações penais, exceto as militares. Às polícias militares, cabem a polícia ostensiva e a preservação da ordem pública; aos corpos de bombeiros militares, além das atribuições definidas em lei, incumbe a execução de atividades de defesa civil. Cabe ao impetrante se atentar para o cumprimento de ordens judiciais em sede investigativa pela polícia militar sem a presença da polícia civil enquanto polícia dotada de poder investigatório, pois se ocorrer, caberá impetração de Habeas Corpus para salvaguardar os direitos do investigado. A realização de atividades inerentes à polícia investigativa, como o relatório, a busca e apreensão, a oitiva de testemunhas e qualquer outra, se realizadas com exclusividade por policial militar, será eivada de nulidade absoluta, havendo então a viabilidade para impetrar o Habeas Corpus.

Ainda em sede de irregularidades em procedimentos investigatórios, *inquéritos policiais* cujo objeto é *investigar prefeitos*, em que há ordem de prisão, mandado de busca e apreensão, sem observar a competência, violam a súmula 702, do STF, "A competência do Tribunal de Justiça para julgar prefeitos restringe-se aos crimes de competência da Justiça Comum Estadual; nos demais casos, a competência originária caberá ao respectivo Tribunal de segundo grau". Cabe ainda o registro da Súmula 209, do STJ, que prescreve "Compete à Justiça Estadual processar e julgar prefeito por desvio de verba transferida e incorporada ao patrimônio municipal". A investigação contra prefeitos exige observação das regras de foro por prerrogativa de função, o que nos leva a concluir pela ilegalidade de requisição de instauração de inquérito policial direcionada, exclusivamente, para apurar fatos praticados por Prefeitos. O Habeas Corpus 178.398/SP, de relatoria do então Min. Nefi Cordeiro, que tramitou pelo STJ, em ementa revela que "Há violação às regras de competência por prerrogativa de função quando Promotor de Justiça requisita a instauração de inquérito policial direcionada, especificamente, à apuração de fatos praticados por Prefeito de Municipal". A lição é que o impetrante deve observar as regras de competência ao lutar pela liberdade por via do instrumento de Habeas Corpus.

Para além disso, há que observar, enquanto direito do investigado, o *desmembramento – fatiamento –* dos processos e procedimentos criminais vinculados àqueles que tem prerrogativa de função, de sorte que um delegado da polícia civil investigado em conjunto com deputado federal teria mais chances de sair do sistema penal se julgado pelas vias comuns, pois teria em seu favor toda a pirâmide de camadas de julgadores do Judiciário para apreciar o fato relacionado a ele, bem assim as irregularidades que sobrevierem da investigação.

É óbvio que o impetrante terá que argumentar prejuízo sempre que lhe convier, ainda mais por via do Habeas Corpus que pode levar a uma alteração de entendimento dos Tribunais Superiores quanto a teses já assentadas, ou mesmo formar jurisprudência diante de situações que surgem com o decorrer do tempo.

Em sede de investigação criminal, há enorme campo aberto para todo tipo de irregularidade que acaba por viabilizar o manejo do instrumento de Habeas Corpus. Há absoluta enormidade de variedade de situações que permitem municiar o Habeas Corpus, percorrendo desde pequenas irregularidades na produção da prova até violação de norma constitucional por autoridade coatora.

Há inquéritos e procedimentos investigatórios de toda sorte de ofensa a lei. Veja que, em Uberlândia, MG, foi noticiado, em redes sociais, vídeo em que um representante do MP gritou aos berros e bateu com violência as mãos na mesa dizendo ao investigado ao lado de seu Advogado que quem manda ali era aquele agente do *Parquet*, devendo responder todas as perguntas feitas no procedimento investigatório. Aliás, é um absurdo haver permissão para que o representante do MP continuasse atuando no caso, pois revela desequilíbrio para condução imparcial da investigação. O próprio representante do MP se sentar ao lado do juiz numa audiência é uma excrecência ao princípio da paridade de armas. Há que mudar o sistema processual penal, sejamos realistas.

Foi noticiado que ocorreu em Minas Gerais, em face de um ex. Senador mineiro, investigação criminal conduzida pelo *Parquet* estadual que foi concluída por determinação de ordem judicial em razão de duração acima de 7 anos.

É notório que existiram investigações criminais presididas tanto pela Polícia Federal quanto pela Polícia Civil em relação a fatos atípicos, prescritos, irrelevantes. E tantas outras ainda irão existir, pois há falha no sistema processual penal brasileiro.

Na prática, é necessário que sejam observadas as nuances das irregularidades contidas em torno dos procedimentos investigatórios. E são muitas, cabendo ao impetrante ficar atento aos detalhes.

Em Mato Grosso, foi noticiado que um Delegado da Polícia Federal escolheu determinado Juiz de férias para decidir a respeito de produção de provas relativas a intercepção telefônica, sem sequer o conhecimento do *Parquet*, afrontando diretamente a Lei 9.296/96, quando foi decidido, em sede de Habeas Corpus, pela presença de constrangimento ilegal fundamentada em prova ilegal. A questão foi discutida, ainda, em sede especial, no STJ, no Recurso Especial 1.307.146/MS, cujo relator foi o Min. Sebastião Reis Júnior, em que se verificou conclusão no seguinte sentido "As garantias constitucionais da intimidade, da privacidade e do sigilo telefônico exigem que a medida da interceptação telefônica seja objeto de prévia ordem emanada de autoridade judicial competente. Não pode prevalecer decisão que autoriza a quebra de sigilo telefônico proferida por juiz em férias, em dia de domingo, sem que estivesse de plantão, cuja prorrogação perdurou por vários meses sem que o processo tenha sido distribuído regularmente e sem que tenha sido dada vista ao Ministério Público". Se, porventura, um representante do MP escolhe o juiz para obter decisão que permita a deflagração de qualquer operação ou diligência para produzir provas, certamente haverá violação à regra do juiz natural, permitindo então a impetração do Habeas Corpus.

A *operação Castelo de Areia* levou o castelo ao chão exatamente por ilegalidade em produção de provas pela autoridade investigatória. No Habeas Corpus 108.147, de relatoria da Min. Cármen Lúcia, no STF, verificou-se que "Elementos dos autos evidenciam não ter havido investigação preliminar para corroborar o que exposto em denúncia anônima. O Supremo Tribunal Federal assentou ser possível a deflagração da persecução penal pela chamada denúncia anônima, desde que esta seja seguida de diligências realizadas para averiguar os fatos nela noticiados antes da instauração do inquérito policial. Precedente. A interceptação telefônica é subsidiária e excepcional, só podendo ser determinada quando não houver outro meio para se apurar os fatos tidos por criminosos, nos termos do art. 2º, inc. II, da Lei 9.296/1996. Ordem concedida para se declarar a ilicitude das provas produzidas pelas interceptações telefônicas, em razão da ilegalidade das autorizações, e a nulidade das decisões judiciais que as decretaram amparadas apenas na denúncia anônima, sem investigação preliminar". *In casu*, houve deflagração de medida investigatória invasiva a direitos dos investigados autorizando acesso a informações telefônicas com base em denúncia anônima, deixando de lado o requisito imprescindível da justa causa. Aliás, nomes são dados com o propósito de impulsionar a mídia em face dos investigados, criando aspectos hollywoodianos em torno de uma suposta e imaginária luta do bem contra o mal. O que não há verdade nisso. Muito pelo contrário, quando um agente público viola a lei, cria insegurança jurídica, gera desconfiança na eficácia das instituições, enfraquecendo o Estado Democrático de Direito.

Erros grosseiros ocorrem em procedimentos investigatórios. Nesse sentido, já ocorreu de determinado delegado de polícia instaurar investigação criminal para apurar o delito de furto contra um determinado jurisdicionado, de forma que este sujeito, na verdade, foi a vítima, verificando-se, no caso, como via necessária, a impetração de Habeas Corpus. *In casu*, foi depreendido que o investigado havia realizado o contato com a polícia militar que acabou por inserir informações equivocadas no texto do Boletim de Ocorrência, levando a polícia investigativa ao erro ao terem acesso ao BO. Sofreu ele constrangimento ilegal, com risco de prisão. Declaradamente um caso com absoluta ausência de fato típico, por inexistência de conduta, com manifesto equívoco na apuração do feito investigatório. Coube, então, a impetração de Habeas Corpus com o escopo de trancar o procedimento investigatório por falta de justa causa.

De outra banda, um analista do trabalho implicou pessoalmente com o gerente de uma construtora e oficiou a Polícia Federal noticiando a prática de crime de redução de alguns trabalhadores à condição análoga a de escravo, nos termos do art. 149, do Código Penal. Resultou, pelo princípio da obrigatoriedade, na instauração de inquérito policial. Com manifesta clareza, inexistia conduta tipificada, seja formal ou material, quanto a notícia de fato feita pelo analista. Várias pessoas ouvidas, em sede de inquérito, declararam com toda obviedade a inocorrência do delito. O Habeas Corpus, no caso, foi instrumento de salvaguarda da liberdade daqueles que gerenciavam a relação de trabalho, evitando eventual prisão. É importante deixar registrado que houve perda de tempo e dinheiro público na mencionada investigação. Houve prejuízos homéricos à construtora, que entrou para oficial lista negra de empresas que exploram o trabalho escravo por determinado tempo, deixando de ter contratos fechados. *In casu*, a construção era para realizar parte outra de um Shopping na capital mineira, de forma que os ditos "escravos" almoçavam no shopping e pegavam ônibus para voltarem para casa, numa evidente perda de tempo dos agentes do Estado. Certamente, um inquérito com bastante excesso, inclusive pela sua própria existência. O peso de uma investigação criminal contra uma empresa, empresário, político ou qualquer um que seja honesto é negativamente muito grave. O Habeas Corpus é medida de solução para trancar a investigação sem base estrutural legal de existência.

Reitero que erros acontecem constantemente na apuração de fatos tidos como delituosos em investigações criminais. Se envolver negativo risco à liberdade, caberá o Habeas Corpus como instrumento para trancamento do inquérito policial. Contudo, se não existir ameaça real ou potencial à liberdade constitucionalmente protegida, com a apuração de delito através de inquérito policial, não caberá o Habeas Corpus, mas o Mandado de Segurança. Caberá ao Advogado dosar o remédio e acertar o diagnóstico do caso concreto.

Essa posição é reforçada pela Súmula 693, do STF – "Não cabe Habeas Corpus contra decisão condenatória a pena de multa, ou relativo a processo em curso por infração penal a que a pena pecuniária seja a única cominada".

Se houver inquérito apurando fato delituoso sem justa causa que não haja sanção penal cuja pena não seja privativa de liberdade, há que impetrar o mandado de segurança, pois somente caberá a impetração do Habeas Corpus se houver real perigo ou potencialidade de prisão, causando constrangimento ilegal ao cliente paciente.

É necessário que o Advogado que resolva trabalhar na área do direito criminal tenha conhecimento profundo em torno da teoria do delito, sobretudo seja conhecedor da Teoria Finalista de Hans Welzel. É imprescindível também conhecer as Teorias Funcionalistas, estruturais do conceito de crime. É fundamental dominar o Direito Penal para atuar na álea criminal, caso contrário será um Advogado que apenas negará fatos, sem alma criminalista, sem técnica discursiva. A sorte não pode ser lançada, mas construída passo a passo, em torno de um conhecimento sólido e profundo.

Havendo qualquer elemento que retire de imediato a consideração de uma conduta do âmbito penal material, caberá o trancamento do feito investigatório por via do Habeas Corpus.

Pense na teoria do delito e os elementos básicos de construção do conceito de delito. Havendo a falta de um deles, caberá o Habeas Corpus para trancar a investigação inicialmente formalizada pelo agente público responsável. É fundamental o conhecimento dogmático, no mínimo considerações em torno de ausência de tipicidade; causa comprovada de excludente de antijuridicidade; excludente de culpabilidade; causa extintiva de punibilidade; demais causas processuais em torno de aspectos formais do processo enquanto garantia, como por exemplo, a ausência de manifestação e interesse da vítima ou representante legal na persecução penal em delitos cujo procedimento seja de iniciativa privada ou pública condicionada à representação, dentre outros tantos fundamentos que envolvem a matéria do Direito Penal e Processo Penal temperados pela luz constitucional.

É importante registrar, ainda, que o *trancamento do procedimento investigatório por via de Writ* constitucional não tem relação com o arquivamento do feito, nos termos do art. 28, do CPP – "Ordenado o arquivamento do inquérito policial ou de quaisquer elementos informativos da mesma natureza, o órgão do Ministério Público comunicará à vítima, ao investigado e à autoridade policial e encaminhará os autos para a instância de revisão ministerial para fins de homologação, na forma da lei".

Na prática, caberá ao Advogado uma argumentação concisa e francamente direta, demonstrando, com clareza, os fundamentos de provas patentes para motivar o trancamento dos feitos investigatórios com legitimidade, pois a regra praticada pelo Judiciário tem sido a imposição de dificuldade para a não concessão da ordem. Com efeito, será mais do que essencial despachar com a autoridade competente, explicando pontualmente os motivos pelos quais caberá o trancamento da investigação.

Há, ainda, que registrar um grave problema que ocorre na prática. Às vezes, numa atuação maliciosa dos agentes do Estado, visando obter resultados do trabalho que se prestaram a fazer, em sede de investigação, tanto o MP quanto a Polícia, resolvem ouvir o investigado na condição de testemunha, dando esta natureza ao ato para dificultar a defesa e obter informações, pois a testemunha não pode permanecer em silencio havendo risco de prisão.

Atribuem a um investigado a condição de testemunha no ato da intimação ou mesmo no exercício da oitiva no feito da investigação. Porém, *o que faz uma testemunha ser testemunha e um investigado ser investigado são os fatos*. Não a vontade da autoridade.

O que faz uma testemunha ser testemunha? Os fatos. Não é a denominação que o agente confere como bem entende. Diante disso, caberá ao Advogado, num primeiro momento, ao estudar o caso, analisar o feito, conversar com o cliente, destrinchar as provas, identificar qual o envolvimento daquele jurisdicionado com os fatos. Essa primeira conclusão deve ser depreendida dos autos pelo Advogado. Se houver relação fática com o investigado camuflado de testemunha, terá que intervir e orientar o cliente da melhor forma que convier ao caso. Por exemplo, permanecer em silêncio ou usar do interrogatório seletivo. Se houver risco de prisão ao cliente diante de imposição da autoridade para que ele fale na condição de testemunha, há que remediar a doença com o Habeas Corpus. Às vezes, percebe-se que a testemunha é na verdade o investigado pelo tipo de pergunta feita na oitiva em sede de delegacia. Se a resposta implicar em confissão, ou violar direitos do investigado, caberá a orientação certa no momento. E se houver avanço de sinal da autoridade em afronta aos direitos, caberá ao Advogado intervir e deixar registrado em ata ou gravação que o cliente não é testemunha, mas acusado diante do teor dos fatos. Na eventualidade de atuação equivocada da autoridade, o Habeas Corpus será o remédio para anular o ato.

No âmbito de procedimentos investigatórios criminais, há infinitas possibilidades de viabilizar o Habeas Corpus, pois infinitas são também as razões de ocorrências práticas e teóricas em torno das ilegalidades decorrentes das autoridades coatoras, cabendo ao impetrante conhecer a fundo as regras processuais penais constitucionais assim como aquelas de natureza material para fundamentar adequadamente o *Writ*, abrindo as portas do Poder Judiciário para a justiça aos casos concretos. Lembre-se: é o Advogado que faz a jurisprudência. É por via da essencial função à justiça que o Advogado leva as demandas concretas a serem analisadas pelos Tribunais, e dali advir a formatação dos precedentes.

9.1.2.1 Outros procedimentos investigatórios

Os fundamentos da teoria do delito podem ser utilizados para trancamento de qualquer tipo de investigação criminal que tenha o condão de levar alguém à prisão, violando o direito fundamental da liberdade, ainda mais quando houver ausência de justa causa identificável por via probatória já existente. *Todo compêndio de regras processuais e penais constitucionais que possam levar o jurisdicionado a invocar o direito de impetrar um Habeas Corpus no inquérito policial pode ser utilizado em todas as demais vias de investigação formal, havendo risco para a liberdade enquanto direito fundamental.*

Há, para além do inquérito policial, possibilidades de outras instituições abrirem formalmente instrumentos investigatórios legítimos para desnudar fatos, inclusive o próprio Advogado numa investigação defensiva. Existe grave risco ao jurisdicionado quando é investigado, por exemplo, por um promotor de justiça francamente parcial, quando há desejos próprios e pessoais de ver na prisão o investigado a qualquer custo. Isso ocorre? Sim.

Além do inquérito policial federal ou estadual, como instrumento de investigação, existem outros procedimentos de viés investigativo com poder, mesmo que indiretamente, de violação da liberdade como, por exemplo, as comissões parlamentares de inquérito municipais, estaduais e federais (CPIs); investigações administrativas; sindicâncias feitas por autarquias; investigação em inquérito militar; investigação pelo Ministério Público; inquérito civil; dentre outras.

O que o Advogado deve analisar, nesses casos, é *o conteúdo da investigação para verificação de ausência de delito ou ausência de justa causa, possibilitando a impetração de Habeas Corpus*. Uma investigação em que há fato atípico tem o condão de levar o feito ao arquivamento, pela via do Habeas Corpus. Pode, inclusive, impetrar Habeas Corpus em face de autoridade coatora que abre procedimento investigatório administrativo, se houver risco de a liberdade ser violada, como no caso dos CRMs, autarquias estaduais que cuidam de processamento de fatos ligados à ética médica, mas que a conclusão do feito pode servir ao Ministério Público para denúncia criminal. Havendo excesso nos procedimentos administrativos, se porventura a investigação se pautar em linhas de produção de prova que possam levar a conclusão de eventual delito, é certo que o Habeas Corpus representa remédio diante de tais casos.

Quanto a *competência* em procedimentos de investigação diversos, cabe registrar, que o que determina a competência para o trancamento do procedimento investigatório, seja qual for, será a autoridade coatora. Assim, se uma autoridade coatora, em raro exemplo, fosse um conselheiro do CRM, implicando em também raríssima situação de produção de provas que pudesse levar o médico à prisão (homicídio por erro médico), certamente caberia o Habeas Corpus perante Juiz Federal da competência da autarquia referida.

A investigação promovida pelo representante do *Ministério Público*, por exemplo, será competente para impetrar o *Writ,* o Tribunal de Justiça do respectivo Estado. Um membro do *Parquet* estadual, por exemplo, independentemente da natureza do delito, seja infração penal federal, contravenção penal ou crime doloso contra a vida, exceto os crimes eleitorais que terão julgamento no Tribunal Regional Eleitoral, haverá análise do feito processual pelo Tribunal de Justiça do respectivo Estado. Eventual Habeas Corpus contra conduta de membro do Ministério Público da União, o MPDFT, por exemplo, deve ser processado e julgado perante o TRF, pois há que se atentar para a possibilidade de resultar do julgamento do *Writ* a conclusão de ocorrência de crime de abuso de autoridade.

Se *CPI* municipal, a distribuição do Habeas Corpus pode ser feita na justiça de primeira instância da respectiva comarca, a depender das peculiaridades do caso e quem será o investigado. Veja que o agente público vereador não tem prerrogativa de função, em que pese algumas Constituições Estaduais dotar o agente com tal prerrogativa. Obviamente, terá que analisar caso a caso, sobretudo com estudo da Constituição Estadual. Se CPI Federal, caberá a análise do *Writ* ao STF[4], conforme

---

4. EMENTA: I. Habeas Corpus: cabimento, em caráter preventivo, quando se questiona da legitimidade da intimação para depor em comissões parlamentares de inquérito: precedentes (v.g. Plenário, HC 71.193, 06.04.94, Pertence, DJ 23.03.01; HC 71.261, 11.05.94, Pertence, RTJ 160/521; HC 71.039, 07.04.94, Brossard, RTJ 169/511). II. STF: competência originária: Habeas Corpus contra ameaça imputada a Senador ou Deputado Federal (CF, art. 102, I, alíneas i e c), incluída a que decorra de ato praticado pelo congressista na qualidade de Presidente de Comissão Parlamentar de Inquérito: precedentes. III. Comissão Parlamentar de Inquérito: conforme o art. 58, § 3º, da Constituição, as comissões parlamentares de inquérito, detêm o poder instrutório das autoridades judiciais – e não maior que o dessas – de modo que a elas se poderão opor os mesmos limites formais e substanciais oponíveis aos juízes, dentre os quais os derivados de direitos e garantias constitucionais. IV. Comissão Parlamentar de Inquérito: intimação de indígena para prestar depoimento na condição de testemunha, fora do seu habitat: violação às normas constitucionais que conferem proteção específica aos povos indígenas (CF, arts. 215, 216 e 231). 1. A convocação de um índio para prestar depoimento em local diverso de suas terras constrange a sua liberdade de locomoção, na medida em que é vedada pela Constituição da República a remoção dos grupos indígenas de suas terras, salvo exceções nela previstas (CF/88, artigo 231, § 5º). 2. A tutela constitucional do grupo indígena, que visa a proteger, além da posse e usufruto das terras originariamente dos índios, a respectiva identidade cultural, se estende ao indivíduo que o compõe, quanto à remoção de suas terras, que é sempre ato de opção, de vontade própria, não podendo se apresentar como imposição, salvo hipóteses excepcionais. 3. Ademais, o depoimento do índio, que não incorporou ou compreende as práticas e modos de existência comuns ao "homem branco" pode ocasionar o cometimento pelo silvícola de ato ilícito, passível de comprometimento

o art. 102, inciso I, alínea "i", da Constituição da República. Diante de eventual CPI estadual, caberá ao Advogado analisar a Constituição do respectivo Estado para identificar se existe prerrogativa de função. Em São Paulo, pelo TJSP, houve julgamento de Habeas Corpus impetrado em face do Presidente da Comissão Parlamentar do Inquérito, no âmbito da Assembleia Legislativa do Estado de São Paulo, conforme o HC 2233612-13.2020.8.26.0000. Nesse caso, a autoridade coatora foi deputado estadual, Presidente da Assembleia Legislativa do Estado de São Paulo e o Presidente da CPI.

As CPIs são um mar de oportunidades para o emprego de ilegalidades de toda sorte. Consta do art. 58, § 3º, da CR, que "As comissões parlamentares de inquérito, que terão poderes de investigação próprios das autoridades judiciais, além de outros previstos nos regimentos das respectivas Casas, serão criadas pela Câmara dos Deputados e pelo Senado Federal, em conjunto ou separadamente, mediante requerimento de um terço de seus membros, para a apuração de fato determinado e por prazo certo, sendo suas conclusões, se for o caso, encaminhadas ao Ministério Público, para que promova a responsabilidade civil ou criminal dos infratores". Nada mais é a CPI do que um grupo de parlamentares investigando sobre fato específico que, ao final, serão as conclusões enviadas ao MP para providências, nos termos da Lei 10.001/00. É óbvio que os excessos praticados por membros de CPIs decorrem, em sua maioria, do desconhecimento das regras do direito criminal – penal e processual penal, sobretudo as garantias legais dos jurisdicionados como o direito fundamental de não se autoincriminar. O que pode ser corrigido por meio do Habeas Corpus se houver afronta às mencionadas garantias legais e constitucionais.

As CPIs não possuem plenos poderes de investigação, podendo investigar fatos circunstanciados, delimitados, mesmo que relacionados a particulares jurisdicionados se houver interesse público. Reitero, os poderes da CPI são limitados, sendo mero grupo formado para investigar fato específico, sendo às CPIs limitadas pela cláusula de reserva de jurisdição. A interceptação telefônica, por exemplo, terá que seguir por ordem judicial, assim como determina a lei.

No Estado Democrático de Direito, as instituições devem respeitar a lei, sobretudo os congressistas. Uma vez violado o direito do investigado, da testemunha, o Habeas Corpus é medida que se impõe em sede de qualquer investigação, assim computando a CPI. Não se pode esquecer do Mandado de Segurança 23.639, que tramitou pelo Tribunal Pleno do STF, sob a relatoria do então Min. Celso de Mello,

---

do seu *status libertatis*. 4. Donde a necessidade de adoção de cautelas tendentes a assegurar que não haja agressão aos seus usos, costumes e tradições. V. Deferimento do Habeas Corpus, para tornar sem efeito a intimação, sem prejuízo da audiência do paciente com as cautelas indicadas na impetração.

(BRASIL. Supremo Tribunal Federal. HC 80.240. Habeas Corpus: cabimento, em caráter preventivo, quando se questiona da legitimidade da intimação para depor em comissões parlamentares de inquérito: precedentes [...]. Rel.: Min. Sepúlveda Pertence, 20 jun. 2001. *Diário de Justiça Eletrônico*, Brasília, DF, 14 out. 2001. EMENT VOL-02209-02 PP-00209 LEXSTF v. 27, n. 324, 2005, p. 344-357).

quando foi decidida questão excepcional quanto a *reserva de jurisdição pela CPI*, de forma que "a quebra fundamentada do sigilo inclui-se na esfera de competência investigatória das Comissões Parlamentares de Inquérito". Na ementa do mencionado julgado, consta que "O princípio constitucional da reserva de jurisdição – que incide sobre as hipóteses de busca domiciliar (CF, art. 5º, XI), de interceptação telefônica (CF, art. 5º, XII) e de decretação da prisão, ressalvada a situação de flagrância penal (CF, art. 5º, LXI) – não se estende ao tema da quebra de sigilo, pois, em tal matéria, e por efeito de expressa autorização dada pela própria Constituição da República (CF, art. 58, § 3º), assiste competência à Comissão Parlamentar de Inquérito, para decretar, sempre em ato necessariamente motivado, a excepcional ruptura dessa esfera de privacidade das pessoas".

Há, certamente, necessidade de identificar o agente investigado e eventual foro por prerrogativa de função. À exemplo, se houver investigação em CPI estadual, levando o agente a julgamento, caberá o estudo da competência para impetrar o Habeas Corpus considerando o foro por prerrogativa de função específico.

Há que se atentar para o investigado, em alguns casos, como por exemplo, a investigação de um desembargador do Tribunal de Justiça, pois o Habeas Corpus terá que ser impetrado no Superior Tribunal de Justiça, por força de norma constitucional. É importante registrar que os juízes estaduais enquanto atuam na função de desembargadores convocados não possuem a prerrogativa de foro prevista no art. 105, inciso I, "a", da Constituição da República. Se investigados, o Habeas Corpus seguirá a linha de jurisdição comum, havendo que se ater à autoridade coatora.

Há que analisar sempre a autoridade coatora, pois a competência funcionará em dois tempos. Significa que se deve olhar para a prerrogativa de função para identificar se a ordem da autoridade coatora segue a linha de competência imposta pelo ordenamento jurídico, cabendo, nesse sentido, alegar incompetência no *Writ* impetrado perante a autoridade julgadora da autoridade coatora. Uma coisa é a competência da autoridade investigada, havendo consideração do crime praticado e da prerrogativa de função, outra muito diferente é a autoridade que irá analisar o Habeas Corpus impetrado em favor da autoridade que teve eventual direito de liberdade violado.

São numerosas as possibilidades e combinações quanto a análise de competência, cabendo verificar a autoridade coatora, não deixando de fazer vertical analise quanto ao foro por prerrogativa de função, observando as particularidades de cada caso específico. Uma investigação do MP estadual que pode levar alguém a sofrer constrangimento ilegal, por exemplo, caberá análise do *Writ* perante o Tribunal de Justiça do respectivo Estado. Se Ministério Público da União, será o *Writ* impetrado no TRF respectivo.

É importante conhecer os meios de investigação para além do inquérito policial e fazer uma análise da autoridade coatora para estabelecer a competência para impetrar o Habeas Corpus na hipótese de violação de regras em torno da liberdade.

9.1.3 O trancamento de processo penal por ausência de justa causa

O exercício da advocacia exige uma análise de direito material e processual constitucional profunda do processo, sobretudo levando em conta os fatos nos mais minuciosos detalhes. É necessário pegar o processo, colocá-lo na mesa, destrinchar lauda por lauda e fazer circunstanciado relatório. É aí que se verifica erros passíveis, teses, destaques de prescrição e nulidades. Em muitos casos práticos, em razão da enormidade de serviços decorrentes de processos em exacerbados números, tem-se que os servidores públicos não conseguem dar a devida e necessária atenção aos detalhes legais e específicos de cada caso. Além de uma análise técnica jurídico penal dogmática, o Advogado trabalha em cima de equívocos na condução do caso pelo Ministério Público e Magistrados, assim também os demais servidores. Teses em torno do processo e aqueles que giram em volta dos fatos processuais saltam aos olhos de um Advogado atento.

Cabe registro do resultado do julgamento do Habeas Corpus 641.877/DF[5], de relatoria do Ministro Ribeiro Dantas, Quinta Turma do STJ, por unanimidade, que foi julgado em 09.03.2021, cuja ementa destaca que "É possível a utilização de *WhatsApp* para a citação de acusado, desde que sejam adotadas medidas suficientes para atestar a autenticidade do número telefônico, bem como a identidade do indivíduo destinatário do ato processual".

Perceba que o Superior Tribunal de Justiça inovou ao permitir que o Oficial de Justiça utilize de aplicativo como via de citação. Contudo, exigiu o STJ que o Oficial de Justiça tenha adotado medidas suficientes para atestar a autenticidade do número telefônico e atestar a identidade do indivíduo destinatário do ato processual. Para nós, cabe de lição no sentido de que mesmo diante da inovação da decisão, ao Advogado resta lutar dentre os meandros dos detalhes do caso concreto, apontando por via argumentativa o grave prejuízo de citação fora dos aspectos legais, como por exemplo, a crença de eventual trote da informação "citação" no *Smartfone* do jurisdicionado.

Em caso prático, certamente cabe argumentação em torno da dificuldade de identificar a oficialidade da representatividade do oficial de justiça quando houver citação por via de aplicativo de telefone. Essa identificação poderia ser feita a qualquer tempo. Mas não a sendo, até o processo chegar no STJ ou STF para análise de Habeas Corpus ou qualquer outro meio de impugnação, o argumento fático de prejuízo à defesa por ausência de citação é bastante relevante. É certo que pode ser exaustivamente trabalhado em sede de Habeas Corpus com fundamento quanto a nulidade do feito processual por ausência de citação.

---

5. BRASIL. Superior Tribunal de Justiça. RHC 641.877/DF. Processual Penal. Habeas Corpus Substitutivo. Inadequação. Citação Via Whatsapp. Nulidade. [...]. Rel.: Min. Ribeiro Dantas, 9 mar. 2021. *Diário de Justiça Eletrônico*, Brasília, DF, 15 mar. 2021.

As inovações processuais geram nulidades, sendo certo que, se ocorridas durante o processo, há que argumentar, mesmo que por via do Habeas Corpus.

Eis o trecho da r. decisão: "A citação do acusado revela-se um dos atos mais importantes do processo. É por meio dela que o indivíduo toma conhecimento dos fatos que o Estado, por meio do *jus puniendi* lhe direciona e, assim, passa a poder demonstrar os seus contra-argumentos à versão acusatória (contraditório, ampla defesa e devido processo legal). No Processo Penal, diversamente do que ocorre na seara Processual Civil, não se pode prescindir do processo para se concretizar o direito substantivo. É o processo que legitima a pena. Assim, em um primeiro momento, vários óbices impediriam a citação via *WhatsApp*, seja de ordem formal, haja vista a competência privativa da União para legislar sobre processo (art. 22, I, da CF), ou de ordem material, em razão da ausência de previsão legal e possível malferimento de princípios caros como o devido processo legal, o contraditório e a ampla defesa. Registre-se não ser adequado fechar-se os olhos para a realidade. Excluir peremptória e abstratamente a possibilidade de utilização do *WhatsApp* para fins da prática de atos de comunicação processuais penais, como a citação e a intimação, não se revelaria uma postura comedida. Não se trata de autorizar a confecção de normas processuais por tribunais, mas sim o reconhecimento, em abstrato, de situações que, com os devidos cuidados, afastariam, ao menos, a princípio, possíveis prejuízos ensejadores de futuras anulações. Isso porque a tecnologia em questão permite a troca de arquivos de texto e de imagens, o que possibilita ao oficial de justiça, com quase igual precisão da verificação pessoal, aferir a autenticidade do número telefônico, bem como da identidade do destinatário para o qual as mensagens são enviadas. Além disso, não há falar em nulidade de ato processual sem demonstração de prejuízo ou, em outros termos, princípio *pas nullité sans grief*. Com efeito, é possível imaginar-se a utilização do *WhatsApp* para fins de citação na esfera penal, com base no princípio *pas nullité sans grief*. De todo modo, para tanto, imperiosa a adoção de todos os cuidados possíveis para se comprovar a autenticidade não apenas do número telefônico com que o oficial de justiça realiza a conversa, mas também a identidade do destinatário das mensagens. Como cediço, a tecnologia em questão permite a troca de arquivos de texto e de imagens, o que possibilita ao oficial de justiça, com quase igual precisão da verificação pessoal, aferir a autenticidade da conversa. É possível imaginar-se, por exemplo, a exigência pelo agente público do envio de foto do documento de identificação do acusado, de um termo de ciência do ato citatório assinado de próprio punho, quando o oficial possuir algum documento do citando para poder comparar as assinaturas, ou qualquer outra medida que torne inconteste tratar-se de conversa travada com o verdadeiro denunciado. De outro lado, a mera confirmação escrita da identidade pelo citando não nos parece suficiente. Necessário distinguir, porém, essa situação daquela em que, além da escrita pelo citando, há no aplicativo foto individual dele. Nesse caso, ante a mitigação dos riscos, diante da concorrência de três elementos indutivos da autenticidade do destinatário, número de telefone, confirmação escrita e foto individual, entende-se possível presumir-se que a citação se deu de maneira válida, ressalvado o direito do citando de, posteriormente, comprovar eventual nulidade, seja com registro de ocorrência de furto, roubo ou perda do celular na época da citação, com contrato de permuta, com testemunhas ou qualquer outro meio válido que autorize concluir de forma assertiva não ter havido citação válida. Assim, é possível o uso da referida tecnologia para citação, desde que, com a adoção de medidas suficientes para atestar a identidade do indivíduo com quem se travou a conversa".

Na prática, esta decisão traz problemas. Citar por aplicativo representa inovação, mas também gera insegurança processual, até porque o cumprimento da lei processual penal tem declarada natureza de garantia do jurisdicionado.

Pois bem, havendo *nulidade absoluta* no feito, caberá o trancamento do processo penal pela via da ação de Habeas Corpus. Isso é certo. Assim, também, caberá o trancamento da ação penal se o Advogado verificar causa que revele ausência de tipicidade (formal e material); causas extintivas de punibilidade; patente causa de exclusão de culpabilidade; defeitos processuais que levam o feito à nulidade; ausência de mínimo probatório para embasar a acusação; as nulidades contidas no art. 564, do CPP. Daí a importância de conhecer as teorias finalista e funcionalistas entranhadas nos casos concretos, assim como as questões de nulidade apontadas pela legislação.

> Art. 564. A nulidade ocorrerá nos seguintes casos:
>
> I – por incompetência, suspeição ou suborno do juiz;
>
> II – por ilegitimidade de parte;
>
> III – por falta das fórmulas ou dos termos seguintes:
>
> a) a denúncia ou a queixa e a representação e, nos processos de contravenções penais, a portaria ou o auto de prisão em flagrante;
>
> b) o exame do corpo de delito nos crimes que deixam vestígios, ressalvado o disposto no Art. 167;
>
> c) a nomeação de defensor ao réu presente, que o não tiver, ou ao ausente, e de curador ao menor de 21 anos;
>
> d) a intervenção do Ministério Público em todos os termos da ação por ele intentada e nos da intentada pela parte ofendida, quando se tratar de crime de ação pública;
>
> e) a citação do réu para ver-se processar, o seu interrogatório, quando presente, e os prazos concedidos à acusação e à defesa;
>
> f) a sentença de pronúncia, o libelo e a entrega da respectiva cópia, com o rol de testemunhas, nos processos perante o Tribunal do Júri;
>
> g) a intimação do réu para a sessão de julgamento, pelo Tribunal do Júri, quando a lei não permitir o julgamento à revelia;
>
> h) a intimação das testemunhas arroladas no libelo e na contrariedade, nos termos estabelecidos pela lei;
>
> i) a presença pelo menos de 15 jurados para a constituição do júri;
>
> j) o sorteio dos jurados do conselho de sentença em número legal e sua incomunicabilidade;
>
> k) os quesitos e as respectivas respostas;
>
> l) a acusação e a defesa, na sessão de julgamento;

m) a sentença;

n) o recurso de ofício, nos casos em que a lei o tenha estabelecido;

o) a intimação, nas condições estabelecidas pela lei, para ciência de sentenças e despachos de que caiba recurso;

p) no Supremo Tribunal Federal e nos Tribunais de Apelação, o *quórum* legal para o julgamento;

IV – por omissão de formalidade que constitua elemento essencial do ato.

V – em decorrência de decisão carente de fundamentação.

Parágrafo único. Ocorrerá ainda a nulidade, por deficiência dos quesitos ou das suas respostas, e contradição entre estas.

O conhecimento deste artigo é relevante para a análise detida e geral do processo penal, ressalvando os demais casos que geram nulidade do feito e que podem ser alegados como fundamento no *Habeas Corpus Trancativo*, como o HC 641.877/DF.

Aberrações jurídicas existem aos montes em processos penais Brasil à fora. Diante disso, cabe o Habeas Corpus como instrumento de salvaguarda do sagrado direito de liberdade. Em que pese a boa formação dos juízes, delegados e membros do MP, é possível encontrar erros nos feitos processuais penais que podem levar à conclusão de nulidade. Como exemplo, a famosa operação Lava Jato e os noticiados notórios excessos eivados de nulidade processual.

Perante as nulidades em processos, uma advocacia bem-feita, técnica, combativa, tem o condão de dar chance ao jurisdicionado alvo de atecnia processual. Algumas vezes, ausência de técnica processual do servidor público no exercício do seu mister acaba lesando direitos sagrados do jurisdicionado, como vimos acima uma citação pelo *WhatsApp*, mas que, *in casu*, foi admitida por ter demonstrado ausência de dúvida quanto ao destinatário. O direito ainda está em construção, cabendo sempre um bom trabalho com teses estruturadas, tecendo, assim, a jurisprudência pelo exercício da boa Advocacia.

Se o cliente furta uma lata de leite para se alimentar, para alimentar seus filhos, há ausência de tipicidade material. Contudo, infelizmente ainda há promotores de justiça que denunciam e magistrados que recebem a exordial acusatória. É o caso de impetrar Habeas Corpus para trancar o processo penal por ausência de tipicidade material, no molde funcionalista do Direito Penal Material.

Nesse contexto, não pode ser esquecido que foi noticiado[6] que o Ministério Público recorreu de sentença que absolveu dois homens acusados de furtar alimentos vencidos no pátio de um supermercado na cidade de Uruguaiana, Rio Grande do Sul. Antes disso, certamente houve uma denúncia por tais fatos, com atuação do Parquet em audiência para provar o furto de resto de comida – Lixo e combativa atuação em demais momentos do processo. Conclua você leitor sobre tal fato.

---

6. LOPES JÚNIOR, Aury et al. Sobre o furto de comida vencida e colocada no lixo. *Revista Consultor Jurídico*, 29 out. 2021.

O art. 171, § 2º, inciso VI, do Código Penal c/c a Súmula 554, do Supremo Tribunal Federal, leva ao trancamento do processo penal de casos em que o jurisdicionado emite cheque sem fundos ou frustra o pagamento, dolosamente, visando lucro ilegal e indevido em detrimento de outrem, mas paga a vítima antes do recebimento da exordial acusatória. Reitero, se pagar *antes* do recebimento da peça acusatória, caberá o Habeas Corpus para trancar o processo penal na eventualidade de equivocadamente existir o prosseguimento do feito processual. Veja que o STF, pela via da Súmula 554, assentou pensamento de que "o pagamento de cheque emitido sem provisão de fundos, *após* o recebimento da denúncia, não obsta o prosseguimento da ação penal".

Verificada a *causa extintiva de punibilidade*, caberá o trancamento da ação penal. O art. 107, do Código Penal, traz um rol de causas extintivas da punibilidade.

> Art. 107. Extingue-se a punibilidade
> I – pela morte do agente;
> II – pela anistia, graça ou indulto;
> III – pela retroatividade de lei que não mais considera o fato como criminoso;
> IV – pela prescrição, decadência ou perempção;
> V – pela renúncia do direito de queixa ou pelo perdão aceito, nos crimes de ação privada;
> VI – pela retratação do agente, nos casos em que a lei a admite;
> VII – (Revogado pela Lei 11.106, de 2005)
> VIII – (Revogado pela Lei 11.106, de 2005)
> IX – pelo perdão judicial, nos casos previstos em lei.

Para além do citado art. 107, do CP, há outras causas que extinguem a punibilidade e podem ser questionadas por via do *Writ*.

Assim, nos termos do art. 82, do Código Penal, se findar o prazo do sursis sem que tenha havido revogação, haverá automaticamente a extinção da PPL, cabendo o Habeas Corpus Trancativo.

> Art. 82. Expirado o prazo sem que tenha havido revogação, considera-se extinta a pena privativa de liberdade.

Prescreve o art. 90, do Código Penal, que se não houver a revogação do Livramento Condicional, haverá a extinção da PPL. Caberá o Habeas Corpus Trancativo, bastando que tal condição legal se realize.

> Art. 90. Se até o seu término o livramento não é revogado, considera-se extinta a pena privativa de liberdade.

Se o fato processado for relativo ao peculato culposo, nos termos do art. 312, §2 e §3º, do Código Penal, caberá o Habeas Corpus para trancar o processo penal se houver comprovação de que a reparação do dano precedeu à sentença irrecorrível.

Art. 312. Apropriar-se o funcionário público de dinheiro, valor ou qualquer outro bem móvel, público ou particular, de que tem a posse em razão do cargo, ou desviá-lo, em proveito próprio ou alheio:

Pena: reclusão, de dois a doze anos, e multa.

§ 1º Aplica-se a mesma pena, se o funcionário público, embora não tendo a posse do dinheiro, valor ou bem, o subtrai, ou concorre para que seja subtraído, em proveito próprio ou alheio, valendo-se de facilidade que lhe proporciona a qualidade de funcionário.

Peculato culposo

§ 2º Se o funcionário concorre culposamente para o crime de outrem:

Pena: detenção, de três meses a um ano.

§ 3º No caso do parágrafo anterior, *a reparação do dano, se precede à sentença irrecorrível, extingue a punibilidade*; se lhe é posterior, reduz de metade a pena imposta.

Na Lei de Juizados Especiais Criminais, quanto ao SUSPRO, nos termos do art. 89, § 5º, se decorrer o prazo do período de prova sem que tenha sido constatada causa de revogação, haverá a extinção da punibilidade, podendo ser objeto de Habeas Corpus para trancar o processo penal.

Art. 89. Nos crimes em que a pena mínima cominada for igual ou inferior a um ano, abrangidas ou não por esta Lei, o Ministério Público, ao oferecer a denúncia, poderá propor a suspensão do processo, por dois a quatro anos, desde que o acusado não esteja sendo processado ou não tenha sido condenado por outro crime, presentes os demais requisitos que autorizariam a suspensão condicional da pena (art. 77 do Código Penal).

§ 5º Expirado o prazo sem revogação, o Juiz declarará extinta a punibilidade.

É importante verificar, no tempo do andamento do processo, se houve alteração de lei penal ou lei penal mista, pois retroage para beneficiar o jurisdicionado, seja qual for a sua posição processual. *Se alguma lei nova alterou o procedimento do feito, caberá a anulação do processo via Habeas Corpus*. Se lei nova aboliu um crime, caberá a extinção do feito processual, podendo ser utilizado o Writ como instrumento de provocação do trancamento do processo.

Inclusive, poderá utilizar o *Habeas Corpus após o trânsito em julgado*, mesmo em fase de execução da pena, nos termos do art. 648, inciso VII, do CPP c/c Art. 107, inciso III, do Código Penal. É mais indicado o Habeas Corpus em razão da sua celeridade, pois o Agravo em Execução (art. 197, da Lei 7.210/84 – LEP – "Das decisões proferidas pelo Juiz caberá recurso de agravo, sem efeito suspensivo") não tem o tramite tão rápido quanto o procedimento empregado ao Writ.

A Lei 8.137/90 define crimes contra a ordem tributária nos artigos 1º e 2º. O Código Penal tipifica condutas de ausência de repasse à previdência social quanto as contribuições recolhidas dos contribuintes, nos moldes do art. 168-A. Assim, também, há crime se suprimir ou reduzir a contribuição social previdenciária e qualquer acessório, nos termos do art. 337 – A, do CP. Para os crimes contra a ordem tributária e contra a Previdência Social há tratamento legal para parcelamento da dívida e extinção de punibilidade na Lei 9.430/96, art. 83. Vejamos:

Art. 83. A representação fiscal para fins penais relativa aos crimes contra a ordem tributária previstos nos arts. 1º e 2º da Lei 8.137, de 27 de dezembro de 1990, e aos crimes contra a Previdência Social, previstos nos arts. 168-A e 337-A do Decreto-Lei 2.848, de 7 de dezembro de 1940 (Código Penal), será encaminhada ao Ministério Público depois de proferida a decisão final, na esfera administrativa, sobre a exigência fiscal do crédito tributário correspondente.

§ 1º Na hipótese de concessão de parcelamento do crédito tributário, a representação fiscal para fins penais somente será encaminhada ao Ministério Público após a exclusão da pessoa física ou jurídica do parcelamento.

§ 2º É suspensa a pretensão punitiva do Estado referente aos crimes previstos no caput, durante o período em que a pessoa física ou a pessoa jurídica relacionada com o agente dos aludidos crimes estiver incluída no parcelamento, desde que o pedido de parcelamento tenha sido formalizado antes do recebimento da denúncia criminal (Incluído pela Lei 12.382, de 2011).

§ 3º A prescrição criminal não corre durante o período de suspensão da pretensão punitiva.

§ 4º Extingue-se a punibilidade dos crimes referidos no caput quando a pessoa física ou a pessoa jurídica relacionada com o agente efetuar o pagamento integral dos débitos oriundos de tributos, inclusive acessórios, que tiverem sido objeto de concessão de parcelamento.

Há suspensão da pretensão punitiva do Estado se o cliente formalizar pedido de parcelamento da dívida antes do recebimento da denúncia. Além disso, será extinta a punibilidade se o cliente, seja Pessoa Jurídica ou Pessoa Natural, efetuar o pagamento integral dos débitos que tiverem sido objeto da concessão do parcelamento. Observe que o pedido para o parcelamento tem que ser feito antes do recebimento da exordial acusatória. É o caso de impetrar o Habeas Corpus para extinguir o feito por fundamento na extinção da punibilidade. E porque não estruturar fundamento enquanto tese e apresentar ao Poder Judiciário se houver pedido de parcelamento após o recebimento da denúncia, havendo justificativa quanto ao caso concreto? Assim como o STJ admitiu uma citação fora da regra. Quando se viu um direito ser construído. O que se busca por meio do Habeas Corpus é a liberdade, mesmo que haja barreira formal. Há que ter maior valor que uma mera data alinhada à formalidade, a liberdade enquanto direito fundamental num Estado Democrático de Direito. O regramento de formalidades deve se curvar ao peso da liberdade, pois se trata de direito central do presente estado constitucional.

Nos moldes do art. 648, inciso VI, a *nulidade de um ato processual* defeituoso que acaba por contaminar o processo criminal permite impetração do Habeas Corpus, daí a importância do conhecimento do Advogado quanto às questões processuais que levam o feito a ser questionado via *Writ*.

Identificada a nulidade, poderá via Habeas Corpus, inclusive, anular o processo após o trânsito em julgado de sentença condenatória ou absolutória imprópria. A nulidade absoluta poderá ser arguida por meio do Habeas Corpus a qualquer tempo, mesmo após findo o processo.

Por outro lado, há que se atentar para o art. 571, do Código de Processo Penal, pois lá há destaque de casos de preclusão em razão de não questionamento no prazo quanto à nulidade relativa. Advogado tem que conhecer a matéria referente a nulidade. Pode ser a porta da liberdade do cliente. Eivada, portanto, de nulidade absoluta, cabe a impetração de Habeas Corpus contra sentença condenatória transitada em julgado.

O processo deve ser conduzido com cuidado pelo magistrado. Não é de hoje que se vê processo penal anulado por motivo de nulidade de ato processual. Na prática, cabe ao Advogado analisar tudo aquilo que possa levar o cliente à liberdade. O poder do instrumento constitucional, o Habeas Corpus, é absolutamente relevante e eficaz para entregar a liberdade ao jurisdicionado. Aquele condenado por juízo incompetente, por exemplo, poderá se ver livre da prisão por via do *Writ*.

Ao manejar o Habeas Corpus, por ser medida de cognição sumária e rito célere, cabe ao Advogado se atentar aos cuidados de não adentrar em análise probatória aprofundada, mas destacar com clareza pontos processuais que geram a anulação do processo. Por exemplo, caso o juiz tenha admitido a juntada de prova ilícita aos autos, a utilizando como fundamento na sentença condenatória, mesmo havendo o trânsito em julgado do feito, caberá a impetração do Habeas Corpus para anular o processo. A qualquer tempo.

O art. 648, inciso III, do CPP, permite impetração de Habeas Corpus quando quem ordenar a coação não tiver *competência* para fazê-lo. A prisão preventiva decretada por magistrado estadual em casos de delito de competência da Justiça Federal, revela nulidade absoluta, havendo constrangimento ilegal a ser corrigido por via do Habeas Corpus. Seja a que tempo for. Veja você como o *Writ* é instrumento que se elastece a várias circunstâncias que podem levar à nulidade do feito processual, bastando que se prove a questão de nulidade, o constrangimento ilegal alinhado ao risco de restrição à liberdade. A ordem de Habeas Corpus, ademais, merece ser concedida se um servidor público do judiciário incompetente para o ato determina ordem que revela coação à liberdade de locomoção do jurisdicionado, a exemplo de aberrações jurídicas que se vê, como a ordem de prisão de magistrado estadual em face de deputado estadual.

A ordem é ilegal, de modo que o *Writ* é remédio para anular a r. *decisium*. O Supremo Tribunal Federal, por via do HC 95.485/AL, de relatoria do Min. Marco Aurélio, de 24.05.2011, DJe 29.07.2011, já decidiu que em razão do foro por prerrogativa de função, um magistrado de primeira instância não teria competência constitucional ou legal para determinar a prisão de parlamentar estadual, ainda que afastado do exercício de suas atividades.

> Art. 648. A coação considerar-se-á ilegal:
> III – quando quem ordenar a coação não tiver competência para fazê-lo.

Observe um detalhe de suma importância. Diante de constrangimento ilegal, o inciso III, do art. 648, do CPP, não pode ser utilizado como fundamento legal do Habeas Corpus se houver prisão ordenada ou executada por policial, pois serve a norma referenciada apenas à autoridade judiciária incompetente. No caso, então, deverá ser aplicado o inciso I, do Art. 648, do CPP, que revela cláusula geral para impetrar o Writ, considerando a ausência de justa causa em âmbito formal e material, qual seja, naquilo que vigora a ausência da legalidade do direito em torno da prisão.

Por ser mais didático, resolvi incluir no capítulo presente "o trancamento de processo penal por ausência de justa causa" os incisos I, III, VI e VII, do art. 648, do Código de Processo Penal. São causas de coação ilegal, para serem admitidas dentro de teses que giram em torno da ausência de justa causa, a extinção de punibilidade, a incompetência de quem ordena a coação, quando o processo for manifestação nulo.

9.1.3.1 Questão de nulidade processual – A defesa fala por último – Interrogatório do réu

Existe ordem no processo para garantir a aplicação da lei de forma padronizada, imparcial. Quando há violação à forma, levando a ocorrência de prejuízo para a defesa, lesando direito material ou constitucional do jurisdicionado, e se, por conseguinte, a afronta normativa pelo agente público levar ao risco de ofensa ao direito fundamental de liberdade, é certo que o Habeas Corpus é medida a ser manejada.

Há uma lógica no processo penal quanto a alocação de atividades da defesa. Lembre-se disso: a *defesa fala por último*. A defesa apresenta argumentos em face de acusação preteritamente feita. Sobretudo na produção de provas, a defesa fala por último para garantir a estrutura lógica do contraditório.

Dito isso, há que registrar o julgado proveniente do Habeas Corpus 585.942, de relatoria do Min. Sebastião Reis Júnior, em sede de julgamento na Terceira Seção do STJ, quando, por unanimidade, foi concedida ordem para determinar realização de novo interrogatório. *In casu*, foi pacificado entendimento da corte no sentido de que *o interrogatório do réu em ação penal deve ser sempre o último ato da instrução criminal, nos termos do art. 400, do CPP*. A Terceira Seção do STJ pacificou entendimento diverso entre a 6ª Turma e 5ª turma do STJ. A 6ª Turma do STJ registrava entendimento que a inquirição de testemunhas não tinha o condão de impedir a realização do interrogatório do acusado. Por outro lado, a 5ª Turma do STJ aderiu a tese oposta, no sentido de que o interrogatório do acusado deve ser o último ato da instrução, até mesmo após o retorno aos autos das cartas precatórias expedidas para oitivas de testemunhas. O julgamento composto pelo mencionado Habeas Corpus pacificou o tema, de forma que ficou assentado que *nos casos de interrogatório do réu antes da oitiva das testemunhas, por carta precatória ou não, a nulidade revela ser presumida, uma vez que é direito do acusado se manifestar sabendo o que foi dito contra ele em sede de produção de provas*. O acusado se defende daquilo que a ele foi imputado. É a regra.

Nos termos da ementa, foi considerado que "Atualmente é assente o entendimento de que o interrogatório do acusado é instrumento de defesa, o que, em uma perspectiva garantista, pautada na observância dos direitos fundamentais, proporciona máxima efetividade se realizado ao final da instrução. De fato, a concretização do interrogatório antes da oitiva de testemunhas e da vítima priva o acusado de acesso pleno à informação, já que se manifestará antes da produção de parcela importante de provas. Além disso, reflete diretamente na eficácia de sua reação e na possibilidade de influenciar o julgamento, não lhe permitindo refutar, ao menos diretamente (autodefesa), questões apresentadas com a oitiva de testemunhas e do ofendido. A inversão do interrogatório, portanto, promove nítido enfraquecimento dos princípios constitucionais do contraditório e da ampla defesa, indevido, a meu ver, no âmbito da persecução penal. Nessa perspectiva, ao dispor que a expedição da precatória não suspenderá a instrução criminal, o § 1º do art. 222 do CPP não autorizou, no meu sentir, a realização de interrogatório do réu em momento diverso do disposto no art. 400 do CPP, vale dizer, ao final da instrução. Oportuno ressaltar que o art. 222 do CPP está inserido em capítulo do Código de Processo Penal voltado ao procedimento relacionado às testemunhas (Capítulo VI do Código de Processo Penal – Das Testemunhas), e não com o interrogatório do acusado".

Assim, *a oitiva do acusado deve ser realizada somente após o retorno de carta precatória para atender a harmonia entre as normas processuais penais compostas pelos artigos 400 e 222 do CPP*, bem assim o contraditório e ampla defesa. Diante da nulidade, caberá ao Advogado impetrar Habeas Corpus requerendo anulação da AIJ.

9.1.3.2 Questão de nulidade processual – O interrogatório como ato de defesa – O acusado responde ao seu Advogado – Recusa de resposta ao magistrado e ao MP

Considerando o interrogatório do réu um ato de plena defesa, *o acusado pode se negar a responder perguntas feitas pelo juiz e responder apenas ao seu Advogado*. Principalmente as perguntas elaboradas pelo *Parquet*, o acusado pode responder se quiser, responder algumas e deixar outras sem respostas ou responder como bem entender. Trata-se do *interrogatório seletivo*, o que pode ser aplicado em outras esferas do instrumento processual criminal, como o inquérito policial.

Foi entendimento fixado pelo Habeas Corpus 688.748, de relatoria do Min. Joel Ilan Paciornik, do STJ, que não conheceu do *Writ, in casu*, mas concedeu a ordem de ofício para determinar que fosse refeito o interrogatório, autorizando o acusado, após a sua identificação pessoal, a responder somente as perguntas do Advogado, com a anulação de todos os atos subsequentes.

Veja que, quanto ao mérito, a autodefesa se exerce de modo livre, desimpedido e voluntário, pois o interrogatório pode ser exercido de forma livre.

No mesmo sentido, foi o julgado do Habeas Corpus 628.224, de entendimento do Min. Félix Fischer, da 5ª Turma, do STJ, considerando que a audiência de instrução é, em muitos casos, a única oportunidade durante o andamento do processo em que o acusado consegue dar a sua versão dos fatos em face das acusações feitas contra ele.

Assim, o réu poderá recusar a responder indagações feitas pelo MP e pelo magistrado, respondendo apenas ao seu Advogado.

9.1.3.3 Questão de nulidade processual – Parcialidade do magistrado

Em sede de Habeas Corpus, a comunidade jurídica presenciou algo inédito enquanto violação de regras processuais por agentes públicos. Trata-se da *suspeição de magistrado de primeira instância*, cujo julgado foi fundamental para esclarecer o *cabimento de Habeas Corpus diante de parcialidade de juiz*.

Consta da ementa do Habeas Corpus 164.493, cujo órgão julgador foi a Segunda Turma do STF, sob a relatoria do Min. Edson Fachin, que *"É possível o exame da alegação de parcialidade do magistrado em sede de Habeas Corpus* se, a partir dos elementos já produzidos e juntados aos autos do remédio colateral, restar evidente a incongruência ou a inconsistência da motivação judicial das decisões das instâncias inferiores". Destaca-se, da ementa, ainda, que "A imparcialidade judicial é consagrada como uma das bases da garantia do devido processo legal. Imparcial é aquele que não é parte, que não adere aos interesses de qualquer dos envolvidos nos processos. Há íntima relação entre a imparcialidade e o contraditório".

Assim, é claro que a parcialidade de um magistrado no andamento do feito criminal gera prejuízos homéricos ao jurisdicionado, podendo ser manejado o *Writ* como via de transporte para a anulação do feito. Muito embora a dificuldade de se provar a presente causa de nulidade seja imensa, o Advogado não pode deixar de refletir sobre tal possibilidade diante dos casos concretos. Não poderá, muito menos, deixar de manejar o *Writ* para requerer anulação de atos de magistrado suspeito, em qualquer grau.

Em que pese o "estresse processual" gerado pelo Habeas Corpus com o fundamento de suspeição de julgador, não é possível que a liberdade seja deixada de lado diante de tamanha afronta ao contraditório. Advocacia não é profissão para os desencorajados, isso é certo.

9.1.3.4 Questão de nulidade processual – Competência

Outro julgado emblemático ocorreu no Habeas Corpus 193.726, no Plenário do STF, de relatoria do Min. Edson Fachin, quanto a *questão de competência que acabou tendo por consequência a nulidade de atos decisórios em razão da ordem de Habeas Corpus concedida*. A lição que se tira disso, é a atenção que o Advogado deve empregar na análise dos feitos processuais quanto aos detalhes, sobretudo nuances técnicas processuais. Uma peça fora do lugar, derruba todo o castelo processual, cabendo à Advocacia o papel fundamental na construção da jurisprudência nacional. Há que se atentar, contudo, ao momento do questionamento para se evitar uma alegação negativa de "nulidade de algibeira", quando se aguarda instante posterior àquele adequado para questionar nulidade.

Assim, identificada a ilegalidade processual, cabe apresentar a questão ao Judiciário por via do Habeas Corpus, evitando, assim, a desconsideração de nulidade pelos órgãos julgadores.

Considerando isso, o ArRg no HC 527.449/PR[7], de relatoria do Min. Joel Ilan Paciornik, da 5ª Turma do STJ, destacou que "A jurisprudência, tanto deste Superior Tribunal de Justiça quanto do Supremo Tribunal Federal, em respeito à segurança jurídica e a lealdade processual, tem se orientado no sentido de que mesmo as nulidades denominadas absolutas também devem ser arguidas em momento oportuno, sujeitando-se à preclusão temporal".

É interessante como a competência pode revelar objeto de questionamento por via do Habeas Corpus, sobretudo quando envolver nulidades que acabam por beneficiar o jurisdicionado. A exemplo disso, se, porventura o fato envolver *lavagem de dinheiro* com crime antecedente vinculado à matéria de competência da Justiça Federal, é certo que a lavagem de dinheiro também será apurada pela mencionada justiça. O que é importante saber, é que uma alegação de incompetência por via do Habeas Corpus pode gerar a nulidade de atos decisórios, acarretando, também, a depender do caso, a ocorrência de prescrição, beneficiando os acusados envolvidos no feito processual. Assim, ação penal que tem tramitação do delito antecedente de viés meritório de competência federal, tramitando equivocadamente em Justiça Estadual, tem o condão de levar à Justiça Federal, também, a apuração do delito de lavagem de capitais. O que pode ser alegado por via de Habeas Corpus para viabilizar a nulidade de qualquer ato decisório em sede de Justiça Estadual tanto no delito antecedente quanto no crime de lavagem de dinheiro. A competência, portanto, certamente pode ser base de fundamento de Habeas Corpus, desde que haja interesse de agir no *Writ*.

9.1.3.5 Questão de nulidade processual – Provas – Ilegalidades

As regras de produção de provas são garantias dos jurisdicionados e devem ser respeitadas, sobretudo pelo Estado, assim considerando, os personagens processuais, sob pena de nulidade da prova e dos atos seguintes do processo. Regra de produção probatória deve ser vista como garantia. O policial, delegado, representante do MP, Juiz que desrespeita regras de processo relativas a produção probatória, gerando ou permitindo gerar qualquer prejuízo ao processado, causará motivo para anular aquela prova decorrente de ilegalidade. Isso é regra aplicada em relação a todos os meios de prova ou meios de obtenção de prova, uma vez que qualquer evento decisório decorrente de prova ilegal, será maculado por ilegalidade, passível de correção por via do *Writ*. Uma perícia realizada em afronta a lei, uma delação premiada produtora de provas violando regras, a oitiva de uma testemunha fora da ordem geradora de prejuízos à defesa, uma interceptação telefônica sem os requisitos legais, uma produção probatória com juiz parcial – suspeito, uma coleta de prova em afronta a

---

7. BRASIL. Superior Tribunal de Justiça. ArRg no HC 527.449/PR. Agravo Regimental no Habeas Corpus Substitutivo de Recurso Próprio. Roubo. Alegação de que o Decreto Condenatório Está Embasado Em Provas Produzidas Na Fase Inquisitorial. Matéria Alegada 17 Anos após o Julgamento da Apelação. [...]. Rel.: Min. Joel Ilan Paciornik, 27 ago. 2019. *Diário de Justiça Eletrônico,* Brasília, DF, 5 set. 2019.

lei e todo tipo de ordem de ilegalidade que envolve provas são fatores que motivam a nulidade de um feito processual por via do Habeas Corpus.

Há que registrar o julgamento do Habeas Corpus 143.427, de relatoria do Min. Gilmar Mendes, na Segunda Turma do STF, que reconheceu *ilegalidade e abuso em acordo de delação premiada*.

No caso, houve nulidade do acordo de colaboração premiada e admissão de ilicitude das declarações dos colaboradores em que ficou demonstrado a necessidade da fiscalização e controle dos mecanismos negociais no processo penal atrelado a limites do poder punitivo estatal.

Consta no feito o seguinte: "Como orientação prospectiva, ou até um apelo ao legislador, deve-se assentar a obrigatoriedade de registro audiovisual de todos os atos de colaboração premiada, inclusive negociações e depoimentos prévios à homologação. Interpretação do art. 4º, § 1º, Lei 12.850/2013. Nova redação dada pela Lei 13.964/19". "Situação do colaborador diante da nulidade do acordo. Tendo em vista que a anulação do acordo de colaboração aqui em análise foi ocasionada por atuação abusiva da acusação, penso que os benefícios assegurados aos colaboradores devem ser mantidos, em prol da segurança jurídica e da previsibilidade dos mecanismos negociais no processo penal brasileiro (...). "Dispositivo. Ordem de Habeas Corpus concedida parcialmente, para declarar a nulidade do acordo de colaboração premiada e reconhecer a ilicitude das declarações incriminatórias prestadas pelos delatores, nos termos do voto".

Além de caracterizar negócio jurídico entre as partes com validade no processo penal, a delação premiada, além de ser vergonhosa moralmente, é meio de obtenção de provas, de investigação, tendo por escopo a persecução penal de coimputados e de organizações criminosas.

Com a colaboração premiada, existe impacto à esfera de direitos de corréus delatados, quando produzidas provas no caso concreto em face deles.

É necessário o controle e limitação das cláusulas ilegais e benefícios abusivos, se existirem no caso concreto. Esse controle de legalidade, obviamente, pode ser feito via Habeas Corpus.

Se houver ilegalidade no acordo ou na utilização do pacto, o Habeas Corpus é medida adequada para tornar nulas decisões decorrentes de tais provas. É importante, ainda, deixar claro que a produção probatória advinda da delação premiada exige seja prontamente rebatida pela defesa na ordem processual, de forma que a delação é prova advinda da acusação.

A defesa fala após a acusação, é a regra. Se qualquer evento processual decorrente da colaboração premiada violar a regra, o Habeas Corpus impetrado terá o condão de anular tanto o ato processual quanto as decisões dali consequentes.

As nuances, detalhes, regras de produção de provas são aplicadas na delação premiada. Assim como exemplo, tem-se no Habeas Corpus, em comento, a obrigatoriedade de registro audiovisual de todos os atos da produção probatória "Como orientação prospectiva, ou até um apelo ao legislador, deve-se assentar a obrigatoriedade de registro audiovisual de todos os atos de colaboração premiada, inclusive negociações e depoimentos prévios à homologação". Se não houver o atendimento da lei, a prova será, por conseguinte, ilegal, passível de anulação através de Habeas Corpus.

Nesse sentido, se houver realização de delação premiada sem procuração com poder específico, haverá afronta ao art. 3º-C, da Lei 12.850/2013, pois a norma impõe a especificidade do instrumento de outorga de poderes. Do mesmo modo, haverá nulidade se houver recebimento de denúncia ou for prolatada sentença condenatória com apoio probatório exclusivo na exposição oral do delator/colaborador sem confirmação fática de qualquer outra prova. Existe nulidade em tais atos decisórios em razão de violação legal.

A delação premiada, oitiva do colaborador ou qualquer outra prova documental exclusivamente produzida pelo delator representa a acusação, permitindo a movimentação da defesa em ato processual seguinte, em homenagem ao contraditório.

O agente do Estado que não atende a lei, na produção probatória no âmbito processual penal, viola a paridade de armas, afronta a legislação, e por óbvia consequência, gera a nulidade da prova juntada aos autos e dos atos processuais, sobretudo os decisórios seguintes à prova ilícita.

As provas decorrentes de delação premiada que violam regras processuais penais ou mesmo regras impositivas advindas do emaranhado de artigos de leis, que tratam do acordo de colaboração, geram nulidades no processo penal passíveis de ajuste pelo Habeas Corpus.

Aliás, qualquer prova produzida que lesa norma processual, principalmente as que representam garantias, são eivadas de nulidade e podem ser questionadas por Habeas Corpus.

A produção probatória é garantia dos jurisdicionados. É também terreno fértil para violação de regras pelos agentes do Estado. E por isso, também é instante processual de necessária profunda análise dos Advogados para identificação de vias para invocar nulidades processuais. Não é de hoje que se vê provas ilegais, mal produzidas do ponto de vista técnico, equivocadamente produzidas quanto aos aspectos formais, materialmente ilegais, serem fundamentos para derrubar processos penais. Os defeitos são infindáveis. Desde magistrados incompetentes para a ordem de produção probatória, até questões inerentes à própria prova. A prova produzida fora das observâncias legais são defeituosas e prejudicam o jurisdicionado. A lei, o rito processual, as regras procedimentais, principalmente aquelas regras que têm o condão de motivar formação de convicção de magistrado, são garantias do jurisdicionado. Não se permite ao Estado produzir provas ilegais, pois há violação de direito, de garantia.

A produção de provas por agente do Estado em desconformidade à lei gera nulidade absoluta, pois a lei está em vigor para ser observada, principalmente pelos agentes que representam a figura estatal no andamento do feito processual. A regra é garantia. Violar a regra é afrontar garantia, o que permite a impetração do *Writ*. No processo penal há, com clareza, uma luta do jurisdicionado contra uma avalanche de forças, incluindo nesta história o braço forte do Estado. Para começar a discrepância de forças, o representante do MP se senta ao lado do juiz numa audiência, o que revela, em especial, a imagem da violação à paridade de armas.

Vez ou outra se escuta história a respeito de "alguém" sentado na cadeira do juiz presidindo uma audiência. O escrivão, o promotor ou qualquer servidor sentado na cadeira do juiz presidindo uma audiência de instrução e julgamento? Sim. Acredite se quiser, mas esta ilegalidade acontece. E quando acontecer, basta requerer a nulidade do ato.

A produção probatória que foge da regra, da imposição regratória normativa é ilegal e assim deve ser questionada por via do *Writ*, pois a regra processual é garantia do jurisdicionado.

O arcabouço normativo estrutural que rege as nulidades do processo criminal impõe a estrita observância das garantias constitucionais sem admitir ou tolerar arbitrariedades, afronta a lei, excessos ou qualquer ato que desequilibra a dialética processual em face do acusado. O reconhecimento das nulidades por violação de normas inerentes a produção probatória é necessário sempre que se constatar mitigação de garantia processual que possa trazer prejuízos ao exercício do contraditório e ampla defesa.

Nesse sentido, depreende-se do Habeas Corpus 667.432/SC[8], de relatoria do Min. Reynaldo Soares da Fonseca, no STJ, que "é assente o entendimento de que o interrogatório do acusado é instrumento de defesa, o que, em uma perspectiva garantista, pautada na observação dos direitos fundamentais, proporciona máxima efetividade se realizado ao final da instrução. De fato, a concretização do interrogatório antes da oitiva de testemunhas e da vítima priva o acusado do acesso à informação, já que se manifestará antes da produção de parcela importante de provas. Além disso, reflete diretamente na eficácia de sua reação e na possibilidade de influenciar o julgamento, não lhe permitindo refutar, ao menos diretamente (autodefesa), questões apresentadas com a oitiva de testemunhas e do ofendido. A inversão do interrogatório, portanto, promove nítido enfraquecimento dos prin-

---

8. BRASIL. Superior Tribunal de Justiça. HC 667.432/SC. Habeas Corpus Substitutivo de Recurso Próprio. Inadequação. Tráfico de Drogas. Nulidade. Interrogatório do Réu Antes da Oitiva de Testemunhas. [...]. Rel.: Min. Reynaldo Soares da Fonseca, 8 jun. 2021. *Diário de Justiça Eletrônico*, Brasília, DF, 14 jun. 2021.

cípios constitucionais do contraditório e da ampla defesa, indevido, a meu ver, no âmbito da persecução penal".

As provas produzidas por violação de regras processuais são nitidamente observadas no Habeas Corpus 598.051[9], de relatoria do Min. Rogerio Schietti Cruz, no STJ, ao considerar que o ingresso regular em domicílio alheio, na linha dos precedentes dos Tribunais Superiores, depende, para sua validade e regularidade, do cumprimento da lei. Assim, destaca-se do julgado que "O ingresso policial forçado em domicílio, resultando na apreensão de material apto a configurar o crime de tráfico de drogas, deve estar amparado na circunstâncias que evidenciem, de modo satisfatório e objetivo, fundadas razões de situação de flagrante no interior da residência que justifiquem tal diligência e a eventual prisão em flagrante do suspeito, as quais, portanto, não podem derivar de simples desconfiança policial, apoiada em mera atitude suspeita, ou na fuga do indivíduo após avistar os policiais. Nesse contexto, verifica-se manifesta ilegalidade, e, como decorrência da proibição das provas ilícitas por derivação (art. 5º, LVI, da Constituição), é nula a prova derivada de conduta ilícita, pois evidente o nexo causal entre uma e outra conduta, entre a invasão de domicílio (permeada de ilicitude) e a apreensão de drogas. Ainda que a anulação da prova possa, no limite, beneficiar algum agente que de fato estivesse traficando, sentimento punitivista que não é raro em tais situações, o que avulta é o valor maior da elevação do padrão civilizatório da prática investigatória e processual penal, em face (sobretudo) dos direitos constitucionais dos acusados e/ou investigados".

No Habeas Corpus 674.185/MG[10], de relatoria do Min. Sebastião Reis Júnior, no STJ, julgou-se interessante matéria quanto a nulidade de provas em decorrência de conduta ilegal de policial que acessou telefone celular de cidadão para obtenção de provas. É ilegal a tomada de dados, assim considerando inclusive as conversas de Whatsapp, sem autorização da vítima e sem autorização judicial.

No caso em espécie, a ordem foi concedida para declarar a nulidade das provas obtidas do aparelho celular e absolver a paciente da imputação delituosa. Segue o julgado: "Habeas corpus. Tráfico de drogas e associação para o tráfico de drogas. Acesso ao celular da corré e às conversas do Whatsapp armazenadas no referido aparelho. Ausência de autorização judicial. Consentimento da corré. Ônus da prova. Constrangimento ilegal evidenciado. Nulidade. Ocorrência. Precedentes. 1. *O Superior Tribunal de Justiça vem enfatizando, em sucessivos julgados, que é ilícita a tomada de dados, bem como das conversas de Whatsapp, obtidas diretamente pela autoridade*

---

9. BRASIL. Superior Tribunal de Justiça. HC 598.051. Habeas Corpus. Tráfico de Drogas. Flagrante. Domicílio Como Expressão do Direito À Intimidade. Asilo Inviolável. [...]. Rel.: Min. Rogerio Schietti Cruz, 2 mar. 2021. *Diário de Justiça Eletrônico*, Brasília, DF, 15 mar. 2021.
10. BRASIL. Superior Tribunal de Justiça. HC 674.185/MG. Habeas Corpus. Tráfico de Drogas e Associação para o Tráfico De Drogas. Acesso ao Celular da Corré e às Conversas do Whatsapp Armazenadas no Referido Aparelho. [...]. Rel.: Min. Sebastião Reis Júnior, 17 ago. 2021. *Diário de Justiça Eletrônico*, Brasília, DF, 20 ago. 2021.

policial em aparelho celular apreendido no flagrante, sem prévia autorização judicial. 2. O contexto descrito especialmente no acórdão, ora impugnado, não demonstrou expressamente a voluntariedade da autorização para o acesso ao aparelho celular da corré Joana. E segundo a nova orientação jurisprudencial, o ônus de comprovar a higidez dessa autorização, com prova da voluntariedade do consentimento, recai sobre o estado acusador. 3. Esse mesmo raciocínio vem sendo utilizado por esta Corte Superior de Justiça, em situação semelhante, quanto ao ingresso forçado em domicílio, pois não é suficiente apenas a ocorrência de crime permanente, sendo necessárias fundadas razões de que um delito está sendo cometido, para assim justificar a entrada na residência do agente, ou ainda, autorização para que os policiais entrem no domicílio. 4. O depoimento do policial no sentido de que o acesso ao aparelho celular ou até mesmo ao domicílio foi franqueado pelo suspeito não basta, por si só, para validar a prova que porventura venha a ser obtida. 5. Ordem concedida para declarar a nulidade das provas obtidas no aparelho celular da corré Joana, sem autorização judicial, assim como aquelas dela derivadas, e absolver o paciente da imputação delituosa (art. 386, II, do CPP), referente à Ação Penal n. 0010963-46.2018.8.13.0166, da Vara Única da comarca de Campos Gerais/MG. Os efeitos desta decisão deverão ser estendidos aos corréus que estiverem na mesma situação" (STJ, HC 674.185/MG, Rel. Ministro Sebastião Reis Júnior, Sexta Turma, julgado em 17.08.2021, DJe 20.08.2021).[11]

É necessário registrar que se/quando houver prova ilegal/ilícita do ponto de vista da produção da prova ou seu meio de obtenção, ou decorrente de qualquer ato ou conduta que macule a prova em si pela afronta a regras e princípios que estruturam as garantias do jurisdicionado de se ter um processo alinhado à ordem jurídica, considera-se que o ato processual da produção da prova será nulo. Há, ainda, que destacar a quádrupla repercussão que decorre da ilegalidade probatória, assim considerando a exclusão da prova ilegal do processo, a inutilização da prova, a nulidade do ato processual e dos atos seguintes contaminados pelas provas ilegais.

9.1.3.6 *Questão de nulidade processual – Violação de procedimento e do direito de defesa*

As regras processuais são garantias. A forma é garantia. O processo é uma garantia do jurisdicionado, se direcionado com respeito às regras processuais enquanto estruturas de segurança jurídica. É por isso que, na eventualidade de ocorrer nulidade processual, violação de procedimento, lesão à constituição, afronta às leis e às garantias processuais do jurisdicionado, caberá o Habeas Corpus. Veja o seguinte caso. O magistrado de base determinou o envio de carta precatória para a comarca

---

11. BRASIL. Superior Tribunal de Justiça. HC 674.185/MG. Habeas Corpus. Tráfico de Drogas e Associação para o Tráfico De Drogas. Acesso ao Celular da Corré e às Conversas do Whatsapp Armazenadas no Referido Aparelho. [...]. Rel.: Min. Sebastião Reis Júnior, 17 ago. 2021. *Diário de Justiça Eletrônico*, Brasília, DF, 20 ago. 2021.

de Frutal, MG, para oitiva de testemunha indicada pela acusação. Ocorre que o magistrado da comarca de Frutal, ao tentar intimar a testemunha, tomou notícia de que esta mudou a sua residência para Formiga, MG. Diante disso, sem ao menos oficiar o magistrado da comarca base do processo, o juiz de Frutal remeteu a carta precatória para Formiga, quando então o juiz de Formiga resolveu, de imediato, ouvir a testemunha indicada pela acusação. Obviamente, a defesa não foi intimada do ato processual de produção de provas. O magistrado de Formiga nomeou advogado *ad hoc* para acompanhar o ato de produção de provas, à revelia dos advogados contratados e sem intimar o acusado.

Certamente, houve violação das garantias constitucionais do contraditório e ampla defesa, o que gerou nulidade em todos os atos processuais seguintes. O acusado tem direito de escolher o seu Advogado. Ao menos, tem que lhe ser oportunizado o direito de escolha de sua equipe de defesa técnica, não podendo o magistrado escolher por ele, sob pena de nulidade absoluta. É o que já foi decidido no STF, o que consta do ementário 1.675-2, da Primeira Turma, referente ao Habeas Corpus 67.755-0/SP[12], resumindo a nulidade da seguinte forma, na ementa: "O defensor constituído, quando ausente ao ato de interrogatório judicial do réu, deverá ser notificado para efeito de apresentação da defesa prévia. Esse ato de notificação, que é indeclinável, impõe-se como natural consectário da cláusula constitucional do devido processo legal. A falta dessa notificação constitui nulidade absoluta, apta a infirmar a própria validade do processo penal condenatório. O réu tem o direito de escolher o seu próprio defensor. Essa liberdade de escolha traduz, no plano da *persecutio criminis*, específica projeção do postulado da amplitude de defesa proclamado pela Constituição. Cumpre ao magistrado processante, em não sendo possível ao defensor constituído assumir ou prosseguir no patrocínio da causa penal, ordenar a intimação do réu para que este, querendo, escolha outro Advogado. Antes de realizada essa intimação – ou enquanto não exaurido o prazo nela assinalado – não é lícito ao juiz nomear defensor dativo sem expressa aquiescência do réu".

No mesmo sentido o Habeas Corpus 86.260[13], que tramitou pela Segunda Turma do STF, sob a relatoria do então Min. Cezar Peluso, havendo a conclusão pelo direito de escolha do defensor pelo acusado, de forma que se tornam nulos os atos processuais quando não intimado o patrono do réu, mas defensor público nomeado pelo juiz. Assim também foi o julgado do Habeas Corpus 92.091, de relatoria do então Min. Celso de Mello, que tramitou pela Segunda Turma do STF.

---

12. BRASIL. Supremo Tribunal Federal. HC 67.755-0/SP. "Habeas Corpus" – Defesa Prévia – Defensor Constituído Ausente ao ato de Interrogatório Judicial – Necessidade de sua Notificação para oferecê-la [...]. Rel.: Min. Celso de Mello, 26 jun. 1990. *Diário de Justiça Eletrônico*, Brasília, DF, 11 set. 1992.
13. BRASIL. Supremo Tribunal Federal. HC 86.260. Ação Penal. Tráfico de entorpecentes. Advogado constituído no inquérito policial, com poderes expressos para atuar durante a instrução criminal. [...]. Rel.: Min. Cezar Peluso, 27 maio 2008. *Diário de Justiça Eletrônico*, Brasília, DF, 20 jun. 2008.

A *deficiência da defesa causa nulidade*, podendo ser questionada via Habeas Corpus, inclusive após transitado em julgado. A defesa é direito fundamental consagrado pela Constituição da República, não podendo ser sequer, riscada, arranhada, enfraquecida, nem ao menos de longe. Muito pelo contrário, deve ser garantida, resguardada, respeitada. O Advogado viabiliza a exposição argumentativa das garantias constitucionais, sobretudo na seara criminal. Diferentemente do processo civil, na atuação processual penal a defesa deve ser efetiva, sob pena de nulidade. A Advocacia é um dos pilares da Justiça. É o Advogado quem garante a voz do povo diante do Poder Judiciário viabilizando a aplicação da lei. Portanto, a defesa é um direito fundamental de garantia de aplicação das normas jurídicas ao jurisdicionado. E por isso, a defesa, assim entendida como o exercício da Advocacia, deve ser protegida pelo próprio Judiciário, pois é a representação da viabilização da construção da justiça. Nesse sentido, a violação de prerrogativas de Advogados em processo penal, bem assim a diminuição propositada da atuação do Advogado, merece análise enquanto nulidade por via do Habeas Corpus. A defesa não prospera se houver exclusiva representação formal, devendo haver liberdade nos autos para que seja adequadamente exercida. De fato, não há como concluir o oposto de que a deficiência da defesa causa nulidade em processo pois, por traz dela, há o sagrado direito de liberdade do jurisdicionado. A defesa adequada, eficiente, revela interesse público, inclusive. É do interesse da sociedade, da justiça, do Estado Democrático de Direito, que a defesa seja forte, que a lei, as regras, sejam respeitadas. A lesão à defesa gera dúvidas, gera ofensa à segurança jurídica. A justiça somente será legítima se houver um juiz imparcial, uma acusação forte e uma defesa forte, em pé de igualdade. Somente assim se terá a justiça padronizada por segurança jurídica enquanto crença irretocável de legitimidade.

Consta da Súmula 523, do STF, que "A falta de defesa constitui nulidade absoluta, mas a sua deficiência só anulará se houver prova de prejuízo para o réu". Há uma presunção de que a ausência da defesa se desdobra na consideração quanto a nulidade proveniente do desamparo causado pela ausência da voz contrária à acusação. Por outro lado, a deficiência da defesa e consequente prejuízo deve ser comprovados para que tenham o poder de anular os atos processuais seguintes à presença processual de uma defesa danosa. *Na minha opinião, a defesa deficiente, por si só, é causa de nulidade.* De forma que este padrão imposto pela Súmula acima mencionada representa clausula aberta para a prática de injustiças. Uma decisão somente será legítima no Estado Democrático de Direito se houver uma defesa do tamanho da acusação, perante um magistrado imparcial. É a regra. Se a defesa é deficiente, haverá, por obviedade, lesão ao jurisdicionado, que na esmagadura maioria das vezes é leigo enquanto operador do direito, não tendo quaisquer condições de saber a validade argumentativa da sua posição processual.

Diante disso, veja o seguinte caso. Um jurisdicionado com leve deficiência mental foi acusado de atentado violento ao pudor. Recebeu a intimação para comparecer a delegacia, quando se fez presente sozinho. Tempos depois o Ministério Público o denunciou. A exordial acusatória foi recebida e houve a citação. O acusado contratou, como Advogado, um padeiro, amigo e conhecido da família. O Advogado não exercia a advocacia, mas o nobre exercício de fazer e comercializar pães. Obviamente, a defesa foi defeituosa. O acusado foi condenado. Recorreu, apelou, não deixou de lado o processo, mas os fundamentos de defesa foram fraquíssimos, faltosos, irrelevantes. Foi preso. É caso claro de deficiência na defesa, cabendo Habeas Corpus para anular o processo. De acordo com a Súmula 523, do STF, terá que provar, de plano, a deficiência da defesa geradora de prejuízos passiveis para causar nulidade por ofensa à plena defesa ou devido processo legal. Por outro lado, o prejuízo foi nitidamente identificável, cabendo ao magistrado a obrigatória e prudente verificação de uma falha de tal monta para evitar uma injustiça. Caberia, inclusive, ao representante do MP, pois fiscal da lei.

Ainda em relação a defesa no processo penal e a questão de nulidade, há que considerar a importância das *alegações finais* anteriormente ao sentenciamento do feito. As alegações finais constituem peça processual essencial ao processo penal, tão importante quanto a resposta a acusação. Após a fase de produção de provas, há absoluta necessidade da defesa expor argumentos, ou para inovar ou para assentar aquilo que já foi destacado na resposta contestando a imputação fática e jurídica inicial. Assim, padece de nulidade o processo penal ausente de alegações finais. Nesse sentido, foi o julgado da apelação criminal ACR 97430 SP 93.03.097430-1, julgado pela Primeira Turma, do TRF-3, de relatoria do Des. Federal Roberto Haddad, que concluiu o seguinte: "Sendo as alegações finais fase decisiva para aferição do contraditório, sua não apresentação fere o princípio das garantais constitucionais. Nulo todos os atos processuais a partir das alegações finais, devendo os autos baixarem a origem para regularização do vício e novo julgamento". A ausência de uma peça processual tão importante é a ausência da própria defesa, causando nulidade absoluta. Assim, a inexistência de intimação para alegações finais ou a ausência das alegações finais e o sentenciamento sem oportunizar a defesa para a apresentação dos memoriais, causam nulidade absoluta passível de questionamento pela via do Habeas Corpus. Considerando que há uma montanha de julgados contra esse posicionamento, será crucial que o impetrante demonstre pontualmente o prejuízo causado à defesa, sobretudo quando houver surgimento de fato ou fatos destacáveis na produção de provas orais na fase instrutória, quando terá que haver a lógica manifestação da defesa para formar o contraditório.

A *sustentação oral* em julgamentos de apelação criminal, Habeas Corpus ou outro recurso da defesa na seara criminal deve seguir a ordem lógica de apresentação da defesa, qual seja, a defesa fala por último, pois se defende de uma imputação criminal e só se defende após formal acusação. Assim, se não for permitido ao Advogado enquanto representante da defesa expor os seus argumentos após a acusação, será o caso de violação do contraditório, cabendo a impetração do Habeas Corpus para anular a decisão após as partes sustentarem. Aliás, o lógico direito do acusado falar após a acusação, enquanto garantia processual, está contido no exercício pleno da ampla defesa que tem por regra a sua oportunidade de refutar todas as informações, alegações, insinuações, provas, qualquer frase dita, em todos os momentos do processo, sendo a sustentação oral apenas um desses momentos.

Nesse sentido, o Habeas Corpus 166.373, de relatoria do Min. Edson Fachin, no STF, cujo objeto revela destaque para a aplicação do princípio do devido processo legal, consagrado no art. 5º, inciso LV, da Constituição da República. Portanto, a sustentação oral do agente do MP deve preceder à sustentação oral da defesa, sob pena de nulidade do julgamento, o que pode ser viabilizado por Habeas Corpus.

É necessário pontuar e registrar que as irregularidades processuais, principalmente aquelas que geram nítidos prejuízos à defesa são causas de nulidade a serem arguidas por via do *Writ*, com o objetivo de anulação do ato. É necessário a identificação da conduta do magistrado ou qualquer outro agente do Estado que viole uma regra processual enquanto garantia. O processo manifestamente nulo representa uma série de situações prejudiciais ao acusado que são causadas pela condução equivocada de um caso concreto.

Assim, a proibição de *interrogatório seletivo* pelo juiz em sede de audiência; o impedimento do Advogado realizar perguntas aos seus clientes com exclusividade; o impedimento do acusado somente responder perguntas que assim entender; a afronta a *cronologia ritual* do processo; a recepção de peça acusatória inepta, defeituosa; a desconsideração de provas decorrentes de *investigação defensiva*; a condenação com exclusiva orientação do julgador com base em provas produzidas no inquérito; a alteração de momentos para *alegações finais*; o sentenciamento sem considerar os memorias; ausência ou grave irregularidade da defesa; desregramento da produção probatória; desatenção a pormenores que podem ocasionar prejuízos à defesa[14]; a *violação legal de procedimentos; restrição de direitos processuais e materiais*, enfim, num mar de irregularidades, qualquer uma delas pode gerar nulidade processual, com prejuízo à defesa, podendo ser objeto de controle de legalidade e justiça por via do instrumento de Habeas Corpus.

9.1.4 Decurso de tempo de prisão previsto em lei

Nos termos do art. 648, inciso II, do Código de Processo Penal, haverá coação ilegal quando alguém estiver preso por mais tempo do que a legislação determina. O Legislador prescreveu algo óbvio. Constranger uma pessoa, ainda mais no sistema penitenciário brasileiro, "cadeias", "prisões", "celas de delegacia" a ficar mais tempo

---

14. Se, porventura, houver cerceamento de defesa ocasionado por erro de informação a respeito de sala de audiências diversa àquela em que ocorreu o ato de produção probatória ou mesmo erro em relação à data, gerando prejuízo à defesa.

do que a própria lei ordena é, obviamente, uma coação ilegal e afronta ao direito constitucional de liberdade.

Em decorrência de prisão penal, da prisão temporária, da prisão preventiva, da prisão em flagrante, ou outra prisão ilegal, muito embora o MP realize o exercício de fiscalização do cumprimento da pena, bem assim a família do preso ou apenado, o Advogado contratado ou a Defensoria Pública, pode acontecer o desastre de o jurisdicionado passar um tempo encarcerado sem necessidade, sem ordem para isso. Acontece! Erros acontecem. Às vezes, por displicência ou negligência, às vezes por descontrole do sistema, maldade de servidor público, alguém fica mais tempo preso. O decurso do tempo de prisão previsto na lei é fato que se impõe no dia a dia forense. A medida de solução para isso é a impetração do Habeas Corpus com fundamento na norma supracitada.

Quanto a prisão decorrente de sentença condenatória transitada em julgado – *prisão penal*, um único dia sequer cumprido além daquilo que foi delimitado enquanto sanção penal desencadeia a natureza ilegal da prisão, sendo, portanto, passível a utilização do Habeas Corpus. Para além disso, a prisão cumprida sem a concessão dos benefícios da Lei de Execução Penal – LEP também destaca pela sua ilegalidade, cabendo o Habeas Corpus se, por exemplo, não foi devidamente concedido o livramento condicional.

Ora, as ilegalidades não param por aí. Na prática, há excesso de prazo em casos de prisão temporária e prisão preventiva com constância, em medidas reiteradas. O sistema falha demasiadamente, constantemente.

A prisão temporária tem prazo definido por lei. Será de, no máximo, 30 dias, sendo prorrogável por igual período em caso de necessidade comprovada quando envolver delitos de tráfico de drogas, terrorismo, tortura, hediondos, nos termos da Lei 8.072/90, art. 2º, § 4º.

> § 4º A prisão temporária, sobre a qual dispõe a Lei 7.960, de 21 de dezembro de 1989, nos crimes previstos neste artigo, terá o prazo de 30 (trinta) dias, prorrogável por igual período em caso de extrema e comprovada necessidade.

Por outro lado, conforme a Lei 7.960/89, art. 1º e 2º, a regra é que dure ao máximo 5 dias, sendo prorrogável uma única vez por igual período, se houver necessidade.

> Art. 1º Caberá prisão temporária:
>
> I – quando imprescindível para as investigações do inquérito policial;
>
> II – quando o indicado não tiver residência fixa ou não fornecer elementos necessários ao esclarecimento de sua identidade;
>
> III – quando houver fundadas razões, de acordo com qualquer prova admitida na legislação penal, de autoria ou participação do indiciado nos seguintes crimes:
>
> a) homicídio doloso
>
> b) sequestro ou cárcere privado

c) roubo

d) extorsão

e) extorsão mediante sequestro

f) estupro (art. 213, *caput*, e sua combinação com o art. 223, *caput*, e parágrafo único);

g) atentado violento ao pudor (art. 214, caput, e sua combinação com o art. 223, *caput*, e parágrafo único);

h) rapto violento (art. 219, e sua combinação com o art. 223 caput, e parágrafo único);

i) epidemia com resultado de morte

j) envenenamento de água potável ou substância alimentícia ou medicinal qualificado pela morte (art. 270, caput, combinado com art. 285);

l) quadrilha ou bando (art. 288), todos do Código Penal;

m) genocídio (arts. 1º, 2º e 3º da Lei 2.889, de 1º de outubro de 1956), em qualquer de sua formas típicas;

n) tráfico de drogas

o) crimes contra o sistema financeiro (Lei 7.492, de 16 de junho de 1986).

p) crimes previstos na Lei de Terrorismo.

Art. 2º A prisão temporária será decretada pelo Juiz, em face da representação da autoridade policial ou de requerimento do Ministério Público, e terá o prazo de 5 (cinco) dias, prorrogável por igual período em caso de extrema e comprovada necessidade.

Para verificar o prazo de contagem da ilegalidade do excesso de tempo na prisão, importa antes registrar que o prazo de duração da prisão temporária começa a fluir após a captura do cliente. Reitero, não começa a fluir a partir do momento da decretação da prisão, mas sim após haver a captura do jurisdicionado contra quem foi emitida a ordem de prisão. Se ocorreu 23:30, contará, como se fosse um dia, para efeitos de computo de prazo para impetrar o Habeas Corpus, se houver excesso.

Conforme o § 7º, do art. 2º, da Lei 7.960/89, se decorrido o prazo contido no mandado de prisão, a autoridade responsável pela custódia deverá, independentemente de nova ordem da autoridade judicial, colocar imediatamente o preso em liberdade, exceto se já tiver sido comunicada da prorrogação da prisão temporária ou da decretação da prisão preventiva.

Verifica-se, ainda, importância no registro de que a prisão temporária tem natureza de prisão cautelar decretada por autoridade judiciária durante a fase preliminar de investigações, nos moldes do art. 1º, da Lei 7.960/89, de forma que já decidiu o STJ que não poderá ser decretada ou mantida após o recebimento da denúncia. Veja a ementa: "Processual penal. Habeas corpus. Prisão temporária. Denúncia recebida. Insubsistência do decreto. Uma vez recebida a denúncia não mais subsiste o decreto de prisão temporária, que visa resguardar, tão somente, a integridade das investigações. Writ concedido para declarar a insubsistência da ordem de prisão temporária proferida nos autos do processo 29/03 que tramita junto a Vara Criminal da Comarca de Serrinha/BA (HC 44.987/BA, Rel. Ministro Felix Fischer, Quinta Turma, julgado em 02.02.2006, DJ 13.03.2006, p. 341)".[15]

O Habeas Corpus é instrumento de grande poder, cabendo sua impetração para guerrear toda violação ao procedimento da prisão temporária que possa levar ou manter o cliente sob os efeitos da medida excepcional. No Brasil, primeiro prende, depois apura. Há espetacularização do processo penal e investigação sob exposição midiática, havendo uma inversão de regra, dando à liberdade a posição excepcional ao invés da prisão. Convém que seja feito aprofundado estudo na matéria relativa à prisão temporária para abater qualquer irregularidade por via do Writ.

Na mesma linha, se houver *excesso de prazo razoável no âmbito da prisão preventiva*, caberá impetração de Habeas Corpus. Nesse ponto, há problema conceitual e delimitativo legal quanto ao prazo da prisão preventiva. O que se tem visto foram constantes abusos, dando à prisão a medida de regra, no lugar da liberdade. Há um desprezo pela excepcionalidade das prisões cautelares no Brasil.

A Lei 12.403/2011 deu redação ao Código de Processo Penal para dar providências quanto às medidas cautelares diversas da prisão, assim como a prisão domiciliar. Contudo, ainda sim vê-se a insensível pândega maligna em face do direito de liberdade através do uso da prisão preventiva.

Nos termos do art. 312, do CPP, vê-se cláusulas gerais, abertas, genéricas para escolha daquele que se vê na condição de autoridade determinar a prisão de uma pessoa. Expressões como "garantia da ordem pública", "garantia da ordem econômica", "conveniência da instrução criminal, "assegurar a aplicação da lei penal" são termos sem definição segura, que cabe uso por qualquer motivo, por qualquer fundamento. A partir daí sobressaltam os abusos. A doutrina não consegue explicar tais expressões em formato detido, com limites, de modo definido, sem aberturas para interpretações dos mais variados tipos. Essas expressões representam um perigo constante para o Estado Democrático de Direito, pois permitem um grave estrago na vida de uma pessoa sem muitos critérios predefinidos. Um magistrado sem vocação para o cargo, com maldade no coração, destrói a vida de uma pessoa com o uso justificado de uma inconstitucional expressão dessa sorte para fundamentar uma prisão ilegal, a tornando "legal" e "permitida", pois "fundada em lei". Essas expressões desequilibram a segurança jurídica e possuem o poder de tornar um caso *in concreto*, muitas das vezes, exemplos de absurdas injustiças.

Em 2019 foi publicada a Lei 13.964, com o escopo de aperfeiçoar a legislação penal e processual penal, prescrevendo, no parágrafo único do art. 312, do Código de Processo Penal, que "Decretada a prisão preventiva, deverá o órgão emissor da

---

15. BRASIL. Superior Tribunal de Justiça. HC 44.987/BA. Processual Penal. Habeas Corpus. Prisão Temporária. Denúncia Recebida. Insubsistência do Decreto. [...]. Rel.: Min. Felix Fischer, 2 fev. 2006. *Diário de Justiça*, Brasília, DF, 13 mar. 2006.

decisão revisar a necessidade de sua manutenção a cada 90 (noventa) dias, mediante decisão fundamentada, de ofício, sob pena de tornar a prisão ilegal".

Apesar da prisão preventiva não ter data limite imposta por lei, assim como é a prisão temporária, há ordem legal para sua revisão a cada 90 dias, sob pena de torná-la ilegal. Mas na prática a história não é baseada nessa regra, pois se vê erros constantes, com prisões em excesso.

Ainda assim, mesmo com a prescrição legal acima citada, a prisão preventiva segue sem prazo determinado. Há o dever do magistrado, de ofício inclusive, apreciar a segregação no prazo de 90 dias. No Brasil, as prisões são horríveis. Não é lugar para ser humano. É onde se esquece a humanidade. Um minuto num lugar desse tipo é a constante morte daquele que tem a infelicidade de ser preso. A prisão não somente é a deturpação pessoal física e psicológica do preso, mas também de sua família. Alinhando isso com ordens e decisões sem requisitos delimitadores tem-se a insegurança jurídica. A própria lei processual penal é ausente de garantismo constitucional. Permite-se o cumprimento antecipado de eventual sanção penal, contra a presunção de inocência imposta como regra pelo art. 5º, LVII, da Constituição da República.

É o que se tem. É o que se vê.

A falta de observação do reexame obrigatório da segregação a cada 90 dias permite impetração de Habeas Corpus visando revogação da medida extrema. O constrangimento ilegal é patente, se porventura não houver a revisão didática e fundamentada da prisão preventiva.

O MP "fiscal da lei", pelos seus representantes, teriam que cuidar de tais excessos, sendo responsáveis pessoalmente pelas graves falhas, mas isso não ocorre. Há que existir maior sensibilidade do ponto de vista humano com a pessoa presa. Na clássica obra[16] "*Viagens de Gulliver*", de Jonathan Swift, consta interessante prescrição de senso de justiça do escritor irlandês, em que todos os crimes contra o Estado devem ser punidos com máxima severidade, mas se o acusado demonstrar a sua inocência, o acusador será condenado a pena grave e a vítima ressarcida. O autor foi muito feliz ao destacar uma estrutura de justiça, que o fez do seguinte modo:

> Todos os crimes contra o Estado são aqui punidos com máxima severidade; mas se o acusado demonstra cabalmente a sua inocência durante o julgamento é o acusador condenado incontinenti a uma morte ignominiosa, e dos seus bens e das suas terras é o inocente quadruplicadamente indenizado, pela perda de tempo, pelo perigo por que passou, pelas privações que sofreu na prisão e todos os gastos que teve de fazer para defender-se; sendo insuficientes esses fundos, completa-os liberalmente a coroa. Além disso, dá-lhe o imperador uma prova pública do seu favor; e a sua inocência é proclamada em toda a cidade.

---

16. SWIFT, Jonathan. *Viagens de Gulliver.* Trad. Octavio Mendes Cajado. São Paulo: Abril Cultural, 1979, p. 50.

Já pensou você leitor, se ocorre isso no Brasil? Iria existir acusações sem base dogmática ou sem certeza de necessária prisão? Obviamente há excessos na visão do mencionado autor, mas há que existir uma estrutura sistêmica mais justa, mais segura, para evitar injustiças.

A fábrica de prisões no Brasil precisa, com urgência, parar de produzir ilegalidades contra a liberdade, de forma demasiada, com tal excrecência, pois a estrutura constitucional em vigor não suporta.

O certo seria revogar a segregação, cumprir a lei, ou seja, se não houver a revisão da prisão, caberia torná-la ilegal e findar imediatamente a medida de injustiça e maldade. É o certo. Mas aquilo que é justo e correto nem sempre é o que prevalece nas cortes brasileiras. Lado oposto, no Habeas Corpus 184.769/SP, de relatoria do Min. Gilmar Mendes, sobressalta posição para não tornar a prisão ilegal, mas ser reavaliada. Segue o trecho da r. decisão: "O preso tem direito à revisão da necessidade da prisão preventiva a cada noventa dias e, na sua ausência, cabe ao Poder Judiciário determinar sua pronta satisfação. Penso que pretendeu o Legislativo garantir ao preso o direito de ter sua prisão regularmente analisada, a fim de se evitarem prisões processuais alongadas sem qualquer necessidade, impostas a todos os acusados/suspeitos/indiciados, mas em especial aso tecnicamente desassistidos, porquanto os afortunados requerem, com certa frequência, a revogação da prisão preventiva ou a concessão da liberdade provisória. A mim me parece que a melhor solução para a falta de revisão da necessidade da prisão preventiva (*ex officio*) seja mesmo a determinação para a sua realização pelo Tribunal. Ante o exposto, nego seguimento ao Habeas Corpus (art. 21, § 1º, RISTF), mas determino ao Relator da 13ª Câmara de Direito Criminal do TJ/SP que reavalie a prisão preventiva imposta ao paciente, nos termos do artigo 316, parágrafo único, do CPP".

No caso, o Min. Gilmar Mendes poderia ter aplicado a lei e tornado a prisão ilegal, por afronta à norma processual contida no parágrafo único, do art. 316, do CPP. Mas escolheu não o fazer. No mesmo sentido, a Min. Cármen Lúcia no julgamento do HC 190.364/CE. É a ementa: "Assim, embora pendente o julgamento de mérito do recurso em Habeas Corpus n. 591.596 no Superior Tribunal de Justiça, imprescindível que o juízo de origem reexamine a custódia cautelar, nos termos do parágrafo único do art. 316 do Código de Processo Penal, por possuir acesso às provas que estão sendo produzidas na instância de origem. 12. Pelo exposto, nego seguimento ao presente Habeas Corpus, mas *concedo a ordem, de ofício, para determinar ao juízo da Primeira Vara Criminal da Comarca de Juazeiro do Norte/CE que reavalie, com urgência, a necessidade da manutenção da prisão preventiva decretada contra o paciente, em cumprimento ao disposto no parágrafo único do art. 316 do Código de Processo Penal, com a alteração da Lei n. 13.964/2020, e diligencie, com urgência, à unidade prisional de Caldas Novas/GO, no qual está o paciente, para obter informações sobre os cuidados adotados para evitar a disseminação do vírus da Covid-19 e certifique-se da preservação do seu estado de saúde*".

Do ponto de vista técnico jurídico, as decisões foram absolutamente equivocadas, pois o Habeas Corpus tem o poder de levar a questão à corte máxima que poderia tornar a prisão ilegal por direta violação da legislação processual. Apenas o longo tramite do julgado já é uma afronta constitucional aos direitos fundamentais do jurisdicionado. E o pior é que o STF, após fazer o jurisdicionado passar dias aguardando a decisão, determina que o magistrado de base apenas a revise, passando a fazer injustiça ao caso concreto, pois poderá a autoridade simplesmente manter a ilegalidade.

No julgamento do HC 179.932/MS[17], de relatoria do Min. Marco Aurélio, houve posicionamento quanto a manutenção dos termos legais, concedendo a ordem com base no excesso de prazo. Porém, foi voz única em favor da aplicação da lei processual penal.

> O paciente está preso, sem culpa formada, desde 31 de agosto de 2017, ou seja, há 2 anos, 6 meses e 4 dias. Ante a não constatação da existência de decisão posterior, na qual reiterada a necessidade da medida, tem-se a inobservância do mencionado artigo 316, parágrafo único, surgindo configurado o excesso de prazo.

Ademais, cabe ainda registrar decisão do AgRg no Habeas Corpus 649.605/SP, de relatoria do Min. Reynaldo Soares da Fonseca, data 16.03.2021, data da publicação DJe 19.03.2021, que posicionou entendimento quanto a autoridade que deverá revisar a prisão preventiva. Eis o trecho da r. decisão: "Nessa trilha, a obrigação de revisar, a cada 90 (noventa), a necessidade de se manter a custódia cautelar (art. 316, parágrafo único, do Código de Processo Penal) é imposta apenas ao juiz ou tribunal que decretar a prisão preventiva. Com efeito, a Lei nova atribui ao "órgão emissor da decisão" – em referência expressa à decisão que decreta a prisão preventiva – o dever de reavaliá-la".

Pois bem. Ultrapassada a obrigatória revisão da prisão preventiva a cada 90 dias, nos termos do art. 316, parágrafo único, sob pena de se tornar ilegal, temos um grave problema que deve ser corrigido com urgência. Esse problema é a indeterminação temporal da prisão preventiva. Há casos teratológicos de vítimas de decisões judiciais que passam anos sofrendo as iras de uma prisão preventiva. *Os esquecidos*. Para além desses, inúmeras pessoas padecem desse mal, sendo eles mera "borracha" na mão de autoridade justiceira. É lamentável um absurdo desses ter validade nos dias de hoje. O que há, na verdade, é o império de verdadeiro cumprimento antecipado de pena sob a capa da prisão preventiva. A lei não determina o seu fim. Diante da insegurança jurídica brasileira, há que se temer. Nem o Código de Processo Penal, nem qualquer lei especial delimita prazo para a duração da prisão preventiva. A jurisprudência também não. Impera a incerteza e a desgraça.

---

17. BRASIL. Supremo Tribunal Federal. HC 179.932/MS. Habeas Corpus Contra Decisão Monocrática de Ministro de Tribunal Superior. Recorribilidade. Supressão de Instância. [...]. Rel.: Min. Marco Aurélio, 16 jun. 2020. *Diário de Justiça Eletrônico*, Brasília, DF, 14 jul. 2020.

A indeterminação do fim do prazo da prisão preventiva viola o princípio da presunção de inocência, assim como o princípio do direito à razoável duração do processo. A ausência de regra quanto ao tempo máximo de encarceramento não somente representa uma grave violação à segurança jurídica, como é a declaração do Estado quanto a adoção prática da afronta ao princípio da dignidade da pessoa humana. É, certamente, um buraco negro no ordenamento jurídico que urge por ser regrado sob o olhar constitucional.

De fato, o preso está entregue à sensibilidade das autoridades judiciárias. Completamente nas mãos do Estado, sem regra que o retire do evento abusivo, que acaba por massacrar alguns de seus relevantes direitos constitucionais, qual seja, a liberdade, a dignidade da pessoa humana. A esperança do preso é que seja a decisão revista a cada noventa dias por um servidor público mais humano. A aplicação da mudança de natureza da prisão de legal para ilegal, sendo relaxada por não revisão no prazo mencionado foi rechaçada pelo STF, como se vê nas decisões acima.

Soma-se a esta triste realidade a desatenção do Poder Judiciário à não aplicação da tese quanto a soma de todos os prazos de todos os atos da persecução penal, desde o início do procedimento investigatório policial ou segregação do cliente, até a prolação da sentença. O STJ derrubou a chance do cliente se ver livre diante de prazo contabilizado desde o início do processo *até o fim da instrução, nos moldes da Súmula 52* "Encerrada a instrução criminal, fica superada a alegação de constrangimento por excesso de prazo". A meu ver, súmulas assim estão regrando a vida dos jurisdicionados, substituindo as leis, o que é um descalabro da estrutura de separação de poderes. É a ruína constitucional em vigor. Ademais, há que considerar que o término da instrução não põe fim ao processo, havendo sentenças prolatadas após anos do fim da entrega dos memoriais. Tem coisa pior nessa história toda. Como é de conhecimento público, caro leitor, há prisão preventiva aplicada por magistrado visando eventual delação premiada. O Brasil não é para qualquer um mesmo. Situações não explicáveis acontecem e tomam corpo. Há juízes que agem sem a devida imparcialidade, tomando dianteira com a acusação no andamento do processo.

A recente jurisprudência destaca a presente certeza de insegurança quanto a ausência de prazo definido para findar a segregação preventiva. Trata-se do AgRg no HC 641.842/CE, de Relatoria do Ministro Reynaldo Soares da Fonseca, quinta turma, julgado em 09.03.2021, DJe 15.03.2021, que se depreende da ementa que "Eventual constrangimento ilegal por excesso de prazo não resulta de um critério aritmético, mas de uma aferição realizada pelo julgador, à luz dos princípios da razoabilidade e proporcionalidade, levando em conta as peculiaridades do caso concreto, de modo a evitar retardo abusivo e injustificado na prestação jurisdicional".

Como já apontado, para fundamentar a manutenção da prisão, utiliza-se de expressões vazias e princípios às avessas. A exemplo, "Eventual constrangimento ilegal por excesso de prazo não resulta de um critério aritmético, mas de uma aferição realizada pelo julgador, à luz dos princípios da razoabilidade e proporcionalidade, levando em conta as peculiaridades do caso concreto, de modo a evitar retardo abusivo e injustificado na prestação jurisdicional". Trecho esse destacado por inúmeras cláusulas abertas que permitem qualquer decisão com esse mesmo trecho conclusivo. Perceba como é possível concluir o oposto com os mesmos argumentos. Parece, até que o "redator" primeiro decide e depois fundamenta.

É preciso ter coragem para ser magistrado. Às vezes, a pressão social ou midiática toma a decisão antes do juízo racional. A independência deve prevalecer, a imparcialidade deve prevalecer, os direitos fundamentais devem sobrepor à forma. Há, tristemente, posicionamento de tribunal e magistrado que culpa a defesa pelo excesso de prazo na prisão. Isso é um terrível erro. A defesa contra o Estado é imensamente mais fraca, sendo baseada apenas pelo aspecto argumentativo, quanto ao convencimento. Sabemos que há, em muitos casos, relativa relação de proximidade entre acusação e o magistrado. Como já apontei, a própria estrutura de uma sala de audiências destaca a proximidade da acusação com o juiz. Um se senta ao lado do outro, enquanto o Advogado se senta ao lado do cliente (Réu). Ora, que absurdo é esse! De pronto, o que se vê e, naturalmente, tira-se a lógica conclusão de que a acusação e o juiz estão alinhados contra a defesa. São amigos, colegas, dão as mãos. Isso está errado. Há que corrigir a "ordem das coisas" para tornar acusação e a instituição da defesa em proporcional estado e equilibrada paridade de armas.

Há posicionamento no sentido de que quando ficar evidenciado que eventual excesso de prazo tenha sido causado por causa de pedidos de realização de diligências da defesa, não há que se falar em constrangimento ilegal à liberdade. Ora, como equivocado está esse pensamento. Que defesa pediria diligência em excesso mantendo o cliente mais tempo preso do que deveria? Querem calar a defesa? Nesse sentido, a Súmula 64, do STJ *"Não constitui constrangimento ilegal o excesso de prazo na instrução, provocado pela Defesa."*. Eis trecho da r. decisão subtraída da ementa do julgado do RHC 140.433/RS, de Relatoria do Ministro Antônio Saldanha Palheiro, sexta turma, julgado em 02.03.2021, DJe 10.03.2021, que destaca "In casu, considerados os dados constantes dos autos e extraídos do sítio eletrônico do Tribunal de origem, observo que, não obstante os diversos pedidos de revogação da custódia cautelar formulados pela defesa, o que ocasiona certo retardo para o encerramento do processo, a ação penal vem tendo andamento aparentemente regular na origem, notadamente ao serem consideradas as medidas tomadas em virtude da pandemia da Covid-19. Desse modo, não se há falar em desídia por parte do Poder Judiciário ou em demora injustificada no andamento da ação penal, de modo a causar constrangimento ilegal passível de correção".[18]

---

18. BRASIL. Superior Tribunal de Justiça. RHC 140.433/RS. Processo Penal. Recurso Ordinário em Habeas Corpus. Roubo Majorado pelo Concurso de Agentes e Emprego de Arma De Fogo. [...]. Rel.: Min. Antônio Saldanha Palheiro, 2 mar. 2021. *Diário de Justiça Eletrônico*, Brasília, DF, 10 mar. 2021.

O pensamento conclusivo quanto a não ocorrência de constrangimento ilegal por excesso de prazo em razão de atuação combativa e técnica da defesa é, no mínimo, um equívoco absurdo e ilógico, não podendo prevalecer por ser imagem clara e evidente de grave injustiça e desvirtualização da composição equilibrada de um processo penal. O processo penal deve ser tratado com atenção às garantias do processado, de forma que os passos processuais devem ser atenciosos ao regramento, às formalidades, ao rito adequado, pois representa direito daquele jurisdicionado inserido no sistema processual penal.

A afirmação de que a defesa provoca excesso de prazo no andamento do feito porque requereu diligência é, por certo, falta de observância da constitucional posição da instituição defesa. É um absurdo e declaradamente o emprego da falta de visão constitucional do processo. Defesa alguma visa manter cliente preso, mas, por outro lado, iluminar o processo com provas que destacam a melhor das hipóteses de solução para o jurisdicionado, visando uma sanção penal mais branda ou mesmo a absolvição. Manter o cliente preso por atuação combativa da defesa é, evidentemente, penalizar a defesa por ser diligente quando o Estado não é.

Ora, a utilização dos meios legais colocados pelo Legislador à disposição da defesa não pode resultar em grave penalidade ao jurisdicionado, sobretudo com imposição de mais tempo no estabelecimento prisional, sendo alguns desses lugares verdadeiras masmorras. O jurisdicionado não pode ser punido por fazer uso da lei, do direito de defesa. O trabalho do Advogado, em defesa do cliente, ao requerer diligências, tem natureza de exercício regular de direito. Pensar contrário a isso representa a criação de óbice à aplicação do devido processo legal. É ataque à constituição, é violência à paridade de armas. É o império da ilegalidade imposta pelo próprio Estado. Obviamente, não seria constrangimento ilegal se, porventura, houvesse manobras procrastinatórias, com dilações dolosas indevidas, mas teria que haver patente prova dessa linha de atuação. O que causaria estranheza em relação à condução processual em tal sentido, pois haveria uma defesa contra seus próprios interesses. Veja como a consideração de não constrangimento ilegal por excesso de prazo no feito por atuação da defesa com base em utilização de meios legais postos à disposição do acusado, pelo Legislador, destaca pensamento inibidor da aplicação do processo penal constitucional. Isso não pode prevalecer.

Por via do Habeas Corpus, poderia ser objeto de fundamento contra a ilegalidade do excesso da prisão preventiva, a demora no andamento processual decorrentes de requerimentos da acusação; a demora do processo por má prestação jurisdicional; a demora processual por excesso de tempo na realização de procedimento ou diligência, como por exemplo, uma conclusão pericial.

Obviamente, a lentidão do Estado na condução do feito, prejudicando o jurisdicionado, levaria à compreensão de que a prisão estaria ilegal, havendo que ser relaxada.

É importante lembrar que cada caso é um caso, cada processo se trata de uma vida, de um feito fático diverso, tendo peculiaridades diversas e particulares. Mas, de toda forma, é plenamente cabível o Habeas Corpus como via instrumental poderosa para combater a maldade do excesso de uma prisão preventiva desarrazoada.

Em decisões, vê-se o uso de termos como "razoabilidade" da mora para justificar a manutenção da prisão de alguém. Ora, que absurdo. Mora é mora. Excesso é excesso. Um minuto encarcerado, para o jurisdicionado, é certamente quase uma vida. A prisão é uma desgraça, é uma violência ao corpo e psicológico do jurisdicionado. A prisão precisa ser parametrizada por lei, pela legitimidade e em torno dos parâmetros da LEP. Fora disso, a prisão é violência ao ser humano. Não existe justificativa para o erro do excesso da prisão. Justificar isso por meio da "razoabilidade" é também falta de sensibilidade. É a irrazoabilidade dando voz à injustiça.

Um bom argumento para demonstrar excesso de prazo seria a soma de todos os prazos do feito em regular andamento, o que gira entre 95 e 190 dias, dependendo sempre das particularidades de cada demanda. Contabiliza-se o prazo do inquérito policial; do oferecimento da denúncia; do recebimento da peça acusatória; da respostas à acusação por escrito; vista à acusação se ocorrer da defesa juntar novos documentos; eventual avaliação da defesa e a consequente e esperada decisão a respeito de eventual pedido de absolvição sumária; designação da audiência de instrução e julgamento; a quebra da AIJ em vários atos; após a AIJ, possível e prudente substituição das alegações finais orais pelos memoriais; tempo da prolação da sentença após as alegações finais. Conta-se, ainda, o elasticimento desse prazo em razão do movimento dos processos pelos serventuários. O termo inicial para a contagem desse prazo deve ser a data da efetiva prisão do cliente/paciente, sem levar em conta qual o título da prisão do agente, se preventiva, se flagrante, se temporária. Conta-se o prazo pelo dia de início de qualquer prisão, para analisar o excesso de prazo da preventiva.

Pois bem, o prazo mínimo para o encerramento, em regra, de um processo é de 95 dias. Vai depender da particularidade de cada processo. No caso de crime hediondo, por exemplo, o prazo mínimo será de 190 dias, em razão da eventual contagem dos marcos de prazos. Veja que é uma mera análise hipotética para dar fundamento à impetração do *Writ of Habeas Corpus* alegando excesso de prazo. É nesse sentido que se pergunta: O que justificaria a prisão do cliente por prazo superior à própria duração do processo?

Nesse olhar, o membro do MP militar, o eminente Professor Lima[19] ensina que "(...) o prazo mínimo para o encerramento do processo é de 95 (noventa e cinco) dias. Porém, a depender das peculiaridades do caso concreto, esse prazo pode chegar a 190 (cento e noventa) dias. De fato, na hipótese de crimes hediondos, a prisão temporária pode ter sido decretada por 60 (sessenta) dias; some-se a isso o

---

19. LIMA, Renato Brasileiro de. *Manual de processo penal*: volume único. 4. ed. rev. ampl. atual. Salvador: Ed. JusPodivm, 2016. p. 958-959.

prazo para o oferecimento (+5 dias) e recebimento da peça acusatória (+5 dias); suponha-se que, citado para apresentar a resposta à acusação (+10 dias), o acusado não tenha constituído defensor, hipótese em que o juiz será obrigado a nomear Advogado dativo para oferecê-la (+10 dias); apresentada as respostas à acusação com documentos dos quais a acusação não tinha ciência, o Ministério Público deve ter vista dos autos (+5dias), com subsequente análise, por parte do magistrado, de eventual pedido de absolvição sumária (+5 dias); por fim, apesar de o prazo máximo de 60 dias, é possível que, por conta da complexidade do caso, ou em virtude da realização de diligências, haja a concessão às partes de prazo para apresentação de memoriais (+10 dias), hipótese em que a sentença pode ser proferida em até 20 dias, perfazendo, assim, um total de 190 (cento e noventa) dias".

Se se tratar de crimes contra a vida, levando em conta o procedimento do Tribunal do Júri, há que observar as duas fases. Pensando nisso, ainda há um problema, que é a ausência de prazo expresso na legislação para o julgamento em plenário do cliente já pronunciado. De toda forma, há que utilizar do mesmo critério para a contagem do prazo para fundamentar o excesso e a falta de razoabilidade na manutenção de alguém preso por tempo maior do que aquele contabilizado, em tese, para findar o andamento do processo.

Conta-se o prazo das investigações, seja no âmbito federal (+ 15 dias prorrogáveis por outros, nos termos do art. 66, da Lei 5.010/66) ou estadual (+ 10 dias, art. 10, do CPP). Tem a contagem de + 60 dias se tiver ocorrido a prisão temporária no prazo máximo quando envolver crimes hediondos e equiparados. A primeira fase – *judicium accusationis* varia, então, entre 100 e 120 dias, no âmbito da Justiça Estadual e Federal. Observe que o art. 412, do CPP, prescreve que o procedimento terá conclusão em 90 dias, mas há que contabilizar o prazo acima destacado, qual seja, aquele das investigações e eventual prisão temporária.

Ademais, há que superar o entendimento das Súmulas 21 e 52 do Superior Tribunal de Justiça. Prescreve a Súmula 21, do STJ, que "Pronunciado o réu, fica superada a alegação do constrangimento ilegal por excesso de prazo na instrução". Prescreve a Súmula 52, do STJ, que "Encerrada a instrução criminal, fica superada a alegação de constrangimento por excesso de prazo". As súmulas precisam ser refeitas, relidas, recriadas, pois ofendem a lógica constitucional da regra da manutenção da liberdade e da razoável duração do processo. Ora, por qual motivo não haveria mais excesso de prisão se ocorrer a formalidade processual da pronúncia do réu e do encerramento da instrução? Ora, pronunciado o réu ou encerrada a instrução, não existe mais excesso de prazo na formação da culpa? Essa conclusão é ofensiva à inteligência humana. Vai contra a lógica constitucional da razoável duração do processo, da preferência pela liberdade. As duas súmulas merecem releitura para possibilitar o reconhecimento do excesso de prazo ocorrendo a pronúncia e o encerramento da instrução.

Vamos à alguns detalhes importantes. *Se houver concurso de agentes, havendo excesso de prisão, há efeito extensivo aos envolvidos em estado de equiparação.* Aproveita-se a decisão de recurso interposto por um dos agentes aos demais, desde que não tenha sido fundamentado em razões de caráter pessoal, conforme o Habeas Corpus 87.132/MG, de relatoria do Min. Ricardo Lewandowski. Surgindo idêntica situação de corréu, observa-se tratamento igualitário, conforme a ementa: "Configurado o excesso de prazo na custódia preventiva, impõe-se a devolução do direito à liberdade de ir e vir ao acusado, presente o princípio constitucional da não culpabilidade: "ninguém será considerado culpado até o trânsito em julgado de sentença penal condenatória" – inciso LVII do artigo 5º da Carta Federal. Ordem – extensão. Surgindo idêntica a situação de corréu, observa-se o tratamento igualitário, estendendo-se a ordem concedida, conforme o disposto no artigo 580 do Código de Processo Penal – "No caso de concurso de agentes (Código Penal, art. 25), a decisão do recurso interposto por um dos réus, se fundado em motivos que não sejam de caráter exclusivamente pessoal, aproveitará aos outros".[20]

Para além disso, *registro a importância de, ao conceder a ordem para soltura por excesso de prazo, não haver imposição de condições.* Imagine, por exemplo, que o magistrado reconheça a ilegalidade da prisão por excesso de prazo, mas impõe condições ao jurisdicionado de forma exemplificativa que, se não comparecer a determinado ato processual, será revogada a sua liberdade. Ora, a condição imposta impede a natureza da liberdade plena, cabendo, então, outro Habeas Corpus.

A tese do excesso de prazo poderá ser aplicada ao acusado solto, por óbvio. É certo que há excesso em decisões de algumas autoridades quanto a manutenção da prisão de jurisdicionados e, também, na manutenção, sem razão fático-jurídica, de procedimentos criminais por tempo exorbitante, ferindo direitos de acusados. Há casos de investigações durarem mais de 5 anos, evidenciando patente constrangimento ilegal para essas pessoas, resultando em diversas consequências naturais à própria existência do procedimento investigatório. Trata-se de situação que enseja claro abalo moral e, certamente, psicológico e econômico-financeiro. Pendurar um procedimento investigativo no pescoço de uma pessoa tira sono, destrói famílias, abala verdadeiramente o sossego de qualquer pessoa honesta. Diante disso, é bastante importante a análise do julgado do Habeas Corpus 96.666/MA, de relatoria do Min. Napoleão Nunes Maia Filho, que destaco trechos da r. decisão, para efeitos didáticos, da seguinte forma: "Alega-se, em síntese, que o constrangimento ilegal advém da manutenção das investigações no Inquérito Policial 521/01, em trâmite na Polícia Federal do Estado do Maranhão, em que se apuram os crimes de estelionato e falsidade ideológica, supostamente cometidos pelos pacientes em detrimento da

---

20. BRASIL. Supremo Tribunal Federal. HC 87.132/MG. Prisão Preventiva – Excesso de prazo. Configurado o excesso de prazo na custódia preventiva, impõe-se a devolução do direito à liberdade de ir e vir ao acusado, presente o princípio constitucional da não culpabilidade: [...]. Rel.: Min. Ricardo Lewandowski, 27 maio 2008. *Diário de Justiça Eletrônico*, Brasília, DF, 31 out. 2007.

extinta Superintendência de Desenvolvimento da Amazônia (SUDAM), uma vez que os mesmos fatos foram investigados pela Polícia Federal de Tocantins, tendo sido arquivado o procedimento, a pedido do Ministério Público Federal, por inexistência de irregularidades. Ademais, flagrante o excesso de prazo, pois a investigação perdura por mais de 7 anos, sem que tenha sido oferecida a denúncia. O trancamento do Inquérito Policial por meio do Habeas Corpus, conquanto possível, é medida de todo excepcional, somente admitida nas hipóteses em que se mostrar evidente, de plano, a ausência de justa causa, a inexistência de qualquer elemento indiciário demonstrativo de autoria ou da materialidade do delito ou, ainda, a presença de alguma causa excludente de punibilidade. No caso, passados mais de 7 anos desde a instauração do Inquérito pela Polícia Federal do Maranhão, não houve o oferecimento de denúncia contra os pacientes. É certo que existe jurisprudência, inclusive desta Corte, que afirma inexistir constrangimento ilegal pela simples instauração de Inquérito Policial, mormente quando o investigado está solto, diante da ausência de constrição em sua liberdade de locomoção (HC 44.649/SP, Rel. Min. Laurita Vaz, DJU 08.10.2007); entretanto, não se pode admitir que alguém seja objeto de investigação eterna, porque essa situação, por si só, enseja evidente constrangimento, abalo moral e, muitas vezes, econômico e financeiro, principalmente quando se trata de grandes empresas e empresários e os fatos já foram objeto de Inquérito Policial arquivado a pedido do Parquet Federal. Ordem concedida, para determinar o trancamento do Inquérito Policial 2001.37.00.005023-0 (IPL 521/2001), em que pese o parecer ministerial em sentido contrário".[21]

Uma vez caracterizado o excesso de prazo na construção processual da culpa, deverá ser imposto o relaxamento da prisão. Reitero que vale mais a proteção da dignidade da pessoa humana na balança da justiça. O relaxamento da prisão poderá ser determinado pelo próprio magistrado que preside a instrução do feito, ou pelo Tribunal. O Habeas Corpus é instrumento para viabilizar a soltura da vítima da covardia e maldade imposta pelo Estado, quanto a manutenção de uma pessoa por tempo além da razoabilidade e necessidade intrínseca ao caso concreto (art. 5º, inciso LXV – "a prisão ilegal será imediatamente relaxada pela autoridade judiciária" c/c o art. 5º, inciso LXXVIII – "a todos, no âmbito judicial e administrativo, são assegurados a razoável duração do processo e os meios que garantam a celeridade de sua tramitação", ambos da Constituição da República).

Ademais, convém registrar que, de acordo com a atual Lei de Abuso de Autoridade, o servidor incorrerá no presente delito, podendo ser sancionado ao cumprimento de pena de detenção de 6 meses a 2 anos e multa se a autoridade coatora prolongar deliberadamente a execução de pena privativa de liberdade, de prisão temporária, de prisão preventiva, de medida de segurança ou de internação, deixando, sem motivo

---

21. BRASIL. Superior Tribunal de Justiça. HC 96.666/MA. Habeas Corpus Preventivo. Trancamento De Inquérito Policial. Ausência de Justa Causa. [...]. Rel.: Min. Napoleão Nunes Maia Filho, 4 set. 2008. *Diário de Justiça Eletrônico*, Brasília, DF, 22 set. 2008.

justo e excepcional, de executar o alvará de soltura imediatamente após recebido ou de promover a soltura do preso quando esgotado o prazo judicial ou legal. Não temos a justiça de *Jonathan Swift*, mas há que observar uma postura mais eficiente da Lei 13.869/2019.

9.2 CESSAÇÃO DOS FUNDAMENTOS DA SEGREGAÇÃO – ART. 648, IV, DO CPP

Comprovado que houve a cessação dos motivos ou do fundamento que permitiu a prisão, há que impetrar Habeas Corpus se a segregação subsistir. O fundamento legal do *Writ* será a motivação normativa e fática constante no art. 648, inciso IV, do Código de Processo Penal – "A coação considerar-se-á ilegal quando houver cessado o motivo que autorizou a coação". Nada mais óbvio, mas infelizmente contra esta básica conclusão existem inúmeros e inúmeros jurisdicionados que ficam segregados em termos contrários à mencionada máxima.

Com efeito, a prisão legal, inicialmente estruturada por elementos e requisitos fáticos jurídicos, que admite a segregação, termina por algum motivo, passando aquela prisão a ser ilegal/inconstitucional com a alteração do arcabouço fático/jurídico. Nesse caso, a autoridade que tiver determinado a prisão, verificados os fundamentos de soltura, tem o dever de revogá-la, de forma que se não o fizer, poderá o jurisdicionado impetrar o Habeas Corpus, sendo esta a medida de inteira e completa justiça. Exemplos, temos aos montes. Mas antes de citá-los, pense que qualquer dos motivos que tiver autorizado a prisão legitimada pela legalidade, se não mais existir, será a oportunidade para impetrar o Habeas Corpus.

Vamos aos exemplos: a) pagamento do montante devedor no feito que causou a prisão por dívida de alimentos; b) manutenção da prisão com base exclusiva na prisão em flagrante; c) fim comprovado dos motivos que geraram a prisão preventiva; d) término do prazo da prisão temporária sem conversão; e) manutenção do preso no regime de segregação mesmo após o pagamento da fiança e outros tantos.

Os fundamentos da prisão devem estar comprovados no momento do cumprimento da ordem e durante o procedimento de segregação. Com a mudança do contexto, seja fático ou jurídico, há que revogá-la. Não sendo, impõe-se o fundamento do art. 648, inciso IV, do CPP para impetrar o *Writ of Habeas Corpus*.

Ora, o *status quo* contextual motivador da prisão revela pressupostos, certamente, de natureza estritamente cautelar. Mantidos os fundamentos necessários da permanência do estado de cautela, a prisão terá continuidade. Contudo, comprovado o fim das condições geradoras da prisão cautelar, há que ser ela revogada de imediato, pois passa-se a vigorar o constrangimento ilegal, a ilegalidade, a inconstitucionalidade. Quando não mais presentes aqueles motivos e fundamentos que geraram a medida cautelar prisão é o mesmo que concluir que a natureza das condições temporais que estruturam a legalidade da medida terminou, não podendo existir mais a cautelar.

Veja, a medida cautelar, sobretudo aquela que envolve prisão, dura enquanto durar os requisitos legais e pressupostos normativos, sejam eles o *fumus comissi delicti* ou o *periculum libertatis* ou qualquer fundamento temporal que permite ao Estado o uso para manutenção da violência ao direito constitucional da liberdade. Findado os pressupostos iniciais sem a revogação da prisão, passa-se a vigorar a ilegalidade, o constrangimento ilegal, sendo, portanto, medida de justiça a soltura imediata por via do *Habeas Corpus*.

O *fumus comissi delicti* é requisito imprescindível para a decretação e manutenção da prisão preventiva. Nos moldes do art. 312, do CPP, o Legislador pontuou o *fumus comissi delicti* nas linhas conceituais da existência comprovada do crime e indício suficiente de autoria e de perigo. Há que haver identificação pelo magistrado de fato composto por conduta típica, antijurídica e culpável sem elemento bastante que retire quaisquer desses elementos construtores do delito. Daí a importância de o Advogado saber e conhecer a *Teoria Finalista de Welzel*, base estrutural do direito penal aplicado no Brasil. Não pode haver dúvidas do crime ter ocorrido, caso contrário, há que revogar a medida cautelar numa canetada. Essa incerteza da ocorrência do crime pode muito bem ser usado como fundamento no *Habeas Corpus* para demonstrar ausência de *fumus comissi delicti*. Até porque, quanto a autoria, legalmente basta o indício, ou seja, uma verificação pessoal conclusiva quanto ao envolvimento do jurisdicionado com a esfera fática enquanto delito.

Em suma, *quanto à materialidade*, o juiz deve ter a certeza da configuração do crime. Porém, *quanto à autoria* delitiva, basta que o magistrado conclua com probabilidade da realização da infração penal.

Pois bem, ausentes, por qualquer motivo, no decorrer do andamento do processo tanto a conclusão quanto a materialidade delitiva ou o indício de autoria delitiva, não haverá formação do pressuposto do *fumus comissi delicti*, devendo haver a revogação da cautelar imediatamente. Se não o fizer, a prisão passa a ter substancia de constrangimento ilegal, cabendo a impetração do *Habeas Corpus*.

Os fundamentos não acabam por aí. Há que observar o *periculum libertatis* consubstanciado nos fundamentos do art. 312, do CPP, definidos pela garantia da ordem pública, garantia da ordem econômica, garantia da aplicação da lei penal, conveniência da instrução criminal, descumprimento de outras medidas cautelares. A junção de todos os requisitos compostos na estrutura do *periculum libertatis* somado ao *fumus comissi delicti*, atentando-se ainda para a natureza e características do delito, impõe-se a prisão. Terá que ser revogada se no decorrer da segregação algum dos requisitos deixar de existir.

Veja então que, nessa linha, se ocorrer a audiência de instrução e julgamento e houver prova cabal de elemento que retira a antijuridicidade da formação do delito, havendo dúvidas do magistrado quanto a existência do crime, haverá o abalo da consideração quanto ao *fumus comissi delicti*, impondo a necessária revogação da cautelar. Se o juiz permitir a continuidade da prisão, cabe ao Advogado impetrar *Habeas Corpus*.

Se a prisão foi motivada porque o jurisdicionado estava constrangendo testemunha a depor a seu favor, ocorrendo a audiência de instrução e julgamento, sem mais necessidade de ouvir aquela testemunha, finda o motivo da cautelar – conveniência de instrução criminal, sendo o caso também da revogação da medida, o que pode ser pedido pelo Advogado na própria audiência. Se indeferida, o remédio é o *Habeas Corpus* no respectivo tribunal. É o que se identifica nas linhas dos julgados do HC 143034/MG e HC 53856/RS.

Nesse sentido, se depreende do julgado, no STF, do HC 143.034[22], de relatoria do Min. Ricardo Lewandovski, de 13.06.2017, que "Embora o presente Habeas Corpus tenha sido impetrado em substituição a recurso extraordinário, esta Segunda Turma não opõe óbice ao seu conhecimento. Nos termos do art. 312 do Código de Processo Penal, a prisão preventiva poderá ser decretada como garantia da ordem pública, da ordem econômica, por conveniência da instrução criminal, ou para assegurar a aplicação da lei penal, quando houver prova da existência do crime e indício suficiente de autoria. Ao estabelecer os parâmetros para a concessão da prisão domiciliar, o magistrado de primeiro grau adotou subsidiariamente medidas cautelares elencadas no art. 319 do Código de Processo Penal, que demonstram, a meu sentir, *a cessação dos motivos que ensejaram a decretação da preventiva*. IV. Ordem concedida".

Na mesma linha, o entendimento do julgado do HC 53.856/RS, de relatoria do Min. Paulo Medina, da sexta turma do STJ, em 30/11/2006, que ainda prevalece, com base no seguinte texto: "Não mais subsistindo os motivos que levaram a sua decretação, impõe-se que seja revogada a prisão cautelar (artigo 316 do CPP). Decretada a preventiva do Réu por conveniência da instrução criminal ante a ameaça a testemunhas e, tendo sido encerrada a instrução processual, a prisão cautelar deve ser revogada. Habeas Corpus a que se concede a ordem".

Sendo assim, no bojo do *Habeas Corpus*, cessado qualquer fundamento da prisão, o *Writ* representa medida instrumental adequada que exige a fundamentação categórica do ponto em questão para obtenção da concessão da ordem de soltura.

A importância de conhecer o Direito Penal e suas teorias pode levar à concessão da ordem, sobretudo quando baseado em alinhamento à ausência de *fumus comissi delicti*. A teoria funcionalista, seja de Roxin, seja de Ferrajoli ou mesmo a teoria finalista de Welzel, conferem inúmeras possibilidades ao Advogado para alegar ausência de delito por não configuração de conduta violadora de bem jurídico protegido. É o caso do julgado do Habeas Corpus 106.068, de relatoria da Min. Cármen Lúcia, julgado em 14.06.2011, no STF. Este julgado considerou a inexistência do delito

---

22. BRASIL. Superior Tribunal de Justiça. HC 143.034. Habeas Corpus. Processual Penal E Penal. Writ Substituto De Recurso Extraordinário: [...]. Rel.: Min. Ricardo Lewandovski, 13 jun. 2017. *Diário de Justiça Eletrônico*, Brasília, DF, 27 jun. 2017.

levando em conta a ausência de violação de bem jurídico por via do princípio da ofensividade, em razão da insignificância da lesão. Pura *teoria funcionalista aplicada em razão da ausência de tipicidade material*, conforme o seguinte: "O Supremo Tribunal Federal tem admitido, em sua jurisprudência, a impetração da ação de Habeas Corpus, quando, excepcionalmente, se comprovar flagrante ilegalidade, devidamente demonstrada nos autos, a recomendar o temperamento na aplicação da súmula. Precedentes. 2. A tentativa de furto de tubos de pasta dental e barras de chocolate, avaliados em trinta e três reais, não resultou em dano ou perigo concreto relevante, de modo a lesionar ou colocar em perigo bem jurídico na intensidade reclamada pelo princípio da ofensividade. 3. Este Supremo Tribunal tem decidido pela aplicação do princípio da insignificância, quando o bem lesado não interesse ao direito penal, havendo de ser considerados apenas aspectos objetivos do fato, que deve ser tratado noutros campos do direito ou, mesmo, das respostas sociais não jurídico-penais, o que não se repete em outros casos, quando se comprova que o bem jurídico a ser resguardado impõe a aplicação da lei penal, notadamente considerando-se os padrões socioeconômicos do Brasil. Precedentes. 4. Ordem concedida". Certamente o assessor que decidiu sabe e conhece a fundo a dogmática penal.

O Advogado, ao tecer a peça de *Habeas Corpus* deve levar em conta a análise dos requisitos da cautelar, os fundamentos iniciais que justificaram a segregação e a alteração desses requisitos para requerer, em sede de *Writ,* a concessão da ordem de soltura por via do art. 648, inciso IV, do Código de Processo Penal, sobretudo por ser a cautelar fundamento de segregação que exige a manutenção em constância temporal das suas bases normativas e fáticas. Para além disso, o emprego técnico das teorias do delito que giram em torno dos marcos dogmáticos dirigidos pelos elementos do finalismo e funcionalismos, ao menos o Teleológico de Roxin ou Reducionista de Zaffaroni[23].

9.3 NÃO ADMISSÃO DA FIANÇA E O CABIMENTO DO *HABEAS CORPUS* – ART. 648, INCISO V, DO CPP

Diante de oportunidade fática de o jurisdicionado ter o direito de prestar a fiança e a autoridade lhe negar o emprego desse direito, nos casos em que a lei processual permitir, caracterizar-se-á ocorrência de constrangimento ilegal, sendo possível a impetração do *Habeas Corpus,* com fulcro no art. 648, inciso V, do Código de Processo Penal. É certo que haverá coação ilegal se não for admitido que a fiança seja prestada pelo jurisdicionado quando lhe permitir a norma processual. O Advogado terá que comprovar a hipótese fática e legal num simples silogismo e terá então fundamento para impetrar o *Writ.* Prescreve o art. 648, inciso V, do Código de Processo Penal, que

---

23. Sugiro a leitura de "Funcionalismo e Finalismo: Filosofia e Estrutura", de minha autoria, publicado pela Editora Foco em 2021.

a coação será considerada ilegal "quando não for alguém admitido a prestar fiança, nos casos em que a lei a autoriza".

O CPP não determina quais os crimes admitem o cabimento da fiança, mas por outro lado, delimita aqueles que não cabem a fiança. É o que estabelecem os artigos 323 e 324, do CPP. Não será concedida a fiança nos crimes de racismo, tortura, tráfico de drogas, terrorismo, hediondos, delitos praticados por grupos armados, civis ou militares, contra a ordem constitucional e o Estado Democrático. Assim também, não será concedida fiança aos que, no mesmo processo, tiverem quebrado fiança anteriormente concedida ou infringido, sem motivo justo, qualquer das obrigações a que se referem os artigos 327 e 328, do CPP[24]. Não será concedida fiança em caso de prisão civil ou militar e quando presentes os motivos que autorizam a decretação da prisão preventiva.

Veja meu caro leitor: *A liberdade provisória com a fiança tem natureza de direito subjetivo*. Tem por escopo a liberdade até a sentença condenatória irrecorrível. Essa liberdade é condicionada, pelo instituto da liberdade provisória com a fiança, à entrega de caução e outras obrigações estipuladas em lei. Ora, a fiança é um tipo de caução. A lógica é simples, pois dada a caução, tem-se a liberdade. Esta caução/fiança tem o propósito de garantir o cumprimento das obrigações processuais do cliente no decorrer do feito processual. É o que determina a Constituição da República, no art. 5, inciso LXVI.

> ninguém será levado à prisão ou nela mantido quando a lei admitir a liberdade provisória com ou sem fiança.

Conforme dispõe o art. 330, do CPP, a fiança/caução consistirá em depósito de dinheiro, pedras, objetos ou metais preciosos, títulos de dívida pública, federal, estadual ou municipal, ou em hipoteca inscrita em primeiro lugar.

É necessário o registro de que a autoridade policial poderá conceder fiança nos casos de crimes cuja pena privativa de liberdade máxima não seja superior a 4 anos. Nos demais casos, a fiança será concedida pelo juiz, que terá 48 horas para decidir.

É importante registrar que se o delegado se recusar a conceder a caução/fiança, terá o Advogado dois caminhos. Um é prestar a fiança junto ao juiz, a outra é impetrar *Habeas Corpus*. Contudo, se o juiz negar a concessão da fiança, haverá também mais dois caminhos, sendo a interposição de recurso em sentido estrito, nos termos do art. 581, inciso V, do CPP ou impetrar *Habeas Corpus* no tribunal.

---

24. Art. 327. A fiança tomada por termo obrigará o afiançado a comparecer perante a autoridade, todas as vezes que for intimado para atos do inquérito e da instrução criminal e para o julgamento. Quando o réu não comparecer, a fiança será havida como quebrada.

Art. 328. O réu afiançado não poderá, sob pena de quebramento da fiança, mudar de residência, sem prévia permissão da autoridade processante, ou ausentar-se por mais de 8 (oito) dias de sua residência, sem comunicar àquela autoridade o lugar onde será encontrado

Art. 581. Caberá recurso, no sentido estrito, da decisão, despacho ou sentença:

V – que conceder, negar, arbitrar, cassar ou julgar inidônea a fiança, indeferir requerimento de prisão preventiva ou revogá-la, conceder liberdade provisória ou relaxar a prisão em flagrante;

Se houver prisão em flagrante, nos termos do art. 332, do CPP, será competente para conceder a fiança a autoridade que presidir o respectivo auto e, em caso de prisão por mandado, o juiz que o houver expedido ou a autoridade judiciária ou policial a quem tiver sido requisitada a prisão. Por outro lado, nos termos do art. 2º, parágrafo único, da Lei 8.038/90, cabe o registro de que, se tratar de processo de competência originária dos Tribunais, a competência será do Relator.

Art. 2º O relator, escolhido na forma regimental, será o juiz da instrução, que se realizará segundo o disposto neste capítulo, no Código de Processo Penal, no que for aplicável, e no Regimento Interno do Tribunal.

Parágrafo único. O relator terá as atribuições que a legislação processual confere aos juízes singulares.

Convém destacar que, na hipótese de flagrante, o delegado que possui atribuição para arbitrar fiança/caução será aquele que preside o APF – Auto de Prisão em Flagrante, mesmo que a prisão tenha sido realizada em comarca diversa da que o procedimento criminal tramita.

Observe que, conforme o art. 310, do CPP, após receber o auto de prisão em flagrante, no prazo máximo de até 24 horas após a realização da prisão, o juiz deverá promover a *audiência de custódia* com a presença do acusado, seu Advogado constituído ou Advogado público e o membro do MP e, nessa audiência, o juiz deverá, fundamentadamente, dentre outras medidas possíveis, conceder liberdade provisória, com ou sem fiança.

Se, porventura, houver demora do delegado quanto à concessão da fiança, o preso ou qualquer outra pessoa, poderão peticionar prestando a fiança ao magistrado competente, que terá 48 para decidir. Se houver violação ao direito subjetivo do cliente quanto à prestação de fiança, sendo cabível, o Habeas Corpus será o caminho. Negar a fiança quando há permissão legal gera constrangimento ilegal ao direito de liberdade, permitindo a impetração do Habeas Corpus, nos termos do art. 648, inciso V, do CPP.

Ademais, registre que somente o juiz poderá dispensar a concessão da fiança, mas tanto o delegado quanto o juiz poderão reduzir o montante da caução até o máximo de 2/3, bem como aumentar em até 1.000 vezes.

E se o delegado ou juiz impor fiança impagável diante das condições econômicas do cliente?

O valor da fiança será fixado pela autoridade que a conceder nos seguintes limites:

I – de 1 (um) a 100 (cem) salários mínimos, quando se tratar de infração cuja pena privativa de liberdade, no grau máximo, não for superior a 4 (quatro) anos;

II – de 10 (dez) a 200 (duzentos) salários mínimos, quando o máximo da pena privativa de liberdade cominada for superior a 4 (quatro) anos.

Porém, se recomendar a situação econômica do preso, a fiança poderá ser dispensada; reduzida até o máximo de 2/3 ou aumentada em até 1.000 vezes. Para determinar o valor da fiança, a autoridade terá em consideração a natureza do delito, as condições pessoais de fortuna e vida pregressa do acusado, as circunstâncias indicativas de sua periculosidade, bem como a importância provável das custas do processo, até final julgamento. A fiança poderá ser prestada enquanto não transitar em julgado a sentença condenatória. Além disso, poderá ser reformulada em seus valores, havendo reforço da caução quando a autoridade tomar, por engano, fiança insuficiente; quando houver depreciação material ou perecimento dos bens hipotecados ou caucionados, ou depreciação dos metais ou pedras preciosas; quando for inovada a classificação do crime. Ficará a fiança sem efeito e o cliente será recolhido à prisão quando a caução não for reforçada. Ora, a fiança tem que ser suficiente para representar uma caução, até porque entender-se-á perdido, na totalidade, o valor da fiança, se, condenado, o acusado não se apresentar para o início do cumprimento da pena definitivamente imposta.

Pois bem, dito isso, se o magistrado ou delegado fugir dos padrões legais, impondo fiança impeditiva de ser cumprida pelo cliente, obviamente, haverá ilegalidade e constrangimento ou coação à liberdade constitucionalmente garantida, cabendo a impetração do Habeas Corpus, bastando que o Advogado trabalhe tecnicamente o silogismo apresentado no *Writ* quanto aos aspectos econômicos/financeiros da fiança.

Conforme disse Sobral Pinto, a advocacia não é lugar para covardes. E isso é uma grande verdade. Tenha isso com você leitor Advogado. Pois, se a autoridade deixar de deferir liminar ou ordem de Habeas Corpus, ou mesmo deixar de conceder liberdade provisória com fiança, quando manifestamente cabível, caberá ao Advogado apresentar notícia de fato criminoso contra a autoridade para tomada das devidas providências. Uma atitude dessa terá que ser desprendida de cuidados pessoais, pois certamente, do ponto de vista pessoal, na prática haverá retaliação.

Advogado trabalha com a Lei, com a segurança jurídica, com a mão na Constituição. O único poder do Advogado é o conhecimento e o instrumento técnico de trabalho da Advocacia é nada mais do que a lei. Portanto, se for conveniente ao caso prático, caberá aplicação da Lei de Abuso de Autoridade contra o servidor público que violar o direito de liberdade do cliente/jurisdicionado.

Vamos ser francos. Por óbvio, isso tende a virar mais um imbróglio processual sem resposta prática contra eventual autoridade coatora. Assim é o Brasil. Há uma enormidade de autoridades vocacionadas, com excelentes trabalhos em prol do acertado emprego do arcabouço jurídico, mas uma minoria tem causado danos à segurança jurídica tão necessária e cara ao Estado Democrático de Direito. Existe enorme preocupação com o torto emprego de normas em casos concretos envolvendo o direito de liberdade, sobretudo quando se trata de autoridade que deixa de cumprir a Lei. É evidente que o Advogado terá que medir a estratégia dos passos a serem dados, colocando na balança da lógica as reflexões práticas em torno de uma atitude nessa linha, ou seja, a abertura de procedimento em face de um magistrado. Cabe reflexões. De todo modo, é necessário saber da possibilidade legal. É o que consta do art. 9º, da Lei 13.869/2019.

Se houver, portanto, chances do cliente se ver livre da prisão por via do acautelamento do feito criminal em razão da fiança, havendo restrição da liberdade por constrangimento ilegal ou coação, o caminho será a impetração do Habeas Corpus.

10
COMPETÊNCIA PARA IMPETRAÇÃO DO *HABEAS CORPUS*

Um instrumento de Habeas Corpus impetrado em setor constitucional/legal equivocado leva o feito à extinção, assim como o julgado de Habeas Corpus por juízo incompetente. Por outro lado, é certo que o Habeas Corpus tem o condão e poder instrumental para levar procedimento incompetente à nulidade e consequente extinção. Saber manusear o Habeas Corpus não é somente conhecer o dinamismo procedimental, jurisprudencial e a matéria processual do *Writ*. A competência quanto à impetração do *Writ* é fundamental para a obtenção do êxito pretendido com o remédio constitucional heroico.

É importante registrar, para estudo, o Habeas Corpus 193.726, de relatoria do Min. Edson Fachin, ocasião em que o ministro do STF decidiu que a 13ª Vara Federal de Curitiba, que tinha como titular o então juiz o Sr. Sérgio Moro, era incompetente para julgar o ex-presidente Lula nos casos notoriamente conhecidos como "triplex de Guarujá", "sítio de Atibaia", e em duas ações envolvendo o "Instituto Lula".

Ora, o Advogado deve dominar a matéria relacionada a competência, sabendo manusear com facilidade as normas que envolvem a impetração de Habeas Corpus quanto ao processo e julgamento. Um erro do Advogado nesse ponto fulmina as chances de o cliente jurisdicionado obter êxito no feito. Dito isso, há que observar o regramento determinado pela Constituição Federal, Constituições Estaduais, legislação infraconstitucional, regimentos internos de tribunais e regras básicas estruturais. E nessa história toda, ainda existe a gravidade da "produção de normas" pelo Poder Judiciário por meio de súmulas.

As regras estruturais quanto a competência exige uma linha de raciocínio para o encontro dos julgadores do *Writ*. Assim, as perguntas geradoras de acertadas respostas quanto ao acerto da competência no Habeas Corpus, que primeiro devem brilhar na mente do Advogado impetrante, são as seguintes:

1. Quem é o paciente?

2. Quem é a autoridade coatora?

3. Há prerrogativa de função da autoridade coatora?

4. Quem é o juízo superior àquele que criou o constrangimento ilegal ou coação ilegal?

5. Houve provocação de juízo de base?

Há que seguir estas 5 estruturas básicas de questionamento técnico para o acerto da competência na impetração do Habeas Corpus, além da conferência com as normas constitucionais e infraconstitucionais. A própria legislação é delineada pelas 5 regras acima apontadas.

Nesse sentido, a *primeira regra* é destacada pelo art. 105, inciso I, alínea "c", da Constituição da República. Com isso, se o paciente for desembargador do Tribunal de Justiça do Estado de Minas Gerais, por exemplo, caberá a impetração do Habeas Corpus no Superior Tribunal de Justiça. Veja que a primeira regra – "Quem é o paciente?" foi imprescindível para o acerto do órgão julgador para a acertada distribuição do Habeas Corpus.

A *segunda regra* para impetração do Habeas Corpus determina que o Advogado avalie quem é a autoridade coatora. Se for um juiz federal, por exemplo, quem julgará o *Writ* será o Tribunal Regional Federal de respectiva competência, nos moldes do art. 108, inciso I, alínea "d", da Constituição da República.

A *terceira regra* é destacada pela necessária identificação quanto a eventual foro por prerrogativa de função da autoridade coatora. O art. 105, inciso I, alínea "c" destaca a presente hipótese. O Superior Tribunal de Justiça julgará autoridade coatora por prerrogativa de função, nos termos da mencionada norma. É o caso de a autoridade coatora ser desembargador de Tribunal de Justiça. No presente caso, se for paciente ou coator, o STJ julgará o Habeas Corpus respectivo. Nesse sentido, é importante fazer a seguinte pergunta: a autoridade coatora é dotada de foro por prerrogativa de função? Se for, atenção à regra constitucional. Veja, por exemplo a aplicabilidade do art. 102, inciso I, alínea "i", da CR. A norma prescreve que caberá ao STF processar e julgar originariamente o Habeas Corpus quando o coator for Tribunal Superior ou quando o coator for autoridade ou funcionários cujos atos estejam sujeitos diretamente à jurisdição do Supremo.

A *quarta regra* estrutural – "Quem é o juízo superior àquele que criou o constrangimento ilegal ou coação ilegal?" Revela norma processual baseada na lógica do procedimento do *Writ*.

Ora, na linha de organização do Poder Judiciário, julgará o *Writ* aquele juízo em posição linear superior à autoridade coatora perante a lógica sistêmica processual penal constitucional. O art. 650, no seu parágrafo primeiro, do CPP, prescreve que "A competência do juiz cessará sempre que a violência ou coação provier de autoridade judiciária de igual ou superior jurisdição". Uma vez que se conclui que o constrangimento ilegal tenha sido atribuído a um órgão jurisdicional, a competência para o processo e julgamento do *Writ* será do Tribunal imediatamente superior que tenha competência para apreciar os recursos ordinários decorrentes daquele feito. Isso significa que o juiz ou tribunal tido como autoridade coatora não poderá processar e julgar o Habeas Corpus em face dos seus próprios atos. Um juiz federal tido como autoridade coatora não pode conceder ordem de Habeas Corpus contra si próprio em face de suas decisões, devendo ser o tribunal de respectiva organização judiciária superior.

A quarta regra tem conexão direta com a quinta regra estrutural – "Houve provocação de juízo de base?" O juízo de base, seja juiz ou tribunal, terá que decidir e apreciar a matéria, para então criar a figura da autoridade coatora e, consequentemente, seguir a tramitação do processo e julgamento do Habeas Corpus pelo juiz ou tribunal de teto, de cima ou superior àquela autoridade que decidiu, criando o constrangimento ilegal inicial. É necessário que a autoridade coatora julgue, pois se houver ausência de apreciação da matéria, não poderá a autoridade ou tribunal de cima ou de teto ou superior julgar o Habeas Corpus sob pena de haver *supressão de instância*. Para que o *Writ* seja conhecido por instância julgadora superior, é necessário que haja primeiramente a provocação dos juízes inferiores a respeito da matéria que se pretende guerrear, sob pena de supressão de instância indevida. Como haverá um julgamento de *Habeas Corpus per saltum?* Há inviabilidade e defeito grave no *Writ*, o levando a violar o princípio do duplo grau de jurisdição. Assim, *é inadmissível o julgamento de Habeas Corpus pelas instâncias superiores sem análise prévia e primeva das instâncias inferiores* em relação a decisão tida por ser admitida como constrangimento ilegal à liberdade de locomoção. É exatamente o julgado contido no Habeas Corpus 109.715[1], de relatoria do Min. Ricardo Lewandowski, do STF, nos seguintes termos: "As alegações de decadência do direito de representação, de ilicitude de prova e de incompetência não podem ser examinadas nesta via porque não suscitadas no Tribunal a quo, o que impede sua apreciação pelo STF, sob pena de indevida supressão de instância e de evidente extravasamento dos limites de competência desta Corte descritos no art. 102 da Constituição Federal. Este Tribunal já sedimentou o entendimento de que a superveniência de sentença condenatória prejudica a alegação de falta de justa causa para a ação penal. Precedentes. A revelia foi decretada com supedâneo no nítido intuito do réu de se ocultar e retardar a marcha processual, razão pela qual nenhum reparo merece o acórdão atacado".

Assim, a matéria tem que ser suscitada, apreciada e julgada no juízo de base, evitando, assim, a supressão de instância. Nesse caso, se ocorrer do Tribunal de Justiça de Minas Gerais não conhecer, por exemplo, de um recurso de apelação, não julgando o feito, obviamente não será admitido como autoridade coatora para fins de impetração de Habeas Corpus do STJ.

Enfim, no exemplo posto, para que não haja indevida supressão de instância, teria que haver pelo TJMG a ocorrência do julgado para sua consideração na qualidade de autoridade coatora, ou seja, o provimento do recurso da acusação condenando o acusado.

---

1. BRASIL. Superior Tribunal de Justiça. HC 109.715. Habeas Corpus. Penal. Paciente Condenado Pelo Crime de Denunciação Caluniosa. Art. 339 do Código Penal. [...]. Rel.: Min. Ricardo Lewandowski, 29 nov. 2011. *Diário de Justiça Eletrônico*, Brasília, DF, 15 dez. 2011.

10.1 COMO FICA A COMPETÊNCIA PARA PROCESSAR E JULGAR O *HABEAS CORPUS* SE A AUTORIDADE COATORA FOR O REPRESENTANTE DO MP?

Se determinado representante do MP resolver investigar por conta própria um fato que é atípico ou que tenha já extinta a punibilidade, de forma declarada, há evidentemente um constrangimento ilegal em desfavor do jurisdicionado. Pode, inclusive, tal procedimento, em tese, levar o jurisdicionado à prisão, como se vê na prática. Certamente, o agente do MP será admitido como autoridade coatora neste feito investigatório, quando se tem então a possibilidade de impetração do Habeas Corpus.

Há que observar que há subdivisões constitucionais do MP. Ademais, não pode deixar de levar em conta que diante de uma violação de bem jurídico liberdade, de forma desproporcional e desarrazoada, poderá haver também uma conduta criminosa do representante do MP, assim sendo, por exemplo, eventual abuso de autoridade. Nesse caso, será necessário que a impetração do Habeas Corpus seja no Tribunal de Justiça respectivo para julgar a autoridade coatora, *in casu*. Se um promotor de justiça estadual fosse julgado por prática de crime, teria então o Tribunal de Justiça respectivo para julgá-lo. É o caso, pois ao avaliar o Habeas Corpus, teria que considerar também a hipótese de o promotor ter praticado crime, ao praticar o constrangimento ilegal. Como a competência para julgar o MP estadual é do Tribunal de Justiça, competente também será para processar e julgar o Habeas Corpus por conduta do servidor público do Parquet praticada.

Como acima destacado, nas regras estruturais de competência, veja quem é a autoridade coatora e terá a linha da resposta, nos termos da Constituição da República e legislação processual penal.

Se, porventura, a autoridade coatora for Procurador da República, o Habeas Corpus deve ser impetrado no respectivo TRF, conforme o art. 108, inciso I, alínea "a", da Constituição da República.

> Art. 108. Compete aos Tribunais Regionais Federais:
> I – processar e julgar, originariamente:
> a) os juízes federais da área de sua jurisdição, incluídos os da Justiça Militar e da Justiça do Trabalho, nos crimes comuns e de responsabilidade, e os membros do Ministério Público da União, ressalvada a competência da Justiça Eleitoral;

Contudo, se o membro do MP ocupar o cargo de Procurador Regional da República, ao praticar conduta eventualmente delituosa, assim considerando constrangimento ilegal, se posicionando como autoridade coatora, aplica-se o art. 105, inciso I, alínea "a", da Constituição da República. Impetra-se o Habeas Corpus no Superior Tribunal de Justiça.

> Art. 105. Compete ao Superior Tribunal de Justiça:

I – processar e julgar, originariamente:

a) nos crimes comuns, os Governadores dos Estados e do Distrito Federal, e, nestes e nos de responsabilidade, os desembargadores dos Tribunais de Justiça dos Estados e do Distrito Federal, os membros dos Tribunais de Contas dos Estados e do Distrito Federal, os dos Tribunais Regionais Federais, dos Tribunais Regionais Eleitorais e do Trabalho, os membros dos Conselhos ou Tribunais de Contas dos Municípios e os do Ministério Público da União que oficiem perante tribunais;

Nessa linha, considere que o Ministério Público do Distrito Federal é vinculado constitucionalmente e infra constitucionalmente ao Ministério Público da União. Observe que o Ministério Público Militar também é vinculado ao Ministério Público da União. Será o Habeas Corpus impetrado no respectivo TRF, nos moldes dos artigos 108, inciso I, alínea "a" c/c 18, inciso II, alínea "c" da Lei Complementar 75/93 (Dispõe sobre a organização, as atribuições e o estatuto do Ministério Público da União).

São prerrogativas dos membros do Ministério Público da União, processuais, daquele que oficie perante juízos de primeira instancia, ser processado e julgado, nos crimes comuns e de responsabilidade, pelos Tribunais Regionais Federais, ressalvada a competência da Justiça Eleitoral.

A Constituição prescreve que compete aos Tribunais Regionais Federais processar e julgar, originariamente, os juízes federais da área de sua jurisdição, incluídos os da Justiça Militar e da Justiça do Trabalho, nos crimes comuns e de responsabilidade, e os membros do Ministério Público da União, ressalvada a competência da Justiça Eleitoral.

Contudo, fique atento para verificar se não haverá invasão de competência constitucional da matéria discutida no âmbito do Habeas Corpus. É o caso de se levar matéria especial, absolutamente incompetente, ao TRF para julgamento por via do *Writ*. Nesse sentido, haverá incompetência do julgador. É o caso do promotor de justiça do Ministério Público militar abrir investigação de fato criminoso, prescrito, exclusivamente de matéria relativa a crime militar próprio. Obviamente, por ser matéria especial (militar), com fulcro no art. 124, da Constituição da República c/c art. 116 e seguintes da Lei Complementar 75/93, deve ser impetrado o *Writ* junto à justiça militar (Art. 122, da CR) e não perante o TRF, que não tem competência para julgar feito militar próprio.

Nos termos do art. 124, da Constituição da República, cabe à Justiça Militar da União o processamento e julgamento de delitos militares prescritos pelo ordenamento jurídico. Assim também, nos moldes do art. 125, § 4º, da carta magna, cabe à Justiça Militar dos Estados representar a justiça nos delitos militares determinados por lei que são praticados pelos militares servidores públicos estaduais. Observe que, das decisões dos Tribunais de Justiça Militares e Tribunais de Justiças com Câmaras especializadas, caberão recursos para o STJ ou STF. A Justiça Militar Estadual tem competência para julgar somente policial militar e policial bombeiro militar, não havendo competência para julgar civil. Não é possível interpor recurso para o Superior Tribunal de Justiça Militar. Lembre-se que o STM somente tem competência para julgar causas da Justiça Militar da União – Marinha, Aeronáutica e Exército. É necessário que o Advogado analise a jurisprudência do caso em espécie, pois cada caso é um caso e os julgados mudam constantemente.

Veja a jurisprudência, como vacila em torno da matéria. Ora há decisões quanto a competência do TRF, ora da Justiça Militar, para processar e julgar Habeas Corpus quando a autoridade coatora for membro do Ministério Público Militar. No Recurso Ordinário em Mandado de Segurança 27.872, de relatoria da então Min. Ellen Gracie, a decisão foi que a competência seria do TRF, nos seguintes termos: "O presente recurso ordinário em mandado de segurança visa ao reconhecimento da incompetência do Superior Tribunal Militar para determinar o trancamento de inquérito policial militar instaurado por requisição do Ministério Público Militar. O Ministério Público Militar integra o Ministério Público da União, nos termos do disposto no art. 128, I, c, da Constituição Federal, sendo que compete ao Tribunal Regional Federal processar e julgar os membros do Ministério Público da União (art. 108, I, a, CF). Consoante já decidiu esta Corte, "em matéria de competência para o Habeas Corpus, o sistema da Constituição Federal – com a única exceção daqueles em que o coator seja Ministro de Estado (CF, arts. 105, I, c, e 102, I, e) –, é o de conferi-la originariamente ao Tribunal a que caiba julgar os crimes da autoridade que a impetração situe como coator ou paciente (CF, arts. 102, I, d; 105, I, c)" (RE 141.209, Rel. Min. Sepúlveda Pertence, DJ 20.03.1992). Desse modo, se o IPM foi instaurado por requisição de membro do Ministério Público Militar, este deve figurar como autoridade coatora (RHC 64.385/RS, Rel. Min. Sydney Sanches, DJ 07.11.1986), cabendo ao Tribunal Regional Federal o julgamento de eventual Habeas Corpus impetrado contra a instauração do inquérito. Recurso provido".

Por outro lado, o Superior Tribunal Militar, no julgamento do Habeas Corpus 0000199-39.2017.7.00.0000, de relatoria do Min. Péricles Aurélio Lima de Queiroz, foi decidido que a competência para processar e julgar Habeas Corpus quando a autoridade coatora for membro do Ministério Público Militar será a Justiça Militar. Nos seguintes termos, segue a r. decisão: *"O Superior Tribunal Militar é competente para processar e julgar Habeas Corpus quando a autoridade coatora for membro do Ministério Público Militar.* Não se pode confundir foro por prerrogativa de função com a competência para a análise da legalidade do ato exarado no exercício funcional, ainda que esse seja considerado abusivo e apto à concessão de ordem. Entender de forma diversa seria afastar o paralelismo das formas e fragilizar o devido processo penal militar, isso ao admitir que o Habeas Corpus impetrado contra ato de Juízes-Auditores em processos em curso na Justiça Militar da União sejam julgados por esta Especializada. Precedente do STM: HC 39-14.2017.7.00.0000/RJ (DJe 18.8.17. Relator: Eminente Ministro Artur Vidigal de Oliveira). Aceitar o conhecimento do presente Writ seria a falência de uma garantia constitucional que resguarda a segurança jurídica. No caso, operou-se a coisa julgada material, isto é, a imutabilidade da própria questão de mérito, porquanto foi julgado nesta Corte Habeas Corpus que envolvia a mesma causa de pedir e as mesmas partes, com a denegação da ordem. Preliminar colhida. Decisão unânime".

Em Minas Gerais, onde há um Tribunal de Justiça Militar, foi admitido Habeas Corpus contra autoridade coatora representada pela figura do Ministério Público em atuação perante a Justiça Militar. No caso em tela, o Ministério Público requisitou instauração de inquérito policial militar, sendo a ordem denegada após apreciação do mérito. Segue a r. decisão para a sua análise, meu caro leitor: "O trancamento do inquérito policial deve ser utilizado como medida de natureza excepcional, só sendo possível quando evidente o constrangimento ilegal sofrido pelo investigado. – A conduta adotada pela autoridade policial militar de proceder à instauração do inquérito, em cumprimento à requisição ministerial, está em consonância com ditames constitucionais, não constituindo, portanto, qualquer ilegalidade".

Para o bem da verdade, é necessário ficar atento às constantes mudanças jurisprudenciais. A atuação do Advogado precisa ser certeira, pois está em jogo a liberdade do jurisdicionado. É importante inserir no corpo do Habeas Corpus o resultado de jurisprudência recente para dar força ao julgador que irá analisar a peça processual.

10.2 O *HABEAS CORPUS* NA JUSTIÇA MILITAR

Há uma série de substanciais registros em torno do Habeas Corpus na álea penal militar. Registro que, naquilo que tange às punições disciplinares militares, somente caberá impetração de Habeas Corpus se o eventual constrangimento ilegal tiver natureza conectada à legalidade da medida guerreada e não com relação ao mérito.

Art. 124. À Justiça Militar compete processar e julgar os crimes militares definidos em lei.

Parágrafo único. A lei disporá sobre a organização, o funcionamento e a competência da Justiça Militar.

O art. 125, §5º, da Constituição da República, prescreve que "Compete aos juízes de direito do juízo militar processar e julgar, singularmente, os crimes militares cometidos contra civis e as ações judiciais contra atos disciplinares militares, cabendo ao Conselho de Justiça, sob a presidência de juiz de direito, processar e julgar os demais crimes militares". Veja que, de forma contrária, o art. 124, da CR, acima posto, determina que a Justiça Militar da União só tem competência para o processo e julgamento dos crimes militares definidos em lei. Para facilitar a compreensão, veja o quadro abaixo.

Quais as competências?	Justiça Militar da União	Justiça Militar dos Estados
1	Processar e julgar crimes militares definidos em lei.	Processar e julgar os militares dos Estados, nos crimes militares definidos em lei
2	x	Processar e julgar as ações judiciais contra atos disciplinares militares.

A Justiça Militar da União não tem competência para o julgamento de ações judiciais contra atos disciplinares militares. Se houver constrangimento ilegal em razão de conduta de autoridade coatora relativa a atos disciplinares militares no âmbito da União, a competência para impetrar Habeas Corpus em favor de militar das Forças Armadas será na Justiça Federal.

Se o constrangimento ilegal for contra militar das Polícias Militares ou dos Corpos de Bombeiros, será o Habeas Corpus impetrado na Justiça Militar Estadual.

Há que observar se a autoridade militar coatora está atuando com base em função administrativa de punição disciplinar ou com base em função de polícia judiciária militar. Se na função administrativa, a competência para o processo e julgamento do Habeas Corpus será na Justiça Federal caso o paciente/cliente seja militar federal. Por outro lado, se militar estadual, caberá a impetração do Habeas Corpus junto a Justiça Militar Estadual.

De outra banda, se a autoridade coatora estiver agindo na função de Polícia Judiciária Militar ao praticar a conduta delineada por constrangimento ilegal à liberdade, seja o paciente militar federal ou estadual, respectivamente, caberá a impetração do Habeas Corpus na Justiça Militar da União e Estados.

Função e posição constitucional da Autoridade Coatora	Função Administrativa de Punição Disciplinar	Função de Polícia Judiciária Militar
Militar Federal	Competência para apreciar o Habeas Corpus será na Justiça Federal	Competência para apreciar o Habeas Corpus será na Justiça Militar da União
Militar Estadual	Competência para apreciar o Habeas Corpus será na Justiça Militar Estadual	Competência para apreciar o Habeas Corpus será na Justiça Militar Estadual.

O Superior Tribunal Militar poderá processar e julgar o *Writ* nos casos práticos que envolvem servidores específicos, coatores, Oficiais-Generais das Forças Armadas, nos crimes militares definidos em lei. Determina a Lei 8.457/92, art. 6º, inciso I, alíneas "a" e "c", que "Compete ao Superior Tribunal Militar processar e julgar originariamente os pedidos de Habeas Corpus e habeas data contra ato de juiz federal da Justiça Militar, de juiz federal substituto da Justiça Militar, do Conselho de Justiça e de oficial-general". De acordo com isso, se um Oficial-General for autoridade coatora ou paciente, caberá impetração de Habeas Corpus, diante de crime militar, junto ao Superior Tribunal Militar. Será ainda competente o STM quando houver constrangimento ilegal à liberdade e o coator for Juiz-Auditor da Justiça Militar da União ou por deliberação de Conselho de Justiça. Se houver constrangimento ilegal em face da liberdade fora da competência do STM, caberá ao Juiz-Auditor da Justiça Militar da União, se antes do início do processo, ou pelos Conselhos de Justiça se o abuso ocorrer durante a tramitação do processo. É também este o pensamento da doutrina do professor Renato Brasileiro[2], promotor de justiça militar.

O Legislador Constituinte poderia ter sido mais didático e organizado. Não foi. O servidor público muda a posição institucional, muda o tribunal. Se o Advogado tiver que impetrar Habeas Corpus em favor de cliente contra autoridade coatora definida por ser Comandante da Marinha, Exército ou Aeronáutica, de acordo com o art. 105, inciso I, alínea "c", da Constituição da República, terá que impetrar o *Writ* no Superior Tribunal de Justiça. De acordo com a mencionada norma "Compete ao Superior Tribunal de Justiça processar e julgar, originariamente, os Habeas Corpus, quando o coator for tribunal sujeito à sua jurisdição, Ministro de Estado ou Comandante da Marinha, do Exército ou da Aeronáutica".

Por derradeiro, levando em conta a competência para julgamento de Habeas Corpus na Justiça Militar, se houver constrangimento ilegal à liberdade de decisão proferida pelo STM, caberá ao STF o julgamento do Habeas Corpus, nos termos do art. 102, inciso I, alínea "i", que diz "Compete ao Supremo Tribunal Federal, precipuamente, a guarda da Constituição, cabendo-lhe processar e julgar, originariamente o Habeas Corpus, quando o coator for Tribunal Superior ou quando o coator ou o paciente for autoridade ou funcionário cujos atos estejam sujeitos diretamente à jurisdição do Supremo Tribunal Federal, ou se trate de crime sujeito à mesma jurisdição em uma única instância".

Contra a decisão em Habeas Corpus proveniente do STM caberá julgamento de Recurso Ordinário pelo STF, nos termos do art. 102, inciso I, alínea "i", da Constituição da República.

10.3 QUAL A COMPETÊNCIA PARA PROCESSAR E JULGAR O *HABEAS CORPUS* SE A AUTORIDADE COATORA FOR JUIZ DO TRABALHO, RELACIONADO À MATÉRIA TRABALHISTA?

Seguindo a lógica normativa constitucional, conforme o art. 114, inciso IV, da CR, há prescrição de que compete à Justiça do Trabalho processar e julgar os Mandados de Segurança, Habeas Corpus e Habeas Data, quando o ato questionado envolver matéria sujeita à sua jurisdição. A própria Constituição soluciona a presente questão. Contudo, se vê na prática uma enormidade de equívocos de Advogados no endereçamento do *Writ*.

Há que se verificar outra situação que pode levar o Advogado ao erro, ocorrendo quando o Juiz de Direito atua em matéria trabalhista. Nesse caso, *qual a competência para processar e julgar o Habeas Corpus se a autoridade coatora for Juiz de Direito atu-*

---
2. LIMA, Renato Brasileiro de. *Manual de processo penal*: volume único. 4. ed. rev. ampl. e atual. Salvador: Ed. JusPodivm, 2016, p. 1.761.

ando em matéria trabalhista? A Constituição da República prescreve, no art. 112, que "A lei criará varas da Justiça do Trabalho, podendo, nas comarcas não abrangidas por sua jurisdição, atribuí-la aos juízes de direito, com recurso para o respectivo Tribunal Regional do Trabalho". Nesse caso, sendo o Juiz de Direito a autoridade coatora, mas atuando o servidor público na condição de Juiz do Trabalho, caberá a impetração do Habeas Corpus no respectivo Tribunal Regional do Trabalho. Convém o registro de que a Justiça do Trabalho não tem competência para processar e julgar infrações penais, mesmo que relacionadas à questão trabalhista, como é o caso do crime de redução a condição análoga à de escravo, que consta no art. 149, do Código Penal. Tanto o STF quanto o STJ já julgaram no sentido de que a Justiça do Trabalho não tem competência para processar e julgar crimes, mesmo que relacionados à matéria trabalhista. Decisão: *O Tribunal, por maioria, julgou procedente o pedido formulado na ação direta, de modo a conferir interpretação conforme à Constituição ao seu artigo 114, incisos I, IV e IX, na redação dada pela Emenda Constitucional 45, para afastar qualquer interpretação que entenda competir à Justiça do Trabalho processar e julgar ações penais, nos termos da medida cautelar anteriormente deferida pelo Plenário, nos termos do voto do Relator, vencidos os Ministros Edson Fachin e Marco Aurélio.* Plenário, Sessão Virtual de 1.5.2020 a 8.5.2020 (Proc. 0001091-32.2006.1.00.0000, transitado em julgado em 16.06.2020).

O mencionado julgado trata da Ação Direta de Inconstitucionalidade 3.684/DF, de relatoria do Min. Gilmar Mendes, STF. Desse modo, por interpretação conforme ao disposto no art. 114, I, IV e IX, da Constituição da República, o STF afastou a competência da Justiça do Trabalho para processar e julgar ações penais. No mesmo sentido, o julgado do STJ em processo de Conflito de Competência 59.978/RS, autuado em 21.03.2006, de relatoria da Min. Laurita Vaz, Terceira Seção. Segue o teor do julgado: "A EC 45/2004 ampliou a competência da Justiça do Trabalho, para processar e julgar todas as ações decorrentes da relação de trabalho. Não obstante, muito embora a nova redação do art. 114 da Constituição Federal tenha atribuído à Justiça laboral o processamento e julgamento do Habeas Corpus "quando o ato questionado envolver matéria sujeita à sua jurisdição", não lhe atribuiu competência criminal. O Plenário do Supremo Tribunal Federal já se manifestou acerca do assunto e decidiu, por unanimidade, deferi a liminar na ADI 3684, Relator Min. Cezar Peluso, com efeitos *ex tunc*, para atribuir interpretação conforme a Constituição aos incisos I, IV e IX do art. 114 da Constituição Federal, afirmando que *a Justiça do Trabalho não possui competência para processar e julgar ações penais*. Entendeu-se que haveria violação ao princípio do juiz natural, já que compete à Justiça Comum julgar e processar matéria criminal. Conflito conhecido para declarar a competência do Juízo de Direito da 1ª Vara Criminal de Santa Maria – RS".

A Justiça do Trabalho terá competência para julgar Habeas Corpus impetrado apenas e, exclusivamente, quando a autoridade coatora, seja Juiz do Trabalho ou Juiz de Direito, agir com base em constrangimento ilegal se houver relação com a matéria trabalhista. Fora disso, caberá à justiça comum, respectivamente, TRF e TJ estadual. É de suma importância que essa primeira análise seja feita pelo Advogado ao fechar o contrato com o cliente. Se um Juiz do Trabalho prender alguém com base em alegação de redução do empregado à condição análoga a de escravo, certamente por ser matéria trabalhista e penal, terá ação penal tramitando pela justiça comum, mas o Habeas Corpus, por decorrer de ato prisão fundado em teor de matéria trabalhista, percorrerá os tramites da Justiça Trabalhista.

Dito isso, é importante deixar claro que a Justiça do Trabalho somente será competente para julgar o Writ se o constrangimento ilegal envolver matéria trabalhista, aquela sujeita à jurisdição especial. Se, por outro lado, o Juiz do Trabalho ou Juiz de Direito que atua com respeito à matéria trabalhista praticar ato de constrangimento ilegal fora da matéria especial, representando uma autoridade coatora genérica e apenas isso, caberá ao TRF respectivo (art. 108, inciso I, "a", da CR) e ao TJ estadual competente.

Em resumo, *qual a competência para processar e julgar Habeas Corpus se a autoridade coatora for juiz do Trabalho, quando o ato questionado envolver matéria sujeita à sua jurisdição? E se a autoridade coatora for juiz de direito atuando em matéria relacionada à justiça trabalhista?* A melhor resposta seria a seguinte: conforme a ADI 3684, decidida pelo STF, e o CC 59978/RS, do STJ, a justiça trabalhista não pode processar e julgar crimes. Contudo, nos termos do art. 112 e 114 da CR, poderá julgar Habeas Corpus quando a autoridade coatora for Juiz do Trabalho e Juiz de Direito na ocasião em que o ato questionado envolver matéria trabalhista. Assim, a ação penal tramita na justiça comum e o Habeas Corpus tramita na Justiça Trabalhista. A Justiça Trabalhista não tem competência genérica, mas tem competência para processar e julgar Habeas Corpus.

10.4 QUANDO A COMPETÊNCIA PARA IMPETRAR *HABEAS CORPUS* É DO JUIZ DE 1ª INSTÂNCIA?

Se houver mais de um juiz, haverá certamente a devida e automática distribuição para o juiz de direito ou juiz federal competente.

Se houver constrangimento ilegal contra a liberdade de locomoção de alguém, sendo imposto por autoridade sem foro por prerrogativa de função (delegado), ou mesmo um particular, por exemplo o diretor de um hospital, caberá a impetração de Habeas Corpus perante o juízo de base. Ou seja, cabe endereçamento ao juiz de direito ou juiz federal, a depender da autoridade coatora ou coator.

O art. 109, inciso VII, da Constituição da República prescreve o seguinte: "Aos juízes federais compete processar e julgar os Habeas Corpus, em matéria criminal de sua competência ou quando o constrangimento provier de autoridade cujos atos não estejam diretamente sujeitos a outra jurisdição". Convém ainda analisar o regimento interno dos tribunais, sejam Estaduais ou Federal, pois há nuances de alta importância para a tramitação do feito.

Assim, para efeitos de conclusão, caberá ao juiz estadual e federal, após distribuição da inicial, julgar o Habeas Corpus impetrado contra autoridade coatora sendo ela o delegado civil ou federal ou particular, respectivamente, levando em conta as atribuições estaduais ou federais. Se o particular for diretor de entidade pública estadual (hospital estadual, por exemplo), o Habeas Corpus deve ser dirigido ao juiz de direito. Se federal a entidade que o particular coator atuar (hospital universitário gerido pela União), deve ser dirigido o Habeas Corpus ao juiz federal.

10.5 QUAL A COMPETÊNCIA PARA PROCESSO E JULGAMENTO DE *HABEAS CORPUS* IMPETRADO CONTRA O JUIZ DE JUIZADO ESPECIAL?

É importante analisar, antes de impetrar o Habeas Corpus no juizado, se o delito imputado ou o fato criminoso imputado envolve tipo penal com o preceito secundário cominando pena de prisão, pois se o risco envolve somente pena de multa, não haverá possibilidade de conhecimento do *Writ* por ausência de pressupostos básicos. Quanto a competência para julgar o Habeas Corpus contra decisão de juiz que atua no juizado, será da respectiva turma recursal, seja estadual ou federal.

Conforme jurisprudência, o HC 32.510/GO, de relatoria do Min. Gilson Dipp, da Quinta Turma, há direção conclusiva no sentido de que o critério prevalente para a determinação da competência para o processo e julgamento de Habeas Corpus impetrado contra ato de membro integrante do Juizado Especial Criminal Federal ser aquele de hierarquia jurisdicional, sobressaindo a competência das Turmas Recursais dos Juizados Especiais para o processamento do *Writ*. Assim, segue ementa do julgado: "Hipótese em que se pretende o trancamento da ação penal, ou, no caso de se entender pela supressão de instância, a determinação de que o Tribunal de Justiça de Goiás proceda ao exame do Habeas Corpus ali impetrado. Pedido de trancamento da ação penal que não foi analisado em 2º grau de jurisdição, pois o Tribunal a quo não conheceu do Habeas Corpus por incompetência daquela Corte. Conhecimento do pleito de trancar a ação penal que implicaria em supressão de instância. Precedentes. Não se acolhe tampouco o pedido de se determinar que a Câmara Criminal do Tribunal de Justiça de Goiás proceda ao exame do Habeas Corpus ali impetrado. O critério prevalente para a determinação da competência para o processo e julgamento de Habeas Corpus impetrado contra ato de membro integrante do Juizado Especial Criminal Federal é o da hierarquia jurisdicional, sobressaindo a competência das Turmas Recursais dos Juizados Especiais para o processamento do feito. Precedente. Ordem denegada (STJ, HC 32.510/GO, Rel. Ministro Gilson Dipp, Quinta Turma, julgado em 25.05.2004, DJ 02.08.2004, p. 447).[3]

---

3. BRASIL. Superior Tribunal de Justiça. HC 32.510/GO. Criminal. Injúria. Trancamento da Ação Penal. Pedido não Analisado pelo Tribunal a Quo. [...]. Rel.: Min. Gilson Dipp, 25 maio 2004. *Diário de Justiça*, Brasília, DF, 2 ago. 2004.

No Tribunal de Justiça de Minas Gerais, no julgamento do Habeas Corpus Criminal 1.0000.20.004427-9/000, de relatoria do Des. Paulo Calmon Nogueira da Gama, há entendimento firmado no mesmo sentido do STJ. Não poderia ser diferente. No caso em espécie, o pedido de trancamento de ação penal relacionado ao delito de menor potencial ofensivo, sob a presidência de juízo de primeiro grau, deve ser submetido à análise da Turma Recursal do respectivo Juizado, sendo o TJMG o competente. Segue a ementa: "Os crimes de menor potencial ofensivo (determinados por meio dos requisitos do artigo 61 da Lei 9.099/1995) são, via de regra, processados e julgados perante o Juizado Especial, razão pela qual o pedido de trancamento de ação penal relacionada a esse tipo de delito, sob a presidência de juízo de primeiro grau, deve ser submetido à análise da Turma Recursal do respectivo Juizado Especial, de modo que este Tribunal de Justiça não é, a princípio, competente para tanto" (TJMG- Habeas Corpus Criminal 1.0000.20.004427-9/000, Relator(a): Des.(a) Paulo Calmon Nogueira da Gama, 7ª Câmara Criminal, julgamento em 12.02.2020, publicação da súmula em 12.02.2020).[4]

10.6 QUAL A COMPETÊNCIA PARA PROCESSAR E JULGAR *HABEAS CORPUS* QUANDO A AUTORIDADE COATORA FOR PROMOTOR DE JUSTIÇA QUE ATUA PERANTE O JUIZADO ESPECIAL CRIMINAL?

É importante registrar que, se a autoridade coatora for o representante do Ministério Público que atua perante o Juizado Especial Criminal, será competente para julgar o Habeas Corpus o respectivo Tribunal, e não a Turma Recursal. Cuidado ao identificar o fundamento do *Writ*, pois, se for vinculado ao trancamento da ação penal em trâmite perante o Juizado Especial Criminal, terá competência a Turma Recursal. Assim foi decidido pelo Superior Tribunal de Justiça, no AgRg no RHC 121.441/mg, de relatoria do Min. Joel Ilan Paciornik, da Quinta Turma, julgado em 04.08.2020, DJe 10.08.2020. Segue a ementa: "É inviável o conhecimento de Habeas Corpus ou recurso em Habeas Corpus quando o impetrante/recorrente se insurge contra decisão singular de Desembargador do Tribunal de Justiça, contra a qual seria cabível agravo regimental, que não foi interposto. Precedente do STF e do STJ" (AgRg no RHC 102.858/PE, Rel. Ministro Nefi Cordeiro, Sexta Turma, DJe 13.03.2019). Não é possível inverter a ordem hierárquica dos órgãos jurisdicionais imputando ao promotor de justiça o constrangimento ilegal, supostamente consistente no oferecimento da denúncia, para suprimir a competência das Turmas Recursais na análise do pleito de trancamento da ação penal que já tramita em face do agravante perante o Juizado Especial Criminal. Agravo regimental desprovido"

---

4. MINAS GERAIS, Tribunal de Justiça (7ª Câmara Criminal). Habeas Corpus Criminal 1.0000.20.004427-9/000. Habeas Corpus – Desacato – Trancamento da Ação Penal – Crime de Menor Potencial Ofensivo – Competência da Turma Recursal do Juizado Especial [...]. Relator: Paulo Calmon Nogueira da Gama, 12 fev. 2020. Tribunal de Justiça, 12 fev. 2020.

(STJ, AgRg no RHC 121.441/MG, Rel. Ministro Joel Ilan Paciornik, Quinta Turma, julgado em 04.08.2020, DJe 10.08.2020).[5]

Veja que, no caso em tela, o julgado foi a respeito do *trancamento da ação penal que tramita pelo Juizado Especial Criminal*. Não foi objeto do julgamento a condição do promotor de justiça como autoridade coatora. Nesse sentido, quando é o representante do MP aquela autoridade que pratica constrangimento ilegal contra a liberdade, como por exemplo uma investigação de crime prescrito de menor potencial ofensivo, será competente o Tribunal de Justiça do respectivo Estado, ou o TRF respectivo, se de âmbito federal.

10.7 QUAL A COMPETÊNCIA DOS TRIBUNAIS ESTADUAIS E DOS TRIBUNAIS REGIONAIS FEDERAIS PARA PROCESSAR E JULGAR *HABEAS CORPUS*?

Na eventualidade da autoridade coatora ser o representante do Ministério Público ou magistrado de primeira instância, caberá ao Tribunal de Justiça processar e julgar o Habeas Corpus. Conforme delimitado acima, se o representante do Ministério Público estiver manuseando procedimento do Rito Sumaríssimo e se figurar na condição de autoridade coatora, havendo o delito de menor potencial ofensivo pena de prisão, caberá impetração do Habeas Corpus no Tribunal de justiça.

É de suma importância analisar as Constituições Estaduais, pois se a autoridade coatora ou o próprio paciente forem sujeitos à jurisdição do Tribunal de Justiça do Estado em específico, será a norma que poderá ditar a competência para processar e julgar Habeas Corpus.

No âmbito federal, cabe análise do art. 108, inciso I, alínea "d", da Constituição Federal, para definir a competência dos Tribunais Regionais Federais no processamento e julgamento de Habeas Corpus. Prescreve a norma constitucional que "Compete aos Tribunais Regionais Federais processar e julgar, originariamente os Habeas Corpus, quando a autoridade coatora for juiz federal". Com base na mesma lógica constitucional dos Estados, será competente o respectivo TRF para julgar Habeas Corpus impetrado contra representante do MPU, assim considerando o MPT, MPF, MPM, MPDFT.

10.8 QUANDO O SUPERIOR TRIBUNAL DE JUSTIÇA SERÁ COMPETENTE PARA PROCESSAR E JULGAR *HABEAS CORPUS*?

Cabe ao STJ julgar, em recurso ordinário, Habeas Corpus quando decididos em única ou última instancia pelos Tribunais de Justiça dos Estados e TJDFT e os Tribunais Regionais Federais, se a decisão for denegatória.

---

5. BRASIL. Superior Tribunal de Justiça. AgRg no RHC 121.441/MG. Agravo Regimental no Recurso em Habeas Corpus. RHC Contra Decisão Monocrática do Desembargador Relator. Impossibilidade. [...]. Rel.: Min. Joel Ilan Paciornik, 4 ago. 2020. *Diário de Justiça Eletrônico,* Brasília, DF, 10 ago. 2020.

Também caberá ao STJ processar e julgar, originariamente, o Habeas Corpus quando:

a) a *autoridade coatora* ou o *paciente* for – Governador de Estado ou DF; Desembargador dos Tribunais de Justiça dos Estados e DF; servidores públicos membros dos Tribunais de Contas dos Estados e DF; membros dos Conselhos ou Tribunais de Contas dos Municípios e os servidores membros do Ministério Público da União que trabalham perante Tribunais, ressalvada a competência da Justiça Federal, por efeito do art. 105, inciso I, alínea "c", da Constituição da República;

b) a *autoridade coatora* for Tribunal sujeito à jurisdição do STJ – Tribunais de Justiças dos Estados e DF, Tribunais de Justiça Militar e Tribunais Regionais Federais, nos termos da segunda parte do art. 105, inciso I, alínea "c", da Constituição da República.

c) a *autoridade coatora* for Ministro de Estado, Comandante da Marinha, do Exército ou da Aeronáutica, ressalvada a competência da Justiça Eleitoral, *ex vi* do art. 105, inciso I, alínea "c", da Constituição da República.

Registro ainda a importância de análise do Regimento Interno do Superior Tribunal de Justiça ao tecer o Habeas Corpus. Em que pese ser norma interna, cabe o enriquecimento do conhecimento em torno do *Writ* e a devida citação aos moldes do caso a ser questionado em sede superior.

Convém destacar o Habeas Corpus 110.289, de relatoria do então Min. Ayres Britto, do STF, impetrado pelo Defensor Público-Geral Federal, de origem do Mato Grosso do Sul, transitado em julgado em 16.04.2012, delineando que a falta de interposição de recurso especial não impede que o STJ processe e julgue Habeas Corpus impetrado no próprio tribunal superior. Nesse sentido, a ementa seguinte: "A falta de interposição do recurso especial contra acórdão proferido no julgamento da apelação não impossibilita o conhecimento do Habeas Corpus impetrado no Superior Tribunal de Justiça. Situação que atrai a competência originária da Casa Superior de Justiça (art. 105 da Constituição Federal de 1988) "ainda quando o fundamento da impetração nem haja sido aventado no recurso ordinário, nem dele se haja ocupado a decisão impugnada" (HC 85.702, da relatoria do ministro Sepúlveda Pertence). No mesmo sentido: HC 108.401, da minha relatoria. 2. Habeas Corpus deferido tão somente para determinar que o órgão colegiado competente aprecie, como entender de direito, o mérito da impetração".

10.9 QUAL A COMPETÊNCIA DO SUPREMO TRIBUNAL FEDERAL PARA PROCESSAR E JULGAR *HABEAS CORPUS*?

É de suma importância que o Advogado conheça o Regimento Interno do STF ao impetrar Habeas Corpus na corte suprema. Determina o art. 192, do RISTF, que

"Quando a matéria for objeto de jurisprudência consolidada do Tribunal, o Relator poderá desde logo denegar ou conceder a ordem, ainda que de ofício, à vista da documentação da petição ou do teor das informações". Dito isso, cabe avaliar a preliminar ou mérito que são objetos do *Writ* para pesquisar a jurisprudência que será levantada para análise comparativa no caso em tela. Há possibilidade de o relator da causa decidir monocraticamente a controvérsia sem violar o preceito principiológico da colegialidade, considerando a norma do art. 932, inciso IV, do CPC. No mesmo sentido, há jurisprudência no STJ, pois conforme julgado no AgRg no HC 167846/RS, de relatoria do então Min. Haroldo Rodrigues, a Sexta Turma do Superior Tribunal de Justiça já decidiu que *o julgamento monocrático, com fundamento em precedentes de uma das Turmas integrantes da Terceira Seção desta Corte, não viola o princípio da colegialidade*.

A Constituição da República, *ex vi* do art. 102, delimita a competência da corte suprema para processamento e julgamento de Habeas Corpus. Destarte, compete ao STF processar e julgar, originariamente, o Habeas Corpus:

a) se for *paciente* o Presidente da República, o Vice-Presidente, os membros do Congresso Nacional, os Ministros do STF, o Procurador-Geral da República, os Ministros de Estado, os Comandantes da Marinha, do Exército e da Aeronáutica, os membros dos Tribunais Superiores, do Tribunal de Contas da União e os chefes de missão diplomática de caráter permanente;

b) se o *coator* for Tribunal Superior;

c) se o *coator* ou *paciente* for autoridade ou funcionário cujos atos estejam sujeitos diretamente à jurisdição do STF, ou se tratar de delito sujeito à mesma jurisdição em única instância, nos termos da alínea "i", inciso I, do art. 102, da CR.

Se, porventura, o PGR delegar função, o servidor público do MPU que o representar, sendo autoridade coatora, não terá no supremo a competência para julgar o Habeas Corpus, devendo ser cumprida a regra constitucional em vigor, de forma que o STJ será o tribunal competente para processar e julgar o feito. Mesmo que tenha havido designação do PGR para procurador regional da República. Foi o julgado do HC 107.327, de relatoria do então Min. Ayres Britto, nos termos seguintes: "A designação subscrita pelo Procurador-Geral da República, nos termos da Portaria PGR 96, de 19 de março de 2010, não desloca a competência da causa para o Supremo Tribunal Federal. Não ocorrência de ato concreto praticado pelo Procurador-Geral da República a justificar a regra do art. 102 da Constituição Federal de 1988. 2. É pacífica a jurisprudência do Supremo Tribunal Federal no sentido de que os membros do Ministério Público da União que oficiem em Tribunais estão sujeitos à jurisdição penal do Superior Tribunal de Justiça (parte final da alínea "a" do inciso I do art. 105 da CF/88). Tribunal a quem compete processá-los e julgá-los nos ilícitos penais comuns (RE 418.852, da minha relatoria). 3. Habeas Corpus parcialmente concedido tão somente para determinar ao Superior Tribunal de Justiça que conheça e julgue, como entender de direito, o *HC 185.495*/DF".

In casu, entendeu-se que é pacífica a jurisprudência do STF no sentido de que os membros do MPU que oficiem em Tribunais estão sujeitos à jurisdição penal do STJ.

Nos termos do art. 102, inciso II, alínea "a", da CR, o STF será competente para julgar, em recurso ordinário, o Habeas Corpus decididos em única instancia pelos Tribunais Superiores, se denegatória a decisão.

Observe que a jurisprudência do STF tem sido aplicada de forma diversa daquilo que dispõe a Súmula 690, do STF "Compete originariamente ao Supremo Tribunal Federal o julgamento de Habeas Corpus contra decisão de Turma Recursal de Juizados Especiais Criminais". A súmula foi superada. Assim, a Súmula 690 do STF não mais prevalece a partir do julgamento pelo Pleno do HC 86.834/SP, relatado pelo Min. Marco Aurélio (DJ em 09.03.2007), no qual foi consolidado o entendimento de que compete ao Tribunal de Justiça ou ao Tribunal Regional Federal, conforme o caso, julgar Habeas Corpus impetrado contra ato praticado por integrantes de Turmas Recursais de Juizado Especial.

Para além disso, na eventualidade de ocorrer constrangimento ilegal perpetrado por Ministro do STF, monocraticamente, nos termos do art. 102, inciso I, alínea "d", caberá impetração de Habeas Corpus no Plenário do STF. Compete ao Supremo Tribunal Federal, precipuamente, a guarda da Constituição, cabendo-lhe processar e julgar, originariamente, o Habeas Corpus contra condutas de juízes do próprio Supremo Tribunal Federal.

Perceba que, na prática, eventual agravo regimental contra decisões monocráticas de juízes do STF poderia não dar fim a constrangimento ilegal com a mesma eficácia e celeridade do *Writ*, além da consideração de que esta via ordinária de meio de impugnação não teria eficácia suspensiva, nos termos do art. 317, §4º, do Regimento Interno do Supremo Tribunal Federal.

> Art. 317. Ressalvadas as exceções previstas neste Regimento, caberá agravo regimental, no prazo de cinco dias de decisão do Presidente do Tribunal, de Presidente de Turma ou do Relator, que causar prejuízo ao direito da parte.
>
> §4º O agravo regimental não terá efeito suspensivo.

10.10 E SE A DECISÃO DENEGATÓRIA DA ORDEM DE *HABEAS CORPUS* DECORRER DE TURMA OU DO PLENÁRIO DO STF? CABERÁ *HABEAS CORPUS* PARA O TRIBUNAL PLENO?

De acordo com a súmula 606, do STF, "Não cabe Habeas Corpus originário para o Tribunal Pleno de decisão de Turma, ou do Plenário, proferida em Habeas Corpus ou no respectivo recurso". O STF, por via do HC 117.091/MG, julgado em 22.05.2014, pelo Tribunal Pleno, fixou o entendimento de que a jurisprudência do Supremo Tribunal Federal é no sentido de que *não cabe Habeas Corpus contra decisão proferida por qualquer de suas Turmas, as quais não se sujeitam à jurisdição do Plenário, pois, quando julgam matéria de sua competência, representam o Supremo Tribunal Federal*. Claramente, trata-se de restrição ao direito fundamental da liberdade, sobrepondo mero formalismo sobre a liberdade, o que é um completo absurdo. Não concordo que esse posicionamento, pois está a Suprema Corte dando relevância à formalidade em detrimento do direito material em questão – a liberdade. Mais uma vez se vê o Judiciário legislando.

Embora tenha sido esta a posição do STF, há que ser alterado o modelo de posicionamento jurisprudencial urgentemente, pois, por mais que haja consideração da representatividade do Supremo Tribunal Federal pelas Turmas, a Constituição da República garante como norte a garantia da liberdade de locomoção, havendo direito do jurisdicionado ter um julgamento pelo Tribunal na sua forma completa – até a "última instância". Haveria sim a desgraça da injustiça prevalecer um entendimento de uma Turma contra a liberdade quando a outra Turma formou entendimento de forma diversa. E nesse caso o STF teria duas posições ao mesmo tempo? Veja que incongruência.

A liberdade de locomoção é bem jurídico mais valioso do que o posicionamento jurisprudencial momentâneo da corte, que pode mudar a qualquer momento. Nesse sentido, com base no julgado mencionado, houve divergência nos votos dos Ministros Marco Aurélio (Relator) e Ricardo Lewandowski. No extrato da ata do julgado destacou-se que "O Tribunal, por maioria, não conheceu do Habeas Corpus, vencidos os Ministros Marco Aurélio (Relator) e Ricardo Lewandowski".

Com efeito, a súmula 606, do STF, está sendo colocada sobre o direito de liberdade do jurisdicionado, impondo maior valor ao formalismo em face do direito constitucional sagrado da liberdade. Ora, na balança da justiça, a liberdade vale mais. A formalidade vale menos, sendo, inclusive, irrelevante perante um direito fundamental. O eminente Ministro Luiz Fux se posicionou contra a ordem por entender que haveria uma enxurrada de Habeas Corpus em face de decisão monocrática de outros Ministros. Veja: "Num primeiro plano, eu tenho a impressão de que dificilmente nós superaríamos a Súmula 606, porque é inimaginável uma decisão de um membro da Corte que possa ultrapassar os limites de uma juridicidade razoável. Em segundo lugar, nós temos discutido muito isso na Turma, no sentido de que tem havido uma verdadeira epidemia de Habeas Corpus, uma vulgarização da utilização do Habeas Corpus para questões que não dizem respeito à liberdade ambulatorial. Agora, imagine se nós admitíssemos um Habeas Corpus no Pleno por uma decisão monocrática de um Relator, que, baseado na jurisprudência predominante, negasse seguimento ao Habeas Corpus. Então, o Plenário ficaria repleto de Habeas Corpus, e, aí, nós contribuiríamos para vulgarizar ainda mais um instrumento com essa eminência constitucional" (HC 117.091/MG, inteiro teor do acórdão, p. 10)".

Ora, a Súmula 606, do STF, foi aprovada em sessão plenária de 17 de outubro de 1984. Lá se vão mais de 37 anos. Passou da hora de ocorrer uma necessária alteração no entendimento da mais alta corte do Brasil para fazer valer o art. 1º, inciso III, da Constituição da República. É necessário destampar os olhos da justiça. Se há constrangimento ilegal contra a liberdade, direito constitucional sagrado, deve haver a superação do formalismo para atingir o direito constitucional em espécie, aplicando a carta magna, que determina que a regra é a liberdade.

O Estado Democrático de Direito impõe e exige completo e integral respeito e obediência ao ordenamento jurídico pelas Instituições, sobretudo o Poder Judiciário. Não há cabimento admitir restrição ao direito de apreciação do remédio constitucional, em favor do brinde ao formalismo. Pior ainda, é rasgar um direito fundamental em razão do entendimento momentâneo dos ilustres juízes do STF por meio de súmula aplicada contra direito de liberdade do jurisdicionado, que tem no centro do ordenamento jurídico a dignidade como vetor máximo de proteção legal no Estado Democrático de Direito.

Não admitir apreciação de um instrumento que combate a violência à liberdade é a representação e aceitação do ataque à própria Constituição da República.

O foco maior do Poder Judiciário nesse viés apresentado no julgado do Habeas Corpus acima circunstanciado não poderia ser a justificativa para não julgar Habeas Corpus contra decisão de Turma. Muito pelo contrário, a posição da mais alta corte teria que ser dando viabilidade aos julgamentos com maior celeridade, pois, o que está em jogo é a liberdade – um direito fundamental sagrado. Se existe o problema de enxurradas de Habeas Corpus contra decisões monocráticas ou de turma, a solução teria que ser outra que não a criação de instrumentos para embarreirar a apreciação do *Writ*.

10.11 HÁ POSSIBILIDADE DE INTERPOSIÇÃO DE EMBARGOS DE DIVERGÊNCIA, EM SEDE DE JULGAMENTO DE *HABEAS CORPUS*, A SEREM APRECIADOS PELO PLENÁRIO DO SUPREMO SE HOUVER DIVERGÊNCIA DE ENTENDIMENTO ENTRE AS TURMAS DO STF?

Melhor explicando, *se houver divergência de entendimento entre Turmas, seria cabível, em sede de julgamento de Habeas Corpus, a propositura de embargos de divergência para serem julgados pelo Plenário do STF?* O que se aplica no momento é o não cabimento do meio de impugnação. Seja em sede de Recurso Ordinário ou em sede de impetração originária, conforme o art. 102, inciso I, alíneas "d" e "i", da Constituição da República, não cabem embargos de divergência contra decisão proferida por Turma do STF em Habeas Corpus. Um absurdo. É um posicionamento que merece imediata alteração.

Foi a expressão da decisão no RHC 94.451, de relatoria do Min. Marco Aurélio, julgado em 21.05.2009 e publicado em 09.11.2010 – "É firme a jurisprudência deste

Supremo Tribunal Federal no sentido de que não cabem embargos de divergência contra decisão proferida por Turma do Supremo Tribunal Federal em Habeas Corpus, seja em sede de impetração originária (CF, art. 102, I, "d" e "i"), seja em sede de Recurso Ordinário (CF, art. 102, II, "a")". Ao verificar a presente jurisprudência, tem-se apenas reforço ao entendimento de não cabimento. Ora, os julgados não apresentam fundamentação plausível para o não cabimento dos embargos de divergência pacificando o tribunal diante de diversos julgados com resultados diferentes perante causas similares. A contradição da alta corte, neste ponto, é gritante, *data venia*. É maciça a resposta do STF diante de uma interposição de Embargos de Divergência em Habeas Corpus contra decisão de Turma – "Jurisprudência do Supremo Tribunal Federal pacificada no sentido de que são incabíveis embargos de divergência contra decisão proferida por Turma desta Corte em Habeas Corpus que se aplica também ao caso de concessão de ofício". A citada ementa é o que se aplica no âmbito jurisprudencial em vigor[6]. Ora, por que cargas d'água se vê tamanha certeza diante de rasa e inexplicável tese de não cabimento? Nada justifica a não apreciação dos embargos de divergência em Habeas Corpus, dada a natureza jurídica do meio de impugnação.

Por outro lado, dispõe o art. 330, do Regimento Interno do Supremo Tribunal Federal, que "cabem embargos de divergência à decisão de Turma que, em recurso

---

6. Agravo regimental nos embargos de divergência no recurso extraordinário com agravo. 2. Constitucional e Processual Penal. 3. Acórdão embargado em que a Turma negou seguimento ao ARE e concedeu Habeas Corpus de ofício. 4. Irresignação do agravante exclusivamente dirigida à concessão, de ofício, da ordem de Habeas Corpus. 5. *Jurisprudência do Supremo Tribunal Federal pacificada no sentido de que são incabíveis embargos de divergência contra decisão proferida por Turma desta Corte em Habeas Corpus que se aplica também ao caso de concessão de ofício*. 6. Agravo regimental não provido.
(STF, ARE 1067392 EDv-AgR, Relator(a): Gilmar Mendes, Tribunal Pleno, julgado em 13.10.2020, PROCESSO ELETRÔNICO DJe-260 Divulg 28.10.2020 Public 29.10.2020).

Agravo regimental nos embargos de divergência no recurso extraordinário com agravo. 2. Constitucional e Processual Penal. 3. Acórdão embargado em que a Turma negou seguimento ao ARE e concedeu Habeas Corpus de ofício. 4. Irresignação do agravante exclusivamente dirigida à concessão, de ofício, da ordem de Habeas Corpus. 5. *Jurisprudência do Supremo Tribunal Federal pacificada no sentido de que são incabíveis embargos de divergência contra decisão proferida por Turma desta Corte em Habeas Corpus que se aplica também ao caso de concessão de ofício*. 6. Agravo regimental não provido (STF, ARE 1067392 EDv-AgR, Relator(a): Gilmar Mendes, Tribunal Pleno, julgado em 13/10/2020, Processo Eletrônico DJe-260 Divulg 28.10.2020 Public 29.10.2020).

Agravo Regimental nos Embargos de divergência em Habeas Corpus. 2. Alegações do agravante: i) incorreção da decisão da 1ª Turma desta Corte quando do julgamento do HC 88.249, que considerou a existência de mero erro material na transcrição das respostas dos jurados; ii) necessidade de que sejam consideradas a infringência e a divergência configuradas no referido julgamento; e iii) nulidade do julgamento realizado pelo Tribunal do Júri, tendo em vista o descumprimento da Súmula 156 do STF. 3. *Decisão agravada proferida em consonância com iterativa jurisprudência desta Corte, segundo a qual não são cabíveis embargos de divergência em Habeas Corpus*. Precedentes: HC-AgR 84.543/RN, Rel. Min. Ellen Gracie, 2ª Turma, unânime, DJ 18.3.2005; HC 84.627/SP, Rel. Min. Eros Grau, 1ª Turma, unânime, DJ 22.10.2004; RHC-AgR 83.242, Rel. Min. Carlos Velloso, Pleno, unânime, DJ 28.11.2003; HC-EDv-AgR 76.677, Rel. Min. Nelson Jobim, Pleno, unânime, DJ 6.10.2000; AI-AgR-EDv-AgR 86.828/RJ, Rel. Min. Néri da Silveira, Pleno, unânime, DJ 7.10.1983; RHC-EDv 55.829/RJ, Min. Leitão de Abreu, Pleno, unânime, DJ 5.4.1978. 4. Ausência de constrangimento ilegal. 5. Agravo Regimental desprovido. (STF, HC 88249 EDv-AgR, Relator(a): Gilmar Mendes, Tribunal Pleno, julgado em 01.02.2007, DJ 30-03-2007 PP-00069 EMENT VOL-02270-03 PP-00384).

extraordinário ou em agravo de instrumento, divergir de julgado de outra Turma ou do Plenário na intepretação do Direito federal". Não estaria o STF legislando? Não estaria o STF criando restrições à apreciação do Writ?

Dito isso, é entendimento que merece ser superado, inclusive por ausência de lógica sistêmica processual. Perceba que os embargos de divergência é recuso que tem o objetivo de uniformizar a jurisprudência interna do Supremo Tribunal Federal e do Superior Tribunal de Justiça. Nos termos do art. 1.043, § 3º, do CPC, a divergência que autoriza a interposição de embargos de divergência pode verificar-se na aplicação do direito material ou do direito processual. Registro, ainda, que nossa fundamentação vale para o posicionamento do Superior Tribunal de Justiça.

Qual a razão do fracionamento dos Tribunais em Turmas e Seções? Simplesmente dar eficiência ao trabalho e diminuir a sobrecarga de trabalho. Daí vem o problema. Ali tem seres humanos que pensam de forma diversa e isso é natural. É a origem de decisões diversas para casos semelhantes provenientes do mesmo tribunal. Os embargos de divergência pacificam esses entendimentos, mas é restrito. Conforme Badaró[7], "Em suma, atualmente, há um regime unitário, para o recurso extraordinário e recurso especial em todos os seus aspectos, sendo também aplicável ao processo penal, as regras do Código de Processo Civil sobre disposições gerais dos recursos extraordinário e especial repetitivos, do julgamento repetitivo de tais recursos, do agravo em recurso e em recurso extraordinário e, por fim, dos embargos de divergência". Cabe ainda registrar que é embargável de divergência o acórdão dos órgãos fracionários, não sendo cabíveis de decisões monocráticas dos relatores.

Dito isso, cabe deixar evidenciado que o Advogado tem papel fundamental no Estado Democrático de Direito, sobretudo na construção da Justiça, da jurisprudência e mais ainda, do Direito. O simples fato de não cabimento dos embargos de divergência em Habeas Corpus não pode ser barreira para que o Advogado deixe de questionar a presente restrição. Deve-se buscar o direito do cliente, principalmente quando se tratar de liberdade violada, mesmo quando há claras restrições dos tribunais quanto a apreciação de recursos, como é o caso. A luta é intensa e não pode parar. A Advocacia exige consistência na atuação. É o exercício da Advocacia que constrói jurisprudência, razão pela qual há que enfrentar o presente posicionamento de não cabimento de Embargos de Divergência em Habeas Corpus. Lembre-se, o que está em jogo é um direito fundamental, não podendo ser enterrado por mera argumentação formalista. Até porque a própria corte pode conceder o Habeas Corpus de ofício. Foi o que ocorreu no julgamento do Ag. REG. nos Embargos de Divergência 1.067.392 – Ceará, de relatoria do Min. Gilmar Mendes, em 13.10.2020. No caso em espécie, há nitidamente a construção do direito e a viabilização da liberdade pelo exercício da Advocacia mesmo contra a avalanche de decisões do STF não admitindo agravo regimental em Habeas Corpus, quando se vê no teor do julgamento, o Min.

---

7. BADARÓ, Gustavo Henrique. *Manual dos recursos penais*. São Paulo: São Paulo: Ed. RT, 2016, p. 410.

Marco Aurélio fundamentando acesso da tese de cabimento e, ao final, tendo ainda a apreciação do Habeas Corpus de Ofício.

Nesse sentido, destaca o então Min. Marco Aurélio em seu voto no Ag. REG. nos Embargos de Divergência 1.067.392: "A interpretação teleológica do art. 1.043 do Código de Processo Civil conduz à conclusão segundo a qual importa considerar a divergência intestina. Demonstrada, mediante acórdão formalizado por força de Habeas Corpus, que as Turmas dissentem, cabível é o acesso ao Colegiado Maior. A pior divergência que pode haver é a interna. Divirjo do Relator. Provejo o agravo para dar sequência ao processo".

O Min. Edson Fachin, de forma técnica e lógica, deu provimento para conhecer dos embargos de divergência, em prol da colegialidade e estabilidade dos julgamentos, mesmo que em relação ao Habeas Corpus. Veja que o Habeas Corpus é instrumento que transporta o direito de liberdade, levando a questão ao Poder Judiciário, por diversas vias. Se houver divergência entre Turmas, a via para sanar são os Embargos de Divergência. Com base nesta tese, o Min. Edson Fachin destacou em seu voto importante fundamento para cabimento de Embargos de Divergência em Habeas Corpus: "De fato, o objetivo dos embargos de divergência é o de solucionar, em definitivo, relevante questão constitucional pelo órgão que tem por atribuição própria "dar a última palavra a respeito de significado do direito para toda a administração da Justiça Civil", como bem observa Luiz Guilherme Marinoni". E mais: "Admitir-se que, ante a concessão da ordem de ofício, não caberiam os embargos de divergência impediria, na prática, que a tese fosse solucionada em definitivo pelo Plenário do Supremo Tribunal Federal, o que não pode prevalecer seja pela leitura estrita do que dispõe a lei processual, seja pelo objetivo maior a que se destinam os embargos de divergência em uma Corte que efetivamente preza pela colegialidade e pela estabilidade de seus julgamentos".

O extrato[8] deste importante julgado destaca que poderá haver mudança jurisprudencial, admitindo os Embargos de Divergência em Habeas Corpus. *A nossa posição é pelo cabimento do presente recurso no Writ, tanto no STJ quanto no STF,* com base nos seguintes fundamentos:

a) a legislação federal não proíbe, não restringe e não impede os embargos de divergência em Habeas Corpus. Se não existe vedação dessa hipótese recursal na legislação, não há possibilidade de interpretar pelo não cabimento, pois estaria dando interpretação restritiva a direito constitucional;

b) a regra é a liberdade, por ser direito fundamental – O Estado Democrático de Direito impõe a liberdade como regra, concluindo que as medidas de

---

8. "Decisão – O Tribunal, por maioria, negou provimento ao agravo regimental, nos termos do voto do Relator, vencidos os Ministros Edson Fachin, Marco Aurélio, Luiz Fux (Presidente) e Roberto Barroso. Plenário, Sessão Virtual de 2.10.2020 a 9.10.2020" (Ag.Reg. nos Emb.Div. no Recurso Extraordinário com Agravo 1.067.392).

instrumento de viabilização do direito devem ser atendidas, mesmo que em detrimento de formalidades;

c) a própria natureza jurídica do recurso o caracteriza como medida de solução definitiva e acertamento do posicionamento da corte julgadora, pacificando divergência interna quanto a direito material e processual. O objetivo dos embargos de divergência é o de solucionar, em definitivo, relevante questão constitucional pelo órgão que tem por atribuição própria conferir alinhamento do julgado pelo tribunal;

d) o art. 330, do Regimento Interno do STF, assim como o art. 266 e seguintes do Regimento Interno do STJ; não são normas jurídicas com poder de restringir direito constitucional, sobretudo inviabilizando apreciação de remédio constitucional visando proteção de bem jurídico tido pelo ordenamento jurídico como direito fundamental, vetor do Estado Democrático de Direito;

e) a decisão definitiva a respeito de julgado do STF ou STJ deve ser destacada pela via do colegiado, para efeitos de estabilidade dos julgamentos.

10.12 RECLAMAÇÃO 34796 – STF, A PREVALÊNCIA DA COMPETÊNCIA DA JUSTIÇA ELEITORAL SOBRE A COMUM FEDERAL

Se existir fato delituoso imputado com contexto eleitoral descrito na exordial acusatória haverá que respeitar a regra de competência constitucional para processar e julgar feitos decorrentes de fatos vinculados à matéria eleitoral, nos termos do art. 109, inciso IV, da Constituição da República.

A carta magna prescreve regra de competência que, se violada, deve ser corrigida de imediato, não ocorrendo preclusão. Consta da mencionada norma constitucional o seguinte: "Aos juízes federais compete processar e julgar os crimes políticos e as infrações penais praticadas em detrimento de bens, serviços ou interesse da União ou de suas entidades autárquicas ou empresas públicas, excluídas as contravenções e ressalvada a competência da Justiça Militar e da Justiça Eleitoral". Resta ao Poder Judiciário aplicar a regra.

No caso da Reclamação 34.796, de relatoria do Min. Edson Fachin, no STF, na ocasião do julgamento do agravo regimental[9], houve *reafirmação pela corte suprema da Justiça Eleitoral sobre a comum Federal* em caso que envolvia deputado federal

---

9. Decisão: A Turma, por empate na votação, deu provimento, em parte, ao recurso, a fim de reconhecer a incompetência do Juízo da 13ª Vara Federal Criminal da Seção Judiciária de Curitiba/PR, determinando, por consequência, a remessa da AP 5051606-232016.4.04.7000/PR e dos feitos acessórios ao Juízo Eleitoral do Rio de Janeiro/RJ competente, a quem caberá a análise da validade dos atos decisórios e instrutórios realizados, nos termos do voto do Ministro Ricardo Lewandowski, Redator para o acórdão, e do Ministro Gilmar Mendes, vencidos os Ministros Edson Fachin (Relator) e Nunes Marques, que negavam provimento ao agravo regimental. Falou, pelo agravante, o Dr. Aury Lopes Junior. Presidência do Ministro Nunes Marques. 2ª Turma, 14.09.2021.

em que a exordial acusatória relatou fato relativo a suposta prática de lavagem de dinheiro, evasão de divisas, corrupção passiva e o crime prescrito pelo art. 350, do Código Eleitoral, o "caixa dois".

A regra é que se houver crime eleitoral embutido no contexto fático, compete à Justiça Eleitoral julgar tudo, sendo o caso de respeito ao princípio do juiz natural, ao devido processo legal, enquanto ordem do Estado Democrático de Direito. E mais, não há preclusão se houver continuidade do feito processual sem alegação de nulidade, pois se trata de questão de ordem pública a absoluta nulidade. Os órgãos do Poder Público, ao conduzirem processamento e julgamento de feitos processuais, não estão exonerados da obrigação de respeitar a Constituição e a legislação infraconstitucional. E por isso, as regras de competência devem ser respeitadas pelas instituições julgadoras. Se não forem, haverá nulidade absoluta e dever de anular o procedimento conduzido contra ordem constitucional com consequente remessa ao juízo competente. A regra processual também é garantia fundamental do acusado, sendo certo que, se violada, deverá haver a imediata e prudente correção aos moldes da legalidade enquanto padrão de segurança jurídica.

O Habeas Corpus 541.994/RN, de relatoria do Min. Antonio Saldanha Palheiro, do STJ, reforçou respeito à material de competência em comento, ao destacar por ementa que "No caso em exame, a descrição dos fatos narrados na denúncia sinaliza para a prática do delito de falsidade ideológica eleitoral, descrito no art. 350 do Código Eleitoral, consistente na prática conhecida por "caixa dois", ou seja, o emprego de valores, fruto de práticas delitivas, na campanha ao Governo Estadual, não declarados à Justiça Eleitoral, e utilizados para a compra de apoio político e para o pagamento de dívidas a ela relacionadas. Segundo decidido pela Suprema Corte no Inq n. 4.435/DF, "compete à Justiça Eleitoral julgar os crimes eleitorais e os comuns que lhe forem conexos – inteligência dos artigos 109, inciso IV, e 121 da Constituição Federal, 35, inciso II, do Código Eleitoral e 78, inciso IV, do Código de Processo Penal. Ordem Concedida".

No mencionado feito, houve importante observação quanto a técnica processual que fulminou com a imposição da lógica sistêmica constitucional em relação a questão de competência a partir da imputação dos fatos, muito embora o órgão acusador tenha entendido de forma diversa.

In casu, houve de forma acertada a determinação de remessa dos autos à Justiça Eleitoral em razão de reafirmação das regras constitucionais, ao conceder a ordem, levando em conta o seguinte: "E, havendo a prática de delito eleitoral, a essa Justiça Especializada competirá o processo e julgamento do feito. O Tema em exame foi recentemente apreciado pela Suprema Corte, no julgamento de agravo regimental no Inq 4.435/DF, no qual assentada a tese de que "compete à Justiça Eleitoral julgar os crimes eleitorais e os comuns que lhe forem conexos – inteligência dos artigos 109, inciso IV, e 121 da Constituição Federal, 35, inciso II, do Código Eleitoral e 78, inciso IV, do Código de Processo Penal".

Portanto, mesmo que não haja imputação formal de crime de natureza eleitoral na denúncia, se houver alegação de conduta delituosa de viés eleitoral no contexto dos fatos, em conjunto com delitos comuns, caberá à justiça especializada o processamento e julgamento do feito, sob pena de nulidade que pode ser arguida por via do instrumento de Habeas Corpus. Ora, basta aplicar o art. 109, inciso IV, da Constituição da República, pois, um único delito eleitoral, mesmo que vinculado a outros comuns, justifica a prevalência aglutinativa da Justiça Eleitoral, nos moldes, em conjunto, das regras dos artigos 78, inciso IV, do CPP e art. 35, inciso II, do Código Eleitoral, abaixo destacadas.

> Art. 78. Na determinação da competência por conexão ou continência, serão observadas as seguintes regras:
>
> IV – no concurso entre a jurisdição comum e a especial, prevalecerá esta.
>
> Art. 35. Compete aos juízes:
>
> II – processar e julgar os crimes eleitorais e os comuns que lhe forem conexos, ressalvada a competência originária do Tribunal Superior e dos Tribunais Regionais;

11
PROCEDIMENTO DO *HABEAS CORPUS*

11.1 CAPACIDADE POSTULATÓRIA – QUEM PODE IMPETRAR O *HABEAS CORPUS*?

O instrumento do Habeas Corpus tem por escopo a salvaguarda e proteção imediata da liberdade de locomoção, bem jurídico de viés constitucional fundamental. O Habeas Corpus caracteriza-se por ser peça procedimental de alta relevância democrática no Estado Democrático de Direito. É instrumento de viabilização da justiça por aplicação de lei, matéria constitucional e princípios de linha material de repercussão da dignidade da pessoa humana.

A liberdade não pode ser violada, pelo Estado, particular ou qualquer agente que representa o poder e o Estado, por conduta desalinhada de legitimidade legal em face do direito material constitucional de locomoção. Se for, uma das vias democráticas de tentativa de efetivação da matéria constitucional em torno do direito de ir e vir é o Habeas Corpus. O *Writ* combate excessos e ilegalidades enquanto resguarda a liberdade, sendo instrumento de resguardo da norma constitucional perante injustiças, de forma ampla do ponto de vista da capacidade postulatória. É o Habeas Corpus meio de combate diante eventuais ilegalidades praticadas contra a liberdade, por ser instrumento que visa efetivar a esperança de justiça para os injustiçados.

O poder de acesso à Justiça pelo jurisdicionado lesionado ou violado em potencial no seu direito fundamental de liberdade decorre do poder de impetração do Habeas Corpus. A justiça pode ser viabilizada pelo Writ em razão da facilidade e celeridade com que se tem uma "causa" ou uma "questão" jurídica/fática examinada por um magistrado pelo constitucional instrumento. O Habeas Corpus concede justiça célere aos injustiçados. Perceba como é poderoso esse instrumento constitucional, o Habeas Corpus, quando se pretender ver uma questão examinada com celeridade. Eis o poder instrumental do Habeas Corpus.

Há um característico destaque de ser possível impetrar essa peça processual monumental por qualquer pessoa. Qualquer pessoa pode impetrar Habeas Corpus, sem depender de habilitação profissional. O art. 654, *caput*, do Código de Processo Penal determina que "O Habeas Corpus poderá ser impetrado por qualquer pessoa, em seu favor ou de outrem, bem como pelo Ministério Público". No mesmo viés, a Lei 8.906/94, art. 1º, § 1º prescreve "Não se inclui na atividade privativa de advocacia a impetração de Habeas Corpus em qualquer instância ou tribunal".

A alta eficácia e a manifesta envergadura prática que se tem no instrumento do Habeas Corpus como medida de salvaguarda da liberdade é revelada, sobretudo, na ausência de limitação quanto a capacidade postulatória e pela ausência de formalidades, razão pela qual o *Writ* se destaca pela sua efetividade no combate à ilegalidade eventualmente praticada pelos detentores do poder.

Portanto, qualquer jurisdicionado poderá impetrar Habeas Corpus, contanto que respeite os devidos requisitos e pressupostos práticos e teóricos exigidos pelo Legislador, além da filtragem imposta na prática pelo Poder Judiciário.

Perceba que a caracterização do instrumento do Habeas Corpus como via de justiça democrática é a revelação do próprio Estado Democrático de Direito, de forma que qualquer do povo tem o poder de questionar violência ao direito fundamental da liberdade perpetrado contra qualquer do povo. O Habeas Corpus traduz um dos pilares do neoconstitucionalismo, a efetivação da matéria constitucional.

11.1.1 A pessoa jurídica tem capacidade postulatória para impetrar *habeas corpus*?

O Legislador oportunizou a existência de prática de crimes por pessoa jurídica no art. 173, § 5º, da Constituição da República – "A lei, sem prejuízo da responsabilidade individual dos dirigentes da pessoa jurídica, estabelecerá a responsabilidade desta, sujeitando-as às punições compatíveis com sua natureza, nos atos praticados contra a ordem econômica e financeira e contra a economia popular". No art. 225, § 3º, da CR, consta que "As condutas e atividades consideradas lesivas ao meio ambiente sujeitarão os infratores, pessoas físicas ou jurídicas, a sanções penais e administrativas, independentemente da obrigação de reparar os danos causados". Com certeza, o Legislador não preocupou com o Direito Penal enquanto ciência no momento de redigir o texto desses artigos. Uma aberração jurídica do ponto de vista da dogmática penal. Não é porque o Legislador deseja que passa a ser possível, tecnicamente, a responsabilidade penal da pessoa jurídica. A natureza da ciência do Direito Penal não permite que um ser imaginário tenha consciência, pratique condutas ou tenha dolo. Por traz de uma responsabilidade criminal por uma conduta identificada existe um mundo científico que confere segurança jurídica a uma imputação. Ademais, para que tenha o Estado a possibilidade de impor uma sanção penal, é necessário que toda a teoria do delito seja percorrida em seus requisitos, caso contrário, haverá injustiça.

A Constituição da República viabilizou a responsabilidade penal da pessoa jurídica, que acabou por ser empregada, especificamente, pela Lei 9.605/98, que trata de crimes ambientais, prevendo tipos penais praticados por pessoa jurídica e as respectivas sanções penais. Consta no art. 3º da Lei 9.605/98 que "As pessoas jurídicas serão responsabilizadas administrativamente, civil e penalmente conforme o disposto nesta Lei, nos casos em que a infração seja cometida por decisão de seu representante legal ou contratual, ou de seu órgão colegiado, no interesse ou benefício da sua entidade". Para além disso, o Legislador criou, para o arcabouço jurídico brasileiro, mecanismos de acordos criminais que envolvem a pessoa jurídica em âmbito criminal, como o *acordo de leniência*.

No Brasil, a responsabilidade criminal da pessoa jurídica, na prática, na vida, nos processos criminais, é uma realidade sólida. Programas de *compliance* tem sido objeto de emprego e estruturação em grandes empresas visando seja evitado a prática de delitos ou, se ocorrer, o asserto da estratégica detida quanto a responsabilização daqueles que, de fato, tem responsabilidade penal.

O Legislador esqueceu que existe dogmática penal que justifica a responsabilidade penal de alguém, ao criar uma figura tão exótica, para o Direito Penal, como a responsabilização de um ser não humano por condutas estritamente humanas. Certamente, um gravíssimo erro do ponto de vista técnico. A dogmática percorreu centenas de anos para se desenvolver de forma a dar legitimidade ao Estado para aplicar sanção penal a alguém que pratica uma conduta e, por outro lado, veio o Legislador, certamente sem conhecimento específico, e criou a responsabilidade da pessoa jurídica. O Legislador esqueceu a dogmática, esqueceu o dolo, a conduta, a consciência, a culpabilidade. Inventou a prática de delito por pessoa jurídica e pronto, desconsiderando completamente as regras mais básicas da responsabilidade criminal.

A partir daí advieram os problemas, sendo um deles a discussão em torno do cabimento do Habeas Corpus para pessoas jurídicas. Historicamente, tecnicamente, do ponto de vista lógico-sistemático, o Habeas Corpus é cabível para questionar e salvaguardar constrangimento ilegal contra o direito fundamental da liberdade de locomoção de pessoas naturais. Assim, é absolutamente inviável o Habeas Corpus para pessoas jurídicas. Argumentar que deve ser admitido o *Writ* para pessoas jurídicas porque há supressão dos elementos subjetivos do delito para responsabilizar criminalmente uma pessoa jurídica, é no mínimo, aceitar um erro por outro erro. *Não cabe o Habeas Corpus para pessoas jurídicas.* Pois bem, a lógica do sistema criminal não admite a responsabilização penal da pessoa jurídica e também não admite a utilização do Habeas Corpus em favor da pessoa jurídica. Um erro não justifica outro.

Se houver imputação criminosa de fato delituoso a pessoa jurídica, será fruto de delírio do Legislador, um erro grave do ponto de vista técnico. O problema é real e existe. E temos que conviver com o estapafúrdico erro até que seja legalmente alterado. O equívoco está implantado e o pior é que tomou corpo. A teoria da dupla imputação viabiliza a responsabilidade criminal em conjunto, do ser humano e do ser não humano – a PJ. Se necessário, poderá ser impetrado o Habeas Corpus em favor da pessoa natural e o Mandado de Segurança em favor da pessoa jurídica. Que os juristas sejam coerentes com a técnica, com a dogmática. Ou que sobrevenham fundamentos dogmáticos que justifiquem de forma lógica a responsabilização criminal de um ente moral, não humano, imaginário, sem vontade, sem consciência. Para haver responsabilidade penal de pessoa jurídica, haverá que existir uma nova dogmática criminal que justifique isso, bem assim, em relação ao Habeas Corpus. Essa revolução ainda não ocorreu, de modo que os avanços ocorridos são ausentes de lógica sistemática, frutos do erro, do desconhecimento a respeito da segurança jurídica penal proporcionada pela dogmática.

11.2 A EXORDIAL DO *HABEAS CORPUS*

A petição inicial do Habeas Corpus é o caminho primeiro da luz da liberdade, havendo que ser detidamente técnica. Por mais que haja certeza quanto a democracia em torno da exordial, assim admitindo seja tecida por qualquer um, a peça processual e a condução do caso exige que seja absolutamente pautada pelo respeito às medidas de acerto técnico. Os requisitos precisam ser detidamente conferidos e o detalhamento quanto aos requisitos do procedimento será fundamental para o êxito. A exordial do Habeas Corpus é o instrumento de viabilização de resguardo do direito fundamental da liberdade, contudo, há que atender algumas formalidades na peça de entrada para que seja o *Writ* conhecido e admitido. Veja que o art. 654, §1°, do CPP, determina o que deve conter na exordial do *Writ*.

> § 1° A petição de Habeas Corpus conterá:
> a) o nome da pessoa que sofre ou está ameaçada de sofrer violência ou coação e o de quem exercer a violência, coação ou ameaça;
> b) a declaração da espécie de constrangimento ou, em caso de simples ameaça de coação, as razões em que funda o seu temor;
> c) a assinatura do impetrante, ou de alguém a seu rogo, quando não souber ou não puder escrever, e a designação das respectivas residências.

O Legislador exigiu informações simples, objetivas e necessárias para que um magistrado saiba identificar o jurisdicionado lesado no seu direito de liberdade e os fundamentos e razões do pedido.

A exordial deve ser tecida com o maior zelo possível. Os magistrados brasileiros se ocupam com centenas e centenas de questões diariamente e, por isso, a peça de entrada precisa chamar positivamente a atenção do juiz leitor por sua clareza e destaque quanto a violência ao direito do cliente/impetrado. Certamente, se a peça processual tiver extensa quantidade de páginas, cabe a organização inicial com um bom ementário ou índice.

Uma escrita objetiva, clara, pontuada por qualidade de informações e destaques jurisprudenciais é certamente fundamental para a eficácia do resultado que se pretende obter. Para além dos requisitos essenciais destacados pela letra da lei, revela suma importância pontuações argumentativas por via do silogismo impondo o fato, a coação (ilegalidade), a autoridade coatora, a lei, a doutrina[1], a jurisprudência[2] e, por fim a conclusão, pois torna mais claro ao leitor juiz a verificação do direito do cliente. Toda a argumentação, a tese ou teses levantadas diante do fato, devem ser corroboradas com base em prova de pronta conclusão, pois o rito do *Writ* não permite aprofundamento cognitivo em torno de produção de provas ou mesmo elastecimento de repercussão probatória. A tese precisa ser apontada em conexão com provas de fácil identificação conclusiva do leitor julgador. Um dos ativos externos de um sucesso relativo ao êxito que se aguarda de uma peça processual é a atenção do juiz e de seus assessores. Essa atenção que deveria ser a entrega do profissional ao trabalho, muitas vezes, não é entregue com qualidade. Adianta ter a melhor petição do mundo se o juiz ou assessor não a ler? Para superar isso, essa desídia, o Impetrante terá que criar uma petição curta, direta, pontual, com uma boa tipografia e despachar pessoalmente com o julgador, seja ele juiz ou assessor.

Do ponto de vista prático, é certo que o Advogado terá que preocupar com a relação *prova – fato – tese*, pois é o que diferencia a eficiência do *Writ* impetrado. Isso significa que terá que escolher o melhor momento para impetrar o Habeas Corpus.

Por exemplo, se, porventura, não existir provas até a realização da instrução do feito processual principal, havendo, somente a partir da audiência de instrução, provas claras que servem ao objeto do Habeas Corpus, após oitiva de testemunha, passa a caber o *Writ* com o aproveitamento da prova produzida em conexão com a tese levantada para obter aquilo que se espera com o remédio constitucional.

Por outro lado, se o Impetrante já tiver de posse de prova clara que se relaciona com a tese a ser apresentada por via do Habeas Corpus, de pronto poderá impetrar o *Writ*, sem ter que esperar a produção probatória para consubstanciar as alegações do instrumento constitucional. Por exemplo, se o Impetrante tiver de posse de prova pericial produzida em sede de investigação defensiva ou investigação policial, bastará distribuir o Habeas Corpus conectando a tese e a prova.

A conquista do leitor pelo Advogado é fundamental, e por isso, há eficiência se houver um despacho para otimizar acerto do resultado esperado com a impetração do Habeas Corpus. Bem assim, uma petição bem formatada, que tenha destaque pelo apreço e consideração a um trabalho bem executado pelo Advogado. Lembre-se de que a arte da Advocacia é revelada pelo convencimento. E mais, o convencimento do juiz ou assessor que o Advogado conseguir a atenção.

---

1. Nem sempre será necessário colocar a doutrina. Mas será bastante relevante se o julgador tiver algum artigo publicado sobre o tema em relevo no feito inicial.
2. Se possível, a jurisprudência da "turma" julgadora. Demonstrar que o pedido está alinhado ao que o julgador pensa é fundamental. Se ele pensar o contrário, há que indicar jurisprudência de outro tribunal e argumentar que há necessidade de alterar o entendimento naquele caso específico. Ou, nada colocar a respeito de jurisprudência. Dependerá do caso concreto e da estratégia a ser tomada no caso em específico.

11.3 VERNÁCULO

É necessário que o Habeas Corpus seja escrito em português. O art. 192, do Código de Processo Civil, aplicado subsidiariamente ao Código de Processo Penal, exige que *todos os atos e termos processuais sejam feitos obrigatoriamente na língua portuguesa*.

> Art. 192. Em todos os atos e termos do processo é obrigatório o uso da língua portuguesa.

Nesse sentido, se houver constrangimento ao direito de liberdade de locomoção de um turista inglês, no Brasil, poderá ele, certamente, de próprio punho impetrar o devido Habeas Corpus. Mas terá que ser em língua portuguesa, mesmo que o magistrado tenha o domínio da língua inglesa.

11.4 FORMA INSTRUMENTAL – MATERIALIZAÇÃO

Muito embora o art. 654, § 1º, do CPP prescreva a linha básica de requisitos da petição inicial, é admitido o *Writ* mesmo quando tecido em qualquer tipo de papel. Hoje, o Habeas Corpus é movimentado virtualmente em alguns Estados com variados tipos de sistemas eletrônicos virtuais, como o Processo Judicial Eletrônico – PJe que tem sido largamente utilizado. Não há, portanto, rigor na forma em que se viabiliza a explicitação do pedido em prol da liberdade.

Nesse sentido, em tese, muito teoricamente e dependendo da boa vontade ou da boa alma do julgador, por exemplo, havendo a exigência do uso do PJe – Processo Judicial Eletrônico, como regra para impetrar o Habeas Corpus, se for o único meio de salvaguardar a liberdade a entrega da Exordial por papel ou mesmo por fotos do papel via WhatsApp, deve o *Writ* ser admitido. É o que penso. Esqueça a formalidade e dê importância ao direito, sobretudo o direito fundamental.

A liberdade é bem jurídico de relevância suprema, mais importante do que qualquer formalidade. Às vezes, diante dessa modernidade tecnológica inserida no Judiciário, o Impetrante tenha que realizar a distribuição de acordo com um sistema de software e que, na prática, isso seja a pronta inviabilização do direito, em muitos casos. Se isso ocorrer, imprimir e despachar com o julgador é medida que se impõe ao caso em concreto, em muitos lugares do Brasil, mormente em comarcas do Interior, onde pode haver escassez de investimentos para viabilização do direito. Certamente, um julgador vocacionado, com boas intenções, irá receber o Advogado para despachar o Habeas Corpus.

Veja bem, o fato de a doutrina mencionar que cabe a feitura do Habeas Corpus em papel higiênico, folha de entrega de mercadoria ou qualquer papel, não é razão para experimentar levar um Habeas Corpus dessa forma ao magistrado, porque na prática a realidade é outra. Inovar é sempre interessante, mas quando se trata de liberdade de outrem, um minuto preso ou perante o risco de segregação tem-se outra terrível percepção. A admissão de formas extraordinárias de impetração do Habeas Corpus demonstra o tamanho poder de viabilização de direito deste instrumento. As formas extremas devem ser utilizadas em situações de também extrema necessidade, quando se deve comprovar de pronto a utilização da exótica incomum forma eleita. Mas não pode ser a regra. Na verdade, a ausência de regra de formalidade para impetrar um Habeas Corpus demonstra a natureza democrática do *Writ*. Lembre-se: na teoria.

11.5 QUALIFICAÇÃO – PACIENTE E AUTORIDADE COATORA

É necessário que conste na inicial a qualificação do cliente, jurisdicionado, impetrado. Aí surge um problema. *E se o cliente não puder ser qualificado?* Ao menos deverá ser individualizado, quando então o Advogado poderá descrever o paciente da melhor forma que conseguir. O Legislador exigiu o "nome da pessoa que sofre ou está ameaçada de sofrer violência ou coação". Caberá o paciente ser o máximo individualizado, inclusive, se tiver preso, o local, forma e as indicações de como ocorreu a prisão, revelando da forma mais rica as particularidades que possam identificar o jurisdicionado segregado ou prestes a ser preso.

Há que individualizar na exordial aquele que exerce a violência, a coação ou a ameaça. Pode ser que não seja possível identificar o nome da autoridade coatora, sendo o caso de destacar a função ou cargo público. Se for particular, da mesma forma. Cabe apontar as máximas particularidades possíveis da autoridade no bojo da peça inicial, pois é também fundamental e necessário para identificar a competência do feito. Se for particular, do mesmo modo, há que apontar o cargo, o nome, se possível, e todos os elementos que destaquem o autor das ilegalidades.

11.6 FATOS E CONTEÚDO PROBATÓRIO PRÉ-CONSTITUÍDO

Nos fatos e fundamentos jurídicos deve conter a declaração detida da espécie de constrangimento ou, em caso de simples ameaça de coação, as razões em que se funda o temor da segregação ilegal. É necessário esboçar circunstanciadamente os fatos quanto ao constrangimento ou quanto a iminência de coação à liberdade.

Ato contínuo à apresentação dos fatos, há que comprovar por meio de prova pré-constituída aqueles fatos particularizados. Quando já ocorrida a segregação, relatam-se os fatos e os comprovam. Quando houver iminência de prisão ilegal ou constrangimento, prova-se tais alegações. O Habeas Corpus tem procedimento peculiar, não havendo audiência de instrução e julgamento para fazer prova dos fatos pontualmente relatados.

Conclui-se que se não forem detidamente demonstrados e comprovados os fatos que geraram constrangimento, perigo ou restrição à liberdade do cliente, existindo meras hipóteses ou elucubrações, será o *Writ* instrumento fadado ao insucesso. *As provas devem ser pré-constituídas*. Não podem ser feitas, construídas e produzidas as provas no feito processual do Writ. A via eleita terá que ser outra e não o Habeas Corpus. É a regra. No Supremo Tribunal Federal, no Ag. Reg. no Habeas Corpus 120.778, de relatoria da Min. Cármen Lúcia, consta ementa no sentido de que "Carente de instrução devida, é inviável o Habeas Corpus por não se ter sequer como verificar a caracterização, ou não, do constrangimento ilegal. Pela jurisprudência deste Supremo Tribunal as condições subjetivas favoráveis não obstam a segregação cautelar, desde que presentes nos autos elementos concretos a recomendar sua manutenção". Pois bem, a regra é apresentar as provas da ilegalidade da autoridade coatora, restando em vigor o direito de proteção em torno da liberdade do impetrante. Nada impede, por outro lado, a impetração de Habeas Corpus para permitir ou viabilizar a produção de prova, de sorte que poderia viabilizar também a liberdade, a depender do caso prático.

Penso que não se pode limitar a liberdade pela formalidade, de forma que, a depender do caso, mesmo que não seja a regra, haja permissão para produzir a prova com o objetivo de obtenção da liberdade. *Não se pode fechar as portas da liberdade com os cadeados e as correntes das formalidades.*

O Advogado possui o poder de investigar nos moldes permissivos pela investigação defensiva, o que poderá ser utilizado para compor o Habeas Corpus, à luz do Provimento 188/2018, da Ordem dos Advogados do Brasil.

A dureza das regras impostas ao impedimento de produção de provas no âmbito do Habeas Corpus precisa se relativizar para situações de destaque prático, mesmo que sejam excepcionais. Cabe uma reflexão sobre isso. Se a liberdade é direito fundamental e o Estado Democrático de Direito visa proteção dos direitos fundamentais, sobretudo em face de limitadores formais de garantias, não vejo motivos que impeçam juízes de viabilizar produção de provas, mesmo que em sede de Writ. Certamente, um posicionamento minoritário, mas adequado às necessidades práticas que podem surgir no dia a dia forense.

É melhor dilatar o procedimento do que não conhecer do Writ, sobretudo se tratar de situações especiais. Imagine se há testemunhas que podem comprovar que Senadores da República em CPI combinaram de prender jurisdicionado em sede de audiência. É certo que este seria um caso exemplar de cabimento de oitiva de testemunhas antes de decidir sobre requerimento liminar em Habeas Corpus. Não se trata de discussão sobre produção de provas sob o crivo do contraditório, mas situações necessárias de produção de provas para viabilizar a liberdade.

Assim como exige o Mandado de Segurança a prova de plano da existência do direito líquido e certo, o Habeas Corpus é instrumento que exige a prova do constrangimento ilegal, destacando a existência da ilegalidade, a sua extensão e a comprovação patente da afronta ao direito fundamental. Enquanto regra imposta, não há no procedimento do Habeas Corpus, uma fase destacada envolvendo a instrução do feito processual.

Em regra, portanto, não há dilação probatória. Veja, meu caro leitor. Como destacado acima, nada impede que um juiz vocacionado, a pedido do Advogado ou mesmo de ofício, tome a iniciativa de ouvir alguma testemunha antes de conceder a ordem. O foco não pode ser a forma, mas a liberdade enquanto direito fundamental.

O instrumento do Habeas Corpus, em por via legal posta, deve ser distribuído com os devidos elementos probatórios pré-constituídos, nada impedindo excepcionalmente que o magistrado tome iniciativa quanto a produção de provas para tomar uma decisão quanto a concessão ou denegação da ordem. Sim, é a exceção a produção de provas no remédio heroico, mas não é proibido.

O Advogado pode fazer a prova por meio da *investigação defensiva*, nos termos do Provimento 188/2018, da Ordem dos Advogados do Brasil. Esse caderno de provas pode ser inserido e anexado à exordial.

Compreende-se por investigação defensiva o complexo de atividades de natureza investigatória desenvolvido pelo Advogado, com ou sem assistência de consultor técnico ou outros profissionais legalmente habilitados, em qualquer fase da persecução penal, procedimento ou grau de jurisdição, visando à obtenção de elementos de prova destinados a constituição de acervo probatório lícito, para a tutela de direitos de seu constituinte.

A investigação defensiva pode ser desenvolvida na etapa da investigação preliminar, no decorrer da instrução processual em juízo, na fase recursal em qualquer grau, durante a execução penal e, ainda, como medida preparatória para a propositura da revisão criminal ou em seu decorrer.

A investigação defensiva, sem prejuízo de outras finalidades, orienta-se, especialmente, para a produção de prova para emprego em:

I – pedido de instauração ou trancamento de inquérito;
II – rejeição ou recebimento de denúncia ou queixa;
III – resposta a acusação;
IV – pedido de medidas cautelares;
V – defesa em ação penal pública ou privada;
VI – razões de recurso;
VII – revisão criminal;
VIII – Habeas Corpus;
IX – proposta de acordo de colaboração premiada;
X – proposta de acordo de leniência;
XI – outras medidas destinadas a assegurar os direitos individuais em procedimentos de natureza criminal.

Cabe ainda o registro de que a atividade de investigação defensiva do Advogado inclui a realização de diligências investigatórias visando à obtenção de elementos destinados à produção de prova para o oferecimento de queixa, principal ou subsidiária.

Poderá o Advogado, na condução da investigação defensiva, promover diretamente todas as diligências investigatórias necessárias ao esclarecimento do fato, em especial a colheita de depoimentos, pesquisa e obtenção de dados e informações disponíveis em órgãos públicos ou privados, determinar a elaboração de laudos e exames periciais, e realizar reconstituições, ressalvadas as hipóteses de reserva de jurisdição. Na realização da investigação defensiva, o advogado poderá valer-se de colaboradores, como detetives particulares, peritos, técnicos e auxiliares de trabalhos de campo.

Durante a realização da investigação, o advogado deve preservar o sigilo das informações colhidas, a dignidade, privacidade, intimidade e demais direitos e garantias individuais das pessoas envolvidas.

O advogado e outros profissionais que prestarem assistência na investigação não têm o dever de informar à autoridade competente os fatos investigados. Eventual comunicação e publicidade do resultado da investigação exigirão expressa autorização do constituinte.

As atividades descritas neste Provimento são privativas da Advocacia, compreendendo-se como ato legítimo de exercício profissional, não podendo receber qualquer tipo de censura ou impedimento pelas autoridades.

Nesse sentido, poderá o Advogado produzir as provas para subsidiar o Habeas Corpus, para além das meras informações prestadas pela autoridade coatora.

É de suma importância que o Advogado maneje o Habeas Corpus com as provas prontas, pré-constituídas, quanto ao constrangimento em face da liberdade destacados nos fatos e fundamentos jurídicos da peça processual para evitar que o feito não seja conhecido em razão de se ter que instruir o *Writ* após a distribuição da inicial. Isso se não for o caso excepcional de produção probatória, nas linhas pontuadas acima. Cabe delimitar a extensão e todo o detalhamento da lesão ao direito fundamental e o *standard* de provas já existentes. Conforme dito, se houver necessidade, despache com o juiz demonstrando a importância de se ouvir alguma testemunha ou produzir determinada prova, pois, muito embora a regra elimina a produção de provas no Habeas Corpus, a Advocacia exige que o profissional ultrapasse limites sem razão das formalidades impostas em busca da liberdade do cliente. Vale mais a proteção do direito fundamental violado do que mera formalidade.

11.7 ASSINATURA

O art. 654, §1º, alínea "c", do CPP, exige que a petição inicial do Habeas Corpus tenha a assinatura do impetrante, ou de alguém a seu rogo, quando não souber ou não puder escrever, e a designação das respectivas residências. Com raridade, acontece de o impetrante deixar de assinar a peça processual. Não se admite Habeas Corpus anônimo, sem assinatura, apócrifo. É, obviamente, um grave erro que não deve ser cometido. Hoje em dia, como mencionado acima, temos sistemas eletrônicos processuais. O PJe – Processo Judicial Eletrônico, automaticamente, exige a assinatura eletrônica do impetrante ao distribuir a peça processual. Nesse caso, com a assinatura eletrônica, não há necessidade de assinar à mão a exordial. Para cristalizar a presente formalidade, o Superior Tribunal de Justiça não conheceu do Habeas Corpus 85.565/SP em razão da ausência de assinatura do impetrante. Veja a ementa: "A exordial do *mandamus* não atende aos requisitos do art. 654, §1°, alínea "c" do Código de Processo Penal, uma vez que não foi devidamente assinada pelo impetrante. Nos termos da orientação jurisprudencial desta Corte, embora o Habeas Corpus possa ser impetrado por qualquer pessoa, independentemente da assistência de Advogado, a ausência da assinatura na petição inicial, por si só, inviabiliza o conhecimento da impetração. Precedentes. Parecer ministerial pelo não conhecimento da ordem. Writ não conhecido. (Habeas Corpus 85.565-SP (2007/0145629-2) Relator Min. Napoleão Nunes Maia Filho, STJ).

A assinatura da inicial é pressuposto, portanto, essencial e necessário para que o Habeas Corpus seja conhecido e apreciado para concessão da ordem, seja a assinatura digital ou a artesanal, não podendo ser uma peça apócrifa, anônima.

11.8 A LIMINAR NO *HABEAS CORPUS*

No exercício do mister público, é certo que algumas autoridades perdem a razão em sua atuação além de perder a dose na condução das suas atividades profissionais. Algumas autoridades coatoras também erram no labor privado ao violarem a liberdade do jurisdicionado. Se não houvesse violação da ordem constitucional da manutenção da liberdade de locomoção não precisaria existir o Habeas Corpus. O fato é que há graves erros diariamente cometidos. É notório, por exemplo, o caso ocorrido no Brasil, de um professor de Porto Alegre, que ao voltar de São Paulo para a sua cidade, após palestrar em congresso, foi preso por ter sido acusado injustamente por uma mãe de ter abusado da filha dela dentro do avião. O professor pegou um voo noturno que vinha do Nordeste, com parada em São Paulo, rumo a Porto Alegre. Ao entrar no avião, havia uma criança sentada em seu reservado assento. Ao lado, a mãe da criança com outro filho na poltrona sentados. O professor pediu educadamente à mãe que lhe concedesse a permissão para se sentar, o que foi dado de imediato. O professor tocou no ombro da criança, demonstrando cuidado, carinho e atenção para ambientar uma boa relação com a mãe retirando o mal-estar criado em ter que tirar a criança do assento para seguir a viagem. O professor dormiu durante todo o percurso do voo. Quando acordou, desceu do avião e foi preso em flagrante por abuso de menores. Um absurdo e completo absurdo acumulado com a falta de responsabilidade das autoridades coatoras. O professor teve a sua vida destruída. Perdeu amigos, perdeu a profissão, perdeu o respeito. Três anos e meio após a prisão foi absolvido. No caso em espécie, houve completa ausência de provas. Nada, um zero absoluto em relação a qualquer prova que pudesse concluir ou ao menos duvidar da ocorrência do fato imputado a ele. A prisão patentemente ilegal. O resultado da história é a gravidade da terrível prestação de serviço público em torno do caso[3].

Lado outro, se ocorrer de a polícia cumprir mandado de prisão de alguém que já teve a ordem de encarceramento revogada, caberá a liminar. Se alguém estiver a caminho de CPI com ordem de prisão por emprego do direito de permanecer em silêncio, caberá a liminar. São exemplos de pedido de *liminar de viés satisfativo*.

A liminar em Habeas Corpus de natureza satisfativa precisa ser pautada por situação de alta gravidade facilmente comprovada, bem assim a urgência da medida. Basta que o magistrado bata o olho na prova, tenha ciência da patente ilegalidade da prisão ou ordem de prisão, havendo cerceamento de liberdade, não havendo outro caminho que não a entrega imediata do direito de ir e vir. Será o caso de liminar. No instrumento de mandado de segurança, *Writ* irmão gêmeo do Habeas Corpus, cabe liminar satisfativa para tutelar bens patrimoniais, o que revela completa possibilidade de utilizar do Habeas Corpus para proteger um bem jurídico muito mais valioso à natureza humana, a liberdade.

Muito embora haja situações fáticas de possibilidade de tutela antecipada em Habeas Corpus satisfativa, as liminares com mais efeitos práticos são aquelas de ordem cautelar, separadas do mérito – *liminares de ordem não satisfativa*. Assim, por exemplo, o pedido de suspensão do processo para evitar prolação da sentença sem observar documento que será ainda juntado aos autos, quando o impetrante poderá explorar o *periculum in mora* do *Writ* impetrado.

Para tais situações fáticas teratológicas, absurdas, para excessos, para situações de patente e clara ilegalidade, existe a liminar no Habeas Corpus.

O Código de Processo Penal é de 1941. Muito antes da entrada em vigor da Constituição da República. A cultura e a estrutura de pensamento jurídico em torno da vida humana naquela época eram baseadas em valores completamente diversos dos que são empregados nos dias de hoje. O Capítulo X, "*Do Habeas Corpus e seu Processo*", no CPP, não teve mudanças de 1941 para cá. Há que considerar que se aplica o Código de Processo Civil ao Processo Penal de forma subsidiária. Além disso, é necessário entender que estamos num Estado Democrático de Direito, formato de Estado em que as instituições e autoridades devem respeito à Lei, sobretudo à Constituição. O respeito às regras é exigência constitucional, de forma que no centro do ordenamento jurídico está a dignidade da pessoa humana. O ser humano com dignidade é o ponto central da razão do Estado. Portanto, a liberdade de locomoção

---

3. SCOLA, Daniel. *O relato do professor inocentado*: homem entrou em voo em São Paulo e foi detido ao chegar em Porto Alegre, por suspeita de ter encostado na perna da menina. [Porto Alegre], 15 abr. 2021. Instagram: instagram.com/p/CNvpPD3FjTQ/.
SCOLA, Daniel. "Da prisão à absolvição foi muito tempo". [Porto Alegre], 15 abr. 2021. Instagram: https://www.instagram.com/p/CNxZToCD4zn/.

é pilar do Estado Democrático de Direito, não havendo justificativa ou fundamento para manter qualquer pessoa presa sem o absoluto emprego das normas jurídicas em razão de extrema necessidade prática.

Dito isso, cabe aplicação do art. 300, do CPC, assim como, em analogia, o art. 7º, inciso III, da Lei 12.016/2009, para fundamentar o cabimento da liminar em Habeas Corpus. Observa-se o *fumus boni iuris* e *periculum in mora* nos fundamentos da liminar em Habeas Corpus, ademais.

O Habeas Corpus é uma ação emergencial, um instrumento de tutela provisória. Dependendo do caso prático, é tutela de urgência, dependendo é tutela de evidência.

Para efeitos didáticos, registro uma breve explicação sobre o tema "Tutela Provisória". A *tutela provisória* é baseada em *cognição sumária*, havendo uma aparência de direito apenas, que, na medida que houver a instrução, com todas as provas produzidas, o juiz manterá ou não aquela decisão de tutela provisória. A tutela provisória é de urgência e evidência. Como diferenciar uma e outra? *A tutela de urgência é decorrente de uma crise do direito gerada pela emergência do tempo*, não podendo o requerente esperar o final do feito para obter a tutela pedida. Por outro lado, *a tutela de evidência decorre da qualidade do direito*. É uma tutela satisfativa, não havendo necessidade de prova de perigo da crise temporal, cabendo, obviamente, pedido célere e urgente.

A Tutela de urgência é subdivida em satisfativa ou antecipada e cautelar. A tutela de urgência satisfativa antecipa o mérito do feito em razão da crise de tempo pela urgência do caso fático e a tutela de urgência cautelar garante um resultado útil e eficaz do processo. Tanto a tutela de urgência satisfativa ou antecipada e a cautelar são trabalhadas enquanto antecedente e incidental, ou seja, quando o pedido é feito antes do protocolo da inicial e a incidental durante o andamento do feito. Veja, *liminar* é apenas uma decisão antes da hora esperada em razão de necessidade. Assim, se houver ilegalidade e razão para que seja entregue o direito, é necessário que seja a liminar concedida.

Pode acontecer da necessidade de liminar surgir durante o andamento do procedimento já em tramite, de forma que seja necessário atravessar petição no feito do *Writ* e requerer liminar, fundamentada em *periculum in mora* e *fumus boni juris*. Se, por exemplo, o jurisdicionado tenha sido convocado para uma CPI e tenha impetrado Habeas Corpus preventivo para que seja mantido o direito de silencio enquanto investigado, mas o presidente da CPI altera a data da oitiva, a antecipando, e há provas de que haverá a prisão do impetrante em razão de declaração de investigador pela mídia. É o caso de atravessar petição nos autos do Habeas Corpus e requerer a liminar.

Outro exemplo, se o jurisdicionado obtete contra ele ordem de prisão e contra esta decisão o impetrante tenha fundamentado o Habeas Corpus com base numa argumentação baseada em conduta praticada em ausência de justa causa, nos termos do art. 648, inciso I, do CPP, mas durante o tramite do feito o magistrado veio revogar a própria decisão, há necessidade de liminar superveniente para evitar prisão em andamento.

Diante disso, se houver probabilidade do direito, perigo de dano ou o risco ao resultado útil do processo, havendo possibilidade de reversão dos efeitos da decisão, caberá a entrega da liminar no Habeas Corpus, garantindo a liberdade até o julgamento final do *Writ*, quando então poderá ser mantida a liberdade se confirmada a liminar ou revogada definitivamente. É o que determina o art. 300, do CPC.

> Art. 300. A tutela de urgência será concedida quando houver elementos que evidenciem a probabilidade do direito e o perigo de dano ou o risco ao resultado útil do processo.
>
> § 1º Para a concessão da tutela de urgência, o juiz pode, conforme o caso, exigir caução real ou fidejussória idônea para ressarcir os danos que a outra parte possa vir a sofrer, podendo a caução ser dispensada se a parte economicamente hipossuficiente não puder oferecê-la.
>
> § 2º A tutela de urgência pode ser concedida liminarmente ou após justificação prévia.
>
> § 3º A tutela de urgência de natureza antecipada não será concedida quando houver perigo de irreversibilidade dos efeitos da decisão.

Veja que há fatos e fatos, situações diversas, casos e casos, dentre eles, como exemplo, a manifestação constante e combativa do Ministério Público com o objetivo de manter, ao máximo, o jurisdicionado preso durante o processo, mesmo havendo direito de responder ao processo em liberdade. Havendo evidência do direito, assim como medidas protelatórias por parte do MP, há que conceder a liberdade, nos termos do art. 311, do CPC.

> Art. 311. A tutela da evidência será concedida, independentemente da demonstração de perigo de dano ou de risco ao resultado útil do processo, quando:
>
> I – ficar caracterizado o abuso do direito de defesa ou o manifesto propósito protelatório da parte;
>
> II – as alegações de fato puderem ser comprovadas apenas documentalmente e houver tese firmada em julgamento de casos repetitivos ou em súmula vinculante;
>
> III – se tratar de pedido reipersecutório fundado em prova documental adequada do contrato de depósito, caso em que será decretada a ordem de entrega do objeto custodiado, sob cominação de multa;
>
> IV – a petição inicial for instruída com prova documental suficiente dos fatos constitutivos do direito do autor, a que o réu não oponha prova capaz de gerar dúvida razoável.
>
> Parágrafo único. Nas hipóteses dos incisos II e III, o juiz poderá decidir liminarmente.

A regra é a liberdade. *Não há dúvidas quanto a concessão e possibilidade de liminar em Habeas Corpus*. Para além disso, há que considerar que a lei do mandado de segurança, a Lei 12.016/19, no art. 7º, inciso III, permite o cabimento de liminar para questões outras além da liberdade, com menor valor principiológico constitucional. Se cabe a liminar no Mandado de Segurança, cabe no Habeas Corpus.

Art. 7º Ao despachar a inicial, o juiz ordenará:

III – que se suspenda o ato que deu motivo ao pedido, quando houver fundamento relevante e do ato impugnado puder resultar a ineficácia da medida, caso seja finalmente deferida, sendo facultado exigir do impetrante caução, fiança ou depósito, com o objetivo de assegurar o ressarcimento à pessoa jurídica.

Ao despachar a inicial, o juiz ordenará que se suspenda imediatamente o ato que deu motivo ao pedido, havendo fundamento relevante. Ora, se cabe no Mandado de Segurança, *Writ* constitucional, caberá também a liminar no Habeas Corpus.

Assim, verifica-se grave erro haver decisão judicial declarando não haver prescrição legal a liminar em Habeas Corpus denegando em ato contínuo o pedido, o que se vê, diante disso, um absoluto descompasso com a lógica processual constitucional. Se nada impede, considerando a envergadura da elevada importância do direito que se protege, a liberdade, obviamente caberá a liminar no *Writ*. Até porque a decisão que defere a liminar no Habeas Corpus tem natureza de tutela provisória, podendo haver a manutenção ou revogação da decisão inicial no julgamento final do remédio heroico.

Além disso, mesmo que o Impetrante não requeira no texto da exordial do Habeas Corpus, tem o dever legal, a autoridade julgadora, de conceder a liminar de ofício no feito processual da ação constitucional, sendo o que se depreende do art. 654, § 2º, do Código de Processo Penal. Tendo fumaça do direito do jurisdicionado e perigo da demora da decisão, além do exposto acima quanto a tutela provisória e a liminar no mandado de segurança, caberá a liminar no Habeas Corpus. É o direito, é a justiça, é o que se compreende do Estado Democrático de Direito.

O tramite do Habeas Corpus é, em regra, rápido o suficiente para permitir o julgamento do mérito sem que seja necessário a liminar, mas há casos e casos práticos que revelam necessária entrega de decisão antecipada, seja por juiz *a quo* ou relator em tribunal, pois há *fumus boni juris* e *periculum in mora* presentes na peça instrumental, comprovados de plano, de forma que há imprescindibilidade da concessão da medida antecipatória da liberdade. Na exordial, é necessário que sejam os requisitos da liminar destacados do mérito, de forma que o impetrante dê motivos para o julgador viabilizar a tutela requerida, seja satisfativa, seja cautelar, por meio da liminar.

11.9 CABE OUTRO *HABEAS CORPUS* DO INDEFERIMENTO DE LIMINAR EM *HABEAS CORPUS*?

Na medida em que houver a distribuição do Habeas Corpus, será automaticamente direcionado para uma das Câmaras ou Turmas da corte, que também terá o sorteio automático do Relator, que é aquele que conduzirá o andamento do *Writ*. O Relator, dentre outras atividades, fará o relatório do feito processual, assim como decidirá a questão levantada pelo Impetrante em sede liminar, além de decidir em conjunto com os demais julgadores, nos termos do art. 932, do Código de Processo Civil.

Cabe registrar *que é possível a concessão da ordem do Habeas Corpus por decisão monocrática do Relator*, com fulcro no inciso V, art. 932, do Código de Processo Civil, em aplicação analógica.

A análise pelo Advogado quanto ao conteúdo dos Regimentos Internos dos Tribunais os quais haverá a impetração do Habeas Corpus, revela cuidado fundamental para a segurança do andamento do feito processual, sobretudo o estudo da jurisprudência que envolve o caso específico, levando em conta as normas prescritas no capítulo "Da Ordem dos Processo no Tribunal" que consta no Código de Processo Civil, do art. 929 ao 946.

Tem sido cada vez mais comum ver acórdãos em que o Relator apresenta o julgado, o fundamentando e os demais julgadores simplesmente votam com um acanhado "De acordo". E aí se viu um julgamento da corte ser relatado, fundamentado e julgado por um único julgador novamente. Na prática – está julgado o caso concreto por um tribunal.

É lamentável o que se tem na prática, quando o correto seria ver um resultado de julgamento completo, aprofundado, trabalhado com exaustão, por número completo de julgadores. É o que se tem visto em regra, inclusive nas cortes superiores. Ora, o jurisdicionado espera que o seu caso seja exaustivamente trabalhado pelos magistrados, buscando aplicar a justiça após aprofundado debate. Essa lamentável situação tem ocorrido em julgamentos definitivos também. Para combater um absurdo desse, terá que percorrer o caminho da entrega de memoriais para cada componente da turma julgadora e, assim, tentar a atenção dos magistrados. Bem assim dos "juízes" assessores – os magistrados práticos.

Quanto ao julgamento do pedido liminar no Habeas Corpus, o relator o fará. Deveria ser a corte, na integralidade da turma ou câmara, mas a realidade é que é a liminar do Habeas Corpus apreciada e julgada pelo Relator. Um segundo juiz singular analisando o feito, contudo nos tribunais.

Dessa decisão monocrática do magistrado que atua no tribunal, caberá outro Habeas Corpus contra ela se denegar a ordem? Ou seja, *é possível impetrar novo Habeas Corpus contra a decisão do Relator que indeferir a concessão da liminar?* Certamente, cabe outro Habeas Corpus à corte superior. O Relator, ao julgar a liminar do Habeas Corpus, representa o tribunal de base, que se tornou de pronto a autoridade coatora, permitindo a impetração do *Writ* perante o tribunal hierarquicamente superior.

Caberá a impetração do Habeas Corpus contra liminar denegando a ordem decidida por relator, em julgamento singular, principalmente, se a matéria objeto do julgado estiver parâmetro de julgado na corte de base e na corte superior, aquela que julgará o Habeas Corpus impetrado contra a liminar denegada pelo relator.

Para além disso, sem a menor sombra de dúvidas, caberá o Writ contra decisão liminar monocrática de relator se estiver a decisão em estado de teratologia, havendo constrangimento ilegal manifesto, se houver indeferimento da liminar sem fundamento, diante de ilegalidade clara e manifesta, se houver abuso de poder e toda e qualquer ilegalidade em torno do direito fundamental da liberdade. No mesmo sentido, se a decisão denegatória da tutela provisória em Habeas Corpus não fundamentar os requisitos do art. 300, do CPC, base da liminar, assim como o *fumus boni iuris* e *periculum in mora*. Para denegar a liminar, o Relator terá que superar tais requisitos impostos pela legislação. É importante lembrar que a regra é a liberdade e que no balanço entre o direito fundamental da liberdade e meras formalidades, prevalece a norma constitucional.

No Brasil, tem-se visto, infelizmente, um ativismo bastante consistente do Poder Judiciário, considerando, inclusive a criação de normas que tem sido sobreposta em detrimento às normas constitucionais, impedindo a aplicação do direito e, consequentemente, da justiça. Exemplo disso é a Súmula 691, do STF, que cria barreiras para o cabimento de Habeas Corpus contra decisão liminar de relator, no seguinte sentido "Não compete ao Supremo Tribunal Federal conhecer de Habeas Corpus impetrado contra decisão do Relator que, em Habeas Corpus requerido a Tribunal Superior, indefere a liminar".

Ora, o que se vê é o Judiciário criando regras para não aplicar o direito, dando valor em excesso a mera formalidade. Enunciado não é lei e não pode ser lido como ato normativo. E o direito do jurisdicionado que se vê preso ilegalmente? É menor do que as barreiras jurídicas criadas pelos magistrados de tribunais? Vivemos num país em que o juízo de tipificação é feito em centenas de condutas praticadas pelas pessoas diariamente, minuto a minuto, de forma que qualquer um estaria facilmente cometendo delitos diante de condutas simples da vida. A quantidade de crimes que existem é enorme. O Direito penal tem sido aplicado em tudo e todas as áreas do movimento humano em sociedade, deixando de ser subsidiário, fragmentário. Os tribunais devem se ater a isso para movimentar as decisões em prol da aplicação dos direitos fundamentais e não criar filtros para restringir a efetividade de normas constitucionais. É um posicionamento oposto a base democrática do Estado de Direito.

Há movimento para que a Súmula 691, do STF, seja afastada, como, por exemplo, o julgado do Habeas Corpus 163.010/RS, de relatoria do Min. Gilmar Mendes, que, no caso em espécie, entendeu "caracterizada situação apta a ensejar o afastamento da Súmula 691/STF". Para além disso, mesmo que não seja conhecido o Habeas Corpus em tais circunstâncias, havendo ilegalidade, caberá ao Tribunal conhecer de ofício e determinar a liberdade.

Certamente, em caso de flagrante ilegalidade e manifesta teratologia na decisão recorrida ou abuso de poder, terá que haver o afastamento da Súmula 691, do STF.

Para tanto, considere as seguintes proposições:

a) que se trata de ação constitucional, instrumento que viabiliza direito fundamental;

b) ser o Writ o instrumento que transporta a liberdade para célere cumprimento da ordem constitucional, no Estado Democrático de Direito;

c) que não há lei ou qualquer norma que proíba o cabimento do Habeas Corpus contra ilegalidade perpetrada por autoridade coatora em sede de decisão de liminar;

d) que súmula não é norma jurídica e por isso nem tem o condão de ser norma jurídica impeditiva da viabilidade de instrumento constitucional;

e) a balança entre a aplicação da norma constitucional e simplória súmula de tribunal pesa para a aplicação e efetividade dos direitos fundamentais;

f) súmula de tribunal não pode restringir aplicação de direito constitucional, sobretudo norma fundamental;

Diante de tais proposições, há que admitir Habeas Corpus em face de eventual constrangimento gerado em decisão liminar em Habeas Corpus de Relator de Tribunal.

Após a decisão liminar, o feito tem andamento para apreciação da câmara ou turma do Tribunal. Para superar a ausência de recurso em face de decisão liminar denegatória no Writ, cabe outro Habeas Corpus à instancia superior. Se há impetração de Habeas Corpus em face de liminar indeferida por juiz *a quo*, sendo indeferida a liminar no tribunal, cabe Habeas Corpus à instancia superior. É necessário que o impetrante faça um corte claro na tese imposta, revelando a prova da ilegalidade, com destaque dos requisitos da tutela antecipada, seja satisfativa ou cautelar, que permita a impetração em cascata de Habeas Corpus em face de decisões denegatórios de liminar.

11.9.1 O *habeas corpus* no Superior Tribunal de Justiça é prejudicado por liminar em *habeas corpus* no Supremo Tribunal Federal?

No Habeas Corpus[4] 123.339, de relatoria da Min. Cármen Lúcia, assim como outros da corte suprema, revela posicionamento do STF quanto ao tema do ques-

---

4. Habeas corpus. Constitucional. Processo penal. Estupro e sequestro. Indeferimento de medida liminar por desembargador. Ato questionado no superior tribunal de justiça. Julgamento colegiado em segunda instância pelo prejuízo da impetração: liminar deferida neste supremo tribunal. Decisão precária. Exame de mérito do habeas corpus pelo tribunal de justiça. Pressupostos da prisão cautelar. Inexistência de flagrante constrangimento ilegal. Fundamentação idônea para a manutenção da prisão. Habeas corpus não conhecido. Ordem concedida de ofício. 1. A decisão liminar e precária proferida nestes autos não leva ao prejuízo da impetração no Superior Tribunal de Justiça nem no Tribunal de Justiça de São Paulo, devendo a jurisdição exaurida em cada instância. 2. O exame dos pleitos do Impetrante, neste momento, traduziria dupla supressão de instância, por não ter o Tribunal de Justiça de São Paulo apreciado o mérito da impetração. 3. Inexistência de flagrante constrangimento ilegal a permitir a superação de duas instâncias para a concessão da liberdade. A prisão do Paciente harmoniza-se com a jurisprudência deste Supremo

tionamento acima, de forma que a decisão liminar proferida no STF, em sede de Habeas Corpus, "não leva ao prejuízo da impetração" no STJ, devendo a jurisdição ser exaurida em cada instância. É um resumo de entendimento das cortes superiores no sentido de que ocorre a supressão de instancia se o Tribunal de grau menor se recusar a julgar o mérito do Habeas Corpus em razão de liminar concedida em instancia superior.

A concessão de liminar no *Writ* impetrado no STF contra decisão de relator em Habeas Corpus impetrado no STJ não prejudica a tramitação e julgamento do *Writ* no Tribunal de base – Superior Tribunal de Justiça. Em outras palavras, o deferimento de liminar em Habeas Corpus por ministro do STF não prejudica o exame de mérito do Habeas Corpus ajuizado no Superior Tribunal de Justiça.

11.9.2 Cabe Agravo Regimental no Superior Tribunal de Justiça em face de decisão liminar em *habeas corpus*?

A decisão de ministro relator que indefere liminar em sede de Habeas Corpus não comporta agravo regimental[5], exceto em situações teratológicas. Por outro lado, como já assentado, cabe outro Habeas Corpus com pedido liminar em sede superior contra decisão liminar no Superior Tribunal de Justiça, mesmo que haja restrição pela Súmula 691, do Supremo Tribunal Federal que prescreve que "Não compete ao Supremo Tribunal Federal conhecer de Habeas Corpus impetrado contra decisão do relator que, em Habeas Corpus requerido a Tribunal Superior, indefere a liminar". Muito embora a mencionada Súmula faça referência aos tribunais superiores, os tribunais estaduais e regionais passaram a aplicar o "entendimento sumulado" por analogia, não conhecendo do *Writ* contra decisão indeferindo liminar.

Se não cabe recurso contra decisão que indefere liminar em Habeas Corpus, em regra, e a súmula 691, do STF, impede o conhecimento de Habeas Corpus impetrado contra decisão que indefere liminar em tribunal superior, o que fazer diante de ilegalidade? A resposta mais assertiva é a impetração de Habeas Corpus, quando se

---

Tribunal, que assentou ser a periculosidade do agente, evidenciada pelo modus operandi e pelo risco de reiteração delitiva, motivo idôneo para a custódia cautelar. Precedentes. 4. Habeas Corpus não conhecido. Liminar deferida nestes autos superada. Ordem concedida de ofício para cassar o acórdão proferido pela Sétima Câmara de Direito Criminal do Tribunal de Justiça de São Paulo pelo prejuízo do Habeas Corpus n. 2103739-67.2014.8.26.0000, Relator o Desembargador Camilo Léllis, e determinar que esse órgão colegiado prossiga no exame do mérito da impetração. (BRASIL. Supremo Tribunal Federal. HC 123.339/SP. Rel.: Min. Cármen Lúcia, 14 out. 2014. *Diário de Justiça Eletrônico*, Brasília, DF, 15 out. 2014).

5. Processual penal. Agravo regimental interposto contra indeferimento de liminar, em habeas corpus. Decisão fundamentada. Não cabimento. Agravo não conhecido. I. A decisão recorrida apreciou, fundamentadamente, o pedido formulado em sede de liminar, dando-lhe, contudo, solução jurídica diversa da pretendida pelo recorrente. II. A teor da jurisprudência pacífica deste Superior Tribunal de Justiça, não cabe recurso contra decisão de Relator que defere ou indefere, fundamentadamente, o pedido de liminar, em Habeas Corpus. III. Agravo regimental não conhecido. (BRASIL. Superior Tribunal de Justiça. AgRg no HC: 74.599 PR 2007/0008198-7. Processual Penal. Habeas Corpus. Prisão Temporária. Denúncia Recebida. Insubsistência do Decreto. [...]. Rel.: Min. Assusete Magalhães, 18 dez. 2012. *Diário de Justiça*, Brasília, DF, 21 mar. 2013).

terá o conhecimento da ilegalidade de ofício. Cabe ao Advogado esclarecer na peça do instrumento de Habeas Corpus o motivo de afastamento da súmula 691, do STF. É uma situação prática no mínimo interessante, pois não se conhece do instrumento, mas a ordem é concedida de ofício.

No Habeas Corpus 467.014/CE, de relatoria do Min. Sebastião Reis Júnior, houve claro afastamento da súmula 691, do STF, por duas vezes. Certamente, a decisão foi acertada, pois um impeditivo sumular estruturado por mera formalidade não pode restringir o direito fundamental à liberdade, sobretudo no Estado Democrático de Direito. Celso de Mello, em decisão de Habeas Corpus 106.860/SC, no STF, registrou posicionamento no sentido de que "A não aplicação da Súmula 691/STF tem ocorrido na prática processual desta Corte, como o evidenciam diversas decisões proferidas, quer em sede monocrática, quer em sede colegiada".

Assim, diante de ilegalidade, requerida apreciação, conforme a presente discussão, em sede liminar em Habeas Corpus, se indeferida, cabe então, por ser mais assertivo estrategicamente, a impetração de outro *Writ* com pedido liminar em instancia superior com destaque de afastamento da súmula 691/STF. Perante a ilegalidade, diante dos requisitos de liminar – *fumus boni iuris* e *periculum in mora,* a concessão da ordem poderá ser de ofício.

11.10 INFORMAÇÕES REQUISITADAS E FORMALIDADES LEGAIS NO RITO DO *HABEAS CORPUS*

O Código de Processo Penal, no art. 656, prescreve que uma vez recebida a exordial, o juiz, se entender necessário, e estiver preso o paciente, mandará que este lhe seja imediatamente apresentado em dia e hora que designar. Em caso de desobediência, será expedido mandado de prisão contra o detentor, que será processado na forma da lei, e o juiz providenciará para que o paciente seja tirado da prisão e apresentado em juízo. É claro que não se vê, na prática, tamanha prestatividade do magistrado, que muitas vezes não observa a prescrição legal com efetividade. Cabe lembrar que se a autoridade coatora impedir ou retardar, injustificadamente, o envio de pleito de preso à autoridade judiciária competente para a apreciação da legalidade de sua prisão ou das circunstâncias de sua custódia, poderá sofrer as iras da sanção penal definida em preceito secundário do art. 19, da Lei de Abuso de Autoridade – Lei 13.869/2019, cuja pena é de detenção de 1 a 4 anos, e multa.

Se a inicial do Habeas Corpus estiver em ordem, nos termos do art. 654, §1º, do CPP[6], o magistrado, em regra o Relator, requisitará a autoridade coatora informações

---

6. Art. 654. O Habeas Corpus poderá ser impetrado por qualquer pessoa, em seu favor ou de outrem, bem como pelo Ministério Público.
   § 1º A petição de Habeas Corpus conterá:
   a) o nome da pessoa que sofre ou está ameaçada de sofrer violência ou coação e o de quem exercer a violência, coação ou ameaça;

por escrito, conforme determina o art. 662, do CPP[7]. Na prática, o juiz ou relator solicitam, como regra, informações por escrito à autoridade coatora, a depender de onde estiver em tramite o Habeas Corpus. Obviamente, se ocorrer de o *Writ* ser conduzido por juiz vocacionado, garantista quanto a aplicação constitucional do processo penal, havendo provas bastantes para comprovar o constrangimento contra a liberdade do paciente, haverá a concessão da ordem de imediato, não podendo a liberdade ser condicionada às informações. Até porque, pode ocorrer da autoridade coatora deixar de prestá-las no tempo determinado. Diante da demora ou falta de informações, deve o magistrado analisar o *Writ* e decidir. Na eventualidade do particular não prestar as informações, é certo que poderá configurar crime de desobediência. Se servidor público, ausente do seu dever, poderá ser responsabilizado pela via criminal, além das demais consequências, a depender do caso em concreto.

É, com certeza, de alta relevância e importância que o Advogado instrua o Habeas Corpus com o máximo de informações possíveis em relação à ilegalidade, abuso de poder ou qualquer prova que evidencie o constrangimento ilegal, pois, se a autoridade coatora "omitir pontos fáticos" ou se "equivocar" na prestação de informações, ciente de que sua voz não tem presunção de veracidade absoluta, as provas para a liberdade estarão disponíveis para a concessão da ordem, sobretudo se existir verossimilhança nos fundamentos da exordial e o alinhamento com as provas pré-constituídas.

Se houver demora prejudicial no envio das informações pela autoridade coatora, ou mesmo ausência das informações, o julgamento do *Writ* é medida de justiça que se impõe, dando valor à liberdade, ao direito de ter o Habeas Corpus julgado.

De outro lado, é necessário o registro de que as informações atualizam a situação fática junto ao julgador, pois se a autoridade coatora remeter informações e nelas a decisão demonstrando a soltura do paciente, incorrerá o *Writ* na falta de interesse de agir pela perda superveniente do objeto.

Para além disso, se o Juízo apontado como autoridade coatora tiver relatado não estar o paciente detido em razão dos "autos originários gerador do Habeas Corpus" e o impetrante não tiver levado aos autos qualquer prova em contrário, não será possível constatar o constrangimento ilegal no caso em concreto, já que a ação de Habeas Corpus não se presta à dilação probatória, como regra, exigindo

---

b) a declaração da espécie de constrangimento ou, em caso de simples ameaça de coação, as razões em que funda o seu temor;

c) a assinatura do impetrante, ou de alguém a seu rogo, quando não souber ou não puder escrever, e a designação das respectivas residências.

7. Art. 662. Se a petição contiver os requisitos do art. 654, § 1º, o presidente, se necessário, requisitará da autoridade indicada como coatora informações por escrito. Faltando, porém, qualquer daqueles requisitos, o presidente mandará preenchê-lo, logo que lhe for apresentada a petição.

provas pré-constituídas[8]. Daí a importância de a instrução da ação ser detidamente realizada, mesmo que por via da investigação defensiva.

11.11 HÁ EFEITO EXTENSIVO DA ORDEM DE *HABEAS CORPUS*, EM CONCURSO DE AGENTES, QUANDO IMPETRADO O *WRIT* POR UM DOS ENVOLVIDOS?

O art. 580, do CPP, prescreve que no caso de concurso de agente, a decisão do recurso interposto por um dos réus, se fundado em motivos que não sejam de caráter exclusivamente pessoal, aproveitará aos demais. Trata-se de norma processual alocada nas disposições gerais dos recursos em geral no Código de Processo Penal. Muito embora a natureza jurídica do Habeas Corpus seja definida como ação constitucional, é plenamente cabível a aplicação do art. 589, do CPP, no *Writ*. O Habeas Corpus[9] 110.835, de relatoria do então Min. Celso de Mello, na segunda turma do STF, destaca a concessão dos efeitos da ordem de Habeas Corpus para outros réus.

Há certa obviedade nisso, pois a regra de isonomia se aplica a recursos, não havendo motivos para negar aplicação ao instrumento do Habeas Corpus, afinal, a liberdade é a regra. Dito isso, conclui-se que não há razão para pessoas em situações iguais terem tratamentos jurídicos diferentes do Estado.

A extensão do resultado do julgamento de Habeas Corpus impetrado por um réu poderá abranger os outros que se encontrem em situação objetiva ou subjetiva idêntica à do beneficiado pela concessão da ordem.

Nesse sentido, se quatro réus respondem pelo mesmo delito, em situações semelhantes, e um deles impetra Habeas Corpus alegando ausência de justa causa, a ordem terá que ser concedida a todos os demais envolvidos no processo criminal.

Para viabilizar o efeito extensivo, basta que o Advogado atravesse uma petição nos autos apontando semelhança ou igualdade de condições com aquele que obteve

---

8. Habeas corpus – Informações do juízo apontado como autoridade coatora – Prisão decretada por outro juízo – Ausência de constrangimento ilegal – Preso por outro processo – Falta de provas pré-constituídas – Ausência de provas em sentido contrário – Ordem denegada. Se o Juízo apontado como autoridade coatora relatou não estar o paciente detido em razão destes autos e o impetrante não trouxe aos autos qualquer prova em contrário, não é possível se constatar qualquer constrangimento ilegal no caso, já que a ação de Habeas Corpus não se presta à dilação probatória, exigindo provas pré-constituídas. (Minas Gerais, Tribunal de Justiça (7ª Câmara Criminal). HC: 10000170332068000 MG. Habeas Corpus – Desacato – Trancamento da Ação Penal – Crime de Menor Potencial Ofensivo – Competência da Turma Recursal do Juizado Especial [...]. Relator Matheus Chaves Jardim, 13 jul. 2017. Tribunal de Justiça, 24 fev. 2017).
9. A Turma, por votação unânime, deferiu o pedido de Habeas Corpus para estender em favor do paciente os efeitos da decisão concessiva proferida nos autos do *HC* 80.863/SP, impetrado perante o Superior Tribunal de Justiça, em ordem (a) a reduzir a pena imposta ao ora paciente, quanto ao crime de quadrilha, para 01 (um) ano de reclusão; (b) a fixar, tanto para o delito previsto no art. 288 do CP quanto para o crime a que se refere o art. 316 do CP, o regime aberto para o cumprimento da pena imposta ao sentenciado Carlos Alberto Nunziata Franco, no acórdão emanado do E. Tribunal de Justiça do Estado.(HC 110835, órgão julgador, Segunda Turma do STF, relator Min. Celso de Mello, julgamento 24.04.2012, publicação 1º.02.2013).

a concessão da ordem. Se não for o efeito estendido automaticamente pelo juiz ou relator, caberá, certamente, Habeas Corpus para concessão da extensão dos efeitos da ordem primeva.

Obviamente, nada impediria que fossem opostos embargos de declaração com efeitos infringentes caso houvesse o pedido de extensão na exordial. Às vezes, tais equívocos passam despercebidos, ou são decididos por servidores desatentos aos detalhes do processo, o que resolveria com um mero despacho com o magistrado que eventualmente tenha concedido a ordem.

11.12 INTERVENÇÃO DO QUERELANTE EM *HABEAS CORPUS* IMPETRADO PELO QUERELADO – AÇÃO PENAL PRIVADA

Na ação penal privada, há litigantes particulares em feito processual criminal, sendo partes disputando a aplicação da sanção penal diante de imputação de uma à outra perante prática de fato típico, antijurídico e culpável. Não há como negar que há o interesse particular em jogo, por via de processo criminal. Independentemente do delito, havendo, por exemplo, decisão recebendo a queixa crime, sendo esta decisão impactada por Habeas Corpus manejado pelo querelado, caberá, por certo, ao querelante intervir no *Writ*, pois é diretamente interessado no resultado do instrumento do Habeas Corpus assim como na ação penal privada.

Se, nesse sentido, houver trancamento da ação penal privada por via do Habeas Corpus, em consideração à ausência de justa causa, caberá ao querelante juntar provas e manifestar no feito do Habeas Corpus para comprovar o oposto, mantendo o regular andamento da ação criminal privada.

Nos termos do art. 581, inciso X, poderia o querelante interpor recurso em sentido estrito contra decisão que conceder a ordem de Habeas Corpus para trancar a ação criminal, ou poderá, também, nos próprios autos do Habeas Corpus, manifestar e juntar provas contrárias, formando ali um contraditório forçado em razão da sua natureza jurídica de litigante.

Não há razão para a recusa da participação do querelante em Habeas Corpus impetrado em favor do querelado contra decisão que determinou o trancamento da ação penal ou em caso de Habeas Corpus impetrado contra decisão que recebeu a queixa crime. O querelante poderia, inclusive, sustentar oralmente da tribuna, assim como o querelado impetrante do *Writ*.

Nesse sentido, o STF decidiu[10] que: "Em "habeas corpus" impetrado em favor do querelado contra decisão que recebeu a queixa é irrecusável a intervenção do querelante, que comparece ao feito para oferecer razões escritas e sustentá-las oralmente. Diferentemente do assistente do Ministério Público, que não é parte no

---
10. STF, Pleno, Pet 423 AgR/SP, Rel. Min. Sepúlveda Pertence, julgamento de 26.04.1991, DJ 13.03.1992.

processo da ação penal pública, o querelante – ainda que não seja o sujeito da pretensão punitiva deduzida, sempre estatal –, é titular do direito de ação penal privada e parte na consequente relação processual. Ainda que, formalmente, o querelante não seja parte na relação processual do "habeas corpus", não se lhe pode negar a qualidade de litigante, se, dado o objeto da impetração, no julgamento se poderá decidir da ocorrência das condições da ação penal privada, direito público subjetivo do qual o querelante se afirma titular; similitude do problema com a questão do litisconsórcio passivo, em mandado de segurança, entre a autoridade coatora e o beneficiário do ato impugnado. A substituição pelo habeas corpus do recurso cabível contra decisão tomada no processo penal condenatório é faculdade que não se tem recusado à defesa; mas, a utilização do habeas corpus ao invés do recurso não afeta a identidade substancial do litígio subjacente, e não pode explicar o alijamento, da discussão judicial dele, do titular da acusação contra o paciente, se utilizada a via do recurso cabível no processo condenatório, no procedimento teria, a posição de recorrido, com todas as faculdades processuais a ela inerentes. Dada a supremacia das garantias constitucionais do *due process* e seus corolários (v.g., CR, art. 5º, LIII a LVII e art. 93, IX) outorgadas a quem quer que seja o sujeito do litígio substancial posto em juízo –, cumpre amoldar à efetividade delas a interpretação da vetusta disciplina legal do habeas corpus: as leis é que se devem interpretar conforme a Constituição e não, o contrário".

Trata-se de julgado de extrema valia e que está em vigor o presente posicionamento, configurando a posição quanto a identidade substancial do querelante na condição de parte litigante no bojo dos autos do Habeas Corpus determinante em processo criminal de viés privado, de forma que cabe sua participação diante da força normativa das garantias constitucionais do *due processo of law*.

11.13 INTERVENÇÃO DO MINISTÉRIO PÚBLICO NO *HABEAS CORPUS*

O Habeas Corpus é ação constitucional que visa destituir a existência de uma ilegalidade contra ato estatal abusivo. O escopo da ação gira em torno de um direito fundamental. O *Habeas Corpus* é um instrumento do jurisdicionado que pretende ver aplicado o direito fundamental, que busca a salvaguarda da aplicação da Constituição da República, em face de decisão de autoridade coatora. O *Writ* é destacado e caracterizado por ser procedimento com análise perfunctória do *standard* probatório, não havendo envergadura para produzir provas ou uma análise de cognição probatória mais complexa. As provas devem ser apresentadas num jato só em conjunto com a inicial para iluminar a lesão ao direito fundamental por violência ao direito de liberdade de locomoção.

Dito isso, após impetrar o Habeas Corpus, com a devida demonstração das provas revelando a fundamentada eventual ilegalidade ou coação à liberdade, o magistrado que analisar a peça processual e o conjunto de provas que podem revelar a lesão ao direito de liberdade, fazendo um juízo de cognição sumária, inicialmente, deverá aplicar a constituição e fazer prevalecer o direito constitucional em debate.

Nesse sentido, *não há razão prática para ouvir o Ministério Público, que não tem qualquer papel processual ou interesse na demanda*, não havendo necessidade de a parte acusatória opinar numa ação que visa a liberdade comprovadamente atacada de forma ilegal por autoridade coatora.

A alegação de contraditório não procede, porque o próprio rito do procedimento de Habeas Corpus não permite a produção probatória para discutir o ato da prisão, o que já ocorre com a participação do Ministério Público na audiência de custódia e, também, em procedimentos processuais de apuração de eventual delito.

Além disso, diferente de interesse privado em jogo, conforme consta essencialmente na intervenção do querelante em Habeas Corpus impetrado pelo querelado. Se inexistir o interesse privado, resta a conclusão de que o interesse público vigente é a tutela da lei, da constituição, do direito fundamental da liberdade – a manutenção da liberdade. Na prática, contra a manutenção da liberdade, atua o Ministério Público. Até porque o juiz não precisa da opinião do Parquet para identificar afronta a lei, violência a liberdade, perante provas que consubstanciam a inicial do Habeas Corpus. *A participação do MP no Habeas Corpus é irrelevante, não fazendo sentido processual,* muito embora, na prática, o *Parquet* participa do procedimento do *Writ*, muitas das vezes, gerando embaraços à aplicação do direito fundamental liberdade.

Pois bem. Na segunda instância, nos termos do art. 1º, do Decreto-Lei 552, de 25 de abril de 1969, há determinação para que haja vista ao Ministério Público nos processos de Habeas Corpus.

> Art. 1º Ao Ministério Público será sempre concedida, nos Tribunais Federais ou Estaduais, vista dos autos relativos a processos de Habeas Corpus ordinários ou em grau de recurso pelo prazo de 2 (dois) dias.
> § 2º A vista ao Ministério Público será concedida após a prestação das informações pela autoridade coatora salvo se o relator entender desnecessário solicitá-las, ou se solicitadas, não tiverem sido prestadas.

Em que pese haver um Decreto-Lei do ano de 1969, norma criada em ambiente político avassalador aos direitos individuais e fundamentais, com cultura constitucional absolutamente oposta aos dias de hoje, muito antes da entrada em vigor da Constituição da República de 1988, dirigente, vocacionada para a defesa dos direitos individuais, garantista, verifica-se o não recepcionamento desta norma pelo Direito Constitucional.

Querer aplicar este Decreto-Lei de 1969 aos dias de hoje é o mesmo que esquecer os valores constitucionais momentâneos, o Estado Democrático de Direito, e a importância da liberdade de locomoção como direito fundamental. De toda forma, na prática não costuma o MP juntar parecer no prazo exíguo de 2 dias. Decorrendo o prazo, deve o Advogado peticionar suscitando o decreto e requerendo a decisão sem o parecer ministerial.

Além disso, *não há lei que determine a participação do Ministério Público no Habeas Corpus quando impetrado em primeira instância.*

Com base nisso, tecnicamente não há que se falar em participação obrigatória do Ministério Público em Habeas Corpus impetrado pelo jurisdicionado em condições de liberdade de locomoção violada por ato de autoridade coatora.

O instrumento visa a liberdade, deve ser célere, *inaudita altera parte*, pois tem como fundo de natureza jurídica, para além de ação constitucional, uma estrutura de tutela provisória de urgência clamando por dar eficácia a um sagrado direito constitucional violado – a liberdade. As razões e reflexões quanto a irrelevância da presença do Ministério Público no Habeas Corpus são de ordem lógica, normativa e prática.

11.14 INTERVENÇÃO DO ASSISTENTE DE ACUSAÇÃO NO *HABEAS CORPUS*

O assistente de acusação tem legitimidade para intervir em Habeas Corpus? Está superada a Súmula 208, do STF, que descreve que "O assistente do Ministério Público não pode recorrer extraordinariamente de decisão concessiva de Habeas Corpus"?

Antes da entrada em vigor da Lei 12.403/11, que alterou o art. 311, do Código de Processo Penal, não havia participação do assistente de acusação no requerimento de prisão preventiva.

Posteriormente, houve a alteração do mesmo artigo do CPP, pela Lei 13.964/19, que deu a seguinte redação ao art. 311, da carta processual penal.

> Art. 311. Em qualquer fase da investigação policial ou do processo penal, caberá a prisão preventiva decretada pelo juiz, a requerimento do Ministério Público, do querelante ou do assistente, ou por representação da autoridade policial.

O Legislador manteve a presença do assistente de acusação como figura com legitimidade para requerer a prisão preventiva em fase de investigação policial ou no bojo do processo penal.

Contudo, o assistente de acusação não tem interesse processual em manifestar na ação penal constitucional que altera a realidade de um processo, nem mesmo naquele que houve requerimento do assistente para decretação de prisão preventiva.

Pelos mesmos motivos que o Ministério Público não possui legitimidade para manifestar em Habeas Corpus, qual seja, ausência de permissivo legal, não recepção pela Constituição da República, de Decreto Lei 552/1969, ausência de produção de provas, com o contraditório, escopo do *Writ* direcionado para a aplicação do direito fundamental de liberdade em face de ato lesivo de autoridade coatora, *não cabe lógica processual ao assistente da acusação a participação no Habeas Corpus.*

12
O *HABEAS CORPUS* SUBSTITUTIVO DE RECURSO

Sob o viés da análise do interesse de agir, há que verificar o desenvolvimento jurisprudencial da admissão do instrumento do Habeas Corpus quando usado em substituição aos recursos que denegam a ordem em instância inferior. O procedimento do Habeas Corpus é mais célere do que o procedimento do meio de impugnação à decisão que denega o *Writ*.

Se houver determinado constrangimento ilegal contra a liberdade de alguém, de forma que o jurisdicionado tenha que manusear um Habeas Corpus contra a decisão de autoridade coatora, poderá, ao invés de interpor adequado recurso, impetrar outro Habeas Corpus em substituição ao legal meio de impugnação?

Eis o problema!

Por exemplo: se um Juiz Federal for a autoridade coatora, o Advogado poderá impetrar Habeas Corpus perante o Tribunal Regional Federal competente. E se o TRF denegar a ordem? Se recorrer por meio de Recurso Ordinário Constitucional – ROC terá uma tramitação mais demorada do que a impetração de outro Habeas Corpus substitutivo ao meio de impugnação adequadamente prescrito no art. 105, inciso II, "a", da Constituição da República.

> Art. 105. Compete ao Superior Tribunal de Justiça:
> II – julgar, em recurso ordinário:
> a) os Habeas Corpus decididos em única ou última instância pelos Tribunais Regionais Federais ou pelos tribunais dos Estados, do Distrito Federal e Territórios, quando a decisão for denegatória;

Ainda, para exemplificar, na eventualidade de um delegado de polícia determinar a prisão em flagrante de alguém, sem que haja ato de flagrância, por exemplo, o seu cliente se entregar, haverá o constrangimento ilegal, cabendo o Habeas Corpus a ser impetrado perante o Juiz Estadual. Se o magistrado denegar a ordem, nos termos do art. 581, inciso X, do Código de Processo Penal, caberá a interposição de Recurso em Sentido Estrito, que será julgado no Tribunal de Justiça.

> Art. 581. Caberá recurso, no sentido estrito, da decisão, despacho ou sentença:
> X – que conceder ou denegar a ordem de Habeas Corpus.

Obviamente, o julgamento do RESE seria muito mais moroso do que o julgamento de um Habeas Corpus substitutivo ao Recurso em Sentido Estrito.

O Habeas Corpus leva à autoridade judicial uma violência do Estado contra os direitos constitucionais do cliente de maneira muito rápida, precisa, contundente, podendo ser avaliado pelos magistrados prontamente.

Não consta na lei ou na constituição o cabimento do Habeas Corpus substitutivo. A tese que justifica o cabimento do Habeas Corpus nesta circunstância é muito lógica, pois decorre de constrangimento ilegal de autoridade coatora que impede o exercício do direito constitucional de liberdade do jurisdicionado. Uma vez que há lesão à liberdade, impetrando o instrumento do Habeas Corpus, sendo ele denegado, *a autoridade que denegou a ordem passa ser a coatora*, cabendo outro Habeas Corpus. O juiz ou tribunal passam a representar a extensão da figura dos responsáveis pelo constrangimento ilegal, vestindo a capa da autoridade coatora, sendo este o motivo permissivo para a adequação na impetração do *Writ*.

Juiz erra e erra muito. Ou são os juízes assessores? Alguém erra. Se não errasse não precisaria de Advogado. Além disso, o que se discute é a liberdade de uma pessoa, às vezes jogada numa masmorra – as prisões brasileiras.

Nada justifica prevalecer a morosidade de uma decisão por mera questão de formalidade diante do direito constitucional da liberdade. Os juízes devem olhar para o jurisdicionado que suplica pela sua liberdade com bastante cuidado, com mais atenção, com mais humanidade e sensibilidade. Não admitir o Habeas Corpus substitutivo por entender inadequado em razão de haver recurso prescrito em lei é mais do que uma lesão à Constituição da República, sendo isso ofensivo à dignidade da pessoa humana, à condição essencial do ser humano. O formalismo, seja por qual motivo for, por qual argumento for, nunca deverá prevalecer à urgência de atenção ao princípio constitucional da liberdade.

A demanda do cliente que suplica pela liberdade é urgentíssima. O Advogado é aquele que irá levar o caso com as provas, argumentos, requisitos, questões de relevância, fatos, comprovando o equívoco da autoridade quanto à prisão, os erros e constrangimento ilegal, a violação à constituição, ao Poder Judiciário para que seja então estancado o ataque ao sagrado direito de liberdade usurpado por conduta inadmissível de uma autoridade coatora. Tem que haver um meio de acesso fácil, rápido, incisivo, eficiente para dar um paradeiro à dor daquele suplicante. É o Habeas Corpus. Se for o Habeas Corpus Substitutivo, tem que ser este o instrumento salvador. O recurso muitas vezes não é, pois o procedimento é moroso. Imagina ficar o jurisdicionado 6 meses preso esperando julgamento de um recurso? Isso é um absurdo, inadmissível, inaceitável. De outro lado, o Habeas Corpus Substitutivo tem julgamento em menos de uma semana (em regra), quando o magistrado tem acesso à ilegalidade para então remediar com a soltura do cliente.

Portanto, por mais que haja recurso prescrito em lei contra decisão denegatória de Habeas Corpus, o remédio para a ilegalidade, para salvaguardar o sagrado direito de liberdade ilicitamente usurpado de alguém, poderá ser o Habeas Corpus Substitutivo. Mesmo não havendo a lei que lhe permita aplicação sem qualquer tipo de dúvidas.

A realidade prática do cabimento do Habeas Corpus Substitutivo varia conforme o suplicante. Infelizmente o Brasil tem esse tipo de desconformidade jurídica. Há insegurança jurídica devido a falta de coerência sistêmica com consequente desconfiança na lógica da prestação jurisdicional. É necessário exercitar a advocacia com qualidade em torno disso, sabendo da realidade.

Quanto ao Habeas Corpus Substitutivo, há divergência nos tribunais, internamente, e tratamento diverso entre diversos tribunais.

A 1ª Turma do STF, no HC 109.956, entendeu inadequada a impetração do Habeas Corpus em substituição ao recurso ordinário. Veja a ementa: "Habeas Corpus – Julgamento por tribunal superior – Impugnação. A teor do disposto no artigo 102, inciso II, alínea "a", da Constituição Federal, contra decisão, proferida em processo revelador de Habeas Corpus, a implicar a não concessão da ordem, cabível é o recurso ordinário. Evolução quanto à admissibilidade do substitutivo do Habeas Corpus. Processo-crime – Diligências – Inadequação. Uma vez inexistente base para o implemento de diligências, cumpre ao Juízo, na condução do processo, indeferi-las. *Decisão*. Por maioria de votos, a Turma julgou inadequado o Habeas Corpus como substitutivo de recurso ordinário, nos termos do voto do Relator, vencido o Senhor Ministro Dias Toffoli, Presidente. Falaram: o Dr. Matheus Gabriel Rodrigues de Almeida, pelo Paciente, e a Dra. Cláudia Sampaio Marques, Subprocuradora-Geral da República, pelo Ministério Público Federal. 1ª Turma, 7.8.2012. (HC 109956/PR – Paraná – Relator Min. Marco Aurélio, julgamento 07.08.2012, publicação 11.09.2012, Órgão Julgador: Primeira Turma)".

Em formato diverso foi o pensamento da 2ª Turma da corte suprema, conhecendo do Habeas Corpus Substitutivo, havendo como exemplo, o HC 108.994. Veja a ementa: "Impetração de Habeas Corpus substitutivo de recurso especial. Admissibilidade. Peculiaridades do caso concreto. Concessão da ordem. O eventual cabimento de recurso especial não constitui óbice à impetração de Habeas Corpus, desde que o direito-fim se identifique direta e imediatamente com a liberdade de locomoção física do paciente. Habeas Corpus concedido, para que o STJ conheça e aprecie o mérito do HC 165.768/MG. Decisão. A Turma, por unanimidade, concedeu a ordem para que o Superior Tribunal de Justiça conheça do HC 165.786/MG e se pronuncie sobre o seu mérito, nos termos do voto do Relator. Ausente, justificadamente, o Senhor Ministro Gilmar Mendes. 2ª Turma, 15.05.2012 (HC 108994/MG – Minas Gerais. Relator Min. Joaquim Barbosa, julgamento 15.05.2012, publicação 30.05.2012, órgão julgador: Segunda Turma)".

O Pleno do STF, no âmbito de análise do Habeas Corpus 152.752 cujo paciente foi o Sr. Luiz Inácio Lula da Silva, assentou entendimento quanto a possibilidade de conhecimento do Habeas Corpus Substitutivo do Recurso Ordinário. Veja a ementa: "Habeas corpus. Matéria criminal. Execução provisória da pena. Impetração em substituição a recurso ordinário constitucional. Cognoscibilidade. Ato reputado coator compatível com a jurisprudência do STF. Ilegalidade ou abuso de poder. Inocorrência. Alegado caráter não vinculante dos precedentes desta corte. Irrelevância. Deflagração da etapa executiva. Fundamentação específica. Desnecessidade. Pedido expresso da acusação. Dispensabilidade. Plausibilidade de teses veiculadas em futuro recurso excepcional. Supressão de instância. Ordem denegada. 1. Por maioria de votos, o Tribunal Pleno assentou que é admissível, no âmbito desta Suprema Corte, impetração originária substitutiva de recurso ordinário constitucional. 2. O Habeas Corpus destina-se, por expressa injunção constitucional (art. 5º, LXVIII), à tutela da liberdade de locomoção, desde que objeto de ameaça concreta, ou efetiva coação, fruto de ilegalidade ou abuso de poder. 3. Não se qualifica como ilegal ou abusivo o ato cujo conteúdo é compatível com a compreensão do Supremo Tribunal Federal, sobretudo quando se trata de jurisprudência dominante ao tempo em que proferida a decisão impugnada. 4. Independentemente do caráter vinculante ou não dos precedentes, emanados desta Suprema Corte, que admitem a execução provisória da pena, não configura constrangimento ilegal a decisão que se alinha a esse posicionamento, forte no necessário comprometimento do Estado-Juiz, decorrente de um sistema de precedentes, voltado a conferir cognoscibilidade, estabilidade e uniformidade à jurisprudência. 5. O implemento da execução provisória da pena atua como desdobramento natural da perfectibilização da condenação sedimentada na seara das instâncias ordinárias e do cabimento, em tese, tão somente de recursos despidos de automática eficácia suspensiva, sendo que, assim como ocorre na deflagração da execução definitiva, não se exige motivação particularizada ou de índole cautelar. 6. A execução penal é regida por critérios de oficialidade (art. 195, Lei n. 7.210/84), de modo que sua inauguração não desafia pedido expresso da acusação. 7. Não configura reforma prejudicial a determinação de início do cumprimento da pena, mesmo se existente comando sentencial anterior que assegure ao acusado, genericamente, o direito de recorrer em liberdade. 8. Descabe ao Supremo Tribunal Federal, para fins de excepcional suspensão dos efeitos de condenação assentada em segundo grau, avaliar, antes do exame pelos órgãos jurisdicionais antecedentes, a plausibilidade das teses arguidas em sede de recursos excepcionais. 9. Ordem denegada. (HC 152752/ PR – Paraná, Habeas Corpus, Relator Min. Edson Fachin, julgamento 04.04.2018; publicação 27.06.2018)".[1]

---

1. BRASIL. Supremo Tribunal Federal. HC 152.752/ PR. Habeas Corpus. Matéria Criminal. Execução Provisória da Pena. Impetração em Substituição a Recurso Ordinário Constitucional. [...]. Rel.: Min. Edson Fachin, 4 abr. 2018. Diário de *Justiça Eletrônico*, Brasília, DF, 27 jun. 2018.

O aceite quanto a cognoscibilidade do Habeas Corpus substitutivo colocou paradeiro na divergência de entendimento entre a 1ª e a 2ª Turma do STF.

O Superior Tribunal de Justiça, na 5ª Turma, mesmo o Pleno do STF admitindo o Habeas Corpus Substitutivo, prescreve não conhecimento do *Writ* nestas circunstâncias. Veja a ementa: "Agravo Regimental. Habeas corpus substitutivo de recurso ordinário. Não cabimento. Tráfico de drogas. Segregação cautelar devidamente fundamentada na garantia da ordem pública. Quantidade de drogas. Condições pessoais favoráveis. Irrelevância. Medidas cautelares alternativas. Impossibilidade. Pandemia de Covid-19. Não verificado, no caso concreto, circunstâncias a ultimar a soltura do agravante. Inviabilidade de análise de possível pena ou de determinação do regime de cumprimento de reprimenda. Inexistência de novos argumentos aptos a desconstituir a decisão impugnada. Agravo regimental desprovido. *A Terceira Seção desta Corte, seguindo entendimento firmado pela Primeira Turma do col. Pretório Excelso, firmou orientação no sentido de não admitir a impetração de Habeas Corpus em substituição ao recurso adequado, situação que implica o não conhecimento da impetração, ressalvados casos excepcionais em que, configurada flagrante ilegalidade apta a gerar constrangimento ilegal, seja possível a concessão da ordem de ofício.* A segregação cautelar deve ser considerada exceção, já que tal medida constritiva só se justifica caso demonstrada sua real indispensabilidade para assegurar a ordem pública, a instrução criminal ou a aplicação da lei penal, ex vi do artigo 312 do Código de Processo Penal. Na hipótese, o decreto prisional encontra-se devidamente fundamentado em dados concretos extraídos dos autos, que evidenciam que a liberdade do Agravante acarretaria risco à ordem pública, notadamente se considerada a quantidade de substância entorpecente apreendida, consistente em, aproximadamente, (102 gramas de maconha e 39 gramas de cocaína), a indicar um maior desvalor da conduta; justificando a prisão cautelar em apreço. Ressalte-se, outrossim, que a presença de condições pessoais favoráveis, tais como primariedade, ocupação lícita e residência fixa, não têm o condão de, por si sós, garantirem a revogação da prisão preventiva se há nos autos elementos hábeis a recomendar a manutenção de sua custódia cautelar, o que ocorre na hipótese. Pela mesma razão, não há que se falar em possibilidade de aplicação de medidas cautelares diversas da prisão. No que se refere à tese acerca da situação de pandemia de Covid-19, cumpre consignar que, embora o crime não tenha sido cometido com violência ou grave ameaça, as instâncias precedentes, ao avaliarem o alegado risco de contaminação advindo da pandemia da Covid-19, entenderam preponderantes os fundamentos que justificam a segregação cautelar do Agravante, ante o perigo à ordem pública gerado por sua liberdade, razão pela qual deve ser mantida a medida cautelar extrema imposta em seu desfavor. Nesse sentido, tem-se que a recomendação 62/2020, do CNJ, não determina imediata soltura de presos, nem mesmo daqueles que apresentem comorbidades e idade que potencializem a infecção pela Covid-19, justamente porque tal medida, por si só, não resolve nem mitiga o problema, uma vez que os riscos de contrair a doença não é inerente àqueles que fazem parte do sistema penitenciário. Ademais, a soltura indiscriminada de presos não é hábil ao atingimento da finalidade almejada, que é a de redução de riscos epidemiológicos. No caso em análise, a eg. Corte de origem consignou que: ""[...] observo que o Impetrante fundamentou seu pedido de forma genérica, sem evidenciar os perigos ou ameaças reais do local, ou mesmo se este se insere no grupo de risco, e de que está com seu estado de saúde deteriorado por se encontrar segregado", tendo ressaltado que: "Como se vê, o Paciente, embora alegue o iminente risco à sua saúde e até mesmo à sua vida, não comprova qual patologia possui, nem mesmo que não está recebendo o tratamento adequado à doença ou que seu quadro clínico tenha se agravado no presídio". Cabe consignar, ainda, que não se presta a via do Habeas Corpus para análise de desproporcionalidade da prisão em face de eventual condenação do réu, uma vez que tal exame só poderá ser realizado pelo Juízo de primeiro grau, após cognição exauriente de fatos e provas do processo, a fim de definir, se for o caso, a pena e o regime a serem aplicados. É assente nesta Corte Superior que o agravo regimental deve trazer novos argumentos capazes de alterar o entendimento anteriormente firmado, sob pena de ser mantida a r. decisão vergastada pelos próprios fundamentos. Precedentes. Agravo regimental desprovido. (AgRg no HC 636.343/TO, Rel. Ministro Felix Fischer, Quinta Turma, julgado em 09.03.2021, DJe 12.03.2021).[2]

Veja como é dúbia a r. decisão. Apesar de firmar orientação no sentido de não admitir a impetração de Habeas Corpus em Substituição ao recurso adequado, ressalva casos excepcionais em que, configurada flagrante ilegalidade apta a gerar constrangimento ilegal, passa a ser possível a concessão da ordem de ofício pelo servidor público julgador. Ora, primeiro diz que não se conhece do *Writ*, depois diz que há casos em que é possível conceder a ordem mesmo sendo o *Writ* substitutivo, entrando na análise do mérito do caso concreto. Então, por conclusão lógica, *cabe o Habeas Corpus Substitutivo*. Basta ressalvar a hipótese permissiva.

Lado outro, a Sexta Turma do STJ, pela via do AgRg no HC 610227/BA, de relatoria do Min. Nefi Cordeiro, de 02.03.2021, avaliou também o mérito pela via do *Writ,* dispondo pela ementa do julgado que "Não obstante haja divergência entre a 5ª e a 6ª Turmas sobre a adequação do Habeas Corpus quando utilizado em substituição a recursos especial e ordinário, ou de revisão criminal, nada impede que, de ofício, constate a Corte Superior a existência de ilegalidade flagrante, abuso de poder ou teratologia".[3]

O Pleno do STF admitiu o *Writ* substitutivo, assim como a Quinta e Sexta Turma do STJ, por vias tortas, mas admitiu o cabimento do instrumento para análise de mérito quanto a ilegalidade de prisão.

---

2. BRASIL. Superior Tribunal de Justiça. AgRg no HC 636.343/TO. Rel.: Min. Felix Fischer, 9 mar. 2021. *Diário de Justiça Eletrônico*, Brasília, DF, 12 mar. 2021.
3. BRASIL. Superior Tribunal de Justiça. AgRg no HC 610.227/BA. Agravo Regimental no Habeas Corpus. HC Substitutivo de Recurso Especial. [...]. Rel.: Min. Nefi Cordeiro, 2 mar. 2021. *Diário de Justiça Eletrônico*, Brasília, DF, 5 mar. 2021.

Cabe aos Advogados impetrar e, com técnica, lógica argumentativa, fazer valer o direito do jurisdicionado, mantendo o cabimento do Habeas Corpus Substitutivo em vigor ao destacar os requisitos para análise diante de urgência e ilegalidade ou abuso de poder de condutas afrontosas à liberdade.

O *Writ* é remédio ágil para a proteção da liberdade do jurisdicionado, sobrepondo-se a qualquer outra via processual, principalmente se houver comprovação de ilegalidade de plano, sem necessidade de profunda comprovação de dados probatórios. Ora, mais uma vez registro que a liberdade é bem jurídico intrínseco à dignidade da pessoa humana, centro do ordenamento jurídico, que deve ser protegido de maneira absolutamente mais rápida e eficaz possível, não podendo ser restringida por mero formalismo. O tribunal ou julgador que denegar uma ordem passa a ser autoridade coatora viabilizando a impetração do *Writ*, cabendo, portanto, o Habeas Corpus Substitutivo.

A doutrina[4] nos apoia ao afirmar que (...) "o Habeas Corpus tem rito muito mais célere e eficaz contra violações à liberdade de locomoção que o Recurso Ordinário Constitucional contra decisão denegatória de Habeas Corpus. De tal forma, é plausível concluir que não são apropriadas criação de técnicas de restrição de sua admissibilidade, por significar menor eficácia de direito fundamental individual constitucional". Em sentido linear, Grinover[5], Gomes Filho e Scarance destacam que (...) "não exclui o interesse de agir, pela falta de adequação, a previsão legal de recurso específico para atacar o ato apontado como restritivo ou ameaçador da liberdade do paciente" (...). Há lógica nesta conclusão. Não pode o julgador estabelecer uma proibição que a própria Carta Magna não estabelece impeditivo. Até porque pode ocorrer de não haver o conhecimento do *Writ*, mas, de ofício, a ordem ser concedida. Há excentricidade na jurisprudência, pois o mérito é analisado sem que se conheça do instrumento manuseado pelo jurisdicionado. De toda forma, o Habeas Corpus Substitutivo, no final das constas, serve ao seu propósito, qual seja, levar o mérito a julgamento.

Assim, muito embora seja mais adequado formalmente a interposição do meio de impugnação destaca pelo arcabouço normativo processual, na prática, havendo patente ilegalidade na prisão, *o Habeas Corpus Substitutivo é o meio mais assertivo de obter a tutela pretendida.*

13
OS RECURSOS NO INSTRUMENTO DO *HABEAS CORPUS*

13.1 INTRODUÇÃO

É importante registrar que, mesmo que haja uma série de medidas recursais em face de decisões denegatórias de Habeas Corpus, os recursos viáveis devem atender a peculiaridade de cada via de impugnação decisória, com base nas suas devidas características e pressupostos processuais específicos. Caberá outra impetração de Habeas Corpus em face da decisão denegatória da ordem, mesmo sendo cabível a interposição de um meio de impugnação, de forma que o impetrante tenha que sopesar a estratégia da medida a ser tomada diante da particularidade de cada caso.

Diante de violência ou coação ao direito fundamental da liberdade de locomoção, seja por ordem cível, administrativa ou juízo criminal, haverá por igual, a possibilidade de impetrar o instrumento de Habeas Corpus e recorrer, contra a ordem ou ato da autoridade coatora, fazendo prevalecer a liberdade por meio das vias normativas processuais penais constitucionais. Assim, por exemplo, perante uma prisão civil, caberá ao Advogado impetrante utilizar de todo o arcabouço normativo processual penal, assim considerando o Habeas Corpus e o sistema recursal.

Na mesma medida, independentemente da natureza da ordem lesiva ao direito fundamental em questão, desaguando em prisão ou coação ou qualquer violação à liberdade, utiliza-se a contagem dos prazos da álea processual penal. Seja a prisão civil ou administrativa, em sua natureza, utilizam-se os mesmos prazos de uma prisão de feito criminal, de modo que, havendo prisão por ordem administrativa, numa eventual denegação de ordem de Habeas Corpus, sendo atacado por via do recurso extraordinário, não sendo admitido, caberá o agravo considerando o mesmo prazo aplicado para qualquer outra situação envolvendo processo exclusivamente criminal. A natureza da ordem não altera o recurso e não altera os seus prazos, tornando o feito de particular natureza criminal, independente da sua origem processual.

Dito isso, vamos adiante com o sistema recursal em Habeas Corpus, analisando as vias cabíveis no juízo de primeiro grau e as seguintes questões:

a) se é possível impetrar outro Habeas Corpus contra decisão de primeira instância que denegar a ordem;

b) se é possível impetrar Habeas Corpus contra decisões denegatórias de ordem de Habeas Corpus de tribunais – Tribunais de Justiça, Tribunais Regionais Federais ou Tribunais Superiores;

c) se a concessão da ordem de Habeas Corpus está submetida ao reexame necessário e o que ocorre se não houver o reexame obrigatório;

d) as nuances e viabilidade do recurso ordinário para o Supremo Tribunal Federal;

e) as nuances e viabilidade do recurso ordinário para o Superior Tribunal de Justiça;

g) se é possível o conhecimento de Habeas Corpus substitutivo se houver interposição de recurso ordinário intempestivamente;

g) as particularidades do recurso especial para o Superior Tribunal de Justiça e quanto ao recurso extraordinário para o Supremo Tribunal Federal em Habeas Corpus;

h) outras tantas questões de relevância envolvendo o Habeas Corpus e o sistema recursal.

13.2 EMBARGOS DE DECLARAÇÃO

Se ocorrer do impetrante apresentar no corpo do Habeas Corpus tese não apreciada pelo Poder Judiciário, caberá a oposição de Embargos de Declaração com efeitos infringentes. Se houver decisão ambígua, obscura, com contradição ou omissão em sede de Habeas Corpus, nos termos dos arts. 382, 619 e 620, do CPP, além das normas internas dos Tribunais e o que consta do 1.022 ao 1.026, do CPC, este de forma subsidiária, caberá a utilização dos Embargos de Declaração pelo impetrante.

A carta processual penal estabeleceu embargos com fundamentos preceituais legais diversos, a depender da decisão ser originada de juízo de primeiro grau ou decisão proferida pelo juízo *ad quem*. O recurso é o mesmo, alterando apenas o artigo prescritivo do meio de impugnação. Há que registrar que o prazo para opor embargos é de 2 dias, exceto quando se tratar de Juizado Especial Criminal, quando se terá o prazo de 5 dias.

Se a decisão de Habeas Corpus for obscura, ambígua, havendo contradição ou omissão, caberá a oposição de embargos de declaração. A obscuridade é caracterizada por haver dificuldade de concluir entendimento pela leitura da decisão. Se a decisão for incerta, tendo mais de um sentido, será ambígua. Na eventualidade da decisão do *Writ* ter base de fundamento com conclusão diversa à lógica argumentativa do corpo da decisão, será dimensionada por contradição. E se faltar na decisão análise de tese, será omissa. São os casos de cabimento dos embargos de declaração.

É certo que os embargos prequestionam matéria a ser questionada em Resp ou RE, mas também, em sede de Habeas Corpus, há que se levar em conta que a via recursal mais célere ou mesmo a impetração de outro Habeas Corpus, na prática, supre essa necessidade enquanto o efeito de prequestionamento dos embargos no *Writ*. Sem dúvidas, diante da ilegalidade quanto a liberdade, havendo decisão passível de embargos, o caminho enquanto efeito de prequestionamento revela importância, mas há que se considerar que a impetração de outro Habeas Corpus ou mesmo o ROC gera efeito mais célere, eficaz e pontual do que aquele esperado pelo Resp e RE, quando se trata de *Writ*. Na eventualidade dos embargos, em decisão de Habeas Corpus, não gerar o efeito esperado, qual seja, suprir o defeito da decisão, o efeito de prequestionar matéria não é o mais preocupante para sanar eventual ilegalidade, salvo se a opção diante do caso em concreto for a interposição do Resp ou RE.

Os embargos devem ser opostos por escrito, exceto no Juizado Especial Criminal, que permite a forma escrita e oral, nos termos do art. 83, §1º, da Lei 9.099/95. Além disso, passaram os embargos a interromper o prazo para interposição de recurso, com a entrada em vigor do CPC de 2015.

Os embargos com efeitos infringentes se revelam de enorme importância quando ocorrer da decisão guerreada, por exemplo, percorrer detidamente pelo caminho da absolvição, nos fundamentos, destacando ausência de autoria, materialidade ou dos elementos da teoria do delito, contudo condenando ao final. Ou mesmo impõe condenação por cumprimento de pena substitutiva, mas determina prisão, havendo incongruência e violação ao direito de liberdade. Será o caso de embargar. Ocorre que, a depender da urgência da situação prática, estando em risco de ser lesionada a liberdade, o Habeas Corpus será medida estratégica mais adequada.

É importante o registro de que se houver efeitos infringentes, há necessidade de se impor o contraditório, sobretudo em situações que poderão agravar a situação do réu, conforme preceitua o art. 1.023, §2º, do Código de Processo Civil – "O juiz intimará o embargado para, querendo, manifestar-se, no prazo de 5 (cinco) dias, sobre os embargos opostos, caso seu eventual acolhimento implique a modificação da decisão embargada".

13.2.1 Cabe *habeas corpus* em face de decisão decorrente de embargos de declaração opostos pela acusação quando não houver intimação para a defesa apresentar contrarrazões aos embargos com efeitos infringentes?

Pode ocorrer, diante de uma decisão, do Ministério Público opor embargos que tenham efeitos infringentes prejudiciais ao réu. A parte embargada deverá ser intimada previamente para contrarrazoar, em atenção ao contraditório. Se ocorrer de a decisão ser prolatada sem que haja a indispensável e prévia intimação para apresentação de contrarrazões pela defesa, caberá a impetração do Habeas Corpus, pois a decisão será nula.

A decisão do RHC 62.786, de relatoria do Min. Reynaldo Soares da Fonseca, no Superior Tribunal de Justiça, destaca posicionamento neste sentido: "Recurso ordinário em Habeas Corpus parcialmente provido, a fim de anular o v. acórdão exarado nos embargos de declaração e, em consequência, determinar que novo julgamento seja proferido após regular intimação da parte embargada para, querendo, apresentar contrarrazões".

A falta de prévia intimação, nesse caso, revela nulidade insanável da decisão dos embargos que modificar a decisão recorrida. Perceba que a decisão prejudicial à parte embargada sem que tenha lhe dado o direito de contrarrazoar, perante um recurso de natureza infringente, viola o contraditório, o que gera a nulidade absoluta da decisão. Contra essa decisão, caberá o Habeas Corpus.

Assim, em face da decisão decorrente de embargos com efeitos infringentes, sem que tenha havido o direito de participação do embargado, com a sua intimação para apresentar contrarrazões, é passível a impetração de Habeas Corpus para anular a decisão prejudicial por violação ao princípio constitucional da ampla defesa e contraditório.

13.3 RECURSO EM *HABEAS CORPUS* IMPETRADO NO JUÍZO DE PRIMEIRO GRAU

Uma enormidade de impetrações de Habeas Corpus ocorre em juízos de primeira instância diariamente. A estrutura constitucional da ação de Habeas Corpus é destacada pela celeridade de análise e a importância do bem jurídico que se visa proteger por meio do *Writ*.

Contra decisões ou condutas de autoridades coatoras em primeiro grau que haja violência ou coação ilegal à liberdade de locomoção, cabe *Recurso em Sentido Estrito*. É cabível também, o RESE, em decisões que concedem a ordem de Habeas Corpus. O art. 581, inciso X, do Código de Processo Penal, prescreve que "Caberá recurso, no sentido estrito, da decisão, despacho ou sentença que conceder ou negar ordem de Habeas Corpus".

Se o juiz de base denegar a ordem de Habeas Corpus caberá o Recurso em Sentido Estrito para o respectivo tribunal. É de suma importância destacar que qualquer decisão que reflita denegação de ordem de Habeas Corpus torna-se fato gerador para interpor RESE como, por exemplo, eventual decisão de juiz singular em primeira instância que admite o Habeas Corpus como prejudicado ou não conhece do *Writ* por fundamento em falta de pressuposto processual.

Para além disso, se o juiz de 1ª instância conceder a ordem de Habeas Corpus, caberá o mesmo meio de impugnação pelo MP, assistente de acusação e querelante em razão do permissivo legal. Por lógica processual, não há sentido na interposição do RESE, pela acusação, em face de decisão concessiva do Habeas Corpus, pois o rito procedimental do Writ visa pela celeridade, com a apresentação das provas já prontas e destacadas da coação ou violência à liberdade de locomoção, não havendo sequer audiência de instrução e julgamento.

Portanto, muito embora a legislação processual penal de 1941 aponta para o cabimento do RESE pela acusação contra a concessão de ordem, não há sentido processual nisso, levando em conta a estrutural posição constitucional do bem jurídico da liberdade como direito fundamental na Constituição da República de 1988. Conta-se ainda com a própria evolução do pensamento no Direito Constitucional em razão da inserção das normas constitucionais nas normas infraconstitucionais, havendo que ter uma *congruência de aplicação do direito a partir da consideração do Estado Democrático de Direito*, focando a luz normativa na dignidade do ser humano enquanto centro de toda ordenação jurídica.

O MP, no Habeas Corpus, não representa relação de parte processual, mas de fiscal da lei, exercendo atividade meramente fiscalizatória, o que não faz qualquer sentido, pois o Poder Judiciário já faz a mesma análise ministerial ao avaliar as provas para conceder ou negar a ordem. E mais, o Judiciário faz outra análise fiscalizatória do feito por via do reexame necessário, retirando o sentido da participação do MP no Habeas Corpus.

Diante disso, não acredito haver razão para a participação do Ministério Público no Habeas Corpus, sobretudo não há motivos lógicos processuais práticos para o MP recorrer por via do RESE, em face de decisão que concede a ordem, fazendo as vezes de parte processual.

O RESE é interposto somente contra decisão de magistrado singular, em primeira instância. Não se admite o RESE contra decisão de tribunal ou decisão monocrática de relator em tribunal, e muito menos decisão de delegado caracterizada por violar a liberdade de locomoção.

13.4 É POSSÍVEL IMPETRAR OUTRO *HABEAS CORPUS* CONTRA DECISÃO DE PRIMEIRA INSTÂNCIA QUE DENEGAR A ORDEM?

Diante de conduta de autoridade coatora, impetrado o Habeas Corpus, sendo negada a ordem pelo magistrado de primeira instância, caberá a interposição do Recurso em Sentido Estrito, nos termos do art. 581, inciso X, do CPP. É a regra. Contudo, *caberia também a impetração de um Habeas Corpus contra a decisão denegatória do Writ pelo juiz de base, mesmo cabendo Rese?* A resposta é sim. Claro que cabe, tendo obviamente que analisar o preenchimento dos requisitos legais.

O cabimento do Rese não é impeditivo para a impetração de Habeas Corpus contra decisão de juiz de primeira instância, haja vista, além de tudo, que o servidor passa a ser a representação de autoridade coatora. Portanto, não há impedimento para impetrar o Habeas Corpus na instancia superior havendo possibilidade de interpor o recurso em sentido estrito. O que deve ficar registrado é a atenção à tese apresentada no Writ e o recorte probatório que viabilize o instrumento do Habeas Corpus como medida instrumental viável para o caso em concreto.

13.5 É POSSÍVEL IMPETRAR *HABEAS CORPUS* CONTRA DECISÕES DENEGATÓRIAS DE ORDEM DE *HABEAS CORPUS* DE TRIBUNAIS – TRIBUNAIS DE JUSTIÇA, TRIBUNAIS REGIONAIS FEDERAIS OU TRIBUNAIS SUPERIORES?

Contra decisões proferidas pelos Tribunais de Justiça, Tribunais Regionais Federais ou Tribunais Superiores denegatórias da ordem do *Writ*, é possível manusear outro instrumento de Habeas Corpus?

Nos termos do art. 105, inciso II, alínea "a", da Constituição da República, contra decisão denegatória de Habeas Corpus decididos em única ou última instância pelos *Tribunais Regionais Federais, tribunais dos Estados, do Distrito Federal e Territórios*, caberá recurso ordinário no Superior Tribunal de Justiça.

Com base no art. 105, inciso I, alínea "c", da Constituição da República, caberá Habeas Corpus no Superior Tribunal de Justiça quando o coator ou paciente for Governadores dos Estados e do Distrito Federal, desembargadores dos Tribunais de Justiça dos Estados e do Distrito Federal, os membros dos Tribunais de Contas dos Estados e do Distrito Federal, os dos Tribunais Regionais Federais, dos Tribunais Regionais Eleitorais e do Trabalho, os membros dos Conselhos ou Tribunais de Contas dos Municípios e os do Ministério Público da União que oficiem perante tribunais. Com fulcro na mesma norma constitucional, acima citada, *caberá Habeas Corpus no Superior Tribunal de Justiça quando o coator for tribunal sujeito à sua jurisdição, Ministro de Estado ou Comandante da Marinha, do Exército ou da Aeronáutica, ressalvada a competência da Justiça Eleitoral*.

Assim, caberá impetração de outro Habeas Corpus contra decisão denegatória de *Writ* anterior proferida por Tribunais de Justiça, Tribunais Regionais Federais ou Tribunais Superiores para instância superior (STJ/STF), mesmo que seja possível interpor recurso pelas vias ordinárias[1].

13.6 A CONCESSÃO DA ORDEM DE *HABEAS CORPUS* ESTÁ SUBMETIDA AO REEXAME NECESSÁRIO? O QUE OCORRE SE NÃO HOUVER O REEXAME NECESSÁRIO?

É um absurdo, mas há ordem legal para que o magistrado que conceder ordem de Habeas Corpus submeta a decisão à instancia superior por via do reexame necessário. Do ponto de vista prático, o Legislador de 1941, certamente, não priorizou

---

1. Sugiro a leitura do capítulo *"Reclamação 34796* – STF, a prevalência da competência da Justiça Eleitoral sobre a comum Federal".

a liberdade como direito fundamental, criando filtros processuais contra a devida entrega jurisdicional em casos de violação à liberdade de locomoção. É o que consta no art. 574, inciso I, do Código de Processo Penal, que prescreve que "Os recursos serão voluntários, excetuando-se os seguintes casos, em que deverão ser interpostos, de ofício, pelo juiz, da sentença que conceder Habeas Corpus". Ora, por que não da sentença que denegar Habeas Corpus? A regra é a liberdade e não a priorização do formalismo em sede de Habeas Corpus.

Nesse caso, o magistrado que conceder a ordem de Habeas Corpus, remete a decisão ao reexame do respectivo tribunal para segundo controle. Se não o fizer, a consequência será a não ocorrência do trânsito em julgado, na mesma linha da Súmula 423, do STF, que prescreve "Não transita em julgado a sentença por haver omitido o recurso *ex officio*, que se considera interposto ex lege". Ademais, é necessário o registro de que o recurso de ofício no Habeas Corpus não gera efeito suspensivo, mas apenas devolutivo.

Há, certamente, incongruência da regra impositiva de reexame necessário no Habeas Corpus, até porque não se aplica o recurso de ofício se a decisão concessiva do Habeas Corpus decorrer de instancia superior. A exigência legal do reexame necessário é aplicada exclusivamente aos juízes de base, revelando a ausência de lógica do recurso de ofício em face de decisão concessiva da ordem de Habeas Corpus, até porque o próprio MP poderá recorrer por via do recurso em sentido estrito, nos termos do art. 581, X, do CPP, fazendo o mesmo efeito do recurso de ofício, pois é o Estado fiscalizando o mesmo instrumento por três vezes, uma pelo juiz, a segunda pelo MP, a terceira pelo corte superior. Não há razão para tanta fiscalização, uma vez que o Habeas Corpus representa instrumento de salvaguarda de direito fundamental com prova patente de ilegalidade. O foco deve ser o direito, a liberdade, a legalidade, e não a formalidade.

13.7 RECURSO ORDINÁRIO PARA O SUPREMO TRIBUNAL FEDERAL

Conforme o art. 102, inciso II, alínea "a", da Constituição da República, cabe a interposição de recurso ordinário no Supremo Tribunal Federal contra decisão denegatória de Habeas Corpus de Tribunais Superiores.

> Art. 102. Compete ao Supremo Tribunal Federal, precipuamente, a guarda da Constituição, cabendo-lhe:
>
> II – julgar, em recurso ordinário:
>
> a) o *Habeas Corpus*, o mandado de segurança, o *habeas data* e o mandado de injunção decididos em única instância pelos Tribunais Superiores, se denegatória a decisão;

Mesmo que seja permitida a impetração de outro Habeas Corpus contra decisão de Tribunal Superior, seja monocrática ou colegiada, determina a Constituição da República a possibilidade de manuseio de recurso ordinário contra decisão de Tribunal Superior que denegar a ordem de Habeas Corpus.

Cabe o registro de que *será cabível o recurso ordinário contra a decisão denegatória de Habeas Corpus revelada pelo não conhecimento do Writ ou qualquer fundamento de natureza denegatória, com por exemplo, o julgamento do instrumento prejudicado por questão processual, bastando que haja a denegação da ordem*. Assim, pode-se recorrer da decisão que não conhece do Habeas Corpus.

O recurso ordinário é destacado pela possibilidade de análise do Habeas Corpus nas mesmas circunstâncias do julgamento anterior, não havendo restrições para que seja o feito julgado novamente na sua integralidade. Assim, há possibilidade de julgar considerando os fatos e provas, como se fosse um julgamento de apelação, dada a grande envergadura de análise da matéria por via do recurso ordinário. Certamente, muito diferente do Recurso Extraordinário que, naturalmente, tem as restrições constitucionais para análise da matéria probatória e fática. O recurso ordinário permite uma segunda análise completa do Habeas Corpus denegado na base.

O Regimento Interno do Supremo Tribunal Federal trata do recurso de Habeas Corpus na seção II, do art. 310 ao 312, delimitando que "O recurso ordinário para o Tribunal, das decisões denegatórias de Habeas Corpus, será interposto no prazo de cinco dias, nos próprios autos em que se houver proferido a decisão recorrida, com as razoes do pedido de reforma".

Assim, cabe em 5 dias a interposição do recurso ordinário no STF contra decisão denegatória do *Writ* por Tribunal Superior. Distribuído o recurso, já com as razões, a Secretaria, imediatamente, fará os autos com vista ao Procurador-Geral, pelo prazo de dois dias. Conclusos ao Relator, este submeterá o feito a julgamento do Plenário ou da Turma, conforme o caso. Não há juízo de admissibilidade como ocorre no recurso especial e extraordinário, por estrutura julgadora de origem, salvo as questões inerentes ao próprio RHC, como por exemplo a tempestividade.

13.8 RECURSO ORDINÁRIO PARA O SUPERIOR TRIBUNAL DE JUSTIÇA

Nos termos do art. 105, inciso II, alínea "a", da Constituição da República, caberá recurso ordinário no Superior Tribunal de Justiça, em caso de Habeas Corpus decididos em única ou última instancia pelos Tribunais Regionais Federais ou pelos Tribunais dos Estados, do Distrito Federal e Territórios, quando a decisão for denegatória. Assim, uma vez denegada a ordem por decisão de TRF ou TJ, cabe o recurso ordinário no Superior Tribunal de Justiça.

> Art. 105. Compete ao Superior Tribunal de Justiça:
>
> II – julgar, em recurso ordinário:
>
> a) os Habeas Corpus decididos em única ou última instância pelos Tribunais Regionais Federais ou pelos tribunais dos Estados, do Distrito Federal e Territórios, quando a decisão for denegatória;

O prazo para a interposição do recurso ordinário em Habeas Corpus denegado no TRF ou TJ é de 5 dias, conforme o art. 30, da Lei 8.038/90.

Art. 30. O recurso ordinário para o Superior Tribunal de Justiça, das decisões denegatórias de Habeas Corpus, proferidas pelos Tribunais Regionais Federais ou pelos Tribunais dos Estados e do Distrito Federal, será interposto no prazo de cinco dias, com as razões do pedido de reforma.

Assim como é processado no Supremo Tribunal Federal, no Superior Tribunal de Justiça será cabível o recurso ordinário contra a decisão denegatória de Habeas Corpus revelada pelo não conhecimento do *Writ* ou qualquer fundamento de natureza denegatória, como por exemplo, o julgamento do instrumento prejudicado por questão processual, bastando que haja a denegação da ordem. Não há juízo de admissibilidade como ocorre no recurso especial e extraordinário, por estrutura julgadora de origem, salvo as questões inerentes ao próprio RHC, como por exemplo a tempestividade.

O recurso ordinário é destacado pela possibilidade de análise do Habeas Corpus nas mesmas condições do julgamento anterior, não havendo restrições para que seja o feito julgado novamente na sua integralidade.

Com efeito, há possibilidade de julgar considerando os fatos e provas novamente, como se fosse um julgamento de apelação, dada a grande envergadura de análise da matéria por via do recurso ordinário. Diferentemente do Recurso Especial que exige restrições constitucionais para análise da matéria probatória e fática. O recurso ordinário permite uma segunda análise completa do Habeas Corpus denegado na base.

13.9 É POSSÍVEL O CONHECIMENTO DE *HABEAS CORPUS* SUBSTITUTIVO SE HOUVER INTERPOSIÇÃO DE RECURSO ORDINÁRIO INTEMPESTIVAMENTE?

O Habeas Corpus é instrumento constitucional que visa viabilizar um direito fundamental, o direito de liberdade. Toda norma infra legal é irradiada pela letra normativa da Constituição da República. Todo o ordenamento jurídico gira em torno da dignidade da pessoa humana, todas as normas, todas as instituições são constitucionalmente orientadas para a viabilização deste preceito estrutural do Estado Democrático de Direito. Isso é fundamento superior qualitativamente a qualquer outra regra, seja formal, seja material. O foco é a liberdade, viabilizando a aplicação dos direitos fundamentais.

Nesse sentido, se houver a interposição do recurso ordinário para viabilizar a liberdade, deve ser afastada a regra processual impositiva de prazo recursal para receber e conhecer aquilo que está por detrás do recurso ordinário, o Habeas Corpus servido de veículo da liberdade de locomoção atingida por ato de autoridade coatora.

Se houver interposição do recurso ordinário de forma intempestiva, há que haver o conhecimento do eventual constrangimento ilegal ao direito fundamental da liberdade, de modo a analisar o Habeas Corpus (por detrás do recurso) de ofício, nos termos do art. 654, § 5º, do Código de Processo Penal. Com isso, há admissão do recurso ordinário como Habeas Corpus substitutivo.

O Supremo Tribunal Federal já apreciou essa matéria no RHC 83.491, de relatoria do então Min. Joaquim Barbosa, publicado em 06.02.2004. Veja a ementa: "O recurso ordinário em Habeas Corpus, quando intempestivo, poderá ser conhecido como Writ substitutivo desse recurso. O Supremo Tribunal Federal tem decidido que o remédio de Habeas Corpus não se presta ao reexame da matéria fático-probatória, na medida em que não tem natureza jurídica de recurso. A Lei 8.072/90 impõe aos "crimes hediondos" o regime integralmente fechado para o cumprimento da pena privativa de liberdade. Na hipótese em exame, a sentença condenatória cingiu-se a determinar o regime inicialmente fechado. Com seu trânsito em julgado, a alegação de inobservância da lei torna-se impossível, sob pena de violação do princípio ne reformatio in pejus. Ordem parcialmente conhecida e, no mérito, concedida".

Assim, *o recurso ordinário em Habeas Corpus, quando intempestivo, poderá ser conhecido como Writ substitutivo viabilizando a análise da matéria de fundo*. O recurso, mesmo que intempestivo, seria uma via de transporte para a matéria contida no corpo do Habeas Corpus, de forma que a estrutura julgadora, diante de uma ilegalidade, faria o julgamento do *Writ* de ofício.

13.10 RECURSO ESPECIAL PARA O SUPERIOR TRIBUNAL DE JUSTIÇA

Contra as decisões em Habeas Corpus, sejam denegatórias ou concessivas da ordem, caberá Recurso Especial para o Superior Tribunal de Justiça.

O *Writ* decidido em única ou última instância, pelos Tribunais Regionais Federais ou pelos tribunais dos Estados, do Distrito Federal e Territórios, quando a decisão guerreada contrariar tratado ou lei federal, ou negar-lhes vigência; julgar válido ato de governo local contestado em face de lei federal; der a lei federal interpretação divergente da que lhe haja atribuído outro tribunal, poderá ser questionado por via do recurso especial.

Se, porventura, há julgamento pelo Tribunal de Justiça de Minas Gerais dando validade a ato de governo local em face de aplicação de lei federal, havendo manutenção da prisão de alguém, denegada a ordem de Habeas Corpus, caberá o recurso especial em face desta decisão. Por outro lado, se o TRF1, em julgamento de Habeas Corpus, der interpretação divergente daquela conferida por outro tribunal, no fundamento da decisão denegatória ou concessiva da ordem, caberá o recurso especial contra o julgado em Habeas Corpus. No mesmo sentido, na eventualidade de o Tribunal de Justiça de São Paulo, por exemplo, julgar o instrumento de Habeas Corpus, denegando a ordem com fundamento em lei federal com vigência negada, caberá recurso especial contra essa decisão.

Obviamente, o Advogado terá que analisar caso a caso, observando a peculiaridade do feito processual, pois contra a mesma decisão com possibilidade recursal para o STJ, nos termos do art. 105, inciso III, da Constituição da República, caberá também a impetração absolutamente mais célere, de outro instrumento de Habeas Corpus com base na mesma argumentação do recurso especial para o mesmo tribunal. O registro do recorte da tese da ilegalidade em face da liberdade, além das provas de pronta visualização são requisitos fundamentais no Habeas Corpus.

Perceba que será cabível o recurso especial na ação de Habeas Corpus nos mesmos moldes em que se admite em qualquer outra ação penal. Por outro lado, há situações práticas interessantes, como é o caso do *prequestionamento no Habeas Corpus que, a depender do caso, poderá ser dispensado, mormente em situações de patente ilegalidade*. A meu ver, se eventual ilegalidade não tiver sido questionada na ação impetrada no tribunal de origem, não há impedimento para ser avaliada em sede recursal no STJ, pois o Habeas Corpus não é recurso, mas ação constitucional. Se fosse recurso a sua natureza processual, sim teria que haver o prequestionamento. Para além disso, haveria o STJ que avaliar de ofício a ilegalidade, mesmo que não ventilada no tribunal de base.

Ademais, ainda há que verificar o cabimento de Habeas Corpus no STF com o escopo primordial de revisão dos pressupostos de admissibilidade do recurso especial pelo STJ. Há entendimento[2] de que não é cabível o Habeas Corpus para rever decisão de admissibilidade de recurso especial, em regra. A meu ver, havendo ilegalidade em face do direito fundamental da liberdade, será possível o Habeas Corpus para rever decisão do Superior Tribunal de Justiça quanto à admissibilidade do recurso especial.

13.11 RECURSO EXTRAORDINÁRIO PARA O SUPREMO TRIBUNAL FEDERAL

Contra as decisões em Habeas Corpus, sejam denegatórias ou concessivas da ordem, caberá Recurso Extraordinário para o Supremo Tribunal Federal.

Nos termos do art. 102, inciso III, da Constituição da República, compete ao STF julgar, mediante recurso extraordinário, as causas decididas em única ou última instância, quando a decisão recorrida contrariar dispositivo normativo da Constituição da República, julgar válida lei ou ato de governo local contestado em face da Constituição, julgar válida lei local contestada em face de lei federal, declarar a inconstitucionalidade de tratado ou lei federal no bojo de Habeas Corpus, mantendo a prisão de alguém ou a decretando.

Há raridade na utilização do recurso extraordinário para combater decisão concessiva ou denegatória de Habeas Corpus. A solução com maior celeridade teria que ser a impetração de outro Habeas Corpus, mesmo que tenha os exatos fundamentos jurídicos de um recurso extraordinário. Os pressupostos e requisitos

---

2. BRASIL. Supremo Tribunal Federal. HC 119565/DF. Processual Penal. Habeas Corpus. Penal. Júri. Crime de homicídio qualificado (CP, art. 121, § 2º, I). Absolvição, não obstante o reconhecimento da participação do paciente na empreitada criminosa. [...]. Rel.: Min. Dias Toffoli, 4 fev. 2014. *Diário de Justiça*, Brasília, DF, 24 fev. 2014.

do recurso extraordinário são mais trabalhosos e complexos do que outro instrumento de Habeas Corpus impetrado no próprio Supremo. Nesse sentido, também teria que o Advogado fazer uma avaliação estratégica da medida a ser tomada caso a caso, levando a celeridade do julgamento do *Writ* em conta, além do caso concreto e as suas particularidades.

Ademais, aplica-se o mesmo fundamento do recurso especial em face de decisão denegatória de Habeas Corpus no recurso extraordinário naquilo que se relaciona à admissibilidade do feito recursal, pois a lógica procedimental é a mesma. O Habeas Corpus combate a ilegalidade quando se tem a liberdade em jogo. Assim, mesmo que caiba agravo dirigido ao STF em face de decisão que nega seguimento ao RE, se houver ilegalidade restringindo o direito fundamental da liberdade, o caminho adequado será o Habeas Corpus.

14
QUESTÕES DE RELEVÂNCIA PRÁTICA E TEÓRICA NO *HABEAS CORPUS*

14.1 A COISA JULGADA E O *HABEAS CORPUS*

O julgamento do Habeas Corpus é restrito às provas apresentadas no feito instrumental sumaríssimo, tanto no âmbito da questão relativa ao direito material quanto processual. Uma vez que há consideração de que a liberdade de locomoção tenha sido atingida por conduta fora das linhas da ordem legal, por autoridade coatora, com base em provas pré-constituídas, seja de aspecto material ou processual, poderá haver novo julgamento promovido pelo Writ em torno de feito já julgado.

Daí vem questionamentos. O julgamento de Habeas Corpus faz coisa julgada em quais limites? É possível, ainda assim, após o julgamento do Writ, impetrar novo Habeas Corpus após o trânsito em julgado? Uma vez julgado e transitado em julgado a matéria penal e processual penal contida no Writ, poderá ser novamente julgada por outros meios?

O julgamento da matéria contida nos fundamentos do Habeas Corpus leva o feito a ser julgado com base exclusiva nas provas pré-constituídas para análise do Writ. Julgado o Habeas Corpus naqueles limites probatórios, qual seja, dos fatos e fundamentos alegados correlacionados às provas juntadas, haverá o trânsito em julgado do feito constitucional. Contudo, *poderá o impetrante argumentar a violação da liberdade de locomoção por meio de outro Habeas Corpus desde que haja inovação nas provas, ainda que seja (m) correlacionada (s) com os mesmos fatos e fundamentos jurídicos já apreciados.*

Assim, o que limita o trânsito em julgado é a prova analisada nas suas estritas linhas e não o fundamento jurídico dogmático penal ou processual fático elencado. Por exemplo, se o impetrante alega atipicidade da conduta e elenca como prova um determinado vídeo transcrito em ata notarial, haverá o julgamento da atipicidade nos limites daquela prova. Se denegada a ordem e transitada em julgado havendo entendimento do Judiciário quanto a tipicidade da conduta, terá a coisa julgada, mas limitada àquela prova avaliada. Se, porventura, sobrevier, no tempo, outro vídeo mais claro quanto ao fato, mostrando outro ponto de vista quanto a conduta praticada pelo impetrante que teve sua liberdade atingida, deixando evidenciado a atipicidade da conduta ou mesmo dando luz à uma ausência de conduta do impetrante, poderá este impetrar novo Habeas Corpus, muito embora tenha transitado em julgado Habeas Corpus anterior denegando a ordem com base em fundamentação de ausência de tipicidade. *A prova nova reitera a possibilidade de impetrar novo Habeas Corpus.*

Para além disso, mesmo que tenha ocorrido o trânsito em julgado do *Writ*, tendo sido sumariamente analisadas as provas e mesmo assim denegada a ordem, o impetrante poderá requerer, pelas vias ordinárias, a consideração do Judiciário quanto a ausência de responsabilidade criminal, levando em conta as mesmas provas que levaram à denegação da ordem. Nesse sentido, *o trânsito em julgado do Habeas Corpus não faz coisa julgada na via ordinária, possibilitando nova análise pelo Judiciário das mesmas provas e fundamentos do Writ denegado.*

O exame de mérito do Habeas Corpus está conectado à demonstração da lesão ao direito fundamental de liberdade de locomoção, havendo a análise da prova, mesmo que perfunctória, ferrenhamente limitada em estrita conexão aos fatos e fundamentos jurídicos apresentados no *Writ*. *O que pode ser denegado e transitado em julgado no instrumento de Habeas Corpus, pode ser obra de julgamento nas vias ordinárias para absolver o impetrante.*

O reconhecimento do direito pode ser feito após cognição *exauriente*, dando luz à liberdade. Os limites da coisa julgada no Habeas Corpus são restritos às provas que foram objeto de análise *sumária* pelo Judiciário. Por isso, há possibilidade de renovação do pleito por via do instrumento do Habeas Corpus com base em outras provas e, também, há viabilidade de nova análise das provas pelas vias ordinárias considerando uma análise exauriente.

Certamente, não é incomum que um novo olhar de outro Advogado nos autos de uma ação penal já transitada em julgado revele esperança para o jurisdicionado. Se houver nulidade encontrada, poderá o Habeas Corpus fazer as vezes de revisão criminal. Inclusive, se sobrevir nova prova que possa inocentar o condenado, o Habeas Corpus poderá ser instrumento utilizado no lugar da revisão criminal.

Se, porventura, ocorrer de a defesa não ser intimada para julgamento, havendo por consequência a perda da oportunidade de realizar a sustentação oral, há nulidade absoluta que pode ser razão para obtenção de nulidade da decisão já transitada em julgado após arguição da matéria por via do Habeas Corpus como sucedâneo de revisão criminal.

Assim, o Habeas Corpus é remédio hábil para arguição e pronúncia de nulidade do processo, mesmo que já tenha transitado em julgado a sentença penal condenatória.

14.2 PODE A CORTE RECURSAL CONDICIONAR A ADMISSIBILIDADE DA AÇÃO CONSTITUCIONAL DO *HABEAS CORPUS* À PRÉVIA FORMULAÇÃO DE PEDIDO DE RECONSIDERAÇÃO À AUTORIDADE COATORA?

Ocorre, em processos judiciais ou em procedimentos investigatórios, de o impetrante identificar nos autos a decisão caracterizada pelo cerceamento da liberdade por conduta da autoridade coatora, quando baseada em ilegalidade, abuso de direito, violência ou coação à liberdade de locomoção, ou mesmo qualquer constrangimento ilegal ao direito fundamental tutelado pelo Habeas Corpus e, erroneamente, pedir ao coator para corrigir a ilegalidade praticada para, somente então, impetrar o devido Habeas Corpus. É medida equivocada estrategicamente, exceto se for de fácil correção por meio de despacho com o magistrado.

Por exemplo, alguém é detido preventivamente por decisão de magistrado *a quo*, não sendo necessário que o impetrante faça pedido de reconsideração ao juiz de base que decretou a prisão para, somente após isso, impetrar Habeas Corpus no tribunal competente. *O tribunal que fundamentar o não conhecimento do Habeas Corpus por ausência de pedido de reconsideração age na contramão da eficácia dos Direitos Fundamentais, base do Estado Democrático de Direito.*

Nesse sentido, o Habeas Corpus 114.083, de relatoria da Min, Rosa Weber, que tramitou pela Primeira Turma do STF, ao destacar, via ementa, que "Não pode Corte Recursal condicionar a admissibilidade da ação constitucional do Habeas Corpus, impetrado contra a decretação de prisão preventiva, à prévia formulação de pedido de reconsideração à autoridade coatora, especialmente se ausentes fatos novos".

Na mesma linha constitucional, o Tribunal de Justiça do Mato Grosso do Sul, no julgamento do Habeas Corpus 1407840-76.2017.8.12.0000/MS, que tramitou pela 2ª Câmara Criminal, de relatoria do eminente desembargador relator Ruy Celso Barbosa Florence, da forma a seguir "O Habeas Corpus tem por finalidade evitar ou fazer cessar indevida restrição ao direito de liberdade. Prescinde de maior rigorismo formal, podendo ser impetrado inclusive de próprio punho por pessoa que sofrer ou se achar ameaçado de sofrer violência ou coação em sua liberdade de locomoção, por ilegalidade ou abuso de poder (CF, artigo 5º, inciso LXVIII). Por isso, não se condiciona à formulação de prévio pedido de revogação da prisão preventiva em primeira instância, formalidade essa que, aliás, não encontra previsão legal. Veja, se não há previsão legal e há prejuízo à aplicação do direito fundamental de liberdade, há ausência de possibilidade jurídica de pedido na exigência da reconsideração.

Não há necessidade do impetrante, após a decisão que constrange ilegalmente a liberdade, registrar pedido nos autos para que seja concedida outra decisão, para somente então, se negada, prevalecendo a ilegalidade, impetrar Habeas Corpus em instancia superior. *Não existe necessidade de pedido de reconsideração ao magistrado a quo ou reiterar pedido já formulado para impetrar Habeas Corpus no tribunal.*

Se, por exemplo, houver nos autos eventual decisão que permita o cabimento do Habeas Corpus, o impetrante poderá sim requerer por petição nos autos o fim da ilegalidade e despachar com o magistrado para aplicar celeridade à solução. Mas o peticionamento não é requisito para o cabimento do Habeas Corpus corretivo em instancia superior. Cabe, diretamente e ao mesmo tempo do peticionamento e despacho na instancia inferior, a distribuição do *Writ* em instancia superior.

Estrategicamente, é possível peticionar e despachar e, ao mesmo tempo, distribuir o Habeas Corpus com pedido liminar satisfativa para tentar a mudança da decisão vergastada. Se alterada na base por despacho ou em decorrência de peticionamento, perderá o objeto o Habeas Corpus impetrado, mas o paciente se verá livre.

Por outro lado, pode ser que, mesmo que inconstitucional e equivocadamente, seja o Habeas Corpus não conhecido por entender o magistrado *ad quem* que há necessidade de pedido de reconsideração na instancia inferior. Se ocorrer, poderá perder tempo o impetrante, o que significa mais tempo de prisão. Para evitar perda de tempo, antevendo o erro, cabe ao impetrante realizar o pedido de reconsideração e provar que o fez, assim como a decisão de indeferimento.

Mesmo que seja uma criação errônea quanto ao entendimento destacado e, nitidamente *contra legem*, caberá ao Advogado impetrante vislumbrar tal hipótese e contornar o problema, o que pode ser feito com aprofundada pesquisa quanto ao entendimento do tribunal que julgará o Habeas Corpus.

14.3 É CABÍVEL A IMPETRAÇÃO DE *HABEAS CORPUS* SIMULTANEAMENTE À INTERPOSIÇÃO DE RECURSO EM FACE DA MESMA DECISÃO?

Certamente será possível a impetração de Habeas Corpus concomitantemente à interposição de recurso em face da mesma decisão, mas terá que observar a separação da matéria a ser questionada em cada instrumento. A matéria do Habeas Corpus deve ser diversa daquela discutida no feito recursal. O Habeas Corpus exige prova pronta da ilegalidade em face do direito de locomoção de ir e vir, de forma que a sua análise é perfunctória, diversa do recurso que é caracterizado por aprofundamento cognitivo específico inerente à natureza do meio de impugnação. O recurso de apelação, por exemplo, interposto em face da sentença, revela questionamento em torno dos fatos e provas produzidas no feito de base, enquanto o Habeas Corpus contra a mesma decisão recorrida será destacado por pedido diverso em torno de prova que revela afronta ao direito de liberdade daquele jurisdicionado.

Nesse sentido, foi o julgado do Habeas Corpus 482.549/SP, de relatoria do Min. Rogerio Schietti Cruz, do STJ, que destacou no feito o seguinte: "...a interposição do recurso cabível contra o ato impugnado e a contemporânea impetração de Habeas Corpus para igual pretensão somente permitirá o exame do Writ se for este destinado à tutela direta da liberdade de locomoção ou se traduzir pedido diverso em relação ao que é objeto do recurso próprio e que reflita mediatamente na liberdade do paciente. Nas demais hipóteses, o Habeas Corpus não deve ser admitido e o exame das questões idênticas deve ser reservado ao recurso previsto para a hipótese, ainda que a matéria discutida resvale, por via transversa, na liberdade individual". É certo que o Habeas Corpus impetrado em face da mesma decisão recorrida, em que tenha o *Writ* a mesma causa de pedir e pedido, não será conhecido, pois manejado de forma desvirtuada.

Portanto, nada impede a impetração do Habeas Corpus ao mesmo tempo em que se recorre, de forma que a mesma decisão seja combatida por dois instrumentos que visam resultados simultâneos ou mesmo diversos, desde que os fundamentos, causa de pedir, pedidos sejam distintos.

14.4 É NECESSÁRIO JUNTADA DE PROCURAÇÃO EM RHC?

O Habeas Corpus é garantia constitucional de defesa dos direitos fundamentais, assim também é o RHC, não havendo imposição legal para nova procuração como medida de exigência formal para viabilizar a análise do recurso em questão pelo tribunal. A lógica leva a concluir que se qualquer pessoa pode impetrar o *Writ*, em seu favor ou em favor de terceiro, visando a proteção da liberdade, sem procuração para tanto, da mesma forma haveria que ser possível a interposição do RHC sem o instrumento de procuração, até porque o mencionado recurso revela extensão da impetração do remédio constitucional já impetrado.

Não há lógica na permissão do manejo do Habeas Corpus sem o instrumento de outorga de poderes e, concomitantemente, exigir procuração para o RHC. Contudo, ganhou espaço jurisprudência quanto a extensão da Súmula 115, do STJ, para o Recurso Ordinário em Habeas Corpus, o que é incongruente, pois a base da referida Súmula decorre de construção jurisprudencial em torno de recursos especiais. Prescreve a Súmula 115, do STJ "Na instância especial é inexistente recurso interposto por Advogado sem procuração nos autos".

A máxima no sentido de que, se qualquer pessoa pode impetrar Habeas Corpus em favor de terceiro, sem outorga de poderes deste, pode-se igualmente sem procuração, recorrer da decisão denegatória, não tem sido aplicada, havendo recomendação para a interposição do RHC com procuração anexada ao meio de impugnação. Perceba que se for o caso de impetrar novo Habeas Corpus para o STJ, em face de decisão denegatória de Habeas Corpus na origem, não há necessidade de juntar a procuração, mas se recorrer por RHC da mesma decisão, terá que apresentar a procuração. Certamente, uma falta de lógica.

É tão estapafúrdica a exigência de procuração no RHC que é o mesmo que a parte dar procuração a ela mesma para recorrer, pois no Habeas Corpus o impetrante é parte processual. Perceba que há quatro fundamentos para a não exigência da procuração no recurso ordinário em Habeas Corpus:

a) o RHC é medida recursal contínua ao Habeas Corpus;

b) o impetrante é parte no Habeas Corpus;

c) a Súmula 115, do STJ, foi construída em torno de instância especial, não sendo o caso do RHC;

d) não existe norma que determina a exigência de procuração para o RHC.

Por outro lado, visando resultado prático do Habeas Corpus, a sugestão é a juntada da procuração, mesmo que não haja fundamentos lógicos para tanto, pois mais vale ignorar o desconhecimento e obter o resultado pretendido – a liberdade.

14.5 HÁ NECESSIDADE DE O MINISTÉRIO PÚBLICO APRESENTAR CONTRARRAZÕES NO RHC?

A Lei 8.038/1990 que instituiu normas procedimentais para procedimentos perante o Superior Tribunal de Justiça prescreve, nos artigos 30, 31 e 32, em relação ao Recurso Ordinário em Habeas Corpus, o seguinte:

> Art. 30. O recurso ordinário para o Superior Tribunal de Justiça, das decisões denegatórias de Habeas Corpus, proferidas pelos Tribunais Regionais Federais ou pelos Tribunais dos Estados e do Distrito Federal, será interposto no prazo de cinco dias, com as razões do pedido de reforma.
>
> Art. 31. Distribuído o recurso, a Secretaria, imediatamente, fará os autos com vista ao Ministério Público, pelo prazo de dois dias.
>
> Parágrafo único. Conclusos os autos ao relator, este submeterá o feito a julgamento independentemente de pauta.
>
> Art. 32. Será aplicado, no que couber, ao processo e julgamento do recurso, o disposto com relação ao pedido originário de Habeas Corpus.

Perceba que o Legislador determinou que o RHC deverá ser interposto em 5 dias, com as razões da reforma e que o recurso, após distribuído na origem, será imediatamente remetido ao Ministério Público para manifestar no prazo de 2 dias. Após, será concluso o instrumento de Habeas Corpus ao relator para que submeta o *Writ* a julgamento independentemente de pauta. Veja que o Legislador não determinou apresentação de contrarrazões enquanto peça imprescindível no feito recursal em Habeas Corpus.

Portanto, *não há necessidade de compor o recurso ordinário em Habeas Corpus com a peça de contrarrazões do Parquet*, até porque o MP nestas circunstâncias representa fiscal da lei, e não parte processual com obrigatória participação no feito em razão de contraditório.

O que se visa com o Habeas Corpus é a promoção da liberdade. O *Writ* tem natureza de ação constitucional caracterizado por ter o objetivo de tutelar a liberdade de ir e vir, direito fundamental objeto de atenção do instrumento que salvaguarda o exercício da dignidade da pessoa humana. O *Parquet* ocupa posição estrutural revelada pela fiscalização da lei, razão pela qual não há motivos para apresentar contrarrazões no RHC, mas apenas ter vista dos autos enquanto fiscal da lei.

Há um problema nesta história. E esse problema costuma atrasar o julgamento do recurso ordinário em Habeas Corpus, o tornando mais lento do que se espera, razão pela qual muitos Advogados preferem impetrar outro Habeas Corpus no lugar do RHC. Muitos tribunais, na origem, remetem o feito recursal ao STJ, quando lá o MPF requer conversão do julgamento em diligência, com a baixa dos autos ao

Tribunal de origem para que o MP, que oficia em segunda instância, seja intimado e oferte contrarrazões no recurso, mesmo não havendo imprescindibilidade na apresentação de contrarrazões pelo *Parquet* no RHC. Certamente, um atraso descomunal e absolutamente prejudicial ao procedimento recursal em Habeas Corpus que visa celeridade. Não há razão técnica para que o MPF requeira a conversão do julgamento em diligência. De toda forma, se ocorrer, caberá ao Impetrante peticionar e despachar demonstrando a imprescindibilidade das contrarrazões pelo *Parquet*, evitando, assim, a morosidade na entrega da tutela da liberdade.

O RHC trata de liberdade das pessoas, enquanto direito fundamental, exigindo processamento célere. Ademais, o Ministério Público não é parte no feito, mas apenas fiscal da lei. A Lei 8.038/90 não exige que o *Parquet* apresente contrarrazões. O Ministério Público, enquanto órgão institucional, no STJ, tem acesso aos autos e tem a oportunidade de fiscalizar o feito, não havendo afronta à lei por ausência de acesso do *Parquet* ao Habeas Corpus. Assim, não há motivos para admitir como imprescindível as contrarrazões em sede de recurso ordinário em Habeas Corpus.

Nesse mesmo sentido, o julgado do recurso em Habeas Corpus 88.860/MG, de relatoria do Min. Reynaldo Soares da Fonseca, no STJ, que, por ementa, destacou que é "Desnecessária a apresentação de contrarrazões ao recurso ordinário em Habeas Corpus diante da ausência de previsão legal no ordenamento jurídico". No mesmo sentido, o julgado do recurso em Habeas Corpus 39.468/RJ, de relatoria do Ministro Jorge Mussi, no STJ, que destacou entendimento de que "Não há no ordenamento jurídico vigente a previsão de oferecimento de contrarrazões ao recurso ordinário em Habeas Corpus, já que ao disciplinar o seu procedimento a Lei 8.038/90 não fez qualquer menção à necessidade de apresentação da referida peça processual, explicando no seu artigo 31 que após a distribuição da insurgência o órgão ministerial que atua perante o Tribunal ad quem terá vista dos autos pelo prazo de dois dias".

14.6 É POSSÍVEL A *REFORMATION IN PEJUS* NO *HABEAS CORPUS*?

Partindo do pressuposto de que o Habeas Corpus é ação constitucional que visa a liberdade enquanto direito fundamental, no Estado Democrático de Direito, há inadmissibilidade na tese de que, com a impetração de Habeas Corpus, poderá ocorrer a reforma para pior.

No julgamento do AgRg no Habeas Corpus 595.469/SC, de relatoria do Ministro Joel Ilan Paciornik, do STJ, foi destacado pelo seguinte teor "Esta Corte possui o entendimento de que "a correção de ofício de erro material, com prejuízo ao sentenciado, em sede de recurso exclusivo da defesa, configura o indevido reformatio in pejus. (HC 326.267/SP, Rel. Ministro Ribeiro Dantas, Quinta Turma, DJe 25.05.2016)".

Assim, *é vedada a reformatio in pejus no Habeas Corpus*. Da mesma forma, é vedada a reforma para pior nos recursos interpostos contra decisões relativas a Habeas Corpus.

14.7 TESES DE DEFESA NA ADVOCACIA CRIMINAL – A NECESSÁRIA UTILIZAÇÃO DA DOGMÁTICA PARA O ACERTO DA JUSTIÇA

A dogmática é a alma do Direito Penal, de forma que sem ela, os processos penais tornam instrumentos de discussões exclusivamente fáticos e sem técnica. A dogmática justifica, legitima, impulsiona a justiça com base em fundamentos lógicos. É necessária a utilização da dogmática no processo penal, bem assim em Habeas Corpus.

O Direito Penal ainda está em constante evolução, sendo construído na medida do desenvolvimento sociocultural da sociedade conforme a política criminal desenvolvida em cada ciclo evolutivo. Veja, por exemplo, como a dogmática penal se estruturou ao longo do tempo, desde a concepção positivista normativa de Binding ao pensamento positivista sociológico de Liszt; passando pelo neokantismo, pelo finalismo de Welzel, funcionalismo de Gunther Jakobs, funcionalismo sistêmico de Knut Amelung, funcionalismo do controle social de Winfried Hassemer, funcionalismo teleológico de Claus Roxin, funcionalismo reducionista de Zaffaroni, a dogmática funcionalista de Silva Sánchez até a estrutura significativa do delito de Tomás Salvador Vives Antón.

Nesse tempo, em cada estrutura de delito, conforme a política criminal imposta na devida época, havia uma vista diferente do Direito penal e as teses de defesa passíveis de levantamento, a depender de cada teoria aplicada ao seu momento histórico.

O Código Penal Brasileiro, na prática, adotou estrutura dogmática da teoria finalista de Welzel com aplicações ora normativista ora funcionalista, dependendo dos operadores do direito que manuseiam o processo penal. Veja como é diferente um caso penal tratado por um Advogado penalista, um juiz penalista e um representante do Ministério Público que sabe aplicar a dogmática. A discussão é absolutamente profunda, com aplicações de teses dogmáticas, fundamentos complexos e legítimos, e mais importante, a justiça é melhor aplicada ao caso concreto.

Muito diferente, um Advogado que sabe superficialmente a dogmática, um juiz generalista e um representante do Ministério Público sem conhecimento profundo da matéria. É raro encontrar profissionais que sabem manusear o processo penal com profundidade em dogmática penal. O que tem prevalecido na prática é nada mais do que a ignorância em matéria penal. O conhecimento sobre a dogmática permite que o Advogado que tenha tal domínio de matéria possua o poder de manusear adequadamente, com legitimidade, os argumentos e fundamentos de um caso jurídico, encontrando saídas originais e respeitáveis. A prática exige o conhecimento a respeito da dogmática de todos os operadores, sobretudo do juiz. Quando não há, a conversa no processo não passa de adequação do fato ao tipo, o que é profundamente lamentável, pois, é desse modo que impossibilita o encontro da justiça em relação ao caso prático. O que se tem visto, no âmbito do Poder Judiciário, é exatamente o atropelamento dos legítimos fundamentos dogmáticos-penais pelo desconhecimento dos operadores do direito.

Embora o exposto seja a verdade, há que considerar pequenas linhas de atenção ao processo penal, em relação ao conteúdo dogmático de casos criminais, devendo, no mínimo, o Advogado observar tais apontamentos.

1. Observe as provas sempre, pois a ausência delas revela falta de justa causa.

2. Quanto a estrutura do delito, assim considerando o fato típico, antijurídico e culpável, observe o seguinte:

a) Fato típico:

a.1) será excluído pela ausência de tipicidade (princípio da insignificância, inexistência de fato comprovado, a conduta descrita na imputação diverge do tipo penal incriminador, crime impossível, ausência de lesão de bem jurídico etc.)

a.2) será excluído por vício de conduta (o cliente não agiu com dolo ou culpa, alguns tipos não admitem a culpa, houve erro, ausência de dever de agir etc.)

a.3) será excluído por vício no nexo de causalidade (inexistência de relação entre a conduta e o resultado lesivo ao bem jurídico protegido pela norma, outra causa gerou o resultado etc.)

a.4) vício quanto a um resultado penalmente relevante (o dano ao bem jurídico não ocorreu por arrependimento do cliente ou impediu a continuidade da conduta não havendo resultado lesivo a bem jurídico protegido etc.)

b) Excludentes de antijuridicidade:

b.1) Legítima defesa

b.2) Estado de necessidade

b.3) Estrito cumprimento do dever legal

b.4) Exercício regular de direito

b.5) Consentimento do ofendido

b.6) Excludentes especiais em situações especiais, como por exemplo, o art. 128, do CP – aborto.

c) Dirimentes – excludentes de culpabilidade

c.1) inexistência de imputabilidade (cliente menor de idade ao tempo do ato; cliente, ao tempo da conduta, era doente mental ou tinha desenvolvimento mental incompleto ou retardado; estava o cliente embriagado, drogado, fora de si, de forma completa, por caso fortuito ou causa maior) c.2) ausência de conhecimento sobre a antijuridicidade da conduta (o erro sobre a ilicitude do fato, se inevitável, isenta de pena; se evitável, poderá diminui-la de um sexto a um terço)

c.3) conduta do cliente sem a consciência – descriminante putativa (É isento de pena quem, por erro plenamente justificado pelas circunstâncias, supõe situação de fato que, se existisse, tornaria a ação legítima. Não há isenção de pena quando o erro deriva de culpa e o fato é punível como crime culposo)

c.4) inexibilidade de conduta diversa (houve coação moral irresistível ou obediência hierárquica)

c.5) estado de necessidade exculpante, quando o agente age sacrificando bem de valor maior para salvar bem de valor menor, não sendo possível exigir outra conduta, nas circunstâncias do fato)

c.6) excesso exculpante – em situação em que o cliente, por medo, pavor, surpresa, sem possibilidade de exigir dele uma conduta outra, atua para se defender de ataque inesperado de modo excessivo, sendo justificado

c.7) atuação com excesso decorrente de caso fortuito colaborador de resultado

Observe que há que levar em conta, ainda, nos moldes do Código Penal Brasileiro, as escusas absolutórias, reveladas no art. 181, do CP, nos crimes contra o patrimônio sem violência ou grave ameaça em que o autor do delito é cônjuge na constância do casamento ou ascendente ou descendente da vítima, seja o parentesco legítimo ou ilegítimo, seja civil ou natural. Do mesmo modo, nos termos do art. 348, §2º, do CP, em delito de favorecimento pessoal, quando o agente presta auxílio ao cônjuge, ascendente, descendente ou irmão.

Além das questões de âmbito dogmático, há que observar os aspectos processuais quanto aos relativos às nulidades, podendo ser questionados em audiências e sustentações orais. Nesse sentido, a nulidade processual significa, resumidamente, em vício acoplado ao ato processual realizado sem observar a forma prevista na norma, de maneira que poderá ocorrer a invalidação, o impedimento de efeitos ou a lesão ao processo, tornando o instrumento viciado e desestruturado no âmbito da legalidade.

Nulidades Absolutas	Nulidades Relativas
Atingem interesse público	Atingem interesses das partes
Não precluem.	Passíveis de preclusão
Reconhecidas de ofício.	É necessário que as partes façam a arguição comprovada

Nulidades Absolutas	Nulidades Relativas
O prejuízo é presumido, não precisa ser provado.	É necessário que a parte comprove prejuízo.
Violam princípios caros. Lesam princípios constitucionais ou normas e princípios infraconstitucionais, mas que ofendem o interesse público.	Em regra, lesam normas infraconstitucionais prejudiciais às partes.
São passíveis de arguição a qualquer momento no processo.	Devem ser questionadas na primeira oportunidade ou momento de manifestação nos autos pela parte interessada. Podem ser arguidas em audiência, se for esta a oportunidade adequada, devendo o advogado requerer que conste em ata a arguição de nulidade relativa. Quanto aos demais momentos passíveis de arguição, pode ser no ato da resposta a acusação, nas alegações finais, em preliminar de recurso etc.

Veja que os atos viciados maculam o processo penal, de forma que o Advogado deve observar se é o caso de nulidades, nos termos do art. 564, do Código de Processo Penal, se atos inexistentes, como por exemplo uma audiência presidida pelo representante do Ministério Público ou pelo escrivão, se atos meramente irregulares, como a falta da assinatura de uma petição, sem lesar norma e, consequentemente, corrigível.

Nenhuma das partes poderá arguir nulidade a que haja dado causa, ou para que tenha concorrido, ou referente a formalidade cuja observância só à parte interessa. A nulidade por ilegitimidade do representante da parte poderá ser a todo tempo sanada mediante ratificação dos atos processuais. Não será declarada a nulidade de ato processual que não houver influído na apuração da verdade substancial ou na decisão da causa.

>Art. 564. A nulidade ocorrerá nos seguintes casos:
>
>I – por incompetência, suspeição ou suborno do juiz;
>
>II – por ilegitimidade de parte;
>
>III – por falta das fórmulas ou dos termos seguintes:
>
>a) a denúncia ou a queixa e a representação e, nos processos de contravenções penais, a portaria ou o auto de prisão em flagrante;
>
>b) o exame do corpo de delito nos crimes que deixam vestígios, ressalvado o disposto no Art. 167;
>
>c) a nomeação de defensor ao réu presente, que o não tiver, ou ao ausente, e de curador ao menor de 21 anos;
>
>d) a intervenção do Ministério Público em todos os termos da ação por ele intentada e nos da intentada pela parte ofendida, quando se tratar de crime de ação pública;
>
>e) a citação do réu para ver-se processar, o seu interrogatório, quando presente, e os prazos concedidos à acusação e à defesa;
>
>f) a sentença de pronúncia, o libelo e a entrega da respectiva cópia, com o rol de testemunhas, nos processos perante o Tribunal do Júri;

g) a intimação do réu para a sessão de julgamento, pelo Tribunal do Júri, quando a lei não permitir o julgamento à revelia;

h) a intimação das testemunhas arroladas no libelo e na contrariedade, nos termos estabelecidos pela lei;

i) a presença pelo menos de 15 jurados para a constituição do júri;

j) o sorteio dos jurados do conselho de sentença em número legal e sua incomunicabilidade;

k) os quesitos e as respectivas respostas;

l) a acusação e a defesa, na sessão de julgamento;

m) a sentença;

n) o recurso de ofício, nos casos em que a lei o tenha estabelecido;

o) a intimação, nas condições estabelecidas pela lei, para ciência de sentenças e despachos de que caiba recurso;

p) no Supremo Tribunal Federal e nos Tribunais de Apelação, o *quorum* legal para o julgamento;

IV – por omissão de formalidade que constitua elemento essencial do ato.

Parágrafo único. Ocorrerá ainda a nulidade, por deficiência dos quesitos ou das suas respostas, e contradição entre estas.

Aos moldes do que consta no art. 564, do Código de Processo Penal, admite-se como nulidades relativas, por falta das fórmulas ou dos termos quanto a intervenção do Ministério Público em todos os termos da ação por ele intentada e nos termos da ação intentada pela parte ofendida, quando se tratar de crime de ação pública; quanto aos prazos concedidos à acusação e à defesa; quanto à intimação do réu para a sessão de julgamento, pelo Tribunal do Júri, quando a lei não permitir o julgamento à revelia; quanto à intimação das testemunhas arroladas no libelo e na contrariedade, nos termos estabelecidos pela lei e por omissão de formalidade que constitua elemento essencial do ato, tratando-se, respectivamente, dos itens constantes no inciso III, "d", "e" 2ª parte, "g", "h" e inciso IV, do art. 564, do CPP. O restante do que consta no mencionado artigo revela hipóteses de nulidades absolutas. Ademais, outras nulidades podem também ser reconhecidas, sendo o citado rol de caráter exemplificativo.

Princípios constitucionais estruturais devem ser levados em conta. O *princípio do contraditório* garante que não haja acusação do cliente por prática de delitos sem resistência técnica, de forma que tenha garantia de respeito ao equilíbrio processual entre as partes. O *princípio da ampla defesa* garante a possibilidade do cliente acusado se defender, propondo as provas necessárias para o convencimento do magistrado, e permitindo a participação em todos os atos processuais. O *princípio da presunção de inocência* garante que o ônus da prova seja da acusação, sendo inadmissível a condenação sem provas. O *princípio da publicidade* permite que os atos processuais sejam realizados com transparência e respeito à vista do interesse público. O *princípio da vedação das provas ilícitas* deve ser aplicado de forma que a acusação deverá respeitar as formalidades legais, impondo ao magistrado a inserção nos autos de provas produzidas em desatenção à legislação e à Constituição. O *princípio do devido processo legal* acaba por estruturar os demais princípios, de forma que toda acusação em processo penal deve respeitar as normas constitucionais e infraconstitucionais. Há garantia ao cliente de que o Estado tem limites, devendo respeitar a lei e a Constituição, podendo o Advogado requerer que assim tramite o processo, ou seja, nas linhas da legalidade. Ninguém é obrigado a produzir provas contra si mesmo, *nemo tenetur se detegere*. Pelo *princípio da busca da verdade*, o Advogado pode requerer ao juiz que determine produção de provas para além dos ritos procedimentais, pois vale mais o encontro da verdade, garantindo a realização da justiça. Pelo *favor rei, in dubio pro reo*, há que respeitar a regra de que a ausência de provas seguras quanto aos elementos que o vinculam ao delito devem levar o cliente à absolvição. Enfim, vários são os princípios que o Advogado deve levar em conta no dia a dia, em relação aos atos processuais, podendo invocá-los sempre que necessário, inclusive em sede de Habeas Corpus.

A solução positiva de um caso criminal pode estar em infindáveis aspectos. Teorias de ordem processual, penal e constitucional, detalhes, provas documentais, prova pericial, provas testemunhais, confissão de um corréu ou revelação de partícipe, delação premiada, *novatio legis in mellius*, enfim, variadas estruturas de defesa podem levar um cliente a ser absolvido ou ter a sua pena amenizada. O Advogado deve dominar, como um todo, o conhecimento pontual, certeiro, adequado, conveniente para levar questões de relevância para o magistrado deliberar, tomando decisões de verdadeira justiça aos casos concretos. A posição do Advogado diante de um processo penal precisa ser de busca da melhor solução técnica, se colocando frente ao Poder Judiciário como verdadeiro guerreiro em prol dos interesses do cliente jurisdicionado, desde o planejamento da melhor estratégia, considerando respeitada postura técnica no tramite do Habeas Corpus. Conforme disse Heráclito Fontoura Sobral Pinto: "A Advocacia não é profissão de covardes". Digo mais, a Advocacia é profissão para aquele que tem compromisso com o processo a técnica.

15
CONSIDERAÇÕES PRÁTICAS FINAIS

Em tópicos, faço as considerações finais.

1. A peça de Habeas Corpus deve ser clara, objetiva, com a tese bem definida e detidamente alinhada às provas que a substanciam. Mesmo que seja possível destacar várias teses, quanto mais precisa a exordial, mais eficácia terá diante dos objetivos esperados do *Writ* of Habeas Corpus.

2. O Habeas Corpus é medida instrumental de aplicação ampla, podendo ser utilizado para combater qualquer decisão em inquérito ou processo ou qualquer procedimento que envolva a liberdade do jurisdicionado.

3. Se houver violação a prerrogativas do Advogado, caberá o Mandado de Segurança e não o Habeas Corpus, salvo se houver constrangimento ilegal em face da liberdade do profissional.

4. Se a liberdade for lesada por ato omissivo, o ato coator será a omissão, cabendo nesse caso o Habeas Corpus. Assim, uma vez peticionado e requerido relaxamento de prisão, não havendo célere decisão do magistrado, cabe Habeas Corpus em face da omissão enquanto ato de coação à liberdade.

5. Como escolher a tese do Habeas Corpus? Certamente, dependerá do caso concreto. De todo jeito, *não há regra geral*. A sugestão para um Habeas Corpus mais assertivo é que tenha a tese pré-definida e a prova clara alinhada a tese para comprovar de plano a violação ao direito de locomoção por conduta de autoridade coatora.

6. Havendo necessidade de pedido liminar, será mais facilmente deferida se houver pedido de decisão liminar com providência cautelar e não satisfativa. *É necessário separar a Liminar do Mérito do feito*, destacando o *periculum in mora* e *fumus boni iuris*.

7. Sobre os memoriais e sustentação oral, certamente não é obrigatório. Contudo, a estratégia do caso levará o Advogado a tomar a decisão de acordo com o caso em concreto, havendo situações em que o memorial será imprescindível, bem assim a sustentação oral.

8. Para o *Writ*, não devem ser utilizadas petições compradas, prontas, emprestadas. O Habeas Corpus é construído artesanalmente, levando em conta o caso concreto e a dogmática penal que gira em torno dos fatos;

9. Na peça processual, a sugestão é que seja o mais breve possível, com indicação de jurisprudência daquele que irá julgar. Se não houver decisões a favor, somente

nesse caso será necessário levantar hipóteses comparativas para alteração da jurisprudência em vigor daquele juízo/julgadores que irão apreciar o *Writ*.

10. É importante requerer na exordial seja o Advogado intimado da data do julgamento do Habeas Corpus, com interesse em realizar sustentação oral se for o caso. Certamente, poderá ser peticionado posteriormente à distribuição do Habeas Corpus. A nulidade por falta de intimação somente será reconhecida se houver o prévio pedido.

11. É importante que haja requerimento da defesa para sustentar após o Ministério Público, pois a defesa sempre fala por último. Se não houver deferimento, havendo prejuízo, caberá Habeas Corpus para anular a decisão que impediu a defesa de sustentar após o *Parquet*;

12. Na eventualidade do Ministério Público apresentar parecer contra a tese elencada, ou mesmo qualquer outra autoridade coatora indicar ao julgador orientação para o indeferimento da ordem, é necessário atenção do Advogado em relação a esse importante momento do procedimento, para que peticione nos autos rebatendo, ponto por ponto, quanto aos fundamentos contrários à tese apresentada.

13. Quanto aos memoriais, serve para apontar os pontos claramente relevantes que irão ser sustentados, adiantando ao julgador o direito e a prova do direito do Impetrado. É uma peça enxuta, curta, pontual, destacada pela objetividade para esclarecer detidamente aquilo que será objeto de discussão no "julgamento".

14. Sobre o Habeas Corpus denegado em Tribunal de Justiça ou Tribunal Regional Federal, cabe outro Habeas Corpus no STJ ou o Recurso Ordinário Constitucional? Os dois são cabíveis. O Habeas Corpus, se não conhecido, poderá ser julgado de ofício, sendo medida prática mais célere. Se a opção for o ROC, terá que juntar nova procuração.

15. Se o Recurso Ordinário Constitucional não for objeto de provimento pelo STJ, não será cabível outro Recurso Ordinário Constitucional para o STF. Contudo, será cabível outro Habeas Corpus contra decisão do STJ que denega o Recurso Ordinário Constitucional.

16. Se a opção do Advogado for a impetração de Habeas Corpus no STJ em face da decisão denegatória de Habeas Corpus por Tribunal de Justiça ou Tribunal Regional Federal, se o Habeas Corpus no STJ for denegado, caberá Recurso Ordinário Constitucional no Supremo Tribunal Federal.

17. É possível, contra a mesma decisão, impetrar Habeas Corpus e Recurso Ordinário Constitucional? Sim, mas não com o mesmo objeto.

18. A impetração do Habeas Corpus em face de decisão do Tribunal de Justiça ou Tribunal Regional Federal é dirigida contra a autoridade julgadora, Câmara ou Turma, respectivamente. Nada impede seja dirigido contra o Tribunal de origem.

19. Se o Ministério Público requisitar instauração de inquérito policial, quem será a autoridade coatora e qual a competência? Será o Ministério Público a autoridade coatora e a competência para julgar será do respectivo tribunal, ou Tribunal de Justiça ou Tribunal Regional Federal.

20. É legalmente possível que a ordem de Habeas Corpus seja concedida monocraticamente.

21. É possível afastar qualificadora ou maus antecedentes por via do Habeas Corpus, bem assim qualquer desajuste do direito do Impetrante que possa prejudicar ou lesar a sua liberdade.

22. Na eventualidade de não existir fundamento para fixar medidas cautelares, ou se impostas contra a adequabilidade ou necessariedade, cabe a impetração de Habeas Corpus.

23. É cabível Habeas Corpus com o objetivo de fazer outro Habeas Corpus ser julgado com maior celeridade? Sim, se houver violação a liberdade por ato omissivo de autoridade coatora. O atraso, a demora, no julgamento é ato de violência contra a dignidade da pessoa presa.

24. Cabe Habeas Corpus em face de ato omisso que inviabilize a Audiência de Custódia.

25. Enfim, o Habeas Corpus é instrumento de largas possibilidades de impetração, de absoluta eficácia sempre que haja questão processual em concreto que viole ou possa afrontar direito de liberdade do jurisdicionado por autoridade coatora, restando ao Advogado a obrigatória consciência de buscar a tutela do direito fundamental em questão, utilizando de forma assertiva o *writ of habeas corpus*...

REFERÊNCIAS

AGRA, Walber de Moura. *Curso de direito constitucional*. 4. ed. Rio de Janeiro: Forense, 2008.

ALEXY, Robert. *Teoria dos direitos fundamentais*. Trad. Virgílio Afonso da Silva. São Paulo: Malheiros Editores. 2008.

ALMEIDA JÚNIOR, João Mendes de. *O processo criminal brasileiro*. 3. ed. aum. Rio de Janeiro: Typ. Baptista de Souza, 1920 v. 2.

ALMEIDA, Joaquim Canuto Mendes de. *Princípios fundamentais do processo penal*. São Paulo: Ed. RT, 1973.

ALVIM, Thereza. *Notas sobre alguns aspectos controvertidos da ação rescisória*. São Paulo: Ed. RT, 1985.

AMARAL, Guilherme Rizzo. *Comentários às alterações do novo CPC*. São Paulo: Ed. RT, 2015.

ANDRADE, Érico. *O mandado de segurança*: a busca da verdadeira especialidade (proposta de releitura à luz da efetividade do processo). Rio de Janeiro: Lumen Juris, 2010.

ARANHA, Adalberto José Q. T. de Camargo. *Da prova no processo penal*. 7. ed. São Paulo: Saraiva, 2006.

ARENHART, Sérgio Cruz. A intervenção judicial e o cumprimento da tutela específica. *Revista Jurídica*, Porto Alegre, v. 57, n. 385, nov. 2009.

ASSIS, Araken de. *Comentários ao código de processo civil*. São Paulo: Ed. RT, 2000. v. 9.

ASSIS, Araken de. *Execução civil nos juizados especiais*. 4. ed. São Paulo: Ed. RT, 2006.

ASSIS, Araken de. *Manual do processo de execução*. 5. ed. São Paulo: Ed. RT, 1998.

AVENA, Norberto. *Processo penal esquematizado*. 2. ed. São Paulo: Método, 2010.

AVENA, Norberto Cláudio Pâncaro. *Processo penal esquematizado*. 4. ed. Rio de Janeiro: Forense; São Paulo: Método, 2012,

BADARÓ, Gustavo Henrique Righi Ivahy. In: MOURA, Maria Thereza Rocha de Assis (Coord.). *As reformas no processo penal*: as novas Leis de 2008 e os projetos de reforma. São Paulo: Ed. RT, 2008.

BADARÓ, Gustavo Henrique. *Manual dos recursos penais*. São Paulo: Ed. RT, 2016.

BADARÓ, Gustavo Henrique; BOTTINI, Pierpaolo Cruz. *Lavagem de dinheiro*: aspectos penais e processuais penais – comentários à Lei 9.613/1998, com as alterações da Lei 12.683/12. São Paulo: Ed. RT, 2012.

BARBI, Celso Agrícola. *Comentários ao código de processo civil*. 2. ed. Rio de Janeiro: Forense, 1975. v. I.

BARBOSA MOREIRA, José Carlos. A expressão "competência funcional" no art. 2º da Lei de Ação Civil Pública. In: MILARÉ, Edis (Coord.). *A ação pública após 20 anos*: efetividade e desafios. São Paulo: Ed. RT, 2005.

BARBOSA, Manoel Messias. *Inquérito policial*. 7. ed. São Paulo: Método, 2009.

BARROS, Suzana de Toledo. *O princípio da proporcionalidade e o controle de constitucionalidade das leis restritivas de direitos fundamentais*. 2. ed. Brasília: Brasília Jurídica, 2000.

BARROSO, Luís Roberto. *Interpretação e aplicação da Constituição*. 4. ed., rev. e atual. São Paulo: Saraiva, 2001.

BARROSO, Luís Roberto. *Interpretação e aplicação da Constituição*: fundamentos de uma dogmática transformadora. São Paulo: Saraiva, 1996.

BASTOS, Marcelo Lessa. *Processo penal e gestão da prova*: a questão da iniciativa instrutória do juiz em face do sistema acusatório e da natureza da ação penal. Rio de Janeiro: Lumen Juris, 2011.

BECCARIA, Cesare. *Dos delitos e das penas*. 7. ed. Trad. Torrieri Guimarães. São Paulo: HEMUS – Livraria Editora LTDA, 2012.

BEDAQUE, José Roberto dos Santos. *Direito e processo*: influência do direito material sobre o processo. 2. ed. São Paulo: Saraiva, 1996.

BELING, Ernst von. *Esquema de derecho penal:* la doctrina del delito tipo. Trad. Carlos M. De Eliá. Buenos Aires: Libreria "El Foro", 2002.

BITENCOURT, Cezar Roberto. *Tratado de direito penal*: parte geral 1. 20. ed. São Paulo: Saraiva, 2014.

BOBBIO, Norberto. Prefácio. In: FERRAJOLI, Luigi. *Direito e razão*: teoria do garantismo penal. 4. ed. São Paulo: Ed. RT, 2014. p. 12.

BOBBIO, Norberto. *Teoria do ordenamento jurídico*. Trad. Ari Marcelo Solon. São Paulo: Edipro, 2011.

BONAVIDES, Paulo. *Curso de direito constitucional*. 4. ed. São Paulo: Malheiros Editores, 1993.

BONAVIDES, Paulo. *Curso de direito constitucional*. São Paulo: Malheiros, 2001.

BONFIM, Edílson Mougenot. *Curso de processo penal*. 4. ed. São Paulo: Saraiva, 2009.

BORTOLAI, Edson Cosac. *Manual de prática forense civil*. São Paulo: Ed. RT, 1990.

BRANDÃO, Cláudio. *Introdução ao direito penal:* análise do sistema penal à luz do princípio da legalidade. Rio de Janeiro: Forense, 2005. p. 2.

BRANDÃO, Cláudio. *Tipicidade penal*: dos elementos da dogmática ao giro conceitual do método entimemático. 2. ed. Coimbra: Almedina, 2014.

BRASIL. Superior Tribunal de Justiça. AgRg no RHC 121.441/MG. Agravo Regimental no Recurso em Habeas Corpus. RHC Contra Decisão Monocrática do Desembargador Relator. Impossibilidade. [...]. Rel.: Min. Joel Ilan Paciornik, 4 ago. 2020. *Diário de Justiça Eletrônico,* Brasília, DF, 10 ago. 2020. Disponível em: https://scon.stj.jus.br/SCON/pesquisar.jsp. Acesso em: 15 ago. 2021.

BRASIL. Superior Tribunal de Justiça. ArRg no HC 527.449/PR. Agravo Regimental no Habeas Corpus Substitutivo de Recurso Próprio. Roubo. Alegação de que o Decreto Condenatório Está Embasado Em Provas Produzidas Na Fase Inquisitorial. Matéria Alegada 17 Anos após o Julgamento da Apelação. [...]. Rel.: Min. Joel Ilan Paciornik, 27 ago. 2019. *Diário de Justiça Eletrônico,* Brasília, DF, 5 set. 2019. Disponível em: https://scon.stj.jus.br/SCON/jurisprudencia/toc.jsp?i=1&b=A-COR&livre=((%27AGRHC%27.clas.+e+@num=%27527449%27)+ou+(%27AgRg%20no%20HC%27+adj+%27527449%27.suce.))&thesaurus=JURIDICO&fr=veja. Acesso em: 10 set. 2020.

BRASIL. Superior Tribunal de Justiça. HC 32.510/GO. Criminal. Injúria. Trancamento da Ação Penal. Pedido não Analisado pelo Tribunal a Quo. [...]. Rel.: Min. Gilson Dipp, 25 maio 2004. *Diário de Justiça,* Brasília, DF, 2 ago. 2004. Disponível em: https://scon.stj.jus.br/SCON/jurisprudencia/toc.jsp?i=1&b=ACOR&livre=((%27HC%27.clap.+e+@num=%2732510%27)+ou+(%27HC%27+adj+%2732510%27.suce.))&thesaurus=JURIDICO&fr=veja. Acesso em: 15 ago. 2021.

BRASIL. Superior Tribunal de Justiça. HC 44.987/BA. Processual Penal. Habeas Corpus. Prisão Temporária. Denúncia Recebida. Insubsistência do Decreto. [...]. Rel.: Min. Felix Fischer, 2 fev. 2006. *Diário de Justiça,* Brasília, DF, 13 mar. 2006. Disponível em: https://scon.stj.jus.br/SCON/jurisprudencia/toc.jsp?i=1&b=ACOR&livre=((%27HC%27.clap.+e+@num=%2744987%27)+ou+(%27HC%27+adj+%2744987%27.suce.))&thesaurus=JURIDICO&fr=veja. Acesso em: 15 ago. 2021.

BRASIL. Superior Tribunal de Justiça. AgRg no HC: 74.599 PR 2007/0008198-7. Processual Penal. Habeas Corpus. Prisão Temporária. Denúncia Recebida. Insubsistência do Decreto. [...]. Rel.: Min. Assusete Magalhães, 18 dez. 2012. *Diário de Justiça,* Brasília, DF, 21 mar. 2013. Disponível em: https://scon.stj.jus.br/SCON/jurisprudencia/toc.jsp?i=1&b=ACOR&livre=((%27AGRHC%27.clas.+e+@num=%2774599%27)+ou+(%27AgRg%20no%20HC%27+adj+%2774599%27.suce.))&thesaurus=JURIDICO&fr=veja. Acesso em: 15 set. 2020.

BRASIL. Superior Tribunal de Justiça. HC 96.666/MA. Habeas Corpus Preventivo. Trancamento De Inquérito Policial. Ausência de Justa Causa. [...]. Rel.: Min. Napoleão Nunes Maia Filho, 4 set. 2008. *Diário de Justiça Eletrônico,* Brasília, DF, 22 set. 2008. Disponível em: https://scon.stj.jus.br/SCON/jurisprudencia/toc.jsp?i=1&b=ACOR&livre=((%27HC%27.clap.+e+@num=%2796666%27)+ou+(%27HC%27+adj+%2796666%27.suce.))&thesaurus=JURIDICO&fr=veja. Acesso em: 15 ago. 2021.

BRASIL. Superior Tribunal de Justiça. HC 109.715. Habeas Corpus. Penal. Paciente Condenado Pelo Crime de Denunciação Caluniosa. Art. 339 do Código Penal. [...]. Rel.: Min. Ricardo Lewandowski, 29 nov. 2011. *Diário de Justiça Eletrônico,* Brasília, DF, 15 dez. 2011. Disponível em: https://jurisprudencia.stf.jus.br/pages/search?base=acordaos&pesquisa_inteiro_teor=false&sinonimo=true&plural=true&radicais=false&buscaExata=true&page=1&pageSize=10&queryString=109715&sort=_score&sortBy=desc. Acesso em: 15 ago. 2021.

BRASIL. Superior Tribunal de Justiça. HC 143.034. Habeas Corpus. Processual Penal E Penal. Writ Substituto De Recurso Extraordinário: [...]. Rel.: Min. Ricardo Lewandovski, 13 jun. 2017. *Diário de Justiça Eletrônico,* Brasília, DF, 27 jun. 2017. Disponível em: https://jurisprudencia.stf.jus.br/pages/search?base=acordaos&pesquisa_inteiro_teor=false&sinonimo=true&plural=true&radicais=false&buscaExata=true&page=1&pageSize=10&queryString=143034&sort=_score&sortBy=desc. Acesso em: 15 ago. 2021.

BRASIL. Superior Tribunal de Justiça. HC 598.051. Habeas Corpus. Tráfico de Drogas. Flagrante. Domicílio Como Expressão do Direito À Intimidade. Asilo Inviolável. [...]. Rel.: Min. Rogerio Schietti Cruz, 2 mar. 2021. *Diário de Justiça Eletrônico,* Brasília, DF, 15 mar. 2021. Disponível em: https://scon.stj.jus.br/SCON/jurisprudencia/toc.jsp?i=1&b=ACOR&livre=((%27HC%27.clap.+e+@num=%27598051%27)+ou+(%27HC%27+adj+%27598051%27.suce.))&thesaurus=JURIDICO&fr=veja. Acesso em: 15 ago. 2021.

BRASIL. Superior Tribunal de Justiça. AgRg no HC 636.343/TO. Rel.: Min. Felix Fischer, 9 mar. 2021. *Diário de Justiça Eletrônico,* Brasília, DF, 12 mar. 2021. Disponível em: https://scon.stj.jus.br/SCON/pesquisar.jsp. Acesso em: 15 ago. 2021.

BRASIL. Superior Tribunal de Justiça. AgRg no HC 610.227/BA. Agravo Regimental no Habeas Corpus. HC Substitutivo de Recurso Especial. [...]. Rel.: Min. Nefi Cordeiro, 2 mar. 2021. *Diário de Justiça Eletrônico,* Brasília, DF, 5 mar. 2021. Disponível em: https://scon.stj.

jus.br/SCON/jurisprudencia/toc.jsp?i=1&b=ACOR&livre=((%27AGRHC%27.clas.+e+@num=%27610227%27)+ou+(%27AgRg%20no%20HC%27+adj+%27610227%27.suce.))&thesaurus=JURIDICO&fr=veja. Acesso em: 15 ago. 2021.

BRASIL. Superior Tribunal de Justiça. HC 667.432/SC. Habeas Corpus Substitutivo de Recurso Próprio. Inadequação. Tráfico de Drogas. Nulidade. Interrogatório do Réu Antes da Oitiva de Testemunhas. [...]. Rel.: Min. Reynaldo Soares da Fonseca, 8 jun. 2021. *Diário de Justiça Eletrônico,* Brasília, DF, 14 jun. 2021. Disponível em: https://scon.stj.jus.br/SCON/jurisprudencia/toc.jsp?i=1&b=ACOR&livre=((%27HC%27.clap.+e+@num=%27667432%27)+ou+(%27HC%27+adj+%27667432%27.suce.))&thesaurus=JURIDICO&fr=veja. Acesso em: 15 set. 2021.

BRASIL. Superior Tribunal de Justiça. HC 674.185/MG. Habeas Corpus. Tráfico de Drogas e Associação para o Tráfico De Drogas. Acesso ao Celular da Corré e às Conversas do Whatsapp Armazendas no Referido Aparelho. [...]. Rel.: Min. Sebastião Reis Júnior, 17 ago. 2021. *Diário de Justiça Eletrônico,* Brasília, DF, 20 ago. 2021. Disponível em: https://scon.stj.jus.br/SCON/jurisprudencia/toc.jsp?i=1&b=ACOR&livre=((%27HC%27.clap.+e+@num=%27674185%27)+ou+(%27HC%27+adj+%27674185%27.suce.))&thesaurus=JURIDICO&fr=veja. Acesso em: 30 out. 2021.

BRASIL. Superior Tribunal de Justiça. RHC 26.273/SP. Recurso Ordinário em Habeas Corpus. Processual Penal. [...]. Rel.: Min. Laurita Vaz, 17 set. 2009. *Diário de Justiça Eletrônico,* Brasília, DF, 13 out. 2009. Disponível em: https://scon.stj.jus.br/SCON/jurisprudencia/toc.jsp?i=1&b=ACOR&livre=((%27RHC%27.clap.+e+@num=%2726273%27)+ou+(%27RHC%27+adj+%2726273%27.suce.))&thesaurus=JURIDICO&fr=veja. Acesso em: 15 ago. 2021.

BRASIL. Superior Tribunal de Justiça. RHC 140.433/RS. Processo Penal. Recurso Ordinário em Habeas Corpus. Roubo Majorado pelo Concurso de Agentes e Emprego de Arma De Fogo. [...]. Rel.: Min. Antônio Saldanha Palheiro, 2 mar. 2021. *Diário de Justiça Eletrônico,* Brasília, DF, 10 mar. 2021. Disponível em: https://scon.stj.jus.br/SCON/jurisprudencia/toc.jsp?i=1&b=ACOR&livre=((%27RHC%27.clap.+e+@num=%27140433%27)+ou+(%27RHC%27+adj+%27140433%27.suce.))&thesaurus=JURIDICO&fr=veja. Acesso em: 15 ago. 2021.

BRASIL. Superior Tribunal de Justiça. RHC 641.877/DF. Processual Penal. Habeas Corpus Substitutivo. Inadequação. Citação Via Whatsapp. Nulidade. [...]. Rel.: Min. Ribeiro Dantas, 9 mar. 2021. *Diário de Justiça Eletrônico,* Brasília, DF, 15 mar. 2021. Disponível em: https://scon.stj.jus.br/SCON/jurisprudencia/toc.jsp?i=1&b=ACOR&livre=((%27HC%27.clap.+e+@num=%27641877%27)+ou+(%27HC%27+adj+%27641877%27.suce.))&thesaurus=JURIDICO&fr=veja. Acesso em: 15 ago. 2021.

BRASIL. Supremo Tribunal Federal. ARE 859.251. Recurso extraordinário com agravo. Repercussão geral. Constitucional. Penal e processual penal. 2. Habeas corpus. Intervenção de terceiros. [...]. Rel.: Min. Gilmar Mendes, 16 abr. 2015. *Diário de Justiça Eletrônico,* Brasília, DF, 9 nov. 2015. Disponível em: https://jurisprudencia.stf.jus.br/pages/search?classeNumeroIncidente=%22ARE%20859251%22&base=acordaos&sinonimo=true&plural=true&page=1&pageSize=10&sort=_score&sortBy=desc&isAdvanced=true. Acesso em: 15 ago. 2021.

BRASIL. Supremo Tribunal Federal. HC 67.755-0/SP. "Habeas Corpus" – Defesa Previa – Defensor Constituido Ausente ao ato de Interrogatorio Judicial – Necessidade de sua Notificação para Oferece-La [...]. Rel.: Min. Celso de Mello, 26 jun. 1990. *Diário de Justiça Eletrônico,* Brasília, DF, 11 set. 1992. Disponível em: https://jurisprudencia.stf.jus.br/pages/search?classeNumeroIncidente=%22HC%2067755%22&base=acordaos&sinonimo=true&plural=true&page=1&pageSize=10&sort=_score&sortBy=desc&isAdvanced=true. Acesso em: 15 ago. 2021.

BRASIL. Supremo Tribunal Federal. HC 80.240. Habeas Corpus: cabimento, em caráter preventivo, quando se questiona da legitimidade da intimação para depor em comissões parlamentares de inquérito: precedentes [...]. Rel.: Min. Sepúlveda Pertence, 20 jun. 2001. *Diário de Justiça Eletrônico,* Brasília, DF, 14 out. 2001. Disponível em: https://jurisprudencia.stf.jus.br/pages/search?classeNumeroIncidente=%22HC%2080240%22&base=acordaos&sinonimo=true&plural=true&page=1&pageSize=10&sort=_score&sortBy=desc&isAdvanced=true. Acesso em: 15 ago. 2021.

BRASIL. Supremo Tribunal Federal. HC 81.489/SP. Habeas Corpus. Declaração de inconstitucionalidade de normas estaduais [...]. Rel.: Min. Cezar Peluso, 25 set. 2007. *Diário de Justiça Eletrônico,* Brasília, DF, 23 nov. 2007. Disponível em: https://jurisprudencia.stf.jus.br/pages/search?classeNumeroIncidente=%22HC%2081489%22&base=acordaos&sinonimo=true&plural=true&page=1&pageSize=10&sort=_score&sortBy=desc&isAdvanced=true. Acesso em: 15 ago. 2021.

BRASIL. Supremo Tribunal Federal. HC 86.260. Ação Penal. Tráfico de entorpecentes. Advogado constituído no inquérito policial, com poderes expressos para atuar durante a instrução criminal. [...]. Rel.: Min. Cezar Peluso, 27 maio 2008. *Diário de Justiça Eletrônico,* Brasília, DF, 20 jun. 2008. Disponível em: https://jurisprudencia.stf.jus.br/pages/search?classeNumeroIncidente=%22HC%2086260%22&base=acordaos&sinonimo=true&plural=true&page=1&pageSize=10&sort=_score&sortBy=desc&isAdvanced=true. Acesso em: 15 ago. 2021.

BRASIL. Supremo Tribunal Federal. HC 87.132/MG. Prisão Preventiva – Excesso DE PRAZO. Configurado o excesso de prazo na custódia preventiva, impõe-se a devolução do direito à liberdade de ir e vir ao acusado, presente o princípio constitucional da não culpabilidade: [...]. Rel.: Min. Ricardo Lewandowski, 27 maio 2008. *Diário de Justiça Eletrônico,* Brasília, DF, 31 out. 2007. Disponível em: https://jurisprudencia.stf.jus.br/pages/search?classeNumeroIncidente=%22HC%2087132%22&base=acordaos&sinonimo=true&plural=true&page=1&pageSize=10&sort=_score&sortBy=desc&isAdvanced=true. Acesso em: 15 ago. 2021.

BRASIL. Supremo Tribunal Federal. HC 91.510. Processual Penal. Habeas Corpus. Alegada Incompetência Absoluta do Juízo. Inocorrência. [...]. Rel.: Min. Ricardo Lewandowski, 11 nov. 2011. *Diário de Justiça Eletrônico,* Brasília, DF, 19 dez. 2011. Disponível em: https://jurisprudencia.stf.jus.br/pages/search?classeNumeroIncidente=%22HC%2091510%22&base=acordaos&sinonimo=true&plural=true&page=1&pageSize=10&sort=_score&sortBy=desc&isAdvanced=true. Acesso em: 15 ago. 2021.

BRASIL. Supremo Tribunal Federal. HC 97.119/DF. "Habeas Corpus" – Decisão que lhe Nega Trânsito – Impugnação a Procedimento Administrativo [...]. Rel.: Min. Celso de Mello, 14 abr. 2009. *Diário de Justiça Eletrônico,* Brasília, DF, 8 maio 2009. Disponível em: https://jurisprudencia.stf.jus.br/pages/search?classeNumeroIncidente=%22HC%2097119%22&base=acordaos&sinonimo=true&plural=true&page=1&pageSize=10&sort=_score&sortBy=desc&isAdvanced=true. Acesso em: 15 ago. 2021.

BRASIL. Supremo Tribunal Federal. HC 123.339/SP. Rel.: Min. Cármen Lúcia, 14 out. 2014. *Diário de Justiça Eletrônico,* Brasília, DF, 15 out. 2014.

BRASIL. Supremo Tribunal Federal. HC 114.176. Processual Penal. Habeas Corpus. Julgamento Monocrático. Ofensa ao Princípio da Colegialidade. [...]. Rel.: Min. Teori Zavascki, 19 mar. 2013. *Diário de Justiça Eletrônico,* Brasília, DF, 15 abr. 2013. Disponível em: https://jurisprudencia.stf.jus.br/pages/search?classeNumeroIncidente=%22HC%20114176%22&base=acordaos&sinonimo=true&plural=true&page=1&pageSize=10&sort=_score&sortBy=desc&isAdvanced=true. Acesso em: 15 ago. 2021.

BRASIL. Supremo Tribunal Federal. HC 119565/DF. Processual Penal. Habeas Corpus. Penal. Júri. Crime de homicídio qualificado (CP, art. 121, § 2º, I). Absolvição, não obstante o reconhecimento da participação do paciente na empreitada criminosa. [...]. Rel.: Min. Dias Toffoli, 4 fev. 2014. *Diário de Justiça,* Brasília, DF, 24 fev. 2014. Disponível em: https://jurisprudencia.stf.jus.br/pages/search?classeNumeroIncidente=%22HC%20119565%22&base=acordaos&sinonimo=true&plural=true&page=1&pageSize=10&sort=_score&sortBy=desc&isAdvanced=true. Acesso em: 15 ago. 2021.

BRASIL. Supremo Tribunal Federal. HC 120.017. Habeas corpus. Processual Penal. Impedimento de desembargadores integrantes de órgão especial que tenham julgado procedimento administrativo disciplinar contra juíza federal e emitido pronunciamento pela imposição de disponibilidade à magistrada. [...]. Rel.: Min. Marco Aurélio, 9 ago 2016. *Diário de Justiça Eletrônico,* Brasília, DF, 17 mar. 2017. Disponível em: https://jurisprudencia.stf.jus.br/pages/search?classeNumeroIncidente=%22HC%20124306%22&base=acordaos&sinonimo=true&plural=true&page=1&pageSize=10&sort=_score&sortBy=desc&isAdvanced=true. Acesso em: 15 ago. 2021.

BRASIL. Supremo Tribunal Federal. HC 124.306. Direito processual penal. Habeas corpus. Prisão preventiva. Ausência dos requisitos para sua decretação. inconstitucionalidade da incidência do tipo penal do aborto no caso de interrupção voluntária da gestação no primeiro trimestre. [...]. Rel.: Min. Dias Toffoli, 27 maio 2014. *Diário de Justiça Eletrônico,* Brasília, DF, 8 ago. 2014. Disponível em: https://jurisprudencia.stf.jus.br/pages/search?classeNumeroIncidente=%22HC%20120017%22&base=acordaos&sinonimo=true&plural=true&page=1&pageSize=10&sort=_score&sortBy=desc&isAdvanced=true. Acesso em: 15 ago. 2021.

BRASIL. Supremo Tribunal Federal. HC 126.292. Processual Penal. Embargos de Declaração. Vícios do Art. 619 Do Código de Processo Penal. Inexistência. [...]. Rel.: Min. Teori Zavascki, 2 set. 2016. *Diário de Justiça Eletrônico,* Brasília, DF, 7 fev. 2017. Disponível em: https://jurisprudencia.stf.jus.br/pages/search?classeNumeroIncidente=%22HC%20126292%22&base=acordaos&sinonimo=true&plural=true&page=1&pageSize=10&sort=_score&sortBy=desc&isAdvanced=true. Acesso em: 15 ago. 2021.

BRASIL. Supremo Tribunal Federal. HC 143.641. Habeas Corpus Coletivo. Admissibilidade. Doutrina Brasileira do Habeas Corpus. Máxima Efetividade do Writ. [...]. Rel.: Min. Ricardo Lewandowski, 20 fev. 2018. *Diário de Justiça Eletrônico,* Brasília, DF, 9 out. 2018. Disponível em: https://jurisprudencia.stf.jus.br/pages/search?classeNumeroIncidente=%22HC%20143641%22&base=acordaos&sinonimo=true&plural=true&page=1&pageSize=10&sort=_score&sortBy=desc&isAdvanced=true. Acesso em: 15 ago. 2021.

BRASIL. Supremo Tribunal Federal. HC 143.988. Habeas Corpus Coletivo. Cumprimento de Medidas Socioeducativas de Internação. [...]. Rel.: Min. Edson Fachin, 24 ago. 2020. *Diário de Justiça Eletrônico,* Brasília, DF, 4 set. 2020. Disponível em: https://jurisprudencia.stf.jus.br/pages/search?classeNumeroIncidente=%22HC%20143988%22&base=acordaos&sinonimo=true&plural=true&page=1&pageSize=10&sort=_score&sortBy=desc&isAdvanced=true. Acesso em: 15 ago. 2021.

BRASIL. Supremo Tribunal Federal. HC 152.752/ PR. Habeas Corpus. Matéria Criminal. Execução Provisória da Pena. Impetração em Substituição a Recurso Ordinário Constitucional. [...]. Rel.: Min. Edson Fachin, 4 abr. 2018. *Diário de Justiça Eletrônico,* Brasília, DF, 27 jun. 2018. Disponível em: https://jurisprudencia.stf.jus.br/pages/search?base=acordaos&pesquisa_inteiro_teor=false&sinonimo=true&plural=true&radicais=false&buscaExata=true&page=1&pageSize=10&queryString=152752&sort=_score&sortBy=desc. Acesso em: 30 ago. 2021.

BRASIL. Supremo Tribunal Federal. HC 179.932/MS. Habeas Corpus Contra Decisão Monocrática de Ministro de Tribunal Superior. Recorribilidade. Supressão de Instância. [...]. Rel.: Min. Marco Aurélio, 16 jun. 2020. *Diário de Justiça Eletrônico,* Brasília, DF, 14 jul. 2020. Disponível em: https://jurisprudencia.stf.jus.br/pages/search?classeNumeroIncidente=%22HC%20179932%22&base=acordaos&sinonimo=true&plural=true&page=1&pageSize=10&sort=_score&sortBy=desc&isAdvanced=true. Acesso em: 15 ago. 2021.

BRASIL. Supremo Tribunal Federal. HC 185.913. Habeas Corpus Coletivo. Cumprimento de Medidas Socioeducativas de Internação. [...]. Rel.: Min. Gilmar Mendes. *Diário de Justiça Eletrônico,* Brasília, DF, 2021. Disponível em: http://portal.stf.jus.br/processos/detalhe.asp?incidente=5917032. Acesso em: 15 ago. 2021.

BRASIL. Supremo Tribunal Federal. HC 411.123/RJ. Processo Penal. Habeas Corpus. Homicídio Qualificado. Prisão Preventiva. [...]. Rel.: Min. Sebastião Reis Júnior, 6 mar. 2018. *Diário de Justiça Eletrônico,* Brasília, DF, 22 jun. 2018. Disponível em: https://scon.stj.jus.br/SCON/jurisprudencia/toc.jsp?i=1&b= ACOR&livre=((%27HC%27.clap.+e+@num=%27411123%27)+ou-+(%27HC%27+adj+%27411123%27.suce.))&thesaurus=JURIDICO&fr=veja. Acesso em: 15 ago. 2021.

BRITO, Alexis Couto. *Execução penal.* 2. ed. São Paulo: Ed. RT, 2011.

CALMON DE PASSOS, José Joaquim. *A ação no direito processual civil brasileiro.* Salvador: Progresso, 1959.

CÂMARA, Alexandre Freitas. *Ação rescisória.* Rio de Janeiro: Lumen Juris 2007.

CÂMARA, Alexandre Freitas. *Juizados especiais cíveis estaduais e federais:* uma abordagem crítica. 3. ed. Rio de Janeiro: Lumen Juris, 2007.

CÂMARA, Alexandre Freitas. *Lições de direito processual civil.* 3. ed. Rio de Janeiro: Lumen Juris, 2001. v. 3.

CÂMARA, Alexandre Freitas. *Lições de direito processual civil.* 16. ed. Rio de Janeiro: Lumen Juris, 2007.

CAMPOS, Walfredo Cunha. *Tribunal do Júri*: teoria e prática. São Paulo: Atlas, 2010.

CANOTILHO, José Joaquim Gomes. *Direito constitucional e teoria da Constituição.* 3. ed. Coimbra: Almedina, 1999.

CANOTILHO, José Joaquim Gomes. *Direito constitucional e teoria da Constituição.* 6. ed. Lisboa: Almedina, 2002.

CANOTILHO, José Joaquim Gomes. *Direito constitucional.* 5. ed. São Paulo: Saraiva, 2000.

CAPPELLETTI, Mauro. *Acesso à justiça.* Porto Alegre: Fabris, 1988.

CARNELUTTI, Francesco. *Como se faz um processo.* Belo Horizonte: Líder, 2001.

CARNELUTTI, Francesco. *Instituições de processo civil.* Trad. Adrián Soreto de Witt Batista. Campinas: Servanda, 1999. v. 1.

CARRARA, Francesco. *Programa do curso de direito criminal*: parte geral. Trad. José Luiz V. de A. Francheschini e José Rubens Prestes Barra. São Paulo: Saraiva, 1956. v. 1.

CARVALHO NETTO, Menelick de. Requisitos paradigmaticos da interpretação jurídica sob o paradigma do Estado Democrático de Direito. *Revista de Direito Comparado*, Belo Horizonte, v. 3, p. 473;486, 1999.

CARVALHO, José Orlando Rocha de. *Teoria dos pressupostos processuais e dos requisitos processuais*. Rio de Janeiro: Lumen Juris, 2005.

CARVALHO, Vladimir Souza. *Competência da Justiça Federal*. 3. ed. Curitiba: Juruá, 1998.

CARVALHO NETTO, Menelick de. Requisitos paradigmaticos da interpretação juridical sob o paradigma do Estado Democrático de Direito. *Revista de Direito Comparado*, Belo Horizonte, v. 3, p. 473;486, 1999.

CASTELLAR, João Carlos. *Lavagem de dinheiro*: uma questão do bem jurídico. Rio de Janeiro: Revan, 2004.

CEREZO MIR, José. *Curso de direito penal*. Madrid: Tecnos, 1993.

CERQUEIRA, Luis Otávio Sequeira de et al. *Comentários à nova Lei dos Juizados Especiais da Fazenda Pública*. São Paulo: Ed. RT, 2010.

CHIOVENDA, Giuseppe. *Instituições de direito processual civil*. Trad. J. Guimarães Menegale. São Paulo: Saraiva e Cia., 1943. v. 2.

CINTRA, Antônio Carlos Araújo; DINAMARCO, Cândido Rangel; GRINOVER, Ada Pellegrini. *Teoria geral do processo*. 24. ed. São Paulo: Malheiros Editores, 2008.

COLLECTION ITEMS. *Magna Carta 1215*. [S. l.]: BLUK, 2021. Disponível em: https://www.bl.uk/collection-items/magna-carta-1215. Acesso em: 14 jun. 2021.

COUTINHO, Jacinto Nelson de Miranda; CARVALHO, Luis Gustavo Grandinetti Castanho de (Org.). *O novo processo penal à luz da constituição*: (análise crítica do Projeto de Lei 156/2009, do Senado Federal). Rio de Janeiro: Lumen Juris, 2010.

COVEY JUNIOR, Frank M. Amicus Curiae: friend of the court. *DePaul Law Review*, v. 9, 1959-1960.

CRETTELA NETO, José. *Dicionário de processo civil*. Rio de Janeiro: Forense, 1999.

CUNHA JÚNIOR, Dirley da. *Curso de direito constitucional*. 4. ed. Salvador: Juspodivm, 2010.

CUNHA, Rogério Sanches; PINTO, Ronaldo Batista. *Violência doméstica (Lei Maria da Penha)*: Lei 11.340/2006. Comentada artigo por artigo. São Paulo: Ed. RT, 2007.

DELGADO, José Augusto. Princípio da instrumentalidade, do contraditório, da ampla defesa e modernização do processo civil. *Revista Jurídica*, São Paulo, ano 49, n. 285, jun. 2001.

DEMERCIAN, Pedro Henrique. *Regime jurídico do Ministério Público no processo penal*. São Paulo: Verbatim. 2009.

DEZEM, Guilherme Madeira. *Da prova penal:* tipo processual, provas típicas e atípicas. Campinas/SP: Millennium, 2008.

DIAS, Maria Berenice. *A Lei Maria da Penha na justiça*: a efetividade da Lei 11.340/2006 de combate à violência doméstica e familiar contra a mulher: 3. ed. São Paulo: Ed. RT.

DIAS, Ronaldo Brêtas de Carvalho. *Processo constitucional e Estado Democrático de Direito*. 2. ed. Belo Horizonte: Del Rey, 2012. p. 61.

DI PIETRO, Maria Sylvia Zanella. *Direito administrativo*. 16 ed. São Paulo: Atlas, 2003.

DIAS, Ronaldo Brêtas de Carvalho. *Processo constitucional e Estado Democrático de Direito*. 2. ed.

DIDIER JÚNIOR, Fredie. *Curso de direito processual civil*. Salvador: JusPodivm, 2013.

DINAMARCO, Cândido Rangel. *A instrumentalidade do processo*. São Paulo: Ed. RT, 1987.

DINAMARCO, Cândido Rangel. *A nova era do processo civil*. São Paulo: Malheiros, 2004.

DINAMARCO, Cândido Rangel. *Instituições de direito processual civil*. São Paulo: Malheiros, 2004.

DINAMARCO, Cândido Rangel. *Instituições de direito processual civil*. São Paulo: Malheiros, 2001. v. 1.

ESPÍNOLA FILHO, Eduardo. *Código de processo penal brasileiro anotado*. 3. ed. Rio de Janeiro: Borsoi, 1955. v. 2.

FADEL, Sergio Sahione. *Código de processo civil comentado*. 4. ed. Rio de Janeiro, 1981. v. 1.

FEITOZA, Denilson. *Direito processual penal*: teoria, críticas e práxis. 7. ed. Niterói/RJ: Impetus, 2010.

FERNANES, Antônio Scarance. *Processo penal constitucional*. 3. ed. São Paulo: Ed. RT, 2002.

FERRAJOLI, Luigi. *A democracia através dos direitos*: o constitucionalismo garantista como modelo teórico e como projeto político. Trad. Alexander Araujo de Souza et al. São Paulo: Ed. RT, 2015.

FERRAJOLI, Luigi. *Direito e razão*: teoria do garantismo penal. 4. ed. São Paulo: Ed. RT, 2014.

FIGUEIREDO DIAS, Jorge. *Direito processual penal*. Coimbra: Coimbra Editora, 1984. v. 1.

FIOREZE, Juliana. *Videoconferência no processo penal brasileiro*. 2. ed. Curitiba: Juruá, 2009.

FIORI, Ariane Trevisan. *A prova e a intervenção corporal*: sua valoração no processo penal. Rio de Janeiro: Editora Lumen Juris, 2008

FOUCAULT, Michel. *A verdade e as formas jurídicas*. Trad. Roberto Cabral de Melo e Eduardo Jardim. Rio de Janeiro: NAU Editora, 2002.

FRANCO, Alberto Silva. *Código penal e sua interpretação jurisprudencial*. 2. ed. São Paulo: Ed. RT, 1987.

FREIRE JÚNIOR, Américo Bedê. Qual o meio processual para requerer a delação premiada após o trânsito em julgado da sentença penal condenatória? *Revista Síntese de Direito Penal e Processo Penal*, Porto Alegre, ano 6, n. 36, fev./mar. 2006.

FUX, Luiz. *Curso de direito processual civil*. Rio de Janeiro: Forense, 2005.

FUX, Luiz. *Juizados especiais cíveis e criminais e suspensão condicional do processo penal*. Rio de Janeiro: Forense, 1997.

GALVÃO, Fernando. *Direito penal*: parte geral. 7. ed. Belo Horizonte: Editora D'Plácido, 2016.

GARCIA, Emerson. *Ministério Público*: organização, atribuições e regime jurídico. Rio de Janeiro: Lumen Juris, 2005.

GOMES FILHO, Antônio Magalhães; BADARÓ, Gustavo Henrique Righi Ivahy. Prova e sucedâneos da prova no processo penal brasileiro. *Revista Brasileira de Ciências Criminais*, v. 65, mar./abr. 2007.

GOMES, Luiz Flávio; CUNHA, Rogério Sanches; PINTO, Ronaldo Batista. *Comentários às reformas do código de processo penal e da lei de trânsito*. São Paulo: Ed. RT, 2008.

GONÇALVES, Aroldo Plínio. *Nulidades no processo*. Rio de Janeiro: Aide, 1993.

GONÇALVES, Aroldo Plínio. *Técnica processual e teoria do processo*. Rio de Janeiro: Aide, 1992.

GONÇALVES, Marcus Vinicius Rios. *Novo curso de direito processual civil*. 7. ed. São Paulo: Saraiva, 2010. v. 1.

GRACIA MARTIN, Luis. *Fundamentos de dogmática penal*: una introducción a la concepción finalist de la responsabilidad penal. Barcelona: Atelier, 2006.

GRECO FILHO, Vicente. *Código Penal comentado*. 3. ed. Niterói/RJ: Editora Impetus, 2009.

GRECO FILHO, Vicente. *Direito processual civil brasileiro*. 14. ed. São Paulo: Saraiva, 2000.

GRECO FILHO, Vicente. *Manual de processo penal*. 7. ed. São Paulo: Saraiva, 2009.

GRECO, Leonardo. Garantias fundamentais do processo: o processo justo. *Revista Jurídica: doutrina, legislação, jurisprudência*, Porto Alegre v. 51, n. 305, p. 61-99, mar. 2003.

GRINOVER, Ada Pellegrini. *Código brasileiro de Defesa do Consumidor*: comentado pelos autores do anteprojeto. 8. ed. Rio de Janeiro: Forense, 2004.

GRINOVER, Ada Pellegrini; GOMES FILHO, Antônio Magalhães; FERNANDES, Antônio Scarance. *As nulidades no processo penal*. 11. ed. São Paulo: Ed. RT, 2009.

GRINOVER, Ada Pelegrini; GOMES FILHO, Antônio Magalhães; FERNANDES, Antonio Scarance. *Recursos no processo penal*: teoria geral dos recursos em espécie, ações de impugnação, reclamação aos tribunais. 5. ed. rev. atual. e ampl. São Paulo: Ed. RT, 2008.

GRINOVER, Ada Pellegrini *et al*. *Juizados especiais criminais*: comentários à Lei 9.099/95, de 26/09/1995. 5. ed. rev., atual. e ampl. São Paulo: Ed. RT, 2005.

HABERMAS, Jürgen. *Direito e democracia*: entre facticidade e validade. Trad. Flávio Beno Siebeneichler. Rio de Janeiro: Tempo Brasileiro, 1997. v. 1-2.

HASSEMER, Winfried. Derecho penal y filosofia del derecho en la Republica Federal de Alemanha. Trad. Francisco Muñoz Conde. *DOYA*, v. 8, p. 176-177, 1990. Disponível em: http://www.cervantesvirtual.com/descargaPdf/derecho-penal-y-filosofa-del-derecho-en-la-repblica-federal-de-alemania-0/. Acesso em: 10 maio 2017.

HASSEMER, Winfried. *Lineamentos de una teoría personal del bien jurídico*: doctrina penal – teoría y práctica en las ciencias penales. Buenos Aires: Depalma, 1989.

HASSEMER, Winfried; MUÑOZ CONDE, Francisco. *Introducción a la criminología y al derecho penal*. Valencia: Tirant lo Blanch, 1989.

HASSEMER, Winfried; MUÑOZ CONDE, Francisco. *Introducción a la criminologia*. Valencia: Tirant lo blanch, 2001.

HASSEMER, Winried. *Derecho penal simbolico y protección de bienes jurídicos*. Trad. Elena Larrauri. Santiago: Editorial Jurídica Conosur, 1995.

HULSMAN, Louk; CELIS, Jaqueline Bernat de. *Penas perdidas*: o sistema penal em questão. Trad. Maria Lúcia Karam. 2. ed. Rio de Janeiro: LUAM Editora, 1997.

JAKOBS, Günther. *Derecho penal*: parte general: fundamentos y teoría de la imputación. Madrid, Marcial Pons, 1995.

JAKOBS, Günther. *Dogmática de derecho penal y la configuración normativa de la sociedad*. Madrid: Thomson Civitas, 2004.

JAKOBS, Günther. *La imputaticón objetiva en derecho penal*. Madrid: Civitas, 1996.

JAKOBS, Günther. *Sociedad, norma y persona en una teoría de un derecho penal functional*. Traducción de Manuel Cancio Meliá y Bernardo Feijóo Sánchez. Madrid: Civitas Ediciones, 1996.

JARDIM, Afrânio Silva. *Direito processo penal*. 11. ed. Rio de Janeiro: Editora Forense, 2002.

JAYME, Fernando G.; FRANCO, Marcelo Veiga. O princípio do contraditório no projeto do novo Código de Processo Civil. *Revista de Processo,* São Paulo, v. 39, n. 227, p. 335-359, jan. 2014.

JESCHECK, Hans-Heinrich. *Tratado de derecho penal*. Trad. Mir Puig e Muñoz Conde. Barcelona: Bosch, 1981.

KARAM, Maria Lúcia. *Competência no processo penal*. 4. ed. São Paulo: Ed. RT, 2005.

LEAL, Rosemiro Pereira. *Teoria geral do processo*. 2. ed. Porto Alegre: Síntese, 1999.

LENZA, Pedro. *Direito constitucional esquematizado*. 12. ed. São Paulo: Saraiva, 2012.

LIEBMAN, Enrico Tullio. *Manual de direito processual civil*. Trad. Cândido Rangel Dinamarco. Rio de Janeiro: Forense, 1984. v. 1.

LIMA, Marcellus Polastri. *Manual de processo penal*. 2. ed. Rio de Janeiro: Lumen Juris, 2009.

LIMA, Renato Brasileiro de. In: GOMES, Luiz Flávio e CUNHA, Rogério Sanches (Coord.). *Legislação criminal especial*. São Paulo: Ed. RT, 2009.

LIMA, Renato Brasileiro de. *Manual de processo penal*. 2. ed. Salvador: Editora JusPodivm, 2013.

LIMA, Renato Brasileiro de. *Manual de processo penal*: volume único. 4. ed. rev. ampl. atual. Salvador: Ed. JusPodivm, 2016.

LIMA, Tiago Asfor Rocha. *Precedentes judiciais civis no Brasil*. São Paulo: Saraiva, 2013.

LISZT, Franz von. *Tratado de derecho penal*. 3. ed. Madrid: Instituto Editorial Reus, [19--]. (Biblioteca Juridica de Autores Españoles y Extranjeros; 11). v. 2.

LISZT, Franz von. *Tratado de derecho penal*. Trad. Luís Jimenez de Asúa. 3. ed. Madrid: Reus, [19--]. t. 2.

LISZT, Franz von. *Tratado de derecho penal*. Trad. Luis Jiménez de Asúa. Madri: Reus, s.d., v. 2.

LISZT, Franz von. *Tratado de direito penal alemão*. Trad. José Hygino Duarte Pereira. Ed. Fac-sim. Brasília: Senado Federal, Conselho Editorial: Superior Tribunal de Justiça, 2006.

LISZT, Franz von. *Tratado de direito penal allemão*. Trad. José Hygino Duarte Pereira. Rio de Janeiro: F. BRIGUIET & C. Editores, 1899. t. 1.

LOPES, João Batista. *Curso de direito processual civil*: parte geral. São Paulo: Atlas, 2005.

LOPES JÚNIOR, Aury. *Direito processual penal e sua conformidade constitucional*. Rio de Janeiro: Lumen Juris, 2009. v. 2.

LOPES JÚNIOR, Aury. *Direito processual penal*. 16. ed. São Paulo: Saraiva Educação, 2019.

LOPES JÚNIOR, Aury *et al*. Sobre o furto de comida vencida e colocada no lixo. *Revista Consultor Jurídico*, 29 out. 2021. Disponível em: https://www.conjur.com.br/2021-out-29/limite-penal-furto-comida-vencida-colocada-lixo. Acesso em: 4 nov. 2021.

LYRA, Roberto. *Novo direito penal*. Rio de Janeiro: Freitas Bastos, 1971.

MACHADO, Antônio Cláudio da Costa. *Código de processo civil interpretado*: artigo por artigo, parágrafo por parágrafo. 11. ed. Barueri: Manole, 2012.

MALAN, Diogo Rudge. *Direito ao confronto no processo penal*. Rio de Janeiro: Lumen Juris, 2009.

MARÇAL, Vinícius; MASSON, Cleber. *Crime organizado*. São Paulo: Método, 2015.

MARCÃO, Renato. *Curso de execução penal*. 7. ed. São Paulo: Saraiva, 2009.

MARCATO, Antônio. *Código de processo civil interpretado*. São Paulo: Atlas, 2004.

MARINONI, Luiz Guilherme. *Tutela cautelar e tutela antecipatória*. São Paulo: Ed. RT, 1992.

MARINONI, Luiz Guilherme; MITIDIERO, Daniel. *Repercussão geral no recurso extraordinário*. São Paulo: Ed. RT, 2007.

MARQUES, José Frederico. *Elementos de direito processual penal*. Campinas: Book-seller, 1997. v. 1.

MARQUES, José Frederico. *Manual de direito processual civil*. São Paulo: Saraiva, 1982.

MAURACH, Reinhart. *Tratado de derecho penal*. Barcelona: Ariel, 1962.

MAXIMILIANO, Carlos. *Hermenêutica e aplicação do direito*. 16. ed. Rio de Janeiro: Forense, 1997.

MAZZILLI, Hugo Nigro. *O Ministério Público na Constituição de 1988*. São Paulo: Saraiva, 1989.

MÉDICI, Sérgio de Oliveira. *Revisão criminal*. 2. ed. São Paulo: Ed. RT, 2000.

MEIRELLES, Hely Lopes. *Estudos e pareceres de direito público*. São Paulo: Ed. RT, 1986. V. 9.

MELLO, Marcos Bernardes de. *Teoria do fato jurídico (plano da validade*. 2. ed. São Paulo: Saraiva, 1997.

MENDES, Aluisio Gonçalves de Castro. *Competência cível da Justiça Federal*. São Paulo: Saraiva, 1998.

MENDES, Gilmar Ferreira. *Direitos fundamentais e controle de constitucionalidade*: estudos de direito constitucional. 3. ed. São Paulo: Saraiva, 2004.

MENDES, Gilmar Ferreira; COELHO, Inocêncio Mártires; BRANCO, Paulo Gustavo Gonet. *Curso de direito constitucional*. 5. ed. São Paulo: Saraiva, 2010.

MENDONÇA, Andrey Borges. *Nova reforma do código de processo penal*: comentada artigo por artigo. São Paulo: Método, 2008.

MENDONÇA, Andrey Borges. *Prisão e outras medidas cautelares pessoais*. São Paulo: Método, 2011.

MENDONÇA, Andrey Borges; CARVALHO, Paulo Roberto Galvão. *Lei de drogas*: Lei 11.343, de 23 de agosto de 2006 – Comentada artigo por artigo. São Paulo: Método, 2007.

MENDRONI, Marcelo. *Crime organizado*: aspectos gerais e mecanismos legais. 2. ed. São Paulo: Atlas, 2007

MENKE, Fabiano. *Assinatura eletrônica no direito brasileiro*. São Paulo: Ed. RT, 2005.

MERTON, Robert. *Social theory and social structure*. Nova York: The Free Press, 1968.

MEZGER, Edmund. *Tratado de derecho penal*. Madri: Revista de Derecho Privado, 1935. t. 2.

MEZGER, Edmund. *Tratado de derecho penal*. Trad. José Arturo Rodriguez Munoz, Madrid: Reivista de Derecho Privado, 1955. t. 1.

MEZGER, Edumund. *Derecho penal – Libro de estudio*: parte general. 6. ed. Buenos Aires: Editorial Bibliografia Argentina, 1958.

MINAS GERAIS, Tribunal de Justiça (Órgão Especial). HC: 10000140441809000/MG. Habeas Corpus – Autoridade Coatora – 5ª. Câmara Criminal do Tribunal de Justiça De Minas Gerais – Recurso Julgado. Relator: Walter Luiz, 24 jul. 2014. Tribunal de Justiça, 14 ago. 2014. Disponível em: https://www5.tjmg.jus.br/jurisprudencia/pesquisaNumeroCNJEspelhoAcordao.do?numeroRegistro=1&totalLinhas=1&linhasPorPagina=10&numeroUnico=1.0000.14.044180-9%2F000&pesquisaNumeroCNJ=Pesquisar. Acesso em: 14 out. 2020.

MINAS GERAIS, Tribunal de Justiça (7ª Câmara Criminal). Habeas Corpus Criminal 1.0000.20.004427-9/000. Habeas Corpus – Desacato – Trancamento da Ação Penal – Crime de Menor Potencial Ofensivo – Competência da Turma Recursal do Juizado Especial [...]. Relator: Paulo Calmon Nogueira da Gama, 12 fev. 2020. Tribunal de Justiça, 12 fev. 2020. Disponível em: https://www5.tjmg.jus.br/jurisprudencia/pesquisaNumeroCNJEspelhoAcordao.do?numeroRegistro=1&totalLinhas=1&linhasPorPagina=10&numeroUnico=1.0000.20.004427-9%2F000&pesquisaNumeroCNJ=Pesquisar. Acesso em: 14 out. 2020.

MINAS GERAIS, Tribunal de Justiça (7ª Câmara Criminal). HC: 10000170332068000 MG. Habeas Corpus – Desacato – Trancamento da Ação Penal – Crime de Menor Potencial Ofensivo – Competência da Turma Recursal do Juizado Especial [...]. Relator Matheus Chaves Jardim, 13 jul. 2017. Tribunal de Justiça, 24 fev. 2017. Disponível em: https://www5.tjmg.jus.br/jurisprudencia/pesquisaNumeroCNJEspelhoAcordao.do?numeroRegistro=1&totalLinhas=1&linhasPorPagina=10&numeroUnico=1.0000.17.033206-8%2F000&pesquisaNumeroCNJ=Pesquisar. Acesso em: 14 out. 2020.

MIR PUIG, Santiago. *El derecho penal en el estado social y democratico de derecho*. Barcelona: Editorial Ariel S.A. 1994.

MIRABETE, Júlio Fabbrini. *Juizados Especiais Criminais*: comentários, jurisprudência, legislação. 5. ed. São Paulo: Atlas, 2002.

MIRABETE, Júlio Fabbrini. *Processo penal*. 18. ed. São Paulo: Atlas, 2006.

MIRANDA, Francisco Cavalcanti Pontes de. *Comentários ao código de processo civil*. Rio de Janeiro: Forense, 1977. t. XV.

MONTENEGRO FILHO, Misael. *Ações possessórias*. São Paulo: Atlas, 2004.

MORAES, Alexandre de. *Constituição do Brasil interpretada e legislação constitucional*. 9. ed. São Paulo: Atlas, 2013.

MORAES, Alexandre. *Direito constitucional*. 9. ed. São Paulo: Atlas, 2001.

MORAES, Maurício Zanoide de. *Presunção de inocência no processo penal brasileiro*: análise de sua estrutura normativa para a elaboração legislativa e para a decisão judicial. Rio de Janeiro: Lumen Juris, 2010.

MOREIRA, Rômulo de Andrade. *Curso temático de direito processual penal*. 2. ed. Salvador: Juspodivm, 2009.

MUCCIO, Hidejalma. *Curso de processo penal*. 2. ed. São Paulo: Método, 2011.

NAVARRETE, Miguel Polaino. *El injusto típico en la teoría del delito*. Buenos Aires: Mario A. Viera Editor, 2000. p. 319.

NEGRÃO, Theotonio; GOUVÊA, José Roberto F. *CPC e legislação processual em vigor*. 39. ed. São Paulo: Saraiva, 2007.

NERY JÚNIOR, Nelson. *Código de processo civil comentado*. 4. ed. São Paulo: Ed. RT, 1999.

NERY JUNIOR, Nelson. *Código de processo civil e legislação extravagante*. 7. ed. São Paulo: Ed. RT, 2003.

NEVES, Daniel Amorim Assumpção. *Manual de direito processual civil*. 2. ed. São Paulo: Método, 2010.

NOGUEIRA, Gustavo Santana. *Curso básico de processo civil*: teoria geral do processo. Rio de Janeiro: Lumen Juris, 2004.

NOVELINO, Marcelo. *Direito constitucional*. 4. ed. São Paulo: Método, 2010.

NUCCI, Guilherme de Souza. *Leis penais e processuais penais comentadas*. São Paulo: Ed. RT, 2006.

NUCCI, Guilherme de Souza. *Manual de Processo Penal e Execução Penal*. 5. ed. revista, atualizada e ampliada. São Paulo: Ed. RT, 2008.

OLIVEIRA, Eugênio Pacelli. *Curso de processo penal*. 11. ed. Rio de Janeiro: Lumen Juris, 2009.

PACHECO, José da Silva. A reclamação no STF e no STJ de acordo com a nova Constituição. *Revista dos Tribunais*, v. 78, n. 646, São Paulo, ago. 1989.

PEREIRA, Caio Mário da Silva. *Instituições de direito civil*. 18. ed. atual. por Carlos Edison Rego Monteiro Filho. Rio de Janeiro: Forense, 2002, v. 4.

PEREIRA, Eliomar da Silva. Investigação e crime organizado: funções ilegítimas da prisão temporária. *Boletim do IBCCrim*, n. 157, dez. 2005.

PEREIRA, Henrique Viana. *A função social da empresa e as repercussões sobre a responsabilidade civil e penal dos empresários*. 2014. Tese (Doutorado) – Programa de Pós-Graduação em Direito, Pontifícia Universidade Católica de Minas Gerais, Belo Horizonte, 2014.

PEREIRA, Henrique Viana; SALLES, Leonardo Guimarães. *Direito penal e processual penal*: tópicos especiais. Belo Horizonte: Arraes Editores, 2014.

PÉREZ, Carlos Martínez-Bujan. *Derecho penal económico y de la empresa*: parte especial. 2. ed. Valência: Tirant lo Blanch. 2005.

PIERANGELI, José Henrique. *Escritos jurídicos-penais*. 2. ed. São Paulo: Ed. RT, 2006.

PITOMBO, Antônio Sérgio A. de Moraes. *Lavagem de dinheiro*: a tipicidade do crime antecedente. São Paulo: Ed. RT. 2003.

PLANAS, Ricardo Robles. In: BRANDÃO, Cláudio (Coord.). *Estudos de dogmática jurídico-penal*: fundamentos, teoria do delito e direito penal econômico. 2 ed. Belo Horizonte: D'Plácido Ed., 2016. (Coleção Ciência Criminal Contemporânea, 6).

PLÍNIO, Aroldo. *Técnica processual e teoria do processo*. Rio de Janeiro: Aide, 1992.

PORTANOVA, Rui. *Princípios do processo civil*. 3. ed. Porto Alegre: Livraria do Advogado, 1999.

PRADO, Geraldo. *Sistema acusatório: a conformidade constitucional das leis processuais penais*. 3. ed. Rio de Janeiro: Lumen Juris, 2005.

RAMOS, João Gualberto Garcez. *A tutela de urgência no processo penal brasileiro*. Belo Horizonte: Del Rey, 1998.

RANGEL, Paulo. *Direito processual penal*. 17. ed. Rio de Janeiro: Lumen Juris, 2010.

REALE, Miguel. *Lições preliminares de direito*. 27. ed. São Paulo: Saraiva, 2003.

REZENDE FILHO, Gabriel. *Curso de direito processual* civil. 8. ed. São Paulo: Saraiva, 1968. v. 3.

RIZZI, Sérgio. *Ação rescisória*. São Paulo: Ed. RT, 1979.

ROXIN, Claus. *Política criminal y sistema del derecho penal*. Traducción e introducción de Francisco Muñoz Conde. 2. ed. Buenos Aires: Hammurabi, 2002. (Colección Claves del derecho penal, v. 2).

ROXIN, Claus. In: BITENCOURT, Cézar Roberto (Org.). *Sobre a fundamentação ontological do sistema jurídico-penal do finalismo*. Porto Alegre: [s. n.], 2004. Cap. 4, p. 1. [Texto distribuído aos inscritos no seminário ocorrido em Porto Alegre, nos dias 18 a 20 de marco de 2004, em homenagem ao Professor Claus Roxin de Direito penal econômico].

ROXIN, Claus. *Teoria del tipo penal*: tipos abiertos y elementos del deber jurídico. Versión castellana del Prof. Dr. Enrique Bacigalupo (Universidad de Madrid). Buenos Aires: Ediciones Depalma, 1979.

SAAD, Marta. *O direito de defesa no inquérito policial*. São Paulo: Ed. RT, 2004.

SAMPAIO, José Adércio Leite. *Teoria da Constituição e dos direitos fundamentais*. Belo Horizonte: Del Rey, 2013.

SAMPAIO JÚNIOR, José Herval. *Processo constitucional*: nova concepção de jurisdição. São Paulo: Método, 2008.

SAMPAIO JÚNIOR, José Herval; CALDAS NETO, Pedro Rodrigues. *Manual de prisão e soltura sob a ótica constitucional*: doutrina e jurisprudência. São Paulo: Método, 2007.

SANCTIS, Fausto Martin. *Combate à lavagem de dinheiro*: teoria e prática. Campinas/SP: Millennium Ed., 2008.

SANTOS, Ernane Fidelis dos. *Comentários ao código de processo civil*. Rio de Janeiro: Forense, 1980. T. I, v. III.

SCOLA, Daniel. "Da prisão à absolvição foi muito tempo". [Porto Alegre], 15 abr. 2021. Instagram: https://www.instagram.com/p/CNxZToCD4zn/. Disponível em: https://www.instagram.com/p/CNxZToCD4zn/. Acesso em: 14 nov. 2021.

SCOLA, Daniel. *O relato do professor inocentado*: homem entrou em voo em São Paulo e foi detido ao chegar em Porto Alegre, por suspeita de ter encostado na perna da menina. [Porto Alegre], 15 abr. 2021. Instagram: instagram.com/p/CNvpPD3FjTQ/. Disponível em: https://www.instagram.com/p/CNvpPD3FjTQ/. Acesso em: 14 nov. 2021.

SHECAIRA, Sérgio Salomão. *Criminologia*. 3. ed. São Paulo: Ed. RT, 2011.

SILVA JÚNIOR, Walter Nunes. *Curso de direito processual penal*: teoria (constitucional) do processo penal. Rio de janeiro: Renovar, 2008.

SILVA, César Antonio da. *Lavagem de dinheiro*: uma nova perspectiva penal. Porto Alegre: Livraria do Advogado, 2001.

SILVA, José Afonso da. *Aplicabilidade das normas constitucionais*. 3. ed. São Paulo: Malheiros, 2001.

SILVA, José Afonso da. *Curso de direito constitucional*. São Paulo: Ed. RT, 1989.

SILVA JÚNIOR, Walter Nunes da. *Curso de direito processual penal*: teoria (constitucional) do processo penal. Rio de Janeiro: Renovar, 2008.

SILVA, Marco Antônio Marques. *Acesso à justiça penal e Estado Democrático de Direito*. São Paulo: Ed. Juarez de Oliveira, 2001.

SILVEIRA, Renato de Mello Jorge. *Direito penal empresarial*: a omissão do empresário como crime. São Paulo: Editora D'Plácido, 2016. v. 5.

SILVEIRA, Renato de Mello Jorge. *Direito penal supra-individual*: interesses difusos. São Paulo: Ed. RT, 2003.

SIQUEIRA, Leonardo. In: BRANDÃO, Cláudio (Coord.). *Culpabilidade e pena*: a trajetória do conceito material da culpabilidade e suas relações com a medida da pena. Belo Horizonte: Editora D'Plácido, 2016. v. 7. (Coleção Ciência Criminal Contemporânea)

SOLLERO, Márcio. Considerações em torno da posse. *Revista de Julgados do RJTAMG*, Belo Horizonte, v. 13, 1981.

SOUZA, Bernardo Pimentel. *Introdução aos recursos cíveis e à ação rescisória*. 3. ed. São Paulo: Saraiva, 2004.

SWIFT, Jonathan. *Viagens de Gulliver*. Trad. Octavio Mendes Cajado. São Paulo: Abril Cultural, 1979.

TABOSA, Fábio. In: MARCATO, Antônio Carlos. (Coord.). *Código de Processo Civil interpretado*. 2. ed. São Paulo: Atlas, 2005.

TAVARES, Juarez E.X. *Bien Jurídico y function en derecho penal*. Buenos Aires: Hammurabi, 2004.

TAVARES, Juarez. *Teoria do crime culposo*. 4. ed. Florianópolis: Empório do Direito, 2016.

TAVARES, Juarez. *Teoria do injusto penal*. Belo Horizonte: Del Rey, 2000.

TÁVORA, Nestor; ANTONNI, Rosmar. *Curso de direito processual penal*. 4. ed. Salvador: Editora Juspodivm, 2009.

TÁVORA, Nestor; ALENCAR, Rosmar, Rodrigues. *Curso de direito processual penal*. 11. ed. rev., ampl. e atual. Salvador: JusPodivm, 2016, p. 1596.

TEOTONIO, Paulo José; NICOLINO, Marcus Tulio. O Ministério Público e a colaboração premiada. *Revista Síntese de Direito Penal e Processual Penal*, ano IV, n. 21, ago./set. 2003.

TESHEINER, José Maria Rosa. *Pressupostos processuais e nulidade do processo civil*. São Paulo: Saraiva, 2000.

THE NATIONAL ARCHIVES. *British Empire, 1914*. [S. l.]: National, 2021. Disponível em: https://www.nationalarchives.gov.uk/education/resources/magna-carta/british-empire/. Acesso em: 14 jul. 2021.

THEODORO JÚNIOR, Humberto. *Código de processo civil anotado*. 16. ed. rev. atual. e ampl. Rio de Janeiro: Forense, 2012.

TOURINHO FILHO, Fernando da Costa. *Processo penal*. 31. ed. São Paulo: Saraiva, 2009. v. 3.

TUCCI, Rogério Lauria. *Teoria do direito processual penal*: jurisdição, ação e processo penal (estudo esquemático). São Paulo: Ed. RT, 2002.

VIANNA, Túlio; MACHADO, Felipe. (Coord.). *Garantismo penal no Brasil*: estudos em homenagem a Luigi Ferrajoli. Belo Horizonte: Fórum, 2013.

VIEIRA, Ana Lúcia Menezes. *Processo penal e mídia*. São Paulo: Ed. RT, 2003.

VIEIRA, Oscar Vilhena. *Direitos fundamentais*: uma leitura da Jurisprudência do STF. São Paulo: Malheiros, 2006.

VIRGINIO, Paulo Quezado Jamile. *Delação premiada*. Fortaleza: Gráfica e Editora Fortaleza, 2009.

VIVES ANTÓN, Tomás Salvador. *Fundamentos del sistema penal*. Valencia: Tirant lo Blanch, 1996.

VIVES ANTÓN, Tomás Salvador. *Fundamentos del sistema penal*. Valencia: Tirant lo Blanch, 2011.

VIVES ANTÓN, Tomás S. *Fundamentos del sistema penal*: acción significativa y derechos constitucionales. 2. ed. Valencia: Tirant lo blanch, 2011.

VIVIANI, Ana Karina. Combate à lavagem de dinheiro. *Revista Jus Navigandi*, Teresina, ano 10, n. 684, 20 maio 2005. Disponível em: https://jus.com.br/artigos/6739. Acesso em: 22 ago. 2017.

WAMBIER, Luiz Rodrigues; ALMEIDA, Flávio Renato Correia; TALAMINI, Eduardo. *Curso avançado de processo civil*. São Paulo: Ed. RT, 2003. v. 3.

WELTER, Antônio Carlos. Dos crimes: dogmática básica. In: GRANDIS, Rodrigo de; CARLI, Carla Veríssimo De. (Org.). *Lavagem de dinheiro*: prevenção e controle penal. Porto Alegre: verbo jurídico, 2011.

WELZEL, Hans. *Derecho penal alemán*. Trad. Juan Bustos Ramirez e Sergio Yáñez Pérez. Santiago, Ed. Jurídica de Chile, 1970.

WELZEL, Hans. *Derecho penal alemán: parte general*. 11. ed. Santiago: Editorial Jurídica de Chile, 1997.

WELZEL, Hans. *Derecho penal alemán*: parte general. 11. ed. Trad. Juan Bustos Ramirez e Sergio Yañez Pérez. Santiago: Jurídica de Chile, 1993.

WELZEL, Hans. *Derecho penal*: parte geral. Traducción de Carlos Fontán Balestra. Buenos Aires: Roque Depalma Editor. 1956.

WELZEL, Hans. *El nuevo sistema del derecho penal*. Montevideo: BdF, 2002.

WELZEL, Hans. *O novo sistema jurídico-penal*: uma introdução à doutrina da ação finalista. Trad. Luiz Regis Prado. 4. ed. São Paulo: Ed. RT, 2015.

WELZEL, Hans. *Teoría de la acción finalista*. Buenos Aires: Editorial Depalma, 1951.

WESSELS, Johannes. *Direito penal*: parte geral. Porto Alegre: Fabris, 1976.